KDI 원로들의 증언 3 — 1990년대 이후

KDI, 위기 극복과 선진화의 비전 제시

나남
nanam

편찬에 참여하신 분들

증언해 주신 분들

고영선 前 고용노동부 차관, KDI 부원장
김주훈 前 KDI 부원장, KDI 선임연구위원
김준경 前 KDI 원장, 前 국무조정실 금융감독혁신TF 민간위원장
김준일 국제통화기금(IMF) 고문, 前 KDI 선임연구위원
남상우 前 KDI국제정책대학원 원장, 前 KDI 부원장
문형표 前 보건복지부 장관, 前 KDI 선임연구위원
박 진 국회미래연구원 원장, KDI국제정책대학원 교수
박 현 서울시립대 교수, 前 KDI 선임연구위원
박준경 前 KDI 부원장, KDI 선임연구위원
설광언 前 KDI 부원장, 前 KDI 국제개발협력센터 소장
송대희 前 조세재정연구원 원장, 前 감사원 감사연구원 원장
양수길 지속가능발전연구원(ISD) 원장, 前 KDI 선임연구위원
우천식 前 KDI 산업기획경제연구부장, KDI 선임연구위원
이덕훈 前 우리은행 은행장, 前 KDI 선임연구위원
이주호 前 교육과학기술부 장관, KDI국제정책대학원 교수
이태희 KDI 전문위원
임원혁 KDI국제정책대학원 교수, 前 KDI 경쟁정책연구부장
전홍택 前 KDI국제정책대학원 원장, 前 KDI 부원장
조동철 前 금융통화위원회 위원, KDI 원장
진동수 前 금융위원회 위원장, 前 재정경제부 2차관
최범수 前 국민은행 부행장, 前 KDI 선임연구위원

집 필

홍은주 前 MBC 논설주간, 한양사이버대 교수

편찬위원회

송대희 편찬위원장, 前 조세재정연구원 원장, 前 감사원 감사연구원 원장
남상우 前 KDI국제정책대학원 원장, 前 KDI 부원장
노성태 삼성꿈장학재단 이사장, 前 KDI 선임연구위원
여운방 前 KDI 선임연구위원, 前 멀티미디어교육지원센터 소장
설광언 前 KDI 부원장, 前 KDI 국제개발협력센터 소장
전홍택 前 KDI국제정책대학원 원장, 前 KDI 부원장
김주훈 前 KDI 부원장, KDI 선임연구위원
조병구 前 경제정보센터 소장, KDI 선임연구위원

KDI 연구진

주호성 KDI 경제정보분석실장
육지희 KDI 연구원

KDI 원로들의 증언 3 — 1990년대 이후

KDI, 위기 극복과 선진화의 비전 제시

KDI 원로들의 증언 편찬위원회

나남
nanam

발간의 글

1997년 말 외환위기는 우리에게 많은 고통을 주었지만, 위기 극복 과정에서 추진한 기업 · 금융 · 정부 부문의 개혁은 그동안 우리 경제에 누적되어 온 부실을 털어내고 체질을 근본적으로 개선할 수 있게 하는 계기가 되었습니다.

1990년대 세계적인 금융 부문의 개방화 · 세계화에 대응하고자 금리자유화 등 각종 규제 완화와 신종 금융산업 및 제도 구축을 위해 수행해 왔던 KDI의 연구들이 1997년 말 외환위기를 극복하기 위한 정부 정책의 기본 골격이 되어 구조개혁의 핵심과제와 실천 방안으로 제시되었습니다. 외환위기 이후에는 부실기업 정리, 기업지배구조 정리, 산업경쟁력과 생산성 제고, 재정건전성 회복, 장기비전 등 우리 경제의 성장 원천과 장기적 발전 진로를 모색하는 여러 연구들을 수행했습니다.

《KDI, 위기 극복과 선진화의 비전 제시》에서는 1990년대 금융자율화 연구와 금융실명제, 1997년 외환위기 수습을 위한 정책연구, 외환위기 이후 새롭게 개편된 경제구조에 적합한 비전 수립 등 1990 ~ 2000년대 한국 경제 발전에 기여한 KDI 정책연구 과정과 함께 KDI국제정책대학원, 공공투자관리센터, 국제개발협력센터, 경제정보센터 등 1990년대 이후 확대된 KDI의 기능과 역할을 당시 연구자들의 증언을 통해 소개하고 있습니다.

이 책에서는 1990년대 KDI가 수행한 모든 연구 내용을 소개하지 못했습니다. 또한 KDI의 연구를 체계적으로 분석한 것이 아님을 알려 드립니다. 그러나 정책연구와 정책 제안, 정책 개선을 위한 당시 정책담당자나 연구자의 생각이 드러나 있어 경제정책 수립 과정에서 정책연구의 역할과 기여에 대한 독자들의 궁금증을 해소하는 데 도움이 되리라 생각합니다.

끝으로 이 책이 나오기까지 수고해 주신 모든 분들께 감사를 드립니다. 인터뷰에 응해 주신

KDI 원로분들은 당시의 기억을 되살려 증언해 주셨음은 물론, 소장하고 있던 진귀한 자료까지 찾아주는 수고를 아끼지 않으셨습니다. 깊이 감사드립니다.

편찬위원회에서는 시대별로 정책연구의 핵심 쟁점과 주요 편찬 방향을 설정하고 증언해 주실 원로분들의 선정은 물론이거니와 원고 검토 등 책의 완성도를 높이기 위해 많은 노력을 기울여 주셨습니다. 송대희 편찬위원장과 남상우 · 노성태 · 여운방 · 설광언 · 전홍택 · 김주훈 · 조병구 편찬위원, 그리고 증언 기록을 책으로 재구성하는 과정에서 수많은 KDI 보고서를 일일이 찾아 읽고 확인하며 보완해 주신 홍은주 교수님께도 감사드립니다. 이 프로젝트의 실무를 담당한 주호성 실장을 비롯해 KDI 경제정보센터 연구진에게도 감사를 표합니다.

2023년 11월

KDI 원장 조 동 철

편찬의 글

1997년 외환위기는 한국 경제를 강타한 태풍이나 다름없었습니다. 1960년대 초부터 1990년대 중반까지 고도성장세를 보이던 한국은 1인당 국민소득에서 앞서가던 수많은 개발도상국들을 추월했고, 1996년에는 국민소득 1만 달러 수준을 넘기면서 OECD에 가입하여 선진국 문턱까지 진입했습니다. 그러나 1997년 외환위기로 IMF에 긴급 구제금융을 요청해야만 하는 처지에 놓이자 "'한강의 기적'은 사상누각이었는가"라는 평가까지 받았습니다.

그러나 1997년 외환위기로 흔들리던 한국 경제는 3년 만에 오뚝이처럼 다시 일어섰습니다. 좌절을 극복한 후에는 더 견고해지면서 2008년 세계금융위기가 왔을 당시 한국 경제는 크게 흔들리지 않을 정도였습니다. 이렇듯 한국의 남다른 경제발전 경험을 전수받고자 하는 개발도상국이 2018년까지 64개국에 달했으며, 한국은 경제발전의 모범국가가 되었습니다. 하지만 이제 한국은 또다시 개발도상국으로 퇴보하지 않고 선진국권에 안착하기 위한 새로운 도전에 직면했습니다. 이에 관한 KDI 연구는 현재 진행 중입니다.

이 책 《KDI, 위기 극복과 선진화의 비전 제시》에서는 1990년대 말 외환위기 극복과 위기 극복 이후의 경제 선진화 연구를 증언 기록으로 남기고자 했습니다. 원로 증언 대상 연구주제의 선정, 선정된 연구주제와 관련하여 증언해 줄 원로 및 관련된 공직자 등 관계자의 선정, 증언 녹취기록 중 지면 제약 등의 이유로 제외해야 할 부분의 검토 및 편집 등은 편찬위원회에서 결정했습니다. 원로 증언은 1990~2000년 사이 이루어진 연구활동을 주 대상으로 하였으나 관련 연구가 지속된 경우 최근 자료까지 언급했습니다.

원로들의 증언을 엮어 한 권의 책으로 발간하기까지 감사해야 할 분들이 많습니다. 무엇보다 기꺼이 증언해 주신 원로들에게 감사드리고, 인터뷰를 돕기 위해 배석해서 말씀을 보태어 주신 분들께도 감사드립니다. 이 책이 발간되도록 적극적으로 뒷받침해 주신 조동철 원장께 감사드립니다. 항상 좋은 의견을 내 주신 남상우 박사를 비롯한 편찬위원들과 행정적으로 뒷받침한 주호성 실장을 비롯한 KDI 직원들께도 감사드립니다. 또한 증언 기록을 책으로 재구성하는 과정에서 관련 KDI 보고서를 일일이 찾아 읽으면서 확인하고 보완해 주신 홍은주 교수께도 감사드립니다.

2023년 11월

편찬위원장 송 대 희

편집의 글

뉴 밀레니엄 직전에 터진 외환위기는 금융과 실물의 복합위기이자 국가부도라는 미증유의 압도적이고 거대한 압력이었습니다. 국가 전체가 공황상태에 빠져 우왕좌왕했습니다. 이 절체절명의 순간, KDI는 체계적이며 구체적인 실천 방안이 담긴 위기 극복 보고서를 정부에 제출했습니다. KDI 연구인력이 거의 총동원되어 작성한 〈경제위기 극복과 구조조정을 위한 종합대책〉[1]은 청와대에 보고된 즉시 대통령이 KDI의 방안을 승인함으로써 사실상 위기 극복을 위한 정부의 기본 청사진으로 활용되었습니다.

보고서는 은행 부문 구조조정에 최우선적으로 집중하여 금융시스템 붕괴를 막아야 한다며 우선순위를 명확히 제시하는 한편, 금융기관 구조조정에 투입되어야 하는 최소 공적자금 액수까지 구체적으로 추정했습니다. 또한 외환위기 수습을 위한 재정자금 수요에 대응하여 조세제도 및 세정합리화 방안, 재정운영방식 개선, 예산회계제도와 기금제도 개혁방안 등을 함께 제시했습니다.

구체적인 재정효율화 방안이 곧바로 나올 수 있었던 것은 과거 KDI가 장기간 수행해 온 재정효율화 연구가 누적된 결과였습니다. KDI는 재정건전성 및 공기업효율화 연구를 장기간 진행해 왔으며, 특히 1990년대 초반부터는 연금재정구조 건전화 연구를 수행하여 그 후속조처로 1997년에 '국민연금제도개선기획단'이 발족했습니다. 수급자가 나오기도 전에 국민연금개혁이 이뤄진 사례는 전 세계에서 한국이 최초였습니다.

---

1 유정호 · 설광언 · 최범수 · 문형표 · 조동철 · 김대일 · 고영선 · 함준호 · 구본천 박사 등이 참여했다.

외환위기가 발생한 정확한 시점은 예측하지 못했으나, KDI가 한국 경제에 닥칠 구조적 위기를 우려하고 선제적 조치를 촉구했던 연구는 이미 한참 전부터 쏟아졌습니다. 1990년 이후 경상수지의 급격한 악화에 주목한 KDI는 총수요관리와 환율제도 개선 등의 정책을 제안했습니다. 또한 각종 산업경쟁력 제고방안 연구에서는 기업지배구조 개선 및 중소기업 하도급 구조 개선, 과학 및 공학기술정책 등을 제시했습니다. 이 연구들은 당시에는 빛을 보지 못하다가 외환위기를 기점으로 각종 정책의 논리적 기반이 되었습니다.

1980년대 성장과 균형을 둘러싼 논쟁 속에서 KDI가 주도한 사회복지제도 연구들 역시 외환위기 당시 국난을 극복하기 위한 사회안전망을 구축하는 밑바탕이 되었습니다. KDI 내에 보건기획단이 세워지면서 공공의료 및 의료보험제도 개선을 주도했으며, 고용보험 확대 및 노약자 · 아동 연소자 · 장애인 등의 최저생활을 위한 소득보장정책수립을 제시했습니다. KDI의 축적된 연구는 외환위기 때 사회안전망 강화를 위한 〈국민 기초생활법〉(1999년 9월 발표)이 탄생하는 데 많은 이론적 근거를 제공했습니다.

한편 KDI 거시 및 금융 분야 전문가들은 글로벌 금융질서에 대응하지 못하고 낙후된 금융시장의 구조적 문제를 지속적으로 지적했습니다. 1994년에는 금융실명제의 밑그림을 그렸고,[2] 1997년 외환위기를 전후하여 금융개혁개혁위원회에 다수의 연구원들이 참여해 금융시장 선진화를 위한 청사진을 마련하는 작업에 힘썼습니다. 금융위기 때는 은행과 제 2금융권의 천문학적 부실을 정리하는 현장에 직접 뛰어들기도 했습니다.[3] 외환위기를 어느 정도 극복한 후에는 '비전2030' 등 한국경제 발전을 위한 장기비전 연구에 앞장섰습니다.

KDI의 미래 50년에 거는 기대는 …

이번 편찬작업에 참여하면서 과거 50년간 쌓아 온 KDI의 연구가 정부의 주요 경제정책에 얼마나 중요한 방향성을 제시했는지 분명하게 알 수 있었습니다. 주민등록번호 제도, 지하철을 기반으로 한 기간교통망 수립, 금융실명제, 금리자유화와 환율제도, 여신금융과 서민금융제도, 〈공정거래법〉, 국민연금과 의료보험, 고용보험 등 현재 우리가 누리고 있는 거의 모든 주요 정책과 제

2 남상우 · 양수길 · 김준일 박사 등이 참여하였다.

3 이덕훈 박사와 최범수 박사 등이 참여하였다.

도를 수립 및 설계할 때 KDI의 연구가 핵심 기반이 되었습니다.

외환위기 극복을 위한 구조조정 이후 착실하게 성장한 한국 경제는 이제 또 다른 구조적 변화와 위기에 직면했습니다. 외부적으로는 미 · 중 갈등이 불러온 신냉전 기류와 '투키디데스의 함정Thucydides Trap'이 도사리고 있고, 내부적으로는 저출산 · 고령화 위기가 심각합니다. 이런 상황에서 향후 50년 KDI의 연구에 거는 기대는 분명합니다. 급변하는 글로벌 조류를 예민하게 포착하고 구조적 변화에 대한 방향성을 제시하는 등 한 단계 더 고도화된 해법을 제시해 주기를 희망합니다.

KDI는 단순한 경제연구소가 아닙니다. 처음부터 경제를 넘어서 정치 · 사회와 연결된 융합연구를 꾀하는 '한국개발연구원'으로 출발했습니다. 여러 분야와 요소들을 상호 확장하고 연결해 위기 극복의 통찰을 제시하는 연구를 해 주기를, 그리하여 한국 경제가 4차 산업혁명 시대에 성공적으로 진입하는 청사진을 제시할 수 있기를 기대합니다.

2023년 11월

집필자 홍 은 주

KDI 원로들의 증언—1990년대 이후

KDI, 위기 극복과 선진화의 비전 제시

차 례

한국 경제의 변곡점

약화되는 경제 체질과 대외 여건 악화

3저 호황의 빛과 그림자

개헌 이후 실시된 첫 대통령 직선제에서 여당인 민정당의 노태우 후보가 대통령에 당선되면서 1988년 2월 제6공화국이 출범했다. 노태우 정부의 첫 출발은 나쁘지 않았다. 1986년부터 시작된 이른바 '3저 효과'에 의한 경제적 호황이 지속되었기 때문이었다.[1]

1986년부터 1988년 3년 사이 연평균 12%의 높은 경제성장률을 기록했고[2], 제조업 성장률도 같은 기간 연평균 16.8%의 고도성장을 지속했다. 수출증가율은 평균 30%를 웃돌아 3년 동안의 경상수지가 286억 달러의 대규모 흑자를 냈다. 한국은행에 따르면 수출증가율은 1986년 28.3%, 1987년 36.4%, 1988년 29%를 기록했다. 국제수지가 예상치를 크게 웃돌면서 통화관리에 문제가 생기기 시작하여 "경상수지 흑자가 너무 많아도 문제"라는, 과거에는 전혀 경험하지 못했던 정책 과제에 직면하

1 이하에서 인용된 각종 거시경제 통계는 KDI, 〈경제운용 과제에 관한 단기 정책연구〉, 정책연구시리즈 92-01, 1992를 참조했다.

2 1986년에는 11.3%, 1987년에는 12.7%, 1988년에는 12.0%를 기록했다.

게 된 시점도 그 무렵이었다.

1988년 서울올림픽도 성공적으로 치러졌다. 올림픽으로 국제화 분위기가 고조되는 가운데 경상수지 흑자관리를 위해 1989년에는 해외여행이 전면 자유화되었다.

그러나 처음으로 4년 연속 경상수지 흑자를 시현하여 한국 경제 발전을 한 단계 높이는 데 중요한 역할을 했던 3저 효과는 오래 지속되지 못했다. 1989년에 접어들면서 미국 정부의 원화절상 압력과 국제 원자재가격 상승 등 대외적 여건이 다시 악화한 것이다.

내부적으로는 한번 늘어나기 시작한 소비수요가 경제 여건이 악화되었음에도 계속 팽창했다. 실질 GNP성장률이 1년 만에 절반 수준으로 뚝 떨어졌으나,[3] 개인·기업·정부의 세 경제주체는 소비를 줄이지 못해 같은 기간 총소비가 오히려 증가했다.[4] 1988년부터 착수한 주택 200만 호 건설이 건설 부문 경기에 불을 붙였고, 1980년대 초반의 초긴축 정책 때문에 억제되었던 사회간접자본SOC: Social Overhead Capital이 병목현상을 일으키면서 SOC 투자가 한꺼번에 급증한 것도 내수를 촉발시킨 요인이었다.

1987년 9월에는 전화 1,000만 회선을 돌파하면서 1가구 1전화 시대가 열렸고, 마이카my car시대가 열리면서 극심한 도로 정체가 유발되자 항공·철도·고속도로·지하철 등 교통망이 구축되기 시작했다. 통신시설과 전력, 도로, 항만, 상하수도 등 사회간접자본도 대폭 확충되었다.

---

3 1988년 12.4%였던 실질 GNP성장률이 1989년 6.8%로 감소했다.

4 1988년 9.7%에서 1989년 10.7%로 증가했다.

긴축재정에서 확대재정으로

이에 따라 1989년부터 재정지출이 급격히 확대되었고, 공공 부문의 종합재정수지가 빠른 속도로 적자로 전환됐다. 통화량의 고삐도 풀렸다. 3저 호황으로 인한 경상수지 흑자 누적으로 본원통화 증가율이 1986년 9.2%에서 1989년에는 36.9%로 급증했다.[5]

여기에 분배 요구가 커지면서 농어촌과 서민에 대한 자금지원이 대폭 늘어나 총통화 증가율이 걷잡을 수 없이 늘어났다. 중소기업금융 및 무역금융이 대폭 확대되었고, 추곡수매가 인상률은 과거의 두 배나 높은 14%에 이르렀다. 영농자금 규모는 1989년 1조 7,000억 원까지 확대되었다.[6] 국민주택기금 지원을 늘리고 저소득 근로자에 대한 저리 주택매입자금을 상향 지원하는 등 서민들을 위한 소형·임대주택자금 지원정책 자금 공급도 늘어났다.[7]

당황한 정부는 유동성 통제에 나섰다. 1989년 1월 재무부는 업무보고에서 "총통화M2 증가율을 15~18% 수준에서 운용하겠다"고 밝히고 총통화관리 강화에 들어갔으나, 이때는 이미 금융시장의 지형이 상당히 바뀌어 총통화관리를 통한 정책의 유효성이 떨어졌다. 호황의 여파로 늘어난 유동성이 은행권보다 제2금융권으로 급속히 유입됨으로써 총유동성M3이 크게 증가했기 때문이다.

이는 주로 은행권과 제2금융권 간 정부 규제의 비대칭성에 기인했다. 즉, 금리나 허용된 업무 영역 등에서 은행권은 정부 규제가 지속된 반면, 제2금융권의 경우에는 자율화가 상당히 진전되었기 때문이다. 정책 수단도 마땅치 않았다. 장기간의 금리 규제로 시장 메커니즘에 의한 자금수요 조절장치가 결여된 데다 공개시장조작

---

5 본원통화 증가율은 1987년 19.2%로 늘어났고 1988년에는 41%까지 급증했다.

6 국회는 1989년 12월 30일 〈농어가 부채 경감에 관한 특별조치법〉을 제정하여 영세 농어가의 부채에 대해 중장기 차입금은 5년 거치 5년 균등 상환, 상호금융 차입금은 3년 거치 7년 균등 상환하도록 하였다. 이자는 중장기 차입금은 호당 400만 원 이내, 상호금융은 200만 원 이내에서 영세 농어가의 경우 무이자, 0.7~2정보의 농어가는 3%(상호금융은 5%)만 내면 되도록 했다.

7 ① 소형·임대주택 건설을 중점 지원하기 위해 국민주택기금을 확대 지원하고, ② 소형주택 구입자금의 가구당 융자금액을 인상했으며, ③ 보험회사의 임대주택 건설 참여 등을 독려하였다.

등을 통한 제도적 장치도 미비해 정부가 통제할 수 있는 여지가 줄었다.

수입증가로 경상수지 악화

3저 호황의 여파로 특히 값비싼 수입 내구소비재 수요가 크게 증가했다. 수입증가율은 계속 높아져 수출증가율이 3%로 급락한 1989년에도[8] 수입증가율은 17.9%로 여전히 높았다.[9] 정부가 투자세액공제제도를 연장하면서 대기업들의 시설투자가 크게 늘어나 시설재 수입이 증가한 점도 수입 억제에 실패한 주요 원인이었다.

급증한 수입 수요를 줄이기 위해서는 내수를 안정시켜야 했다. 그러나 정치적 측면을 고려한 정부가 1989년 11월과 1990년 4월 두 차례 이미 섣부른 경기활성화 대책을 내놓은 탓에 가뜩이나 증가하던 내수 확대와 수입 수요를 억제하는 데 실패했다. 반면 수출은 '고비용 - 저효율' 구조 때문에 크게 감소했다. 재정확대와 통화 증발로 부동산 투기가 만연해졌고, 물가가 상승하며 금리가 올랐다. 여기에 임금인상 요구까지 겹치면서 수출제조업에 부메랑으로 되돌아왔다.

시의적절한 환율정책을 펴는 데 실패한 것도 경상수지 악화에 기여했다. 1986년부터 3년간 경상수지 흑자가 상당히 누적되었음에도 당시 수출주도 성장에 과도한 믿음을 보이던 정부는 적극적인 환율 절상을 기피했다. 그러다가 1990년 이후 원화가 큰 폭의 강세로 전환됨에 따라 수출의 국제경쟁력이 급속히 약화되었다. 수출은 급감하는데 수입은 계속 늘면서 1988년 114억 달러의 흑자를 기록했던 경상수지가 1989년에는 50억 9,000만 달러로 반 토막 났고, 1990년에는 큰 폭의 적자로 반전했다.[10] 경상수지는 1990년대 상반기에 지속적으로 적자 추세를 보인다.

---

8 수출증가율이 1986년 28.3%, 1988년 29%에서 1989년 3%, 1990년 2.8%로 크게 낮아졌다.

9 수입증가율은 1987년 29.9%, 1988년 24.9% 등으로 급등했으며, 1989년에도 여전히 상승세를 보였다.

10 1990년에는 21억 9,000만 달러의 적자를 기록했다.

높아진 개방화의 압력

경상수지 악화를 부추긴 또 다른 요인은 신보호무역주의가 등장하며 한국에 밀어닥치기 시작한 통상마찰의 높은 파고였다. 통상압력의 수준이 시장개방에서 제도와 법규, 정책에 이르기까지 광범위하게 높아진 것이다.

관세 및 무역에 관한 일반 협정GATT: General Agreement on Tariffs and Trade의 우루과이라운드가 진행되면서 서비스시장을 개방하라는 압력이 가속화되었고, 산업지원에 관한 새로운 국제규범이 만들어졌다. 특히 미국의 금융시장과 서비스시장에 대한 개방 압력이 커졌다. 당시 미국은 달러 통화 강세가 지속되면서 무역적자가 크게 늘었고, 1985년 이후 세계에서 가장 큰 채무국으로 전락한 상태였기 때문에 미국 의회는 보호무역 색채가 강한 70여 개의 통상 관련 법안을 제출하는 등 행정부에 자국시장 보호를 촉구하고 나섰다.[11]

한편 1980년대에 신흥공업국NICs: Newly Industrializing Countries의 선두 주자로 부상한 한국이 제 2의 일본으로 여겨지며 경계 대상이 되었다. 한국은 내수시장 규모가 작고 1인당 GNP가 아직도 2,300달러에 불과한 상황이었으나 미국은 "한국이 미국 시장의 7대 교역국이며 상품의 수준을 보더라도 특별히 배려해 주어야 할 수준의 저개발국 단계에서는 이미 벗어났다"는 입장을 분명히 하며 통상압력과 시장개방의 강도를 높였다.

1988년 11월, 한국은 개발도상국에 대한 경상거래 및 자본거래 예외 규정인 국제통화기금 제 14조의 적용을 받지 못하는 나라가 되었다. 개도국에 주어지는 일반특혜관세 혜택을 더 이상 받지 못한 채 선진국들과 대등한 호혜관계 무역을 해야 하는 상황에 처한 것이다.

1989년 4월에는 WTO가 '무역정책검토제도Trade Policy Review Mechanism'를 채택했다. 이에 따라 R&D나 구조조정, 환경 등을 제외한 특정 기업이나 산업에 주어지던 보

---

11 1988년에는 〈무역법〉을 개정하여 미국이 불공정무역국으로 판정한 국가를 '우선협상 대상국'으로 지정하고 시장개방을 강요하는 '슈퍼 301'조를 신설했다. 또한 불공정한 환율이나 경제정책을 조사하여 시정을 요구할 수 있는 〈종합무역법Omnibus Trade and Competitive Act〉을 제정하였다.

조금이 철폐되었고, 직접적 채무감면이 금지되면서 매 4년마다 보고서를 의무적으로 제출하게 되었다. 차별적 수입규제 금지 조항에 의해 수입선다변화輸入先多變化制 정책도 더 이상 유지할 수 없어졌다.

개방화시대의 경제 환경에서 한국 경제는 이제 과거와 같은 인위적 환율조작이나 임금통제, 수출지원을 통한 수출경쟁력 증진을 도모할 수 없게 되었다. 한국 정부는 "1992년까지 단계적으로 자본시장을 개방하고, 1993년에는 직접투자를 신고제로 전환하는 한편 공산품의 관세율을 선진국 수준으로 인하하며, 1997년에는 'GATT 11조국'과 'IMF 18조국'으로 이행하여 대부분의 농산품 수입을 자동 승인한다"는 내용을 골자로 한 전면적 개방 일정을 발표했다.

그나마 제조업은 1980년대 초부터 시장개방에 지속적으로 노출되어 나름대로 대비가 되어 있었으나, 금융시장이 문제였다. 오랜 관치금융官治金融 일변도의 관행에서 벗어나지 못해 은행의 여신관리 기능도 미흡했고, 금리자유화도 아직 시작하지 못한 상황이었다. 여기에 제 2금융권의 기능도 미비한 한국 금융시장이 갑자기 글로벌시장 체제에 편입되어야 한다는, 숨 가쁜 일정표를 받아든 것이다.

1980년대 말 민주화의 바람을 타고 계속해서 이루어진 고율의 임금인상과 3저 호황 이후 대기업 집단들이 행한 방만한 투자, 높아지는 대외개방 압력 등 어려운 조건 속에서 한국 경제는 1990년대를 맞이했다.

시장 변화와 금융자율화 연구

1부

1장

KDI의 전환기 거시경제 운용 연구

시장의 역습

1980년대 말에 들어 경제발전 과정에서 오랜 기간에 걸쳐 성장해 온 민간기업들의 힘이 커지기 시작했다. 국민은 자율적인 시장거래 질서에 점차 익숙해졌으며, 개방화로 새로운 국제경제 질서에 편입된 한국 경제는 더 이상 정부가 힘으로 통제하기 어려워졌다.

그런데도 정부와 기업 등 경제주체들은 여전히 과거의 타성과 관행에 의존하는 행태를 보였다. 대기업은 "정부는 더 이상 기업에 간섭하지 말라"고 촉구하면서도 정부지원 및 금융대출에 기대어 확대성장을 계속했고, 경기가 악화될 때마다 환율 인상과 통화공급 증가, 수출지원을 위한 비상대책을 요구하는 등 정부에 단기 응급처방을 호소했다.

자율화를 강조하면서도 관 주도의 정책 관행을 고수하는 것은 정부도 마찬가지였다. 특히 환율과 금리 등 금융시장은 여전히 강하게 통제했다. 그러나 새로운 시대에는 정부가 시장을 통제하려 해서도 안 될 뿐더러 통제할 능력도 없음을 단적으로 보여 준 사건이 벌어졌는데, 바로 1989년 말에 발생한 '주가부양 사건'이다.

3저 호황기였던 1986~1988년 사이에 주식시장으로 과잉유동성이 몰리자 주가가 연평균 79.2% 상승했다. 급증한 수요에 비해 우량 상장기업이 적어 생겨난 수급 불균형도 주가폭등을 부채질한 요인이었다. 1987년 8월 500선을 돌파한 종합주가지수는 1989년 4월 1일 1007.8포인트를 기록했다. 눈 깜짝할 사이 두 배가 된 것이다. 다음은 당시의 증권시장 과열에 대한 묘사이다.[1]

> 그야말로 꿈의 1,000포인트 시대가 열리면서 온 국민은 주식 축제의 홍분에 빠지게 되었다. (중략) 이른 아침부터 주부들이 증권사 객장에 몰리고, 점심시간이면 회사원들이 끼니도 거른 채 객장으로 줄달음쳤다. 농촌에서는 농부들이 경운기를 몰고 증권사 지점을 찾는 진풍경이 벌어졌다. 자고 나면 오르는 것이 주가여서 증권사에서 신용으로 빚을 내서 주식에 풀 베팅해 놓고 주가가 더 오르기만 기다리는 사람이 많았다.

그러나 수출이 급감하고 경기가 하락할 기미가 나타나자 주가는 빠른 속도로 떨어지기 시작했다. 주가폭락으로 농민들 가운데 자살자가 생기는가 하면, 언론이 '핸드백부대'로 묘사한 주부들이 연일 증권거래소에서 항의 소동을 벌였다. 일부 과격한 투자자들이 증권 객장에 난입해 기물을 부수는 사태까지 발생했다.

투자자들을 진정시키기 위해 재무부는 투자신탁회사에 1조 2,000억 원의 신규 펀드를 설정하고 증권사·단자사·보험사 등이 주식 매입을 확대하도록 하는 한편, 주식 공급물량을 줄이는 조치를 취했다. 그러나 주가는 지속적으로 하락했다. 시장이 공황상태에 빠지자 투자신탁회사에서 주식형 수익증권을 환매하는 경우가 증가하면서 증권투매 현상이 나타나기도 했다.

증시 폭락은 정치권으로 불똥이 튀었다. 언론이 "투자심리가 극도로 악화되고 투매 현상이 가속화되어 증시가 붕괴하는데 정부는 대책을 세우지 않고 뭘 하느냐"고 연일 다그쳤고, 여당인 민정당까지 정부에 적극적인 증시부양 대책 수립을 요구하고 나섰다.[2]

---

1 한국증권업협회, "이야기로 보는 한국 자본시장", 《증권업협회 55년사》 2권, 2008.

결국 재무부는 증시 붕괴에 대비해 내부적으로 준비했던 내용을 기초로 1989년 말 '12·12 증시부양 대책'을 내놓았다. 발권력을 동원한 한국은행의 무제한 지원하에[3] 증시가 안정될 때까지 은행이 투신사에 자금을 조달해 한도 없이 주식 매입을 할 수 있도록 한다는 극약처방이었다.[4]

그러나 정부 대책은 증권시장에서 전혀 약발이 들지 않았다. 주가는 여전히 폭락했고, 시장 혼선은 지속되었다. 당시 경제기획원 장관의 자문관은 KDI 이덕훈 박사였다. 재무부에서 증시 상황을 지켜봤던 그는 "당시에 시장이 이미 정부의 통제를 벗어났었다"고 회고한다.

이덕훈 주가가 급락하니까 증권 당국이 그걸 막고자 투자신탁회사들에게 8,000억 원 규모의 주식형 펀드를 신설하도록 하고, 투신사를 통해서 3,000억 원을 투입한 다음 주식을 무제한 사들이도록 했습니다. 그런데 결국 실패했습니다. 무너지는 주가를 잡기에는 도저히 역부족이었어요. 투신사도 부실이 장기화되면서 어려움을 겪다가 외환위기 때 상당수 정리됩니다.

시장에 문제가 있을 때 정부가 주도해서 처리하려고 한 시도가 전혀 효과를 보지 못한 충격적인 사건이었습니다. 시장실패 등의 문제가 생길 때마다 정부가 개입해서 무리 없이 처리하고는 했던 과거의 관행이 이제는 더 이상 통하지 않을 만큼 우리 경제에서 금융의 민간 비중이 커졌다는 것을 절실하게 느꼈습니다.

홍은주 당시의 증권파동은 과거와 같은 정부의 개입이 더 이상 시장을 이길 수 없게 되었음이 분명하게 드러낸 사건이라고 봐야겠군요. 1990년대 한국 경제가 가야 할

---

2 이장규 외, 《경제가 민주화를 만났을 때》, 올림, 2011.

3 실제 발권력이 동원되지는 않았으며 해당 조치는 12월 말로 종료되었다고 재무부는 사후 발표했다.

4 이외에도 기관투자가의 범위를 현행 금융기관에서 기금(60여 개), 공제단체(12개)로 확대하며 한국 증시에 투자할 수 있는 9,000만 달러의 외국인 전용펀드 설정, 5,000만 달러의 코리아 유럽펀드KEF 증자 허용, 해외채권(CB, BW) 발행 확대, 시가발행 할인율 신축적 운용, 고객예탁금 이용률의 인상 및 운용방법 개선, 위탁증거금 및 신용거래보증금 조정 등의 방안이 포함되었다.

방향성을 생각하게 만든 사건이었던 것 같습니다.

이덕훈 저는 그렇게 생각합니다. 1980년대에 보면 산업구조조정이라든지 부실채권 정리 등을 모두 정부가 주도하여 처리했습니다. 예를 들어 "건설업이 불황이라 기업들이 몇 개 쓰러졌다", 이러면 시장의 논리가 아니라 해당 분야의 다른 기업을 불러서 인수하도록 하는 등 정부가 주도하여 산업합리화 작업을 했습니다.

산업합리화 작업이라는 게 한쪽에서 보면 재벌 밀어주기로 비치기도 하지만, 다른 쪽으로 보면 연쇄도산으로 경제가 무너지는 더 큰 혼란상을 막기 위해 정부가 개입해 정리했던 거죠. 경제개발을 위해 정부가 지원하고 나중에 부실이 발생하면 나서서 막아 주기도 했던 것입니다.

주가 급락을 막고자 증권 관련 기관들을 통해 막대한 자금을 투입하는 조치를 취한 것도 그동안 정부가 해 오던 관행 중 하나였는데, 증권파동은 정부가 개입해도 이제는 시장에서 더 이상 먹히지 않음을 보여 준 중요한 신호였던 셈입니다. 아이가 크면 부모의 보호를 벗어나듯 이제는 경제나 금융 규모가 커졌기 때문에 문제가 생기면 정부가 통제할 수 있는 단계를 넘어선 상황이었습니다.

제가 재무부나 기획원에 들어가 일하다 보니 마치 게릴라전이 터지듯 그런 비슷한 사건이 곳곳에서 터지는 모습을 자주 보았습니다. 정부가 시장실패를 직접적으로 통제하지 못하는 시점에 다다랐음을 목격한 것입니다.

1990년대 이후부터 정부가 특정 지표나 정책을 통제하려다가 '시장의 역습'을 받는 사건들이 시시때때로 벌어졌다. KDI는 이같이 정부가 시장을 통제하려는 과거의 관행을 단절해야 한다고 지적하고, 금리와 환율 자율화 등 시장 자율화를 뒷받침할 수 있는 연구를 계속했다.

정치에 오염된 경제정책이 문제

증권파동의 여파로 1990년 3월 18일 재무부 장관이 바뀐 이후에도 인위적인 주가 부양은 계속되었다.[5] 1990년 4월 4일에는 경제활성화 대책 및 부동산 투기를 억제하고 증시 안정을 꾀한다는 취지로 "그동안 추진되어 왔던 금융실명제를 유보한다"는 발표가 나왔다.

1989년의 '경기부양 정책' 및 '12 · 12 증시부양 대책', 1990년의 '4 · 4 경제활성화 대책'과 '금융실명제 유보' 발표 등에 이르는 당시의 경제정책에 대해 KDI는 〈정치민주화하의 통화금융 및 재정정책의 평가〉 종합보고서를 펴냈다.[6]

보고서는 "근로자 및 저소득층에 대한 주택공급 확대, 농민들에 대한 소득보전 성격이 강한 금융공급 등이 정치적 고려에 의해 결정되었고, 선거공약인 주택 200만 호 건설을 시작하면서 주택금융 공급을 확대했으며 SOC 등으로 풀려나간 돈이 긴축기조를 훼손하고 경기과열을 이끌었다. '12 · 12 조치'를 시작으로 증권 투자자들의 이익을 대변하는 증시안정화 대책을 남발하여 본원통화 증발을 초래하기도 했다"고 진단했다. 결정적으로 1990년 '4 · 4 경제활성화 대책'의 결과 중소기업금융이 한국은행의 본원통화가 증발한 주원인이 되었고, 경제활성화 대책의 하나로 전세자금의 공급 규모를 확대하는 등의 조치를 시행하며 주택자금 공급이 5조 4, 230억 원으로 1년 전에 비해 무려 78. 4%가 증가했다는 점을 지적했다.[7]

금융실명제의 경우도 "타당성 여부를 떠나 시작부터 후퇴까지 모두 비경제적 요인에 의해 주도되었다"고 지적했다. 해당 논의가 금융과 관련해 부富의 편중이 시정되어야 한다며 형평성을 내세운 대통령의 공약에서 출발했고, 제도 도입이 보류된 과정에서도 기업이나 정치권 등 상대적으로 피해를 많이 보게 될 이해관계자 집단

---

5 1990년 1월에 증권업협회가 주식 매입자금의 조성에 나섰고 3월에는 재무부가 공무원연금 기금을 비롯한 31개 기금 및 공공단체를 기관투자가로 확대했다. 한국 주식시장의 경우 개인투자자 비율이 너무 높고 기관투자자 비율이 낮다는 이유에서였다.

6 남상우, "정치민주화하의 통화금융 및 재정정책의 평가", 〈경제운용 과제에 관한 단기 정책연구〉, 단기정책보고 92-01, KDI, 1992, 441~450쪽.

7 1989년 3조 390억 원에서 1990년 5조 4,230억 원으로 급증했다.

의 반대가 중요한 영향을 미쳤다는 것이다. 또한 "금융공급이 이해관계 집단에 대한 정치적 고려가 아니라 거시경제정책 본연의 목적에 일관되게 집행되어야 한다. 1992년 말로 예정된 대선에서의 통화 살포나 특정 지역·부문·산업 등에 대한 선심성 금융 공급도 경계해야 한다"고 강조했다.

1990년대 초 수출경쟁력 악화

1990년의 실질 경제성장률은 9.0%로 나타났으나 실정을 들여다보면 건설 부문이 주도하는 편향 성장과 부실 성장이 두드러졌다. SOC 인프라 건설과 1992년까지 추진된 주택 200만 호 건설 등에 힘입어 건설업종이 22.7%나 성장한 것이다.

또 대형화·장기화된 노동쟁의로 임금이 크게 올라 수출가격 경쟁력이 급속히 저하되었다. 임금상승률이 과거 5년간 2배나 올랐고,[8] 달러화를 기준으로 단위노동비용도 두 배가 급증하여 같은 기간 15%가 증가한 일본이나 58%가 상승한 대만에 비해 훨씬 높은 수치를 기록했다.[9] 3저 호황을 이끌었던 원화의 절하 효과도 이 무렵에는 대부분 사라진 상태였다.[10]

KDI는 한국 경제가 처한 이 같은 상황에 심각한 우려를 제기하고 "물가가 오르고 임금이 급등하며 수입 수요가 증가하여 경상수지가 지속적 적자 추세인 점을 감안하여 환율 절하, 금리 인상을 통한 안정화와 건전화 정책의 수립과 집행이 필요하다"라고 강하게 권고했다.[11]

거시정책의 경우 "총수요의 안정적 관리, 통화의 안정적 공급, 긴축적 재정 운용, 건설투자 억제, 임금상승 안정화 노력을 다시 한번 촉구했으며 특히 외화대출 확대

---

8 임금상승률은 1988년 19.6%, 1989년 25.1%, 1990년 29.4%였다.

9 KDI, 〈경제운용 과제에 관한 단기 정책연구〉, 단기정책보고 92-01, 1992, 15쪽.

10 1986년 43.3%나 되었던 엔화에 대한 절하율이 1987년에 8.7%, 1988년에는 0.3%로 거의 사라졌다가 1989년에는 14.7%로 오히려 절상되었다.

11 KDI, 위의 보고서, 1992.

는 사실상의 이자보전 효과가 있어 국산화 노력을 견인하기보다는 시설재 수입이 급증하는 등 산업정책 차원이나 국제수지 차원에서 부작용이 더 크다"고 지적했다.

또한 "지준관리 정상화를 위해 지준부족 보전을 위한 한국은행 자금의 범칙금리를 시장금리 수준으로 높이고 채권시장을 활성화시켜 기업자금 조달 비용을 줄여 주는 한편 거액의 부동자금을 산업자금화로 유도해야 한다"는 정책 제안을 내놓았다.

KDI의 외환위기 조기경보

당시 KDI가 가장 우려했던 점은 급격히 증가하던 수입 수요와 급속한 수출감소로 인해 발생하는 경상수지 적자였다. 급속한 원화절상과 임금상승, 금리상승 등이 복합적으로 작용하면서 기업들의 수출가격 경쟁력이 현저히 약화되어 1989년 수출증가율은 명목상으로는 3%였지만 실질적으로는 마이너스였다.[12]

KDI는 1992년 보고서에서 1991년 경상수지가 72억 달러 적자를 낸 데 이어, 1992년 80억 달러, 1993년 84억 달러, 1994년 73억 달러, 1995년 49억 달러의 적자를 지속적으로 낼 것이라고 전망하고,[13] 대미환율을 절하하라고 강력히 권고했다.

보고서에서는 설령 대미환율의 절하를 전제로 경상수지 적자가 점차 축소되더라도, 1996년 무렵에 접어들면 순외채純外債 누적 규모가 430억 달러 수준에 이르러 외채 문제가 크게 부각될 것이라고 우려했다. 물가가 오르고 경상수지 적자가 지속되는 상태에서 금융·외환·자본 자유화 계획을 예정대로 추진하면 경제의 불안정성과 경상수지 적자가 심화될 가능성이 높음을 지적한 것이다. 1997년 외환위기를 촉발시킨 원인 가운데 하나였던 경상수지의 적자 누적 현상이 지닌 위험성을 이미 이 시점에 일찍이 경고한 셈이다.

1991년에는 금융시장 개방이 진전된 상황에서 국내 금리가 높아질 경우 해외에서

---

12 반면 수입 수요는 급등하여 1990년 상반기에만 13억 5,000만 달러의 상품수지 적자를 기록했다. 해외여행 자유화에 따른 여행수지와 운수수지 적자로 경상수지는 그보다 훨씬 큰 폭의 적자를 기록했다.

13 KDI, 〈경제운용 과제에 관한 단기 정책연구〉, 단기정책보고 92-01, 1992, 115쪽.

자본이 대거 유입될 것이므로 그전에 환율변동의 신축성을 허용해야 한다고 주장했다.[14] 외환 규제를 네거티브 시스템으로 전환한 후 경상거래를 중심으로 외환자유화를 시도하고, 직접투자와 증권시장을 점진적으로 개방하는 한편, 실물 무역거래와 연계된 상업신용 및 대출거래를 허용하고, 마지막으로 단기 화폐시장 및 금융신용 등 외환 단기 자본거래를 자유화하는 순서로 이루어져야 한다는 진단이었다.

다만 환율 신축성을 한꺼번에 허용할 경우 원화절상이 예상되므로 단번에 자유화의 폭을 넓히기보다는 오랜 규제체제 아래에서 굳어진 구조 불균형 및 왜곡을 정상화하는 방향으로 규제를 정비하면서 거시적으로는 긴축적 통화관리와 총수요관리를 추진해야 한다고 건의했다.

위기상황에서 필요한 것은 긴축과 구조조정

KDI는 또한 "국제수지의 구조적 균형을 맞추기 위해서는 주택 200만 호 건설과 SOC 투자 증가로 인한 건설경기 과열을 억제하고 고통스러운 통화, 재정긴축과 금리·외환·자본거래 자유화의 연계적 추진에 따른 경기부진, 기업부도 증가, 실업 증가의 고통을 감내해야 하며 이를 미루면 안 된다"고 경고했다.[15]

그러나 1992년 대통령 선거라는 정치적 이벤트에 직면한 정부는 긴축과 구조조정, 금융개방화 시대에 대비해 자유변동환율제를 도입하라는 KDI의 건의를 받아들이지 않았다. 정치적 목적으로 경제정책을 견인하는 추세는 1993년 김영삼 정부가 출범한 이후에도 별로 달라지지 않았다. 경기하락에 따른 정치적 부담을 피하려는 목적으로 '신경제 5개년 계획' 등을 실시하면서 확장적 통화와 재정이 지속되었다. 이에 대기업들은 빚을 내서 시설을 확충하는 팽창 일변도의 투자 행태를 계속해서 보였고, 시설재 수입이 지속적으로 증가했다.

---

14 좌승희, 〈금리·외환·자본거래 자유화의 연계적 추진: 이론과 경험〉, 정책연구시리즈 91-23, KDI, 1991.
15 KDI, 〈경제운용 과제에 관한 단기 정책연구〉, 단기정책보고 92-01, 1992,, 154~157쪽.

결정적으로 한국 경제에 중대한 분수령이 되는 사건이 1995년 4월 25일 일어났다. 일본 엔화가 비정상적으로 높은 수준에 달하자 주요 선진 7개국G7이 워싱턴에서 모여 "과도한 달러화 약세와 엔화 강세를 바로잡는 데 협력하기로 했다"는 내용을 발표하면서 극적으로 엔화 통화의 약세가 시작된 것이다. 이렇듯 엔화가 급격히 약세로 전환되었음에도 한국 정부는 환율고평가 정책을 지속했다.

여기에 반도체를 비롯한 한국 주요 수출품 가격의 단가 하락이 맞물리면서 1996년 경상수지는 사상 최대인 237억 달러 적자를 기록하였다. 장기간 누적된 경상수지 적자는 1997년 발생한 외화유동성 위기로 연결되는 단초가 된다.

금융의 국제화 연구

금융개방의 순서 연구

1990년을 전후하여 금융시장 자율화 및 개방화 움직임이 가속화되었고 우루과이라운드가 진행되면서 선진국들이 한국 등 신흥공업국에 금융 및 서비스시장 개방을 요구하기 시작했다.[1]

금융시장 개방 움직임에 따라 KDI는 중개금융 및 자본시장 개방과 외환 및 단기자본거래 자유화를 포함한 금융 국제화에 대응하기 위한 정책 연구를 본격화했다. KDI 금융경제실의 〈금융 국제화에 따른 금융산업의 과제〉[2] 연구는 정부 규제로 인한 금융기관 업무능력의 미흡, 높은 부실채권 규모 등으로 인한 국내 금융기관 경쟁력의 미비 문제를 지적했다. 금융산업 경쟁력을 높이고 금융자율화와 국제화를 추진하기 위해서 KDI는 "금리 및 환율의 신축성을 확보하고 거시정책의 안정화와 대

1 이에 대응하여 한국 정부는 1991년에는 증권산업을, 1992년에는 자본시장을 개방하고 1993년에는 한국에 대한 직접투자를 신고제로 전환하는 등의 내용을 골자로 하는 전면적 금융개방 일정을 발표했다.

2 남상우·이덕훈·강문수·김준경·좌승희·최범수, 〈금융 국제화에 따른 금융산업의 과제〉, 정책연구시리즈 91-15, KDI, 1991.

외 균형 기조가 달성되어야 하며 국내 금융산업의 경쟁력 제고와 함께 금융제도 및 규제의 세계적 추세를 따라잡아야 한다"고 봤다.

또한 금융개방 압력은 금리자유화를 전제로 하며, 자본유출의 안정화를 위해서도 금리의 신축성 확보가 필요하다고 강조했다. 자본시장 개방 순서에 대해서는 남미가 단기간 내에 금융 및 경제자유화 조치를 한꺼번에 전면적으로 실시했다가 실패했던 경험을 토대로 하여 "금융과 외환·자본시장의 자유화는 조정속도가 느린 부문을 먼저 개방하고 조정속도가 빠른 부분을 나중에 개방하여 자유화에 따른 부작용을 줄여야 한다"고 주장했다.[3]

이덕훈 1990년대 들어와서는 경제와 금융의 범세계화 현상이 두드러지게 나타납니다. 한국 경제가 국제금융시장에 편입이 되어 가는 과정에서 범세계화가 화두로 떠오른 것입니다.

일부 사람들은 금융시장의 범세계화를 비판하는데, 제 생각에는 개방 여부를 우리가 정할 수 없었습니다. 세계 경제의 큰 흐름이 그렇게 진행되어 우리가 어차피 받아들여야 하는 상황이었다고 봅니다. 1990년대에 우루과이라운드가 타결된 뒤 농산물 수입자유화를 할 수밖에 없었듯이, 금융도 그러한 추세로 흐름이 이어졌던 것입니다. 우리 경제 규모가 점점 10위권으로 진입하는 상황에서 금융시장이라고 무조건 닫고만 있을 수는 없었습니다.

당시 금융의 국제화 과정에서 준비를 잘못해 외환위기를 초래했다고 말하는 시각도 있기는 합니다만 그 당시 경제 흐름을 볼 때 우리가 "개방 안 하겠다. 세계 경제에 편입되지 않겠다" 이런 식으로 우길 수 있는 선택의 문제가 아니었습니다.

그래서 큰 흐름으로 볼 때 우리가 능동적으로 준비해서 세계 경제의 흐름을 수용할 수 있어야 한다고 생각했고, 관련 연구들을 수행했습니다.

---

3 보다 구체적으로는 ① 은행을 중심으로 하는 간접금융 중개시장 자유화 먼저 추진, ② 경상거래를 중심으로 하는 외환자유화 추진, ③ 장기 자본거래인 증권산업과 증권시장을 점진적으로 개방하되 주식시장을 채권시장보다 앞서 개방, ④ 단기 자본거래의 자유화와 자본 유출입의 완전 자유화 추진을 권고했다.

“금융 방치하면 나라가 망합니다”

개방화 압력에 따라 금융시장 개방 일정표의 시한은 빠르고 분명하게 정해져 있었던 반면, 그 전제 조건인 금융자율화와 금리자유화는 일보 전진했다 다시 후퇴하는 등 그야말로 ‘속 터지게 느린 속도’로 진행되고 있었다. 대마불사大馬不死의 잘못된 믿음에 기반한 대기업 여신 위주 및 담보 위주의 대출 관행이 지속되다 보니 금융기관이 제공하는 대출의 질을 판단하는 능력이나 위험관리 체제는 거의 성숙하지 못한 상태였다.

이에 따라 KDI 금융팀은 “금융시장과 자본시장 개방이 급속히 진행되는 과정에서 금융시장이 하루빨리 정상화되지 않으면 한국 경제에 심각한 어려움이 닥칠 것”이라는 우려를 정책당국자들에게 자주 전달했다.[4]

이덕훈 1990년대 초반부터 KDI가 지속적으로 금융개혁의 필요성에 대해 많은 보고서를 작성하여 정부 여러 채널로 전달했습니다. 금리자유화부터 시작해서 통화신용정책의 독립성, 금융규제 완화, 자본시장 개방화 문제에 이르기까지 모든 금융문제에 관한 보고서를 올렸죠. KDI가 그 당시에 취약한 금융시스템에 대해 크게 우려하여 공식·비공식 모임에서도 기회가 될 때마다 이야기하고, 꾸준히 보고서도 내고 그랬습니다.

KDI는 금융의 안전성과 금융기관의 재무 건전성 확립이라는 본래 취지를 벗어나 오히려 감독이 은행 경영을 대체하는 극단적 현상을 초래한 부실한 금융감독체계를 비판하는 보고서도 냈다.

좌승희 박사는 “금융감독제도가 지나치게 사전적 규제에 치우쳐 사후 경영평가와 관리를 소홀히 하여 부실채권의 누적과 경영부실을 막는 기능을 하지 못했고, 금융

4 남상우·이덕훈·강문수·김준경·좌승희·최범수, 〈금융 국제화에 따른 금융산업의 과제〉, 정책연구시리즈 91-15, KDI, 1991.

자율화 및 금융업무 다양화, 개방화라는 변화 추세나 금융시장의 흐름에 탄력적·효율적으로 대처하지 못한 채 일관성과 형평성을 갖추지 못하고 있다"고 지적했다. 이어 적정 자본 및 유동성 비율의 감독기능 강화 및 금융개방에 따른 금융시장 안정성 감독의 강화, 선진화된 금융감독 지표의 개발과 기법 도입 등의 필요성을 역설했다.[5]

또한 "특정 금융산업을 육성하는 과정에서 보호 위주의 칸막이가 형성되어 현재의 전업주의와 분리주의가 정착되었다. 그러나 경제의 발전단계가 진전되면서 금융기관 간 경쟁이 치열해지고 금융 수요가 복잡해지고 있고 미국 등에서 금융겸업주의universal banking가 확산되고 있는 추세에 비추어 볼 때 향후 금융감독체계 개편에서는 기능별 접근을 기본원칙으로 해야 한다"고 지적했다.[6]

여기서 주목한 또 한 가지 쟁점은 당시 논란되던 금융감독 기능 개편 논의였다. 좌승희 박사는 "현재의 논쟁은 은행감독기능을 중앙은행에 계속 둘 것인가, 아니면 재무부로 이관할 것인가 하는 이해다툼과 할거주의적 논쟁에 너무 치중되어 금융감독의 본질적 내용, 즉 금융의 안전성과 건전성, 예금자와 투자자 보호, 거시경제 및 결제제도의 안정화라는 목적이 소홀히 다뤄지고 있다"고 비판했다. 금융감독 개선을 위한 논쟁의 쟁점이 국민경제적 효율성 차원에서 이루어져야지, 기관 간 밥그릇 싸움이 되어서는 안 된다고 경고한 것이다.[7]

---

5 좌승희, 〈한국금융산업의 발전방향과 과제〉, KDI, 1990, 45~49쪽.

6 이때 언급된 금융기관의 겸업주의가 한국에서도 본격화된 것은 이 보고서가 나오고 시간이 한참 지난 2000년대였다. 업권별 분리 감독보다는 기능별 감독을 법에 명시한 것은 그보다 한참 뒤인 2007년 〈자본시장과 금융투자업에 관한 법률〉 제정과 함께였다.

7 KDI의 지적에도 불구하고 감독권 관할 문제는 고질적 양상으로 번진다. 1997년 외환위기가 발생하기 직전 통합감독원 설립에 따른 은행감독원의 편입 문제로 한국은행 노조가 대대적으로 반발했고, 대선 기간 동안 쟁점이 되어 결국 금융개혁법안이 통과되지 못하는 하나의 요인이 되었다.

KDI와 재벌 대기업의 '이유 있는 불화'

당시 한국 금융의 건전화 문제는 확장경영 일변도의 대기업 여신 및 정책자금 문제와 밀접하게 연결되어 있었다. 낮은 금리의 정책금융 대부분을 대기업들이 가져갔기 때문이다. 그러다 보니 경기가 악화되거나 수출이 부진해져 재벌의 재무구조가 악화되면 금융기관이 덩달아 부실해지는 구조였다.

이에 따라 KDI는 은행을 통한 정책자금 집행으로 얽힌 대기업-금융기관의 구조적 문제에 자주 우려를 제기했다. 재벌기업-금융기관의 동반부실 문제는 결국 김영삼 정부 말기를 시작으로 한국 경제를 뿌리부터 뒤흔드는 위협 요인으로 작용하게 되었고, 태국발 금융위기와 겹치면서 1997년 말에는 외환위기로 이어진다. KDI는 1994년부터는 재벌기업의 오너들이 법적 책임은 지지 않은 채 그룹경영을 마음대로 좌지우지하는 것을 견제하고자 계속해서 거버넌스governance 이슈를 주요 문제로 제기했다. 그러다 보니 대기업들과 불편한 관계가 이어지기도 했다.

이덕훈 당시 금융기관이 위험관리 기능을 전혀 못 하니까 기업들이 부채에 대한 두려움이 없었습니다. 부채비율이 몇백 퍼센트가 보통이고, 천 퍼센트까지 올라가는 데도 별로 겁내지 않았어요.

정부가 정책자금을 지원했다 하더라도 금융기관을 통해서 출자되니, 일단 나간 다음에는 기업을 직접 견제하지 못하잖아요? 한편 금융기관은 금융기관대로 정부가 지시하는 대로 집행하는 정책금융인 데다 위험이나 손해를 걱정할 필요가 별로 없으니까 신경을 안 썼고요. 은행 입장에서는 더 많이 빌려줄수록 이자 수익을 올릴 수 있다는 잘못된 유인이 형성되어 있었습니다.

정부나 금융기관 중 어느 쪽도 기업들의 부채나 투자 건전성을 견제하지 못하면 결국 나중에 가서 큰 문제가 생길 수밖에 없죠. 경제 전체의 관점에서 보면 자원의 배분이 효율적으로 이루어지지 못하는 문제가 발생하여 종국에는 부실 투자가 누적될 수밖에 없었습니다. 그래서 1990년대 중후반부터 KDI가 금리자유화와 금융자율화 추진에 대한 의견을 정부에 지속적으로 강하게 건의했고, 기업의 엄청난 부채비율에 대해서도 여러 차례 경고했습니다.

그러다 보니 재벌들이 KDI를 그다지 좋아하지 않았다. 그보다 훨씬 이전인 1980년대 초에 〈독점규제 및 공정거래에 관한 법률〉(약칭 〈공정거래법〉)을 제정할 때나 1986년 〈공정거래법〉 개정안을 만들 때부터 이미 KDI와 재벌 대기업은 사이가 좋지 못했다.

이덕훈 재벌개혁 이슈에 대해서 이규억 박사나 유승민 박사 등 거침없이 직언을 날리는 사람들이 KDI에 많았거든요. KDI 연구진 입장은 후진적 재벌체제로 계속 나아갈 경우 한국 경제에 상당한 부담이 되기 때문에 체질을 바꿔야 한다는 것이었죠. 비효율이 누적되는 한국 경제의 어려움에 대해 재계와도 가끔씩 논의했습니다. 한 번은 대우그룹의 김우중 회장 및 사장단, KDI 선임위원들과 경주에 1박 2일로 워크숍을 가서 논쟁한 적도 있었습니다.

홍은주 그때 무슨 이야기가 오갔습니까?

이덕훈 경주 워크숍에서도 우리는 "한국 경제가 대기업을 키운 것이 경제개발과 고용을 창출하는 데 중요한 역할을 했지만 대기업들이 국제무대로 진출하는 지금 같은 시점에서는 자체적 경쟁력을 가져야 한다. 부채 체질을 개선하지 않고 과거 하던 식으로 문어발처럼 개열사만 몇십 개씩 거느리면 전체 역량과 경쟁력이 떨어지는 결과를 가져올 수밖에 없다"고 설득했습니다.

워크숍에서 KDI가 그 문제를 지속적으로 지적했는데 김우중 회장은 수긍하기 어려웠던 것 같습니다. 그래도 KDI 연구위원들은 "회장님, 지금은 우리 이야기가 섭섭하게 들릴지 모르지만 불투명한 지배구조나 높은 부채비율을 이대로 끌고 가면 나중에 큰일 날 수 있습니다. 남들보다 빨리 구조조정을 해서 국제경쟁력을 높여야 합니다"라고 경고했습니다.

홍은주 역사에는 가정법이 없지만 만약 대우가 그때라도 구조조정을 서둘렀다면 훗날 외환위기 때 부도나고 전체 계열이 해체되는 위기를 면할 수 있었겠네요.

기업지배구조 선진화 연구

1980년대에는 주로 〈공정거래법〉상 경제력을 집중하는 차원에서 다뤄졌던 한국의 재벌개혁 이슈가 1994년에는 개방화와 세계화의 진전에 따른 한국 경제의 선진화 방안을 연구하는 과정에서 다시 등장했다.

〈한국 경제의 세계화 구상: 21세기 선진화 과제〉[8] 종합 연구에서 KDI는 개방화와 글로벌화에 따른 경제 및 산업의 장기전략과 국가의 경쟁우위를 지키기 위한 혁신체제의 하나로 기업지배구조 선진화 방안을 제시했다.

〈21세기를 위한 기업경영의 투명성 제고 및 기업지배구조 선진화〉[9] 연구를 수행한 유승민 박사는 당시 은행 등 이해관계자들이 일정 부분 기업경영에 간여하는 '이해관계자 자본주의stakeholder capitalism' 제도 도입이 불가피하며 지배 대주주의 횡포를 방지하기 위한 법적 · 제도적 장치의 보완이 반드시 필요하다고 강조했다.

이를 위해 "경영진의 소액주주에 대한 충실의무fiduciary duty를 〈상법〉에 포괄적으로 규정하고, 기업 회장이 기획조정실 제도를 악용하여 사실상 기업을 지배하지 못하도록 기업 총수의 경영책임을 법제화하는 한편, 지배 대주주의 남용 행위에 대해 소액주주들이 손해배상을 청구할 수 있도록 하는 대표소송제 등의 법적 장치를 강화해야 한다"고 제언했다. 그리고 경영을 규율하는 기업 내외부의 다양한 통제 수단 가운데 사외이사제나 사외감사제 도입 등이 장기적으로는 중요한 경제통제 수단이 되어야 한다고 봤다. 또한 회계 투명성을 높이기 위해 소액주주의 권한을 강화하고

---

8 김종기 · 박준경 · 설광언 · 유정호 · 좌승희 저, 황인정 편, 〈한국 경제의 세계화 구상: 21세기 선진화 과제〉는 1994년 KDI에서 발간되었다.

9 이하의 내용은 "기업경영의 투명성 제고 및 기업지배구조 선진화"를 주제로 1997년 8월 18일 개최된 '21세기 국가과제 토론회' 자료에서 인용했다.

회계감사를 실시할 때 금융감독기구의 감리 기능을 강화해야 한다고 주장했다.

당시는 정부가 기업지배구조 개선 문제를 언급하면 온 기업과 언론이 "정부가 모든 기업경영에 간섭하고 지배하려고 한다"며 부정적으로 보던 시절이다. 유승민 박사가 실시한 기업지배구조 투명성 및 회계 투명성 연구는 선진국에서는 이미 일반화된 내용이었지만, 한국에서는 지나치게 급진적이라는 평가를 받아 당시에는 크게 주목받지 못했다.

오랫동안 캐비닛에 파묻혀 먼지가 쌓이던 KDI의 재벌구조개혁 연구가 본격적으로 빛을 보고 법과 제도를 정비해 완성된 시점은 1998년 외환위기 당시 기업 구조조정을 실시하는 과정에서였다.

1990년대 금리자유화 연구

1991년 금리자유화 연구

1980년대에 몇 차례나 후퇴했던 금리자유화가 본격적으로 다시 추진된 시점은 1991년 여름이었다. 재무부 관료 출신인 이용만 신한은행 행장이 재무부 장관으로 다시 오면서 KDI에 금리자유화 방안을 마련해 줄 것을 요청했다. 금융시장을 개방하라는 선진국의 압력이 높아짐에 따라 개방에 따른 금리자유화, 통화관리 방식 개선, 여신관리제도 개편, 단기금융시장 발전, 외환거래 및 자본자유화 등을 골자로 하는 각종 금융정책을 연구해 달라는 것이었다.[1]

홍은주 금리자유화 연구는 사실 한국은행이 전문성을 가지고 있고, 재무부에서도 직접 할 수 있었는데 왜 KDI로 요청이 왔을까요?

남상우 1980년대 중반에 금리자유화를 실시하려다가 정부가 금리가 오를까 봐 걱정

1 KDI, 《KDI 정책연구 사례》, 2003, 278~288쪽 내용을 인터뷰와 함께 재구성했다.

이 되었는지 가이드라인을 정해 다시 금리 규제를 시작했습니다. 은행들이 금리담합을 하는 것도 내버려 두고 그랬지요. 1988년에도 본격적인 금리자유화 준비를 했지만 경제가 안 좋아지면서 중단됐습니다. 그러다 1991년 이용만 장관께서 민간은행에서의 현장 경험을 통해 자유화의 필요성을 절감했던 것 같습니다.

금리자유화를 다시 추진하면서 아무래도 재무부나 한국은행이나 자기네 식구들에게 시키기보다는 객관적인 입장에 선 KDI가 해 주는 편이 좋지 않겠나 생각하셨나 봐요. 우리는 금융개혁의 가장 핵심적인 사항이 금리자유화라고 봤는데, 이를 재무부가 KDI에게 부탁했다는 것은 KDI 금융팀에 대한 신뢰를 보여 준 것이라고 생각합니다.

금융자율화를 하려면 일선에서 어떤 문제들이 발생하는지, 규제될 때 어떤 일이 일어나는지 알아야 하기 때문에 재무부 이재국이나 단자회사, 은행 사람들을 초청해 얘기도 소상하게 들으면서 단기간이긴 했지만 아주 강도 높게 작업했습니다.

KDI는 이미 오래전부터 금리자유화를 지속적으로 연구하고 있었다. 특히 1980년대 후반 금리자유화가 후퇴한 이후 이 문제를 좀 더 깊이 있게 연구해야 할 필요성을 절감하면서 수원대 김동원 교수와 함께 이 문제를 연구과제로 추진해 왔다. 남상우 박사가 김동원 교수와 공동 집필한 KDI 보고서 〈금리자유화의 과제와 정책방향〉[2]은 금융시장에서의 규제 회피 양상과 이에 따른 금리의 왜곡 현상, 금리자유화의 장애요인, 자유화 추진 대안별 검토 등을 자세히 포함했다.

재무부가 다시 요청한 금리자유화 연구에는 KDI 금융팀 전원이 참여하여 분담했다. 주무 부서인 재무부 이재국 금융정책과도 관련 자료의 제공 등 적극적인 협조를 아끼지 않았다. 은행, 증권회사, 단자회사, 투자신탁회사 등 금융기관 인사들도 작업팀의 초청에 응하여 해당 금융시장에서 금리규제를 회피하기 위해 어떤 금융 행태가 나타나고 있는지 솔직하게 이야기해 주었다. 금리가 자유화될 경우 어떤 결과가 예상되는지 등을 두고 열띤 토론도 벌어졌다.

---

2 남상우 · 김동원, 〈금리자유화의 과제와 정책방향〉, KDI, 1991.

이처럼 정부와 금융기관, KDI가 하나의 정책과제를 놓고 다양한 의견을 교환하고 토론하는 과정에서 금융시장의 정확한 실상에 근거하는 좋은 정책보고서가 만들어졌다.

금리자유화를 위한 단계별 솔루션

KDI는 1988년 말에 시도되었던 금리자유화가 성과를 보지 못한 것은 금리상승 등 단기적 조정비용을 시장이 감내하지 못한 데 기인했다고 봤다. 따라서 어떻게 하면 조정비용을 최소화하는 금리자유화 방안을 마련할 수 있을 것인가가 중요한 고려요인이 되었다.

KDI는 '금리자유화는 금융개방 압력에 대응하기 위해 반드시 필요하지만 점진적·단계적으로 가는 것이 바람직하다'는 견해를 제시했다. 단기적인 실효금리의 상승 압력을 최대한 완화하고 금융권 간 자금의 대규모 이동을 최소화하여 기업과 금융기관 등 금융시장 참여자들이 큰 무리 없이 새로운 시장 상황에 적응할 수 있도록 해야 한다는 것이다. 총수요의 안정적 관리를 통한 물가안정을 기하고, 금리와 직결된 통화를 대상으로 간접 규제를 정착시킬 수 있는 여건과 제도를 정비하기 위해서도 어느 정도의 준비기간이 필요하다고 판단했다.

또한 자유화의 단계마다 큰 부작용 없이 이를 시행할 수 있는 금융시장 및 거시경제적 여건이 무엇인가에 대해서도 심사숙고하여 다음과 같은 금리자유화 4원칙을 확립했다.[3]

① 금리 규제에도 불구하고 각종 규제회피 수단 때문에 규제의 실효성이 적은 (단기 금융시장) 금리 또는 금리 규제로 비정상적인 금융 관행을 초래하는 금융상품의 금리부터

---

3 남상우·이덕훈·좌승희·강문수·김준경·최범수, 〈금융국제화에 따른 금융산업 과제〉, 정책연구시리즈 91-15, KDI, 1991.

자유화한다.

② 금융권별로 자산 - 부채관리의 안정성이 유지되고 인위적인 예대 마진의 격차가 발생하지 않도록 여신금리와 수신금리를 균형적으로 자유화한다.

③ 금융권 간 자금의 급격한 이동을 방지하여 금융시장의 혼란을 피하고, 각 금융권의 균형적인 발전이 가능하도록 자유화를 추진한다.

④ 금리의 기간 구조term structure가 합리적으로 형성되도록 장기금리부터 자유화하고, 또한 금융저축 증대를 위하여 금리에 민감한 금융상품의 금리부터 자유화한다.

KDI의 연구는 또한 금리자유화가 경제성장, 물가, 무역수지 등 거시경제에 미칠 파급효과를 살펴보기 위해 소규모의 연간 계량경제모형을 이용한 시뮬레이션을 가동했다.

이렇게 분석한 결과 금리자유화가 금융시장의 구조개선과 정보전달체계의 원활화 등 효율성을 제고하려는 노력과 함께 추진되면, 경쟁이 촉진되고 금리규제 회피비용을 줄일 수 있어 중장기적으로는 금리의 하향 안정세 정착을 용이하게 할 것이지만, 단기적으로는 금리상승을 초래할 것으로 나타났다.[4] 금리자유화에 따른 이 같은 부작용을 줄이고 긍정적 효과가 제대로 발현할 수 있도록 "통화신용정책의 유효성을 높이고 산업금융지원체제와 기업금융 여건을 개선하며, 금융기관 경영 전반에 걸쳐 자율성과 책임경영체제를 확립하여 금융혁신을 유도하는 등 장단기 제도적 과제를 병행하여야 한다"고 제안했다.

금리자유화 추진방안을 보고받은 재무부 이재국 금융정책과는 1991년 8월 24일 금리자유화 추진계획을 곧바로 발표했다. 재무부가 최종 확정한 방안은 실물경제 여건이나 금융시장 상황 및 경제주체의 대응능력 등 제반 여건을 감안하여 점진적·단계적으로 금리자유화를 추진한다는 점에서 KDI가 제시한 기본 방향과 차이가 없었다. 유통시장 때문에 규제하여 얻을 실익이 적은 시장성 상품을 맨 먼저 자유화하고, 다음으로 여신금리와 거액의 장기적 수신금리를, 마지막으로 소액의 단기적 수

---

4 연구자들은 소규모 거시모형에 근거해 금리자유화 순서를 비롯한 미시적 문제에 대한 해답을 찾기에는 한계가 있다고 밝혔다.

신금리를 자유화한다는 큰 원칙도 같았다.

다만 KDI가 내놓은 안이 3단계로 나누어진 자유화인 데 비해 정부의 추진계획은 4단계로 구성되어 있었으며, 각 단계별 추진기간과 시기를 구체적으로 명시한 점이 약간 달랐다.[5]

단계적 금리자유화 정책의 평가

이후 금리자유화는 1992년에 다시 일시적으로 창구지도 조치가 취해지기도 하는 등 전진과 후퇴를 거듭하면서 오랜 시간에 걸쳐 완성된다.

1993년 11월에 추진된 제 2단계 금리자유화에서는 차후 예정되었던 금융채金融債와 국공채國公債 발행 금리가 미리 실제화되었다. 제 3단계 자유화는 1994년 하반기와 1995년 하반기에 몇 차례에 걸쳐 시행되었다. 부동산투기와 경기과열을 억제하여 경제안정을 도모할 필요가 있을 때 금리자유화가 추진된 것도 자유화의 조정비용을 줄일 수 있는 요인이 되었다. 1997년 7월 제 4단계 금융자율화 때는 요구불예금이나 초단기 저축성예금의 금리 등 극히 일부를 제외한 모든 금리가 자유화되었고, 금리연결 효과가 높은 환매조건부채권RP: Repurchase Agreements에 대해서도 최소 거래금액 및 만기에 대한 규제까지 모두 폐지되었다. 기업어음CP: Commercial Paper에 대한 모든 규제도 함께 철폐되었다.

이 기간 동안 한국의 금융시장은 규모 면에서도 크게 성장했다. 1980년 113조 7,000억 원에 불과했던 금융자산이 1990년 770조 원으로 연평균 68% 이상 증가했고, 1990년대 이후 2000년까지는 연평균 47%로 크게 늘어났다.[6]

역사에 가정법은 없다지만 만약 재무부가 금리자유화를 비롯한 금융자율화를 단계적이 아니라 좀 더 과감하고 신속하게 추진하였다면 어떤 결과가 나왔을까?

---

5 정부의 금리자유화 추진 단계는 다음과 같다. 제 1단계: 1991년 하반기~1992년 상반기, 제 2단계: 1992년 하반기~1993년 상반기, 제 3단계 1994~1996년, 제 4단계: 1997년 이후.

6 김상조 외, 《금융백서: 한국 금융의 변화와 전망》, 서울대 출판문화원, 2013, 16쪽.

남상우 당초의 의도대로 금리자유화가 금리 급등, 금융권 간 극심한 자금이동, 금융기관의 대규모 부실 등 큰 충격 없이 시행되었다는 사실만으로 반드시 성공적이었다고 단정할 수는 없습니다.

금리자유화를 보다 속도감 있게 추진했더라면 당시에 단기적으로 재무구조가 취약한 여러 기업들과 일부 금융기관들이 일시적으로 도산 위험에 직면했겠죠. 하지만 대신 금융당국은 금융기관 건전성 감독과 금융기관의 구조조정 및 퇴출제도 마련에 보다 신경을 쓰게 되었을 것입니다. 은행들도 여신 심사와 신용평가 기능을 강화했을 것이고요. 경제에 무리가 되더라도 그렇게 했더라면 후일 외환위기를 피할 수 있는 단초가 마련되지 않았을까 하는 생각을 가끔씩 해 보곤 합니다.

제도의 근본 개혁을 위해서는 단기적 비용과 사회적 손실을 일정 부분 감내할 필요가 있었던 것이 아닌가 하는 의문을 지금도 가지고 있습니다.

4장

금융실명제의 밑그림을 그리다

오늘 우리는 금융실명제를 실시합니다!

1993년 8월 12일 저녁 8시 무렵, TV와 라디오 등에서 김영삼 대통령이 특별 담화문을 발표한다는 긴장된 목소리의 예고 멘트가 나왔다. 1993년 2월의 김영삼 대통령 취임 직후부터 군 내부의 실세 조직이었던 하나회를 척결하고, 공직자 재산등록을 전격 실시하며 전 정권 실세들을 대상으로 정치자금 수사를 계속 진행하는 등 정치적으로 긴장된 국면이 계속되던 시점이었다. 이번에는 대체 어떤 발표일지 궁금해하면서 많은 이들이 방송에 귀를 기울였다.

김영삼 대통령은 특유의 무겁고 느릿한 목소리로 다음과 같은 내용을 발표했다.

친애하는 국민 여러분!

드디어 우리는 금융실명제를 실시합니다.

이 시간 이후 모든 금융거래는 실명으로만 이루어집니다.

금융실명제가 실시되지 않고는 이 땅의 부정부패를 원천적으로 봉쇄할 수 없습니다. 정치와 경제의 검은 유착을 근원적으로 단절할 수 없습니다. 금융실명 거래의 정착 없이는 이 땅에 진정한 분배의 정의를 구현할 수 없습니다. 우리 사회의 도덕성을 합리화할 수 없습니다. 금융실명제 없이는 건강한 민주주의도 활력 넘치는 자본주의도 꽃피울 수 없습니다. 정치와 경제의 선진화를 이룩할 수 없습니다.
금융실명제는 신한국 건설을 위해 그 어느 것보다 중요한 제도개혁입니다. 금융실명제는 개혁 중의 개혁이요, 우리 시대 개혁의 중추이자 핵심입니다.

이날 발표한 내용의 핵심은 한 마디로 "방송이 끝나는 바로 그 시점부터 곧바로 〈금융실명거래 및 비밀보장에 관한 긴급재정명령〉이 실시된다"는 것이었다.[1] 온 국민을 깜짝 놀라게 한 이때의 금융실명제 발표의 뒤에는 막후에서 밑그림을 그린 KDI의 남상우 · 양수길 · 김준일 박사가 있었다.

우여곡절 끝에 법만 통과된 금융실명제

금융실명제는 원래 1982년에 이미 '이철희-장영자 어음사기 사건'이 계기가 되어 법안이 최초로 발의되었다. 1982년 6월 24일 '이철희- 장영자 사건'의 여파로 국무위원 전원이 사퇴하고 전면 개각이 단행되면서 재무장관 자리에 오른 강경식 장관은 당시 김재익 경제수석과 의논하여 취임 직후인 1982년 7월 3일 '금융실명제' 실시를 전격 발표하였다.

이 법안에는 "은행과 단자회사, 증권회사 등과의 모든 금융거래는 주민등록증과 사업자등록증에 의한 실명거래만 허용하고 15%로 분리 과세되던 이자와 배당 등 모든 금융소득을 종합 과세한다. 대신 종합소득세율은 방위세와 주민세를 포함하여 76.5% 수준에서 50% 수준으로 인하하며 가 · 차명과 무기명 금융자산을 실명으로 전환할 때 일정한 도강세渡江稅만 내면 자금출처 조사를 면제해 준다"는 등의 내용이 포함되어 있었다.

---

1 긴급 재정명령은 국회를 통하지 않고 대통령이 직접 법을 만들어 선포하는 것이다. 1993년 제15차 금융실명제가 실시되기 이전 시행된 마지막 긴급명령은 1972년의 '8 · 3 사채동결 조치'였다.

금융실명제 도입이 전격 발표되자 경제계는 물론이고 정치권이 일제히 반발했다. 야당은 야당 말살 정책이라며 크게 반발했고, 여당 의원들도 시기상조라면서 적극적으로 반대에 나섰다. 논란 끝에 금융실명제 법안은 1982년 말 국회를 통과했지만, 1986년 1월 1일 이후 대통령이 정하는 시기에 시행한다는 단서 조항이 달렸다. 법만 통과되었을 뿐 시행 시기는 미정이었던 것이다.

노태우 정부에서 다시 추진된 금융실명제

금융실명제 법안이 다시 수면 위로 떠오른 시점은 1987년 대통령 선거 때였다. 1차로 통과되었을 당시 금융실명제를 반대했던 노태우 대통령 후보를 포함해 모든 후보들이 금융실명제 실시를 약속한 것이다. 그해 말 노태우 후보가 대통령에 당선됐다. 정부는 1988년 초에 금융실명제 실시를 발표하고, 1988년 10월에는 '경제의 안정성장과 선진 화합경제 추진대책'을 통하여 1991년 초부터 금융실명제를 실시하기로 했다. 더불어 토지공개념과 함께 이 제도를 양대 핵심 개혁과제로 추진하겠다고 발표했다.

1989년 4월에는 본격적으로 정부 부처 및 금융권 인사들로 구성된 실명제 추진 실무대책위원회와 관련 개별기관별 준비대책기구가 구성됐다. 은행 · 증권 · 보험 · 투자금융 · 투자신탁 등 10개 금융기관별로 자체 준비대책기구를 설치했으며, 국세청의 전산화를 보강하는 등 전담 준비기구를 발족했다.

진동수 당시 '실명제준비단'을 38명으로 구성했는데 관료뿐만 아니라 민간 전문가들 가운데 훌륭한 분들을 많이 모셔서 준비를 나름대로 철저히 했습니다. 5개 분야로 나누어서 스터디를 많이 했어요. 이규성 장관 주도로 준비단을 만들어 세제, 행정, 금융 등 5개 분야를 만들어 점검했습니다.

'금융실명제추진단'에는 처음에 심형섭 국장이 계셨고, 나중에 윤증현 단장이 오셨죠. 아무튼 제가 총괄반장을 맡아 세제와 금융 등 현실을 감안한 실시 방안을 단계적으로 많이 준비했고, 검토도 충분히 거치고 장관에게도 여러 차례 보고하여 실시할 수 있게 많이 준비했습니다. 그 당시 KDI가 직접 들어오지는 않았고 외곽에서 관련 연구를 하고 있었죠.

한편 이 무렵 KDI에서는 남상우 박사를 주축으로 한 금융실이 곧 실시될 금융실명제에 대비해 여론조사를 하고 정책협의회를 준비했다.

남상우 1987년 선거 때 주요 대통령 후보들이 모두 금융실명제를 시행하겠다고 하니, 차기 대통령이 당선되자마자 곧 추진될 가능성이 있다고 보고 KDI가 금융실명제를 연구하기 시작했습니다.

우선 1989년 여름에 고려대 경제연구소에 연구용역을 주어 '금융실명제에 대한 인식 및 실명제의 영향에 관한 의견조사'를 했습니다. 기초조사를 통해서 현실적인 실명제 추진안을 마련할 수 있을 것이라고 봤거든요. 예금자들 367명, 금융기관 종사자 787명을 대상으로 한 대규모 조사였는데 그 결과를 제출받았죠.

이 조사와 당시 자금시장 동향을 기초로 하여 실명제의 파급 영향과 실시 여부에 대한 본격적인 논의의 장을 마련하기 위해 1990년 3월에 구체적인 정책협의회를 가지기로 했습니다. '실명제는 어떤 영향을 미칠 것이며 구체적으로 어떻게 준비해야 하는가?'라는 주제로 논의하기로 한 뒤 나름대로 준비하고 있었습니다.

이때 준비된 KDI 보고서에 따르면 고액 저축자일수록 금융실명제가 저축 의욕을 저하시킬 것으로 예측되었다. 금융실명제가 실시되면 은행저축보다는 부동산이나 주식, 수익증권으로 자산을 보유하려는 이들이 늘어나기 때문이다. 증권시장의 경우에도 실명제 및 주식매매 차익에 대한 과세가 증시를 위축시킬 것이라는 반응을 보였다. 다만 이자배당 종합과세를 실시하는 반면, 증권 양도차익을 비과세한다면 증시로 자금이 대거 이동할 것이라고 예측했다.

이 연구를 기초로 KDI는 두 가지 시나리오에 따라 정책협의회 내용을 구성했다. 먼저 부작용을 최소화하면서 예정대로 실시하는 방안과, 또는 실명제 실시를 유보한 후 여건 조성 및 보완조치를 강구하는 방안의 두 가지 경우의 수를 제시한 후 각각의 근거와 장단점을 제시했다.

특히 실명제를 유보할 경우에는 정부정책, 특히 경제정의經濟正義 실천에 대한 신뢰성이 낮아지며, 실명제를 실시하지 않고는 조세정의租稅正義와 형평성을 실현하는 데 한계가 있음을 지적했다. 또한 정부가 실명제를 실시한다고 공개적으로 선언하고 오랜 시간이 경과했기 때문에 금융시장에서 자금이 이탈하는 등 이미 사회경제적 부담이 발생했고, 금융실명제를 연기한다면 이미 부담한 사회경제적 비용이 무위로 되돌아갈 뿐 기업의 투자의욕이 회복되는 등의 기대효과는 높지 않을 것임을 강조했다.

그런데 1989년 하반기 들어 경제상황이 악화되기 시작했다. 노태우 대통령 취임 첫해에 148억 달러였던 무역수지 흑자가 적자로 돌아섰고, 주가가 폭락하면서 투자자들의 항의가 빗발쳤다. 그러자 기업과 정치권이 경기부진과 주가폭락의 원인을 금융실명제로 돌리면서 금융실명제 연기를 강력하게 주장하기 시작했다. 금융실명제를 시행한다는 항목은 1990년 초 재무부가 작성한 대통령 연두 보고서에 여전히 실려 있었으나, 1990년 3월 17일 단행된 개각에서 부총리가 된 이승윤 경제부총리는 부임하자마자 "경제난으로 실명제 실시를 유보한다"는 내용의 기자회견을 했다.

남상우 당시 KDI는 금융실명제를 실시한다는 것을 전제로 이에 대한 정책협의회를 준비하고 있었습니다. 그런데 행사를 바로 며칠 앞두고 부총리와 대통령 수석경제비서관이 모두 바뀌었습니다. 제가 그때 이승윤 부총리가 취임 당시 이미 무산시키는 쪽으로 방향을 정하고 오신 것 같다는 느낌을 받았습니다.

그런데 새 경제팀이 들어서면서 갑자기 실시하지 않는다고 방침을 발표해 버리니, 정책협의회를 안 할 수는 없는 노릇이라 돌연 제목과 내용을 바꾸어야 했습니다. 당초 제목은 '금융실명제의 파급 영향과 실시 논의'였는데, '실시 논의'라는 단어를 뺀 뒤 단순하게 '금융실명제의 파급 영향'으로 제목을 변경하고, 내용도 '금융자산 보유 분포 현황, 외국의 금융실명제 및 금융자산소득 과세제도, 시중자금 흐름 및 실명제에 대한 인식조사 결과를 살펴봄으로써 향후 금융실명제 논의에 참고가 되도록 한다'는 정도로 바뀌었습니다.

그때 KDI 동향분석실장이었던 양수길 박사는 "개인적인 느낌으로는 실명제를 실시하지 않으려고 경제적 어려움을 강조하고 명분을 만들고 있다"는 생각이 들었다고 회고한다.

양수길 실명제 실시를 연기한다고 발표하기 전부터 정치권에서 "우리 경제가 나쁘다, 불황이다" 이런 이야기가 많이 흘러나왔어요. 1989년 그때 경제성장률이 7.6%로 떨어졌거든요. 그런데 사실은 경제가 그렇게까지 나쁘지는 않았어요. 1986~1989년까지 평균 13%의 고도성장을 했으니 사실 거시적으로는 기저효과로 성장률이 하락하는 것이 당연했습니다. 10%대 이상의 성장이 지속되면 오히려 그게 경제위기인 거죠. 경제적 어려움을 명분으로 실시하지 않겠다는 의도가 이미 그때 드러났다고 봐요.

계속된 KDI의 금융실명제 연구

또다시 금융실명제가 무산되었으나 KDI는 금융실명제가 불러올 파장과 그 효과, 현실적 문제점 등을 지속적으로 점검했다.

1990년 10월 KDI는[2] "현재 금융자산 소득은 일률적으로 15% 분리 과세되어 역진적이며, 비실명으로 인한 세원 포착의 어려움 때문에 상속·증여세 탈세가 용이하기 때문에 금융실명제 실시의 당위성이 요구된다. 더구나 향후 자본시장 개방으로 외국인의 직접 증권투자가 이뤄질 경우 투자현황 파악, 한도 관리 및 적절한 규제가 필요한데 비실명 거래가 허용된 상황에서는 이 같은 파악이나 규제가 불가능하다"고 지적하고, 금융실명제 실시의 불가피성을 역설했다. 이렇게 KDI가 금융실

2 이재웅, 〈금융실명제의 실시 논의와 보완 대책〉, 국민경제제도연구원, 1990.

명제 연구를 계속했던 이유는 무엇이었을까?

남상우 1992년에 대선이 있었는데 그때 여러 후보들이 내세운 대선 공약 가운데 하나가 금융실명제 실시였습니다. 대선주자들이 모두 금융실명제를 실시하겠다고 하니 KDI도 대선을 전후하여 정책을 이론적으로 잘 뒷받침하기 위해 여러 가지 경제과제를 점검했습니다. 그때 실명제가 포함되었습니다.

1992년 KDI에서 금융실명제를 연구한 팀은 남상우 박사가 부장으로 있던 거시금융연구부의 금융팀이었다. 금융실명제가 당장 급박하게 추진되리라고 생각한 사람은 없었기 때문에 상당히 느긋한 분위기에서 연구가 진행되었다. 이때 한국에 들어온 지 얼마 안 되는 김준일 박사에게 연구과제가 맡겨졌다.

김준일 하루는 이덕훈 박사님이 저를 자기 방에 데려가서 제 어깨높이에 올 정도로 쌓아 둔 페이퍼를 가리키더니 "이걸 다 가져가서 읽어 보고 정리해 보라"고 말씀하시는 겁니다. 그동안 KDI와 재무부에서 만든 금융실명제 자료들을 포함한 온갖 금융실명제 관련 자료들이었어요.

그때가 1992년 10월 대선 당시였는데, 저에게 떨어진 첫 임무가 과거 금융실명제 관련 자료를 모두 읽어 보고 분석하여 KDI의 포지션을 정리하는 것이었습니다. 그 모든 자료를 다 읽어 봤죠. 오랫동안 축적된 자료라 반드시 금융실명제를 실시해야 한다는 보고서와 해서는 안 된다는 보고서가 뒤섞여 있었습니다. KDI조차 두 가지 입장을 모두 낸 적이 있더라고요. 특히 민간 대기업 연구소 쪽에서 낸 보고서들은 실명제를 실시하면 나라가 망한다는 내용이 많았습니다.

저는 개인적으로는 실시해야 한다는 당위성에 대해서는 아무 의문이 없었지만, 실시해서는 안 된다는 보고서를 보니 여기에도 상당한 논리와 점검해야 할 포인트들이 있었습니다. 문제는 시행하는 과정에서 돈이 이탈하고 금융시장 혼란이 발생한다는 점이었는데, 이를 정리하고 보니 모든 부작용은 실명제 실시 이전에 발생한다는 사실을 알 수 있었습니다. 금융시장은 선제적으로 움직이는 'forward looking'

이 특징이잖아요? 시행한다고 미리 예고하면 자금이 이탈해 버리는 게 당연하죠.

그래서 보고서를 쓸 때 마지막 결론에서 "비밀리에 철저히 사전준비를 하되 실시 자체는 전격적overnight으로 할 수밖에 없다. 그 외에는 답이 없다"라고 기술했습니다. 그 보고서를 쓴 후 12월 무렵에 KDI 내에서 비공식적으로 모여 발표하고 토론도 했습니다.

비밀리에 전격 추진된 KDI 금융실명제 연구

1992년 12월에 치러졌던 대선에서 김영삼 후보가 대통령에 당선되고, 1993년 초 김영삼 문민정부가 들어섰다.

김준일 새 정부가 출범한 직후인 3월에 KDI가 이경식 경제부총리에게 보고하도록 예정되어 있었습니다. 이때 이 부총리가 사전에 두 가지를 주문하셨어요. 하나는 늘 해 오던 동향분석과 거시 보고를 하라는 지시였고, 또 하나가 금융실명제에 대해 보고하라는 것이었습니다.

보통 부총리께 보고하려면 전체 보고서를 간추리고 정확한 단어를 선별하는 축조심의를 호텔에서 밤새워 합니다. 그런데 송희연 원장님께서는 김영삼 정부 역시 금융실명제를 서두르지 않을 것이라고 판단하셨던 것 같습니다. 결국 실명제 관련 보고서를 만들 때 축조심의 과정에서 실명제의 주요 메시지가 다 빠졌고, 결론도 애매한 보고서가 되었습니다.

그렇게 보고서를 만들어 송희연 원장님과 거시경제팀 좌승희 박사 그리고 금융실명제 보고서를 쓴 저, 이렇게 세 사람이 보고하러 갔습니다. 이때만 해도 이경식 부총리가 금융실명제에 별다른 반응을 보이지 않았습니다.

그런데 부총리 보고를 마치고 며칠 뒤 기획원에서 갑자기 김준일 박사를 찾는다는 연락이 왔다. "KDI 원장님에게는 비밀로 하고, 김 박사님이 쓴 원래 보고서를 들고 부총리께 다시 한번 금융실명제를 보고해 달라"는 요청이었다. 김준일 박사는 내심 켕겼지만, 반드시 비밀로 하라고 당부했기에 원장에게도 보고하지 못한 채 기획원에 다시 방문했다고 기억한다. 가 보니 KDI에서 부총리 자문관으로 파견 나간 양수길 박사가 먼저 와서 자리해 있었다.

그는 30쪽에 이르는 보고서를 대폭 줄여 다시 보고한 후 "금융실명제와 관련된 모든 문제는 실시하기 전에 생기니까 비밀리에 준비했다가 전격적으로, 'overnight'에 해야 한다"는 결론을 강조했다. 이 부총리는 보고를 듣고 나서 "이 보고서를 누구와 상의한 적 있느냐?"라고 물었다. "KDI 내부에서 통상적인 수준으로 연구 보고를 수행했다"고 말하자 이 부총리는 알았다며 고개를 끄덕였다.

그러나 보고에 참여한 김준일 박사나 양수길 자문관 누구도 이 보고서가 실제 금융실명제 실시로 이어지는 단초가 되리라고는 생각하지 못했다. 당시 KDI 부원장을 맡고 있던 남상우 박사는 "KDI가 부총리에게 하는 수많은 일회성 보고 중 하나 정도라고 생각했다"라고 이때의 일을 기억한다.

양수길 가끔씩 언론에 실명제 기사가 나오는데, 박재윤 청와대 수석이 "우리 경제가 내년에 좀 여유가 생기면 그때쯤 실명제를 하겠다"고 답변하는 보도가 나왔습니다. 제가 금융전문가는 아니지만 상식적으로 납득이 안 가는 것이 '아니, 금융실명제를 한다고 하면 시장이 정신없이 요동칠 텐데 정부가 금융실명제를 언제쯤 실시한다고 이렇게 드러내 놓고 소문내도 되나?' 싶은 거예요.

바로 KDI 거시금융부장인 남상우 박사에게 전화했죠. "지금은 혹시 실명제 연구 안 합니까?" 물었더니 김준일 박사와 둘이서 계속 진행하고 있다는 겁니다. 그래서 김준일 박사에게 "금융실명제를 이렇게 소문내고 해도 되는 겁니까?"라고 물었더니 김 박사가 산뜻하게 결론을 내리는 겁니다. "그 문제에 대한 해결책은 간단합니다. 돈이 지하로 빠져나가지 못하도록 하려면 'overnight'으로 하면 됩니다." 저는 바로 이 점이 핵심 포인트라고 생각해 이 내용을 이 부총리에게 보고했죠.

남상우 KDI 보고서에는 '긴급명령'이라는 법률 용어 대신 "실명제 실시 선언 이후 시차 없이 전격적이고 전면적으로 실시한다"라고 명시되어 있었죠.

당시 이경식 부총리는 매주 대통령과 독대하면서 경제 현안을 보고하곤 했다. 4월 18일 새벽, 이경식 부총리가 청와대에 들어갔다. 이날 독대 조찬 자리에서 대통령은 "금융실명제를 준비하되 철저하게 비밀을 지키라"는 밀명을 내렸다. 대외적으로는 박재윤 수석이 '신경제 5개년 계획'을 대대적으로 발표하던 시점이었다.

당시 언론보도에 따르면[3] 김영삼 대통령은 이미 금융실명제 실시에 대해 마음을 굳힌 상태였다. 여러 사람의 의견을 들으면서 금융실명제 실시에 소극적이거나 반대하는 사람은 제외하고, 실시에 찬성하던 이경식 부총리에게 비밀로 업무를 하달한 것이다. 이 부총리는 비밀리에 금융실명제를 연구할 핵심 주체로 KDI 박사들을 불러모았다.

양수길 하루는 이 부총리가 청와대에 보고한 후에 저를 불러서 "내가 대통령 긴급명령으로 실명제를 실시하라는 지시를 받았다. 그 지시를 받고 돌아오는 차 안에서 곰곰이 생각해 봤는데 이게 만만한 일이 아니다. 왜냐하면 기밀 작업이 이루어져야 자금이 이탈하지 않고 금융시장에 닥칠 혼란이 줄어들 것이기 때문이다. 따라서 철저하게 기밀 작업을 해야 하는데 당신이 책임지고 비밀리에 KDI 실명제 연구 전문가들과 팀을 짜서 안을 마련하라"는 겁니다.

남상우 대통령이 직접 KDI를 언급했을까요?

양수길 그건 아니고 이 부총리께서 KDI를 지목한 것 같아요. 작업 지시가 나한테 떨어진 이유는 부총리 자문관이라는 직책이 수시로 부총리실에 드나들긴 하지만 아무도 주목하지는 않는 자리이기 때문이었죠. 기자들이나 공무원들도 자문관의 움직임에는 별 관심이 없으니까. 그렇다고 재무부나 기획원 라인 조직에 시키면 금방

---

3 〈중앙일보〉, "실명제 숨겨졌던 뒷얘기들", 1993. 8. 27, 9면.

소문이 나고, 기자들도 눈치채서 취재에 들어가고 난리나지 않겠어요? 당시만 해도 기자가 70여 명이나 되었기 때문에 주요 보직자가 자주 자리를 뜨면 비밀이 보장되지 않았을 것입니다.

부총리의 지시를 받은 양수길 자문관은 김준일 박사에게 전화해 신라호텔로 불러냈다. "김 박사, 실명제를 한다면 김 박사 말고 KDI에서 누가 일할 수 있을 것 같아요?"라고 묻자, "한국 실정을 잘 아시는 남상우 박사님이 적합하신 것 같습니다. 그런데 정말 실명제를 하려는 건가요?"라고 김준일 박사가 되물었다. 이어 그는 "아무래도 그럴 것 같습니다. 저는 보고서를 쓰긴 했지만 한국 현실에 대해서는 아무것도 모르니 도와드릴 일이 많지 않을 듯합니다"라며 사양했다.

그러나 양수길 자문관은 "당신이 이 보고서를 작성했고 내용을 다 알고 있어 비밀이 누설된 것이나 다름없으니 빠질 수 없다"고 했다. 이때의 일을 김준일 박사는 "정말 아무것도 모르고 얼떨결에 실명제 작업반에 들어가게 되었다"고 기억한다.

결국 남상우 박사와 김준일 박사가 이 부총리를 다시 만났고, 양수길 자문관이 합류하며 세 사람이 비밀 작업에 참여하게 되었다. 오랜 시간에 걸쳐 두 차례의 추진과 후퇴를 거듭했던 금융실명제의 운명과 그 책임이 KDI 연구원 세 사람의 어깨에 실린 것이다.

남상우 김 박사도 그렇지만 저도 처음에 이야기를 들었을 때는 반신반의했습니다. 이걸 부총리가 챙기신다고 해서 '금융실명제 추진을 왜 부총리가 하나? 재무부나 경제수석이 해야지'라는 의문을 가졌습니다. 나중에 소문을 들어 보니 박재윤 수석은 금융실명제에 소극적이어서 제외되었다고 하고, 재무부는 소관 부처라 기자들에게 금방 소문이 날까 우려하여 이 부총리에게 맡겨졌다고 합니다.

'투자연구소'로 위장한 KDI 금융실명제팀

양수길 · 남상우 · 김준일 박사 세 사람으로 이루어진 KDI 금융실명제팀은 그동안 KDI와 재무부 등이 그동안 준비했던 자료들을 참고하여 실명제를 추진하기 위한 골간을 만드는 작업에 착수했다. 김영삼 대통령의 지시는 "철저히 보안을 지키면서 금융실명제를 신속하게, 또 완벽하게 만들라"는 것이었다.

9월이면 국회가 시작되어 말썽을 빚을 수도 있으니 8월 초에 발표할 수 있도록 하라는 지시가 내려왔다. 몇 차례나 비밀을 철저히 유지하겠노라 약속해야 했다.

김준일 처음 얼마간은 KDI 내에서 일했는데 그때 내 방에 여러 동료와 선후배 박사님들이 들락날락하던 때라 비밀을 유지하느라 가슴 졸일 때가 많았습니다. 가령 내 방에 손님이 오면 컴퓨터 쪽으로 오지 못하도록 무조건 작업을 일시적으로 끝마치고 가능한 한 컴퓨터와 멀리 있도록 유도하곤 했습니다.

언젠가 부총리가 대통령에게 가져갈 3쪽짜리 요약 보고서를 프린트하고 있었습니다. 그 당시는 레이저 프린터가 아니라 도트dot 프린터를 쓸 때라 시간이 오래 걸렸습니다. 출력되기를 기다리며 서 있는데 갑자기 제 뒤에서 백웅기 박사님이 출력물을 넘겨다보면서 "지금 뭐하세요?"라고 묻는 겁니다. 정말 깜짝 놀라서 가슴이 덜컥 내려앉는 경험을 했죠.

또 보고서를 부총리에게 전달할 때 아무에게나 전달하라고 맡길 수도 없어서 광화문 근처, 지금의 KT스퀘어 앞에서 간첩처럼 비밀리에 접선하기도 하는 등 그때 있었던 여러 가지 에피소드가 생각납니다.

KDI 내에서는 도저히 비밀을 유지하기 어려울 것 같아 고민하던 와중 양수길 박사가 묘안을 냈다. 양 박사의 지인이 소유한 빌딩 2층에 위장연구소를 차린 것이다. 금융실명제팀이 가장 먼저 구입한 사무용 집기 역시 보안 유지를 위한 서류 파쇄기였다.

양수길 이 부총리에게서 미션을 받을 당시 대치동 휘문고 앞 '금자탑'이라는 평범한

2층짜리 빌딩이 하나 있었습니다. 이걸 빌려서 '국제투자연구소'라는 가짜 간판을 하나 붙여 놨죠. 친구에게는 내가 이런 연구소를 차릴 테니 나를 대신해서 방을 하나 빌려 달라고 했죠. 그러고 나서 남 박사와 김 박사에게 연락했어요. 그 근처 중고가구 시장에 가서 의자를 사 왔고, 김 박사는 자기가 쓰던 컴퓨터를 가져왔죠. 쟁점이 무엇인지는 두 박사가 빠삭하게 잘 알고 있어, 그때부터 본격적으로 작업하기 시작했습니다.
'위장 연구소'에서 비밀 작업을 하는 동안 이경식 부총리 역시 사무실과 거리가 떨어진 곳에 승용차를 세운 뒤 내려서 걸어오곤 했습니다. 이때 비서나 운전기사가 눈치채지 못하도록 이발하러 간다고 둘러대곤 했죠.

금융실명제팀이 작업한 내용을 보고하면 부총리는 이에 대해 보완지시를 내렸고, 그 지시를 반영해 고친 최종 보고서를 들고 이 부총리가 청와대에 들어갔다. 그리고 대통령의 지시나 피드백을 받아 금융실명제팀에게 다시 이를 전달하곤 했다.

초기 보고서를 작성할 때 금융실명제팀이 끝까지 부총리와 이견을 보인 부분은 '금융실명제 발표 직후 주식시장의 단기 폐쇄' 문제였다.

남상우 당시 이경식 부총리에게 중간보고를 했는데, 이 부총리는 실명제를 실시하는 동시에 주식시장에 미칠 충격을 줄이기 위해서는 단기간 주식시장을 폐쇄할 수밖에 없지 않느냐는 의견을 보였습니다. 그래서 1차 보고 때는 "실시 초기에 주식투자자의 불필요한 불안을 완화하기 위해 주식시장을 3일간 폐쇄하는 방안을 검토한다"라는 내용이 포함되어 있었죠.

그러나 저희 팀은 이런 조치가 오히려 투자자들의 불안심리를 부추기고, 주식가격의 조정과 회복 메커니즘을 교란하여 결국 득보다 실이 클 것이라는 의견을 계속해서 냈습니다. 그래서 2차 보고에서는 '실시 이후 단기간에 걸쳐 가격 등락폭 제한 및 거래시간 단축을 검토한다'로 완화되었다가 결국은 이것마저도 삭제되었습니다. 이 과정에서 부총리가 우리 두 사람을 굉장히 고집이 센 이들로 보셨을 겁니다.

5월에 중간보고를 하고 난 후 6월 중순에 이경식 부총리가 KDI 박사 세 사람을 한자리에 불러 모았다. 이 부총리가 보여 준 〈금융실명제 방안〉의 커버 페이지에 김영삼 대통령의 친필 사인이 큼지막하게 되어 있었다. 대통령의 최종 재가가 떨어진 것이다. 홍재형 재무장관에게 보고된 시점이 이 무렵이었는데, 세법을 개정하는 등의 실무작업이 필요하기 때문이었다.

양수길 이 부총리가 대통령께 재가받고 나서 홍재형 재무장관에게 이를 보고하라고 했어요. 그래서 여의도 기술신용보증에 자리한 재무장관 사무실에서 김용진 세제실장 입회하에 보고했습니다.

내용을 듣더니 두 분이 듣고 나서 한숨을 푹푹 쉬는 거예요. 금융실명제 강도가 이렇게 셀 줄 몰랐다는 거죠. 기존 재무부 안과 비교해 너무 세다는 거예요. 특히 당장 문제가 된 부분이 실명 전환 기간이었는데, 이를 2주로 설정한다고 했더니 재무부가 펄쩍 뛰었어요. 최소 2개월은 필요하대요. 대략 그런 과정을 거쳐 세법 개정 등 갖가지 추가 작업을 수행하기 위해 재무부팀이 최종적으로 합류했습니다.

남상우 전체 프로세스를 요약하면 4월 18일에 이 부총리가 금융실명제를 실시하라는 지시를 대통령에게 받았고, 곧바로 연구가 시작되어 부총리께 정기적으로 보고했습니다. 5월에 대통령에게 두 차례 보고하고 난 후 최종 재가를 받아 6월 28일에 재무장관에게 보고되었고, 7월 초에는 재무부팀이 합류하여 다시 최종안을 내기 위한 공동 작업을 하게 된 겁니다.

재무부, KDI의 실명제 방안을 전달받다

이 과정에서 금융실명제 주무 부처인 재무부는 KDI가 수행한 금융실명제 작업을 전혀 알지 못한 상태였다. 김영삼 정부가 들어서면서 청와대에서 금융실명제 실시할 가능성이 있다는 분위기가 풍기자 홍재형 장관은 세제실과 금융국 담당자들 및

1·2차 금융실명제 작업에 참석했던 진동수 과장을 불러 나름대로 재무부 입장을 준비하라고 지시했다.

진동수 6월 말의 어느 날 아침, 갑자기 홍재형 재무장관이 저를 장관실로 호출했습니다. 급한 일이라고 하여 장관실로 올라가 보니 이미 김용진 세제실장과 김진표 세제심의관, 임지순 소득세과장 등이 자리해 있었습니다.

홍 장관이 서류를 하나 주면서 읽어 보라고 했습니다. 다름 아닌 KDI가 마련하고 겉표지에 대통령 사인이 큼지막하게 들어간 〈금융실명제 방안〉 보고서였습니다. KDI 보고서를 읽고 나니 저더러 비밀유지 각서에 서명하라고 합니다. 저는 그때 해외투자과장으로서 금융실명제와는 아무 상관없는 업무를 맡았는데, 최초로 실명제 법안을 입안하고 2차 입안할 때 실명제 총괄반장을 했다는 이유로 저를 함께 부른 것입니다.

이때 윤증현 국장은 부르지 않았습니다. 왜냐하면 이분이 증권국장을 역임했는데, 당시는 정부가 증권시장에 정책적으로 많이 개입하던 시절이라 기자들이 윤 국장의 동정을 수시로 살필 때였습니다. 윤 국장이 자주 자리를 비우면 기자들이 촉을 날카롭게 세울 것 아닙니까?

그래서 핵심 보직자는 뺀 채 최소한의 필수인원끼리 각서를 쓰고 그날 저녁부터 KDI팀에 합류했습니다. 보고서에 현실성을 보충하고 법 논리를 보완하여 가다듬으며 내용을 완성한 것이죠. 그런데 제가 보고서를 읽어 보니까 얼핏 봐도 이게 보통이 아니었어요. 금융개혁을 하자는 차원이 아니라, 아예 정치혁명을 하자는 말로 보일 정도로 강도 높은 내용이었습니다.

정치개혁 목적으로 추진된 금융실명제

양수길 사실 초기에 KDI가 작성한 금융실명제 방안은 그렇게까지 강한 내용이 아니었습니다. 핵심 쟁점이 여러 개 있었는데, 각 쟁점마다 대통령이 결정하실 수 있도록 우리가 강한 시나리오와 약한 시나리오별로 해서 옵션을 몇 개 만들어 드렸어요.

세 가지 정도 선택지를 만들어 보고하면 대통령이 최종적으로 브이 자를 그어 체크한 문서를 이경식 부총리가 가지고 돌아오셨습니다. 항상 가장 강도가 강한 조치에 체크하셨어요. 그 결과에 따라 우리가 다시 추가적으로 해당 내용을 구체화하는 연구를 수행하는 식으로 진행되었습니다.

김준일 이 부총리께서 대통령께 보고하고 돌아오면 점점 강도가 높아진다는 것을 저희가 느꼈습니다. 예를 들어 실명화하지 않은 사람에게는 유예기간을 주고 도강세를 물리자는 정도의 내용을 제안했다면, 대통령께 보고한 후에는 갑자기 '실명제를 전격 실시하고 실명화하지 않으면 일정 시간이 지난 후 무조건 전액 몰수'라는 식으로 내용이 대폭 강화되어 돌아오는 것입니다. 처음에 이 내용을 들은 재무부 분들은 완전히 아연실색한 표정이었어요. "이건 혁명하자는 것 아닙니까?"라고 말할 정도였습니다.

한 예로, KDI 연구진이 지하자금을 양성화하기 위한 현실적인 방안으로 장기 무기명채권을 발행하는 안을 검토하여 복수 안으로 올렸으나 대통령은 이를 제외하도록 지시한 일이 있었다.

또한 기존에 마련한 금융실명제는 "6개월의 경과기간을 주고 적정한 도강세를 물린다"는 조항을 두었는데, 대통령이 선택한 방안은 "실명 유예기간을 2주로 한다. 실명화가 이루어지지 않은 계좌에 대해서는 첫해에 10%, 이듬해에 다시 10%를 추징하며 3년째에는 전액을 몰수한다"는 강력한 내용의 항목이었다.

진동수 원래 강경식 장관이 1차로 금융실명제를 추진했을 때 가명계좌에 대해 일종의 도강세를 물린다는 쪽으로 정리가 됐죠. 은행 자금에 대해 일일이 과거 이력과 출처를 묻기 시작하면 실무적으로 얼마나 복잡해지겠어요? 행정적으로 이걸 다 추적하는 게 불가능할 뿐만 아니라 자금출처를 대기 싫은 돈이 금융기관에서 다 빠져나갈 게 아니겠습니까? 그래서 가・차명 계좌의 돈에 대해 과거는 묻지 말고 도강세로 대신하자는 거였죠. 미래를 위해 시행하는 것인 만큼 "과거를 묻지 마세요"라는 유행가 가사처럼 강을 건너는 데 필요한 도강세를 물려서 실명화를 한 다음, 그 도강세로 은행의 부실채권을 정리하려는 생각이 강경식 장관에게 있었습니다. 부실기업들 정리에 그 돈을 쓰려는 거였지요.

그런데 나중에 KDI가 마련한 금융실명제안의 내용이 왜 이렇게 강해졌느냐? 저도 의문이었는데 하루는 홍재형 장관이 해 주는 이야기를 듣고 김영삼 대통령이 강도 높은 실명제를 전격적으로 하려고 하는 이유를 뒤늦게 깨닫게 되었습니다. 김영삼 대통령은 금융 투명성 확보나 조세정의 수립 등 우리가 1980년대 초부터 쭉 생각해온 경제적 동기보다는 불법 정치자금을 차단하는 정치개혁의 일환으로 추진한 거죠. 정치개혁이 바탕이 되니까 강도가 높을 수밖에 없었습니다.

이 조치가 정치 개혁적 접근이었다는 걸 제가 그제야 눈치채고 현실적 부작용을 최소화하면서도 대통령이 원하시는 방향의 실명화 방안을 만들려고 저 나름대로 밤새워 고민하고 애썼던 기억이 납니다.

양수길 당시의 금융실명제가 단순한 경제문제가 아니라 정치혁명 차원의 접근이었다는 사실을 나도 나중에 알았어요. 부총리께서 대통령의 긴급명령 연설문의 기초를 쓰라고 해서 제가 썼는데 저는 당연히 경제 논리와 조세 정의를 기초로 하여 글을 썼습니다.

재무장관과 부총리 허락을 거쳐 이 연설문을 청와대에 제출했는데 나중에 8월 12일 오전에 제가 인쇄소로 넘기기 위해 다시 받아보니까 내용이 죄다 바뀌었어요. 이건 차원이 다른 완전한 정치 논리였습니다. 제가 쓴 것과 전혀 딴판으로 바뀌었는데 제가 들어도 너무 잘 썼어요. 우리는 경제적으로 접근했는데 대통령 연설문을 들어보니까 정치개혁을 하겠다는 내용이었습니다.

김 대통령이 우리와는 전혀 다른 생각을 하고 있었더라고요. 사실 김영삼 대통령은 나름대로 정치개혁의 로드맵이 있었습니다. 국회가 휴회기간이었기 때문에 특별 긴급명령으로 실명제를 시행한 후, 한 달 후에 공직자 재산등록을 제도화하는 〈공직자윤리법〉 개정안을 통과시켰고, 1995년에는 부동산실명제를 시행했죠. 이 세 가지가 나름대로 김영삼 대통령의 '개혁 패키지'가 된 셈입니다.

진동수 공직자 재산등록은 초기에 입법도 없이 공무원들더러 하라고 해서 먼저 시행하고 나중에 법을 통과시켰죠. 양 박사 말씀대로 이분은 나름대로 정치개혁 패키지 차원에서 접근했다고 봅니다. 아마 김영삼 대통령이 3당 합당 이후 여당에 들어가 정치하는 과정에서 뭔가 거액의 정치 비자금들이 가·차명으로 떠돌고 있다는 것을 알았던 게 아닌가 싶어요. 그래서 자신이 확실하게 정치자금 개혁을 해야겠다는 결심을 굳혔던 것 같습니다.

김준일 그 과정에서 남상우 박사님과 저는 "대통령께서 금융실명제에 대해 경제팀 말고 다른 누군가로부터 일관되게 조언받고 있다"는 인상을 받았습니다. 본인이 법적인 사안이나 기술적인 문제까지 알 리가 없는데 전반적으로 아주 강하고 일관된 입장을 보이셨거든요.

예를 들어 저는 'overnight'에 전격적으로 실시해야 한다고 개념적으로만 말씀드렸는데, 이경식 부총리는 이걸 대통령께 '긴급명령'이라는 법률 용어로 구두로 말씀드렸다고 합니다. 이 부총리가 박정희 대통령 때 청와대 경제수석실에서 김정렴 비서실장을 모시던 당시 '8·3 긴급조치'를 시행한 적이 있었어요. 그러니 이분 머릿속에는 긴급명령이라는 단어가 금방 떠올랐겠죠. 이 부총리가 그걸 구두로 말씀을 드리니까 김 대통령이 씩 웃더니 법전을 가져와서 자신이 표시한 부분을 보여주는데 그게 긴급명령에 관한 페이지더라는 것입니다.

그러니 대통령이 어디선가 법적으로나 내용 면에서 다른 라인의 조언을 받고 있다는 뜻 아닙니까? 초기에 KDI에 금융실명제를 내부 보고하고 토론한 적이 있다고 말씀드렸죠? 그때 내부 발표를 하고 나서 얼마 안 가 안기부에서 전화를 한 통 받았습니다. "김준일 박사님이십니까?"라고 누가 정중하게 전화를 걸어서는 "금융실명제 자료를 우리와 공유해 달라"고 요청하는 것입니다. 그래서 원장님께 허락을 구하고 그 자료를 안기부가 가져간 적이 있습니다.

그게 대통령 선거가 끝난 직후라 모든 국가기관이 새 대통령에게 주요 국정 의제를 보고하던 시점이었습니다. 어쩌면 그 라인을 통해 제 보고서가 사정라인을 통해 올라갔고 그쪽에서 대통령께 조언했을 가능성이 있다고 봅니다.

7월부터 돌입한 재무부와의 합동작업

KDI팀이 6월 말 홍재형 재무장관에게 실명제 방안을 보고한 직후부터 재무부팀이 합류하여 금융실명제 실시를 위한 법안 마련에 들어갔다. 김용진 세제실장을 책임자로 하여 양수길 박사를 중심으로 한 KDI의 정책자문반과 김진표 심의관을 중심으로 한 재무부의 실시기획반으로 나누어졌다.

재무부 인원은 총 7명이었는데 김용진 세제실장과 김진표 국장, 진동수 과장은 기자들을 의식하여 출퇴근을 한 후에 실명제 작업반 사무실에 들렀고 임철순 소득세제과장 및 최규연, 백운찬 사무관과 두 명의 국세청 주사 등 실무진 5명은 과천의 한 아파트를 빌려 숙식을 같이하면서 비밀리에 법안 작업을 했다. 이때부터는 재무부의 실무적 내용이 중점적으로 점검할 대상이었다.

남상우 KDI팀에 의해 실명제 기본골격이 마련된 후 세부적인 법안 작업에서는 저와 김준일 박사는 서서히 발을 빼고, 양수길 자문관만이 끝까지 남아서 수고하셨습니다.

홍은주 실무적으로 여러 가지 논란이 있었을 텐데 핵심 이슈가 무엇이었나요?

김준일 당시 실무팀에서 가장 치열한 논란이 벌어졌던 부분은 도강세가 너무 셀 뿐만 아니라, 일정 기간 내에 실명 전환하지 않으면 전체를 몰수한다는 내용도 비현실적이라는 것이었습니다. 위헌의 소지가 있다는 거죠.

그런데 이경식 부총리는 이미 대통령으로부터 지침을 받은 게 있으니 양보를 안 하시는 겁니다. 그래서 논리를 찾다가 김용진 실장이 비실명 시 최대 과세 비율을 증여세 최고 세율과 같은 60%로 하자고 제시하여 이 부총리를 어렵게 설득했습니다. 이 과정에서 실무진이 완화시킬 것을 강하게 주장하거나 부총리가 대통령을 다시 설득하여 완화한 내용이 많습니다.

이때는 재무부가 실무적으로 주도할 때라 KDI팀은 옆에서 조언만 하고 지켜볼 때였는데, 금융실명제를 구체적으로 제도화하고 실무적으로 준비하며 법규화하는 과정을 보니까 재무부의 내공이 굉장했어요. 차명借名도 도명盜名이나 실질적 차명 등 종류가 여러 가지였는데, 이걸 제도적으로 착착 분류하고 처벌 조항을 정리하는 등 체계적이고 주도면밀하게 준비해 나갔습니다.

특히 김용진 세제실장의 세법 지식이 대단했습니다. 금융실명제를 실시하려면 다른 세법 체계와 충돌이 없어야 합니다. 이분이 낮에는 재무부에서 일하다가 저녁에 퇴근해서 실명제 사무실에 와서는 눈을 감고 우리가 쓴 내용을 쭉 읽어 보라고 합니다. 그러다가 뭔가 이상하면 중간에 끊어요. "그거 이상한데, 그거 딴 세법과 충돌되는 것 아냐? 세법 어디어디를 찾아봐!"라고 말씀하시면 세법을 찾아봤는데, 정말 백발백중이었습니다.

제가 정말 감명을 받아서 "실장님, 어떻게 그렇게 세법을 잘 아십니까?"라고 물어봤더니 "한국은 세법이 누더기 세법이라 매년 바꾸는데, 그 작업을 진두지휘하다 보니 알 수밖에 없다"라고 하시는 겁니다. 아무튼 그때 기존의 법체계와 부딪히지 않으면서도 최대한 대통령의 뜻을 살려서 제도화하는 작업을 집중적으로 했습니다.

금융실명제와 차명 논란

양수길 당시 또 한 가지 논란이 된 쟁점이 '가명계좌는 그렇다고 치고, 차명계좌를 어떻게 처리하느냐?'였습니다. KDI가 낸 원래 보고서에서는 차명도 불법이라고 봐야 한다고 했는데, 차명까지 불법으로 보는 건 헌법상 사유재산권 침해가 될 수 있다고 법제처와 재무부가 지적했지요. 그래서 차명은 손을 대지 않고 그대로 두기로 한 거죠.

진동수 우리나라 사회에서 수없이 많은 일반 국민들이 관행적으로 부모나 형제 등의 가족이나 동창회, 임의단체 회장 이름으로 차명을 많이들 둡니다. 그래 봐야 액수도 얼마 안 될 뿐더러 차명을 하는 이유도 제각각일 것입니다. 이런 송사리들을 다 잡아내자는 것이 실명제를 실시하는 근본적인 취지는 아니잖아요?

차명을 찾아내기 위한 비용도 천문학적이었기에 만약 모든 차명을 다 손보자고 나서면 은행 업무가 마비되고 실명제 자체를 실행할 수가 없었습니다. 실명을 확인할 책임이 은행 창구직원에게 있는데, 은행 직원이 무슨 수로 차명을 잡아내겠습니까?

재벌 비자금이나 일부 대규모 불법 차명은 국세청이나 검찰의 자금출처 조사나 세무조사 등 다른 방법으로 얼마든지 적발할 수 있습니다. 또 차명이라고 해서 이를 자동으로 불법화하는 것은 헌법상의 재산권 문제와 상충될 우려가 컸습니다. 대법원 판례도 처음에는 증여 의제추정擬制推定을 아주 좁게 해석하다가 나중에는 광범위하게 인정하게 됩니다.

양수길 또 다른 쟁점은 '어떤 금융자산을 실명에서 예외 처리해 주느냐'였는데, 그때 대통령이 선택한 것은 예외 없는 실명이었고 그 점은 그대로 반영되었습니다. 나중에 1997년 외환위기 당시 일부 예외가 허용되었지만요. 외환위기 때 돈을 양지로 끌어내려고 무기명채권 발행을 허용한 것입니다. 외환위기를 극복한 이후에는 무기명채권 발행이 더 이상 허용되지 않고 있습니다.

금융실명제 방안 확정

재무부와 KDI의 토론, 최종적으로 대통령에 대한 설득 끝에 확정된 당시의 금융실명제 방안의 최종안은 다음과 같이 요약된다.[4]

금융실명제 최종안

• 실명 거래 대상 및 범위 •

금융기관과의 모든 금융거래(자기앞수표를 포함하여 이전에 거래된 CD, 채권 등 무기명 자산에 대해서도)에 예외 없이 실명제를 실시한다.

• 실명 확인 의무화 방법 •

모든 신규 금융거래는 실명화하고 기존 비실명 계좌도 의무기간 내 최초 거래 시 실명 전환해야 한다. 이 조항은 당초 KDI 안에서 기존의 무기명 금융자산의 경우 최초 거래 시 실명 확인을 하되 유예기간 내에 할 필요는 없다고 제시된 것이지만, 대통령의 의견을 반영하는 과정에서 강화되었으며 최종안에서도 이렇게 확정되었다.

• 실명 전환을 위한 의무기간 •

당초 KDI 안에서는 실명 전환의 유예기간을 1개월로 하였으나, 정책 실효성이 약화될 것을 우려하는 대통령의 의중이 반영되어, 첫 번째 대통령 보고에서는 2주 내외로 바뀐다. 나중에 1개월로 완화되었다가 최종안에서는 다시 2개월로 하되 필요할 경우 1개월 연장이 가능하도록 하는 안이 확정되었다. 1억 6,000만 개나 되는 계좌 가운데 가·차명이 10%가 넘는 상황에서 업무를 부담할 금융기관의 입장을 따져보았을 때 2주 내 전환은 물리적으로 불가능한 데다, 해외 장기출장이나 여행을 떠난 경우도 고려하기 위해서였다.

• 유예기간 이내에 실명 전환하지 않은 자산에 대한 과징금 •

KDI 안에서는 2년까지는 매년 원금의 10% 과징금을 부과하고, 2년 경과 시 추가로 10%를 부과하는 동시에 1년의 예고기간을 거쳐 원리금 전액을 국고에 귀속시키는 방법과 5년에 거쳐 매년 10%(합계 50%)의 과징금을 부과하고, 5년이 경과 후에는 휴면계좌로 처리하는 대안이 제시되었다.

재무부 실무자들과 함께 논의하여 최종 확정한 안에서는 6년에 거쳐 매년 10%씩(합계 최

---

4 남상우, "금리자유화와 금융실명제 도입", 《KDI 40년사》, KDI, 2012, 212~213쪽.

대 60%)의 과징금을 부과하고, 비실명 이자 및 배당소득에 대해서는 차등 세율을 현행 60%에서 90%(주민세 미포함)로 인상하는 대안을 제시했다.

• 국세청 자금출처 조사의 범위 •

KDI 원안에서는 개인이 보유한 금융자산의 합계가 미성년자는 3,000만 원, 20대 세대주는 1억 원, 30대 세대주는 3억 원, 40대 이상 세대주는 5억 원(세대주가 아닌 경우는 이의 50%)을 넘는 경우 국세청에 통보하여 자금출처 조사를 하기로 하였다.

다른 대안으로서 실명화와 관련된 일체의 자금출처 조사를 면제하거나 경과세pass tax 납부 혹은 장기 저리채권 매입분에 한해 자금출처 조사를 면제하는 방안도 제시하였다. 그러나 대통령은 이런 대안을 일축하였을 뿐만 아니라, 면제 범위를 더 축소할 것을 지시했다. 이를 반영하여 KDI가 내놓은 최종안에서는 출처조사 면제 범위가 미성년자 2,000만 원, 20대 세대주는 7,000만 원, 30대 세대주는 1억 5,000만 원, 40대 이상 세대주는 3억 원(비세대주일 경우는 이의 50%)으로 축소되었다. 그러나 재무부와 국세청 직원이 합류해 작업할 당시 "현행 전산시스템 상으로는 인별로 금융자산을 합산하는 것이 불가능하다"는 점이 지적되었고, 결국 최종안에서는 계좌별로 기준을 설정(미성년자 2,000만 원, 세대주·비세대주 불구하고 20대 5,000만 원, 30대 1억 원, 40대 이상 2억 원)하는 쪽으로 선회하게 되었다.

• 경과 조치 •

최초 KDI 보고서에서는 온건한 방안이 제시되었다. 저축한도 및 거래 제한이 있는 우대 금융상품의 과다 보유 등 과거 법규 위반사항에 대한 처벌이나 세금추징은 면제(타 예금계좌로 전환 및 해지 조치)하고, 실명화에 따라 내부자 거래, 주식 위장 분산 등이 밝혀질 경우도 보유한도 초과지분에 대해 의결권을 제한하고 단계적 주식매각 계획서 제출을 의무화하는 온건한 방안이었다.

그러나 대통령의 강화 지시가 반영되어 KDI 최종안에서는 실질적 실명 전환의 경우 이자소득세를 추징하고, 내부자 거래, 주식 위장 분산 등에 대해서도 1년의 유예기간 이내에 처분하지 않을 경우 관계 법규에 따라 처리하는 것으로 강화되었다.

"비밀이 새면 감옥 갈 각오를 하라"

당시 실명제 작업팀들은 "비밀이 새 나가면 다들 감옥에 갈 각오를 하라"는 대통령의 강한 당부와 지시를 전달받은 후 모두 비밀유지 각서를 썼다. 그러다 보니 보안에 다들 철저했다.

얼마나 보안이 철저했는지 보여 주는 몇 가지 일화가 있다. 실무 작업을 맡은 팀들은 해외출장을 간다며 새벽에 김포공항까지 나갔다가 과천 실명제 작업실로 되돌아왔다. 낮에 사무실에 전화해 '여기는 해외 어디다, 잘 도착했다'라는 가짜 보고를 할 정도로 보안에 신중을 기했다. 이경식 경제부총리는 실명제에 대해 묻는 기자들에게 '임기 중반 이전에 시행될 것'이라며 연막을 피우기도 했고, 발표 직전에는 토지초과이득세로 기자들의 시선을 돌렸다.

김준일 보안과 관련되어 기억나는 에피소드가 있습니다. 나중에 재무부팀이 합류하고 나서 최종적으로 국세청의 주니어 실무자급 두 사람이 들어왔는데, 국세청 전산직 주무관이 결혼한 지 정말 며칠 안 되는 신혼이었어요.

아무것도 모르고 국세청장이 경제부총리를 도와드리라고 해서 왔는데 갑자기 김진표 국장께서 "자네 여기 와서 비밀보안 각서 쓰게. 그리고 집에는 당분간 못 들어가네" 하시니까 얼마나 놀랐겠어요? 높은 분들의 일을 도와드린다고 하니까 신나서 왔을 텐데 집에 못 들어간다고 하지, 더구나 비밀이 새 나가면 감옥에 간다고 하니까 이 사람이 옆방에서 울기도 하고 그랬습니다.

진동수 막판에 가서는 제가 디테일을 만들었고, 금융기관 대상 교육자료도 만들어야 하니까 자리를 계속 비워야 했습니다. 자꾸 자리를 비우니까 차관보에게 엄청 혼나서 결국 홍 장관에게 이 문제를 좀 해결해 달라고 이야기했어요. 당시 제가 맡은 현안 중 하나가 러시아에 빌려준 차관을 받아내는 것이었는데, 홍 장관이 차관보를 불러서 "내가 진 과장에게 러시아 차관 일을 따로 시키고 있으니까 자리 비웠다고 너무 문제 삼지 말라"고 당부했죠.

남상우 KDI팀도 입장이 난처하기는 마찬가지였습니다. KDI에서는 나와 김준일 박사가 두 달 이상 KDI 업무를 보지 못하고 실명제에 집중했는데, 그해 5월에 취임하신 황인정 원장님께도 말씀드릴 수 없었습니다. 그래서 "부총리가 따로 시킨 일이 있어서 그 작업을 하고 있다"고 대충 둘러댔죠.

당시 KDI는 독립적인 분위기였고, 박사들의 연구 자율성을 존중해 줘서 구체적으로 뭘 하고 있는지 크게 따지지 않는 분위기였습니다. 하지만 막상 발표되고 난 후에 원장님이 많이 섭섭해 하시더라고요. 간단한 언질이라도 주지 그랬냐고 하셨어요.

양수길 저는 대통령 긴급명령 발표가 예정된 날 이 부총리가 "양 자문관 점심이나 하지"라고 하셔서 이 부총리의 차를 타고 과천의 가까운 식당을 가는데, "경제수석이 깜짝 놀랐겠지"라고 말씀하시는 거예요. 경제수석실이 늘 경제정책의 주도권을 잡고 있었는데 이 작업만은 전부 본인 주도로 추진한 일이니까요. 실명제 실시에 대해 경제수석조차도 정말 몰랐습니다.

금융시장 단기적 혼란 후 진정세

당초 금융실명제 발표 시기는 8월 23일로 결정되었는데, 8월 3일과 4일 자 신문에 "거액 채권을 현금화하는 움직임이 나타나고 있다"는 기사가 계속 실렸다. 이에 따라 디데이는 1993년 8월 12일 금요일 오후로 앞당겨졌다.

총리와 국회 주요 인사들에 대한 금융실명제 실시 통보는 이날 오후 6시 무렵에 이뤄졌고, 오후 7시 15분쯤 긴급 국무회의가 열렸다. 긴급 국무회의를 마친 후 김영삼 대통령의 특별 담화가 TV와 라디오의 전파를 타고 전국의 국민들에게 전해졌다.

그다음 주 월요일 주식시장에서 종합주가지수는 이틀간 59.27포인트 크게 하락하여 666.67포인트로 내려앉았다. 사채시장에서도 금리가 치솟았다. 다행히도 금융시장에 발생한 혼란은 단기에 그쳤다. 은행권의 대규모 자금이탈을 비롯한 부작용은 우려와는 달리 그리 크지 않았고, 주가도 그 주 주말을 고비로 다시 오르기 시작했다. 실명제 시행 후 2개월의 의무기간 동안 실명으로 전환된 가명 예금은 2조 7,604억 원으로 가명으로 파악된 예금의 97.4%가 실명 전환됐다.[5]

---

5 계좌별로 5,000만 원 한도까지는 출처 조사를 하지 않는다는 예외 방침에 따라 가명의 거액 예금주들이 은

양수길 그렇게 용의주도하게 준비했는데도 막상 실시할 때 살펴보니 실수도 좀 있었죠. 금융실명제 기간을 2주로 설정했다 다시 두 달로 늘릴 때 검토를 하지 않았는데, 그 두 달 사이에 추석이 끼어 있다는 점을 간과했어요. 3,000만 원 이상이면 신고하도록 되어 있었는데 추석이 끼어 있으니 돈이 돌지 않는다고 난리가 났습니다. 추석 때 돈을 풀기 위해 임시로 법을 통과시켜 기간을 조정했죠.

남상우 두 달로 하고 필요할 시 한 달 더 연장할 수 있다고 한 규정을 적용해 한 달을 더 연장했습니다. 금융실명제를 실시한 후 현금통화비율이 높아지기는 했으나 단기적 현상에 그쳤습니다. 세금 노출에 대한 우려 때문에 현금 사용이 늘어나 현금통화비율이 상승하였으나 1994년 이후부터는 하락세를 나타냈습니다.

KDI는 금융실명제 실시 1년 후 조사보고서를 냈다.[6] 1994년 6월 말 현재 실명 예금 확인율은 금액 기준으로 92%, 가명 예금의 실명 전환율은 98%에 달했다. 주식의 경우는 약 450만 주, 금액으로는 1,032억 원에 달하는 전환 실적을 나타냈다. 다만 현금을 선호하는 경향 때문에 M2 대비 현금통화 비율은 다소 높아졌다.[7]

보고서를 작성한 김준일 박사는 "금융실명제 실시 이후 금융시장 동향은 초기의 충격을 적절히 흡수하여 단기간에 안정이 회복되었으며 실명제에 따른 실물경제의 충격도 그리 크지 않았다"고 진단했다. 가・차명 예금의 실명 전환 이전 인출 금지, 거액 현금 인출자의 국세청 통보 등의 조치로 단기적으로 자금경색이 나타나기도 했으나 실물 부문에 장기적 영향을 미치지 않았으며 소비 증가세가 나타나고 있으나 이 역시 실명제가 아니라 경기상승의 효과 때문이라고 추정했다.

김 박사는 "다만 현 단계의 금융실명제는 실명거래의 법적 제도화 수준에 머물고 있는 만큼 자동 계좌이체 및 신용카드 사용 확대 등 금융실명제 관행을 정착시키려

행과 투자금융회사(단자사) 등에서 예금을 쪼개는 편법이 일어나기도 했다.

6 김준일, "금융실명제 실시 1주년 평가 및 향후 과제", 〈KDI 정책포럼〉 57호, 1994.

7 1993년 7월의 8.4%에서 1993년 8월부터 1994년 4월까지는 평균 9.7%로 높아졌다.

는 지속적인 노력이 필요하며 금리자유화의 확대 등 금융거래 환경 자체를 실명제의 취지에 부합하도록 정비해야 한다. 또한 금융소득종합과세는 적용 대상을 점진적으로 확대하고, 과표 양성화와 금융저축 제고를 위하여 금융소득에 대한 소득공제를 확대하는 등 세율체계를 보완해야 한다"고 촉구했다.

금융실명제, 그 후…

금융실명제를 실시한 이후 기업 비자금이 축소되거나 유통업계에서 무자료 거래가 위축되는 등 과세 자료의 양성화가 진전되었다. 또한 1994년 3월 통합선거법이 개정되는 등 정치 관계 법령 정비와 더불어 선거자금의 투명성 강조, 돈 안 드는 선거 풍토 조성, 정경유착政經癒着의 고리 차단 등 중장기적인 기대효과가 나타나기 시작했다.

실명제 실시 여부와 관련한 불확실성이 제거됨으로써 설비투자 확대가 주도하는 경기 회복이 가시화되었으며, 금융저축도 꾸준한 증가를 보였다. 또한 금융실명제 도입으로 정부는 1994년 말 세법 개정을 통해 금융소득 종합과세 방안을 마련했다. 금융소득 종합과세는 진정한 조세형평이라는 효과를 가져왔다.

남상우 1997년에 외환위기 때문에 금융실명제가 한차례 대폭 후퇴하기도 했는데 어떻게 보면 이러한 후퇴는 금융실명제가 정치적 개혁의 목적으로 시행되었던 측면이 있었기 때문이라고 생각합니다.

당시 정치·사회·상관례·조세 행정의 현실은 '예외 없는' 그리고 '과거를 불문에 부치지 않는' 실명제를 수용할 만한 여건을 미처 갖추지 못했던 게 아닌가 싶어요. 선거제도의 혁신, 정경유착의 불식, 조세 행정의 합리화 등 가·차명 거래의 유인을 줄일 제도적인 개혁의 성과를 단기간에 거두기가 어렵다고 한다면 중장기적 시각에서 제도의 정착에 주안점을 둔 타협적 실명제를 추진하는 것도 분명한 하나의 대안이 되지 않았겠나 싶은 생각이 들기도 합니다.

진동수 금융실명제는 국가 경제를 위해 반드시 필요한 제도지만, 실명제법 자체가 모든 사회적 · 사법적 · 제도적 정의를 자동으로 완성하는 전가의 보도傳家之寶는 아닙니다. 금융실명제를 통한 사회정의가 완성되기 위해서는 이상한 금융거래 정보를 잡아낼 수 있도록 제도와 법규뿐만 아니라 전산시스템과 금융거래 문화 등이 촘촘하게 종횡으로 보완이 되어야 하죠.

사실 실명제를 법으로 만들고 강제한 나라는 한국밖에 없습니다. 독일은 세법으로 강제했고, 미국과 영국은 금융회사 관행에 따라 실명이 아닐 경우 금융거래를 할 수 없도록 제도적으로 몰아갔죠. 이들은 금융거래를 시작할 때 자금 출처 등 모든 사항을 물어보고 엄격하게 실시합니다. 거래계좌를 만들 때 금융기관 매니저가 신분을 철저하게 확인해요.

한국은 선진국들과 달리 법으로 금융실명제를 먼저 선포하고 나중에 IT기술과 전산망이 발전하면서 비로소 금융실명제가 정착하는 형태가 되었습니다. 국세청 전산 고도화와 금융 전산 고도화를 추진하여 빠르게 자금의 흐름을 포착하고, 나중에 금융정보분석원FIU이 세워지면서 종횡으로 크로스체크하게 되었죠. 그런 식으로 주변 환경이 갖춰지면서 진정한 금융실명제가 뿌리내린 것입니다.

여신전문금융과 서민금융제도 연구

'여신전문업' 발전방안 연구

1993년 금융실명제를 전격적으로 시행한 이후 사채시장을 양성화하는 과정에서 은행 접근성이 떨어지는 금융소외계층에 자금을 제공하고 자본시장을 육성하며, 산업자금 공급 통로를 확보하는 등 다양한 금융 수요가 생겨나기 시작했다.

이 과정에서 리스lease, 팩토링factoring, 할부금융, 카드, 창업투자금융 등 새로운 금융영역이 하나둘씩 생겨났다. 이들은 실물경제의 필요성과 금융 여건에 따라 도입되어 전통적인 은행이나 보험 및 증권업이 충족해 주지 못하는 독자적인 금융서비스를 제공하면서도, 금융제도상에서 적정한 위치를 확보하지 못한 채 조직적으로는 주로 은행의 업무 다양화 차원에서 자회사 형태로 허용된 경우가 많았고 제도적으로는 개별 업법에 의해 엄격하게 규제되었다.[1]

KDI 금융팀은 저축 형태의 수신은 하지 않으면서 여신만을 하는 금융업 전체를

1 이덕훈·최범수·나동민·김동원·김경수, 〈여신전문금융산업의 특성과 발전방안〉, 연구보고서 96-13, KDI, 1997, 39쪽.

통합하여 '여신전문업'이라는 용어를 만들고 독자적인 발전방안을 제시하는 연구를 수행했다. 1996년의 '여신전문금융산업의 특성과 발전방안' 연구가 바로 그것이다. [2]

이덕훈 보수적이고 비효율적인 한국의 금융산업이 발전하려면 자극을 줄 수 있는 혁신적인 금융조직이 있어야 한다고 생각하여 제가 시작한 연구가 여신전문업이었습니다. 여신전문업은 영어로는 'non-bank bank', 즉 '비은행 금융기관'인데 이를 연구하려다 보니 '은행 아닌 은행'이라는 용어부터가 이상하더라고요.

이 분야를 자세히 들여다보니 자금을 조달할 때에는 일반 회사와 같이 자기신용으로 회사채나 어음을 발행하거나 아니면 다른 금융기관에서 돈을 빌리거나, 혹은 자기자본을 동원하거나 해서 마련합니다. 그리고 여신은 자유롭게 해 줍니다.

KDI 금융팀에서 수신은 하지 않은 채 여신만 해 주는 전문 금융기관이라는 뜻에서 '여신전문업'이라는 용어를 만들었습니다. 카드도 그렇고 리스나 캐피털 등 금융업종이 모두 여신전문기관이거든요. 금융업이기도 하면서 동시에 일반 회사와도 비슷한 형태예요. 저축을 받지 않고 자기 리스크로 자금을 조달하기 때문에 일반 회사와 비슷하여 다른 금융기관에 비해 규제가 덜합니다.

어쨌든 대출이 생기기 때문에 일반 대출을 해 주는 은행이나 보험회사 같은 금융기관과 맞붙어 경쟁하겠다고 생각했습니다. 그것을 알아보기 위해서 우리가 해외를 많이 돌아다녔습니다. KDI의 큰 강점 하나는, 이런 연구를 할 때 우리가 보고 싶다고 한다면 국내외 어디든지 직접 가서 볼 수 있었다는 것입니다.

홍은주 여신전문업 가운데 여신기능과 지불수단으로서의 기능이 있는 것이 신용카드입니다. 당시 상황은 어떠했습니까?

이덕훈 우리가 당시 연구를 시작할 때는 신용카드업이 크게 발달하지 않은 상태였

---

2 이덕훈 · 최범수 · 나동민 · 김동원 · 김경수, 〈여신전문금융산업의 특성과 발전방안〉, 연구보고서 96-13, KDI, 1997.

죠. 그런데 외국에서는, 특히 선진국에서는 신용카드가 여신전문업 가운데 중요하고 비중이 높은 부문이었습니다.

미국도 카드 쪽은 다른 여신전문업처럼 자료가 집중적이고 체계적으로 관리되지 않았어요. 다만 자기신용으로 대출에 따른 위험을 자기가 지는 기업이니까 금융감독기관에 통제·관리를 받지 않고 일반 기업으로 등록해서 국세청에 세금만 내는 형태로 운영되었습니다.

당시 시카고 소재 은행인 First National Bank of Chicago에서 카드에 대한 자료가 많이 나왔습니다. 그래서 연락하여 "그곳만의 독특한 신용카드 경영 노하우가 있는 듯한데, 우리가 그 노하우를 알고 싶다"라고 얘기했더니 오라고 하기에 찾아갔습니다.

처음에 어떻게 카드업을 시작하게 됐는지 물어봤죠. 그랬더니 "시카고 교외 쪽에 부자 동네가 있는데, 그곳에 있는 한 귀금속상이 할부금융을 시작했습니다. 다이아몬드 반지나 귀금속 등이 고가니까 아무리 부자라고 하더라도 현금을 당장 내라고 하면 쉽게 결정을 못 하잖아요?"라더군요.

그래서 귀금속상이 아이디어를 내서 "돈을 일시불로 내는 대신, 몇 달 또는 몇 년에 걸쳐 할부로 해 주면 살 수 있겠느냐?"라고 물어봤답니다. 그랬더니 많은 사람들이 살 수 있다고 해서 그 조건으로 보석을 팔고 First National Bank of Chicago에서 필요한 자금을 빌린 거예요. 그래서 그 돈을 가지고 자기들이 할부금융을 시작했답니다. 그 할부금융이 점점 발달하면서 신용카드가 된 거지요.

리스산업 연구

여신전문업 가운데 가장 연원이 오래되고 경제발전에 큰 기능과 역할을 했던 업종이 제 3차 경제개발 5개년 계획을 시작한 연도인 1972년에 도입된 리스산업이었다. 부족한 민간 설비자금을 충당하면서도 대출자금이 부동산투기 등 엉뚱한 곳으로 새어 나가지 않도록 물적 생산시설 자체를 빌려주기 위한 목적으로 산업은행이 한국

산업리스를 설립했던 것이다.

총시설투자에서 리스금융이 차지하는 비중이 크게 늘어나 1974년 0.2%에서 1980년 2.2%, 1990년 12.5%, 1994년 26.2%까지 급증했다. 특히 리스금융으로 국산 기계와 시설을 많이 구입하여 보급함으로써 국내시설 보급에 큰 역할을 했다. 1994년 말 현재는 서울 소재 5개, 지방 소재 20개 등 단종 리스사 25개, 겸업 리스사 18개가 리스업을 영위하고 있었다.

KDI는 경제개발 과정에서 리스의 기능과 역할에 주목하여 1989년 〈리스산업 발전방안〉[3]을 연구한 데 이어, 1996년 5월 〈금융체제의 변화에 따른 리스금융체제의 개편방안〉[4]을 따로 만들었다.

이덕훈 리스산업에 대해 말하자면 1990년대에는 우리가 거의 세계 3위권이었을 거예요. 우리가 경제개발 과정에서 산업화 및 공업화를 진행하면서 설비에 필요한 기계와 같은 거액 자산을 리스하는 것을 정부가 근거 법까지 만들어 가며 적극적으로 추진했으니까요.

그러나 그것만으로는 충분하지 않으니 리스산업도 이제 뭔가 변해야 한다는 내용이 리스산업에 대한 KDI 보고서에 나와 있습니다. KDI 연구진과 리스회사 사장단이 만난 자리에서 용역 보고서를 보여 주며 특단의 대책을 마련하지 않고 이대로 가면 리스회사들이 심각한 어려움에 직면할 것이라고 경고하기도 했습니다. 금융자율화가 진전되면서 금융기관에 대한 업무영역 관련 규제가 완화되면 리스회사와 같이 특정 업무에만 전업하는 회사들은 경쟁력이 약화될 수밖에 없으니까요.

1996년 KDI가 수행했던 여신전문업에 대한 연구는 리스, 할부금융, 신용카드, 신기술금융 등 여신전문금융 업무를 통합 규정하는 〈여신전문금융업법〉 제정으로 결실을 맺는다. 〈여신전문금융업법〉은 1997년 8월 국회에서 통과되었다. 금융시장

---

3 이선・윤봉한・윤원배・김승중・정승우, 〈리스산업의 발전방안〉, 연구보고서 89-01, KDI, 1989.

4 이덕훈 외, 〈금융체제의 변화에 따른 리스금융체제의 개편방안〉, KDI, 1996.

의 틈새에서 각자 고유한 역할을 하면서 금융시장의 효율성을 높이는 여신금융이 독자적인 이름과 법적 성격을 부여받기까지 KDI가 크게 기여했다고 할 수 있다.

코스닥KOSDAQ 창설로 이어진 벤처캐피털 연구

1993년 2월 미국의 앨 고어Al Gore 부통령이 초고속 통신망인 '정보고속도로information superhighway'를 구축한다고 발표했다. 프랑스, 캐나다, 영국, 독일 등 선진국들도 유사한 개념의 정보통신 인프라 구축사업에 착수했다.

이 같은 초고속 통신망 열풍에 자극받은 한국 정부는 '산업화는 늦었지만 정보화는 앞서간다'는 캐치프레이즈를 내세워 5대 기간망 사업과 초고속통신망 구축작업에 착수했다.

이에 따라 1994년 정보통신부가 신설되었고, 다음 해인 1995년에 벤처기업협회가 발족했다. 1996년에는 중소기업청 내에 벤처과가 독립적으로 생겨났다. 김영삼 정부가 정보통신부까지 세워 국가적 의제로 정보화를 추진하자 세계적 추세로 떠오른 디지털 붐을 타고 신기술로 무장한 2세대 벤처기업이 우후죽순 생겨나기 시작했다. 그러나 신생 벤처기업들을 지원할 마중물이 시원치 않았다.

신기술사업금융제도는 오래전에 이미 만들어져 있었으나 유명무실했다. 1986년에는 5월 제정된 〈중소기업창업 지원법〉에 근거해 중소기업 창업투자회사가 만들어졌고, 12월에 제정된 〈신기술사업 금융지원에 관한 법률〉에 근거한 신기술사업금융사가 만들어졌지만 고금리·여신형 사업을 주로 하고 있었다. 기술 신사업을 발굴하고 인큐베이팅incubating하며 키워 내 상장시키거나 인수 합병하여 고수익을 얻는다는 본래의 취지는 여러 가지 이유로 거의 실종된 상태였다.

이에 따라 KDI는 벤처캐피털 및 창업 지원을 위한 금융제도 등을 연구하기 시작했다.

이덕훈 제가 개인적으로 관심을 가졌던 것이 벤처캐피털 관련 주제였습니다. 이에

KDI가 해 보라며 용인했습니다. 대기업 말고도 새로운 혁신을 할 수 있는 기술기반 중소기업이 나와야 했지만 금융 부문에서의 제도적 뒷받침이 허술했습니다.

과거에 어떤 사업을 했다는 기록, 즉 'track record'가 없는 신생기업에는 아예 자금을 주지 않습니다. 가치평가를 할 수가 없으니 신용상태도 파악할 수 없어 줄 수 없다는 겁니다. 그런 문제를 해결할 수 있는 벤처캐피털을 만들어서 창업자금을 지원해 주고 기업과 함께 상생 발전시켜야겠다고 결심했습니다.

그래서 시작된 것이 이덕훈 박사가 연구 책임을 맡고 이진주 생산기술연구원장과 박준경·강문수·최범수·나동민 등 KDI 연구위원들이 참여한 〈중소기업 발전과 벤처캐피털의 활성화〉[5] 연구이다. 기술벤처기업의 창업을 돕고 중소기업의 기술 진화를 촉발시키기 위한 금융제도를 다루었다.

이 연구는 "벤처캐피털을 활성화하기 위해서는 규제를 낮추고 시장 친화적으로 영업기반을 확충할 수 있도록 해 주는 한편 벤처캐피털의 기술평가 능력을 높이고 경영 전문성을 보강하며 벤처기업을 효율적으로 인큐베이팅할 수 있도록 해 주어야 한다"고 조언했다. 또한 통상산업부와 재무부가 제각기 관리하는 창업투자회사와 신기술 금융사업자를 통합해 운영하기 위한 가칭 '모험투자관리위원회'의 설립을 권고하기도 했다.[6]

다음 해인 1996년 3월 '창업지원 금융제도 발전 방안' 연구에서는 벤처자금의 공급 측면과 회수 측면을 동시에 활성화시키기 위한 기술적 내용을 다루었다. 공급 측면에서는 벤처캐피털이 투자한 기업에 한정하여 대출업무를 확대 허용하도록 하고, 리스·팩토링 업무를 하도록 하여 벤처기업이 다양한 금융지원을 받을 수 있도록 했다. 벤처자금 회수 측면에서는 벤처주식이 거래되는 장외시장[7]을 활성화해야 한다고 주장했다.

---

5 이덕훈 외, 〈중소기업 발전과 벤처캐피털의 활성화〉, KDI, 1995.

6 이덕훈 외, 위의 논문, 304~306쪽.

7 1987년 3월 증권관리위원회가 중소기업 등의 주식 장외거래에 관한 규정을 제정하면서 장외시장이 개설되었다.

보다 구체적으로는 "등록 기준을 강화하여 공신력을 높이고 거래 체결과 결제기능의 보완, 거래정보 전달시스템의 확충, 전문딜러제 도입 등을 실시해 시장기능을 대폭 강화하는 한편 장외시장에 대해서도 상장법인 수준의 세제혜택을 제공해야 한다"고 제시했다. '한국판 나스닥 시장'의 설립을 주문한 것이다. 실제로 그해 6월 한국에 코스닥시장이 정식으로 설립되었다.[8]

세계화와 지역 금융기관 발전 연구

경제가 글로벌화되고 발전하면서 수출과 내수, 도시와 지역 간의 불균형 성장과 양극화가 더욱 심화될 수 있기 때문에 KDI 금융팀은 각 지역에 서민금융기관을 육성하여 지역경제 발전과 서민경제 활성화를 도모해야 한다고 봤다.

독일의 신용협동조합 등 효율적 조직을 갖춘 지역 금융기관들이 연구모델이 됐다. 도시와 지방의 경제 불균형이 유난히 심각한 한국 현실에서 독일처럼 지역 특화 서민 금융기관들을 키워내고 역할을 강화시키면 지역 균형발전을 도모할 수 있지 않을까 하는 생각을 하게 되었다는 것이다.

이덕훈 한국 경제를 예로 들면 수출산업과 제조업, 도시지역 등은 발달했지만 내수산업과 금융은 뒤처져 있고 지방경제는 낙후되는 문제가 발생했습니다. 지역 간·계층 간 경제 발달의 불균형은 사회적 갈등을 증폭해 결국 국가 전체의 비효율을 증폭합니다.

저는 지역경제를 살리는 금융에 대해 독일의 스팔카센Sparkassen이 우리에게 중요한 참고 사례가 될 수 있다고 봤습니다. 1992년에 연구년을 맞아 6개월간 독일에 가 있었는데, 제가 아는 한 그때 독일의 지역 금융기관은 최고 수준이었습니다. 지방

8 중기청이 최대 출자자로 참여하는 형태로 1996년 7월 1일 주식회사 코스닥시장이 개설되었다. 〈증권거래법〉을 개정하여 기존의 제도를 개선하고 미국의 나스닥을 벤치마킹했다.

정부가 중심이 되어 발달한 스팔카센이라는 조직이 있습니다. 한국의 새마을금고와 유사한 조직입니다. 또 신용협동조합credit union도 독일에서 시작됐는데 이 역시 지역에 밀착된 지역 금융기관입니다.

스팔카센은 지방정부가 중심이 되어 추진했고, 신용협동조합은 목사들이 중심이 되어 만든 금융조직입니다. 산업혁명이 진행되고 일반 시민들이 왕족이나 귀족으로부터 벗어나 독자적 권리를 주장하면서 변화의 바람이 불었고, 영주의 소작인이나 하인으로 있던 사람들이 시민계급으로 독립합니다. 시민들은 대장장이나 가구상 등 자영업을 영위하기 시작하는데, 처음에는 이들이 워낙 가난하고 돈이 없었기 때문에 영주에게서 고리채를 빌렸습니다.

고리채 때문에 가난이 가난을 낳는 악순환이 계속되자 봉건영주 밑에 있을 때보다 생활이 훨씬 더 어려워졌습니다. 그 문제를 해결하기 위해 한국으로 치면 읍사무소에서 경리를 보는 사람이 중심이 되어 돈을 모아 저축하는 창구를 만듭니다. 이렇게 모인 자금으로 영세상공인을 지원했고, 이들이 경쟁력을 갖춘 중소기업으로 성장하면서 지역경제가 활성화되었습니다. 그런 서민금융이 읍사무소를 중심으로 운영되다가 이후에 독립하여 우리나라 새마을금고와 비슷한 스팔카센이라는 조직이 된 것입니다. 그 형성과정이 굉장히 인상적이었습니다.

한국도 내무부 같은 중앙정부가 중심이 되어 지역 밀착형 새마을금고를 만들고자 했는데, 독일은 읍사무소 등의 지역 정부를 중심으로 지역 밀착형 금융조직이 만들어진 것입니다.

독일에서 신용협동조합이 생성되고 발전한 과정도 인상적입니다. 산업화가 진행되고 도시로 인구가 몰리면서 도시에 빈민이 형성되기 시작합니다. 좌절한 도시 빈민들이 희망을 잃고 자포자기하여 폐인처럼 지내기 시작하자, 이래서는 안 되겠다면서 목사들이 중심이 되어 돈을 모아 이른바 '자조·자립·협동'할 수 있도록 하는 신용협동조합을 만들었죠.

신용협동조합도 스팔카센과 비슷하게 저축하는 습관을 키우고 지역에 적합한 꽃가게나 빵집, 목공소 등 자영업을 영위하도록 돈을 빌려줍니다. 현재 이 두 지역 금융조직의 자산 비중을 합치면 독일의 전체 금융의 약 50%를 차지합니다. 영세상공인, 자영업자, 중소기업인에게 필요한 서민금융의 90% 이상을 이 두 개의 지역 금융기관이 담당합니다.

독일에서는 이 두 조직의 영향력이 막강합니다. 독일의 지방들이 문화적 정체성을 살리면서 균등하게 발달할 수 있었던 데에는 이 같은 지역 금융기관의 역할이 컸다고 사료됩니다. 지방경제와 지역 금융기관이 상생하여 발전하는 모형이 저에게는 아주 인상적이었습니다.

이 두 기관의 전산조직이라거나 직원들을 위한 연수과정, 그리고 경영형태가 대단합니다. 그러한 독일 지역 금융조직의 전산조직이나 연수과정들을 참관했습니다. 스팔카센 등의 전산조직은 독일 중앙은행인 분데스방크Bundesbank가 가진 것만큼이나 강력한 결제 시스템을 갖추었습니다. 직원연수체제는 지역 금융기관이 경쟁력을 갖추면서 효율적으로 본인의 임무를 수행할 수 있도록 했습니다.

지역 밀착형 금융시스템에 대한 관심이 반영된 연구가 1993년에 수행한 '지역금융의 활성화와 새마을금고의 발전'[9] 연구였다.

이 연구는 "과거 고도 성장정책을 추진하는 과정에서 상대적으로 소외되어 온 서민가계 부문과 농어촌 지역에 대해 새마을금고가 품앗이, 두레, 계, 향약鄕約 등 전통 상호금융에 기반을 둔 서비스를 제공함으로써 국민복지 수준을 높이고 지역 간 균형발전에 기여하고 있다"고 평가했다. 그리고 새마을금고가 독일의 스팔카센 등과 같은 수준으로 발전하기 위해서는 통폐합을 통한 자본규모 확대, 공동전산망 구축을 통한 조직화, 통합화, 위험관리 교육을 통한 전문성 강화 등이 필요하다고 강조했다.

같은 해 발표한 〈지방경제의 활성화와 지역 금융기관의 역할 제고방안〉[10]에서는 "지역 금융기관은 정보의 비대칭성 등 금융시장의 불완전성을 보완하여 지역경제 활동을 효과적으로 뒷받침할 수 있는 기능이 있다"라면서 지방경제의 활성화와 지

---

9 이덕훈·정승우·최범수, 〈지역금융의 활성화와 새마을금고의 발전〉, 연구보고서 94-01, 1994.

10 이덕훈, "지방경제의 활성화와 지역 금융기관의 역할 제고방안", 〈KDI 정책포럼〉 56호, 1994.

역주민의 생활 향상에 기여할 수 있도록 지역 금융기관 활성화를 주장했다.

다만 이미 경제력이 편중되어 있고 구조적으로 왜곡된 경우 시장원리에 의하여 자체적으로 지역 금융이 발달하기는 어렵기 때문에 정부가 지원해야 할 측면이 있다고 봤다. "지역 금융기관은 중앙관리기구를 통일하여 전체 조직의 연계성을 강화하고 공신력과 기능을 보강해야 하며 지역 금융기관의 업무에 대한 규제를 완화하고 경영의 자율성을 최대한 보장해 지역경제의 개발과 발전에 기여할 수 있도록 해야 한다. 공과금이나 수표 취급, 상품 다양화를 통한 경쟁력 강화가 필요하다"고 강조했다.

때로는 KDI와 지역 금융기관들로부터 용역을 받아 지역 금융의 활성화, 새마을금고의 발전, 축협금융의 발전 등의 보고서를 내기도 했다.

2부

외환위기 극복 연구

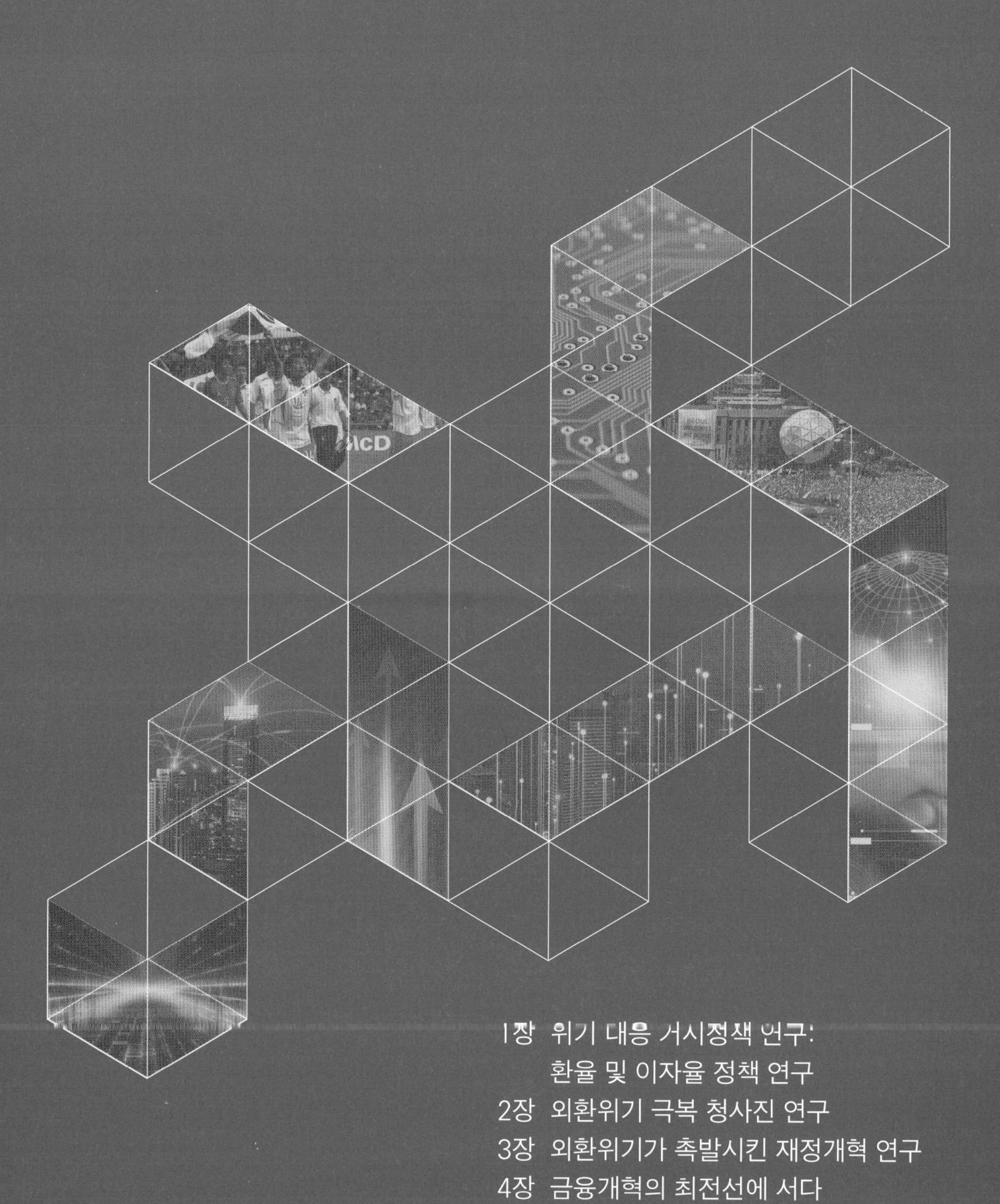

1장

위기 대응 거시정책 연구

환율 및 이자율 정책 연구

KDI, 환율 신축성 지속적으로 건의

KDI는 1980년대 후반부터 환율에 완전한 신축성을 부여해 개방화에 따른 거시경제 운영의 효율성을 담보할 것을 지속적으로 주장했다. 1987년에는 한국 경제의 개방화에 따라 결국 변동환율제 채택이 불가피하다는 입장을 표명했다. 이에 변동환율제 도입에 따른 환율변동 위험에 대비하여 단기적으로는 해외선물환시장을 활용하되 중장기적으로는 국내에 선도거래currency forward, 외환선물currency futures, 외환스왑swap 등 환변동 헤지hedge를 할 수 있는 파생 상품시장의 육성을 촉구했다.[1]

정부는 1991년 1월부터 1993년 3월까지 세 차례의 금융서비스 개방 계획서를 미국 측에 제출하여 합의했다. 이에 따라 부분적이지만 외국인의 국내 주식시장 직접투자가 허용되었고, 일정에 따라 3단계의 점진적 개방이 추진되었으나 환율의 변동폭 및 방향성 측면에서 정부는 여전히 환율을 정부 통제하에 두고자 했다. 1992년 환율 조작국 논란을 피하기 위해 기존의 통화바스켓제도를 개선한 시장평균환율제를 도

1 이선, 〈위험과 외환선물거래의 헤징효과 분석〉, KDI, 1987.

입했지만, 일일 환율변동폭 구간이 지나치게 좁아 여전히 환율의 경직성이 높았다.

KDI는 자본자유화의 속도와 무관하게 거시경제에 대한 대외 부문의 충격을 줄이기 위해 환율의 신축적인 조절이 반드시 필요하다고 꾸준히 주장했다.[2] 그러나 정부는 자본시장을 개방하면서도 환율은 계속 묶어 두었다. 1996년에는 237억 달러라는 큰 폭의 경상수지 적자가 발생했는데 이는 한국은행이나 KDI가 연초에 예상했던 수치보다 몇 배나 큰 액수였다.

이에 따라 KDI 거시팀 조동철 박사는 당시 "원화의 평가절하 압력을 시장에 누적시키지 말고 즉시 반영해야 한다"라고 여러 채널을 통해 경고했다.

조동철 1996년 경상수지 적자의 발생 원인을 보면 반도체 등 주요 수출품 가격의 폭락이 핵심이었습니다. 1994년과 1995년에는 경제성장률이 아주 높았고 경상수지도 소폭의 적자에 그쳤는데, 1996년 2/4분기부터 경상수지 적자 규모가 갑자기 크게 늘기 시작합니다. 그 여파로 외환시장에서 환율상승 압력이 생겼는데 정부가 평가절하를 하지 않고 계속 버티고 있었습니다.

그래서 저희가 환율상승 압력을 정부가 억지로 붙잡아서는 안 된다는 취지의 건의를 여러 채널을 통해 정부 당국자들에게 전달했습니다.

한번은 차동세 KDI 원장이 거시팀 연구진 몇 사람을 데리고 부총리를 찾아가 KDI의 연구내용을 보고했다. 그런데 차 원장이 "환율상승 압력을 정부가 의도적으로 붙들지 않는 것이 바람직합니다"라고 말을 꺼내자마자 부총리가 말을 가로막았다. "요즘 외환시장에 KDI가 환율을 절하하려 한다는 소문이 돌고 있어요. 그러니 앞으로 KDI는 환율에 대해 언급하지 마세요"라는 예기치 못한 부총리의 반응에 KDI팀은 어리둥절할 수밖에 없었다.

---

2 조동철·김인철, 〈자본자유화에 따른 거시경제적 파급효과에 대한 연구: 신고전파 성장모형을 중심으로〉, KDI 정책연구 19-01, KDI, 1997[이 논문은 1996년 5월 홍콩에서 열린 제7차 NBER-East Asian Seminar on Economics에서 발표한 논문(NBER Working Papers No. 5824)을 번역해 수정 보완한 것이다].

조동철 우리가 배경을 알아보니 청와대 경제수석이 "환율을 올려 주면 수출기업들이 쉽게 이익을 내서 구조조정을 하지 않으려고 한다. 따라서 대신 경쟁력 10% 강화 운동을 해야 한다"고 계속 주장했기 때문이었습니다. 그런 이야기를 미리 들은 상황이라 부총리께서 "환율상승 압력을 용인하라"는 KDI의 주장을 귀담아듣지 않았던 것 같습니다.

"한국이 멕시코처럼 될 겁니다"

당시 경제수석실은 대기업들에게 환율인상이라는 '손쉬운 탈출구easy way out'를 허락하지 않고 기업들의 강도 높은 구조조정을 유도하여 수출경쟁력 10% 강화를 이룩하겠다는 결심을 단단히 세운 상태였다.

과거에 수출경쟁력을 최우선시하여 원화를 평가절하했던 것과는 완전히 다른 방향이었지만 정부가 의도적으로 환율을 경직적으로 묶어 두었다는 점에서는 비슷한 결과였다.

조동철 제가 이석채 수석의 환율상승 억제 방침을 좀 분명하게 확인한 시점이 1997년 1월이었다고 기억합니다. 당시 차동세 원장님께서 정부 주요 정책당국자를 모셔서 한 달에 한 번 조찬 모임을 가지곤 했는데, 1997년 첫 초청 발표자로 이석채 수석이 오셨어요.

제가 관심이 있어서 조찬에 참석해 이야기를 들어보니 "정부가 환율상승을 용인하면 재벌들이 너무 쉽게 돈을 번다. 구조조정을 하고 원가 절감해서 경쟁력을 10% 올리면 환율 10% 상승과 똑같은 효과를 내는 것 아니냐?"라고 말씀하시는 겁니다. 환율상승의 또 다른 측면, 즉 수입을 억제하는 효과가 있어서 경상수지가 개선된다는 점은 아예 고려 대상도 아니었습니다. 그러면서 또 "환율을 묶었는데 국내에서 돈줄까지 잡으면 기업들이 어려우니 통화는 좀 여유 있게 관리해야 하지 않겠느냐?"라고 말씀하시는 겁니다.

지금도 기억이 생생한 게, 조찬 모임을 마치고 나오면서 남일총 박사님이 "조 박사, 나는 매크로 전공이 아니어서 그런데 저 주장이 맞아?"라고 물었습니다. 그래서 "글쎄요, 저 말씀대로 가면 꼭 우리가 멕시코처럼 될 것 같은데요"라고 답했습니다. 돈을 푼다는 것은 곧 원화가치가 떨어진다는 뜻이니까 환율이 올라가는 게 당연하잖아요? 그래야 거시경제의 내적 정합성internal consistency이 성립되죠. 그런데 환율은 계속 눌러두겠다는 것이니 언젠간 폭발할 수밖에 없어요. 그래서 제가 "멕시코처럼 될 거다"라고 농담처럼 말했던 겁니다.

바로 3년 전인 1994년, 멕시코 외환위기가 발생했다. 멕시코 외환위기는 경상수지가 만성적 적자를 보이고 대외채무가 증가하는 가운데 경기가 급속히 악화되는 한편 물가가 폭등하자 멕시코 정부가 그동안 억눌렀던 페소화 가치를 한꺼번에 대폭 절하하면서 나타났다. 12월 20일 멕시코의 제딜로Zedillo 정부는 페소화 변동폭을 13%까지 확대해 평가절하 조치를 단행한 데 이어 21일에도 환율변동폭을 15%까지 확대했다.

이에 따라 대규모 자본유출이 이어지면서 멕시코 외환위기에 불을 지폈던 기억이 생생했을 때라 '이렇게 가면 멕시코처럼 되는 것 아니냐?'라는 생각이 자연스럽게 떠올라 농담처럼 툭 던진 것이었다. 그해 말 한국이 정말 멕시코처럼 외환위기를 겪게 되리라고는 전혀 생각하지 못했다.

거시정책과 미시정책을 뒤섞는 오류

이석채 수석뿐만 아니라 다른 정책당국자들도 환율인상에 대해 반대하는 사람들이 많았다. 평가절하를 반대하는 주요 논거는 "경상수지 적자의 원인은 과소비에 있기 때문에 환율을 절하해도 경상수지는 개선되지 못한 채 물가만 오르게 될 것이다", "기업들의 외채 부담이 많아 달러 환율이 오를 경우 환차손換差損이 엄청날 것이며 달러유출을 촉진시킬 것이다", "환율을 높여줄 경우 기업들이 생산성 강화 노력을 소홀히 하게 될 것이다"라는 등으로 다양했다.

KDI는 이 같은 주장과 논거들이 왜 설득력이 없는지 보고서를 작성해 제출했다. 보고서에서는 "외환위기를 촉발하는 요인은 이미 발생한 환율절하가 아니라 환율절하에 대한 미래의 기대이며, 따라서 시장에 환율절하 압력이 있음에도 불구하고 이를 수용하지 않는 것이야말로 외환위기 촉발 요인이 될 수 있다"고 강조했다.

당시 상황에 대해 조동철 박사는 "생산성 향상이라는 미시정책을 환율이라는 거시정책으로 해결하려 했던 점이 가장 큰 오류"라고 지적한다.

조동철 정부나 일부 경제학자들이 흔히 범하는 오류 가운데 하나가 미시정책과 거시정책을 뒤섞는 것입니다. 기업생산성이라는 미시적 이슈와 환율조정이라는 거시정책을 뒤섞으면 안 되는 거죠. 나중에 금리인하 문제를 둘러싸고 또 비슷한 논쟁이 발생합니다. KDI가 금리를 인하해야 한다고 하니까 기업들의 생산성 제고를 이유로 금리 인하를 반대한 사람들이 그때도 있었습니다.

그런데도 정부는 환율인상을 용인하지 않았다. 1993년 1월 초 달러당 790원 선이었던 환율은 대규모 경상수지 적자가 발생한 1997년 1월 말에도 840원대에 불과했다.

한국의 높은 금리를 노리고 금융기관을 통해 쏟아져 들어오기 시작한 단기 유동성 달러 자금이 경상수지 적자로 인한 달러 부족 위기감을 무디게 한 탓도 있었다.

수출 채산성 악화로 기업 부실 급증

그런 상황에서 결정적인 사건이 발생했다. 1월 말 한보그룹 부도사태가 발생한 것이다. 한보그룹 22개 계열사들의 무더기 도산은 6조 원이 넘는 부실채권을 야기했고, 한보그룹과 거래하던 은행과 종합금융회사(이하 종금사) 등 61개 금융기관들이 부실채권의 늪에 빠졌다. 이후로 닥친 대기업 연쇄부도와 국가부도 위기라는 긴 악몽의 시작점이었다.

조동철 당시 외환위기는 워낙 큰 충격이어서 1월부터 시작해 거의 매일매일이 생생하게 기억납니다. 한보사태가 난 후 갑자기 경제부총리로 강경식 씨가 오고 경제수석도 김인호 씨로 바뀌었습니다. 나중에 외환위기가 발생하니까 마치 이분들의 책임인 것처럼 되었는데 사실 그때부터 얼마나 사태를 되돌릴 수 있었는지는 의문입니다.

저는 외환위기의 근본적 문제는 장기적으로 지속된 기업들의 높은 부채비율과 팽창 일변도의 투자성향에 있었다고 생각합니다. 당시 기업들은 돈 벌어서 이자만 낼 수 있으면 무조건 투자를 늘리는 행태를 보였습니다. 위험을 안고 가는 확장 경제가 몇십 년 계속되어 기업하는 분들은 다 그게 정상이라고 생각했고 실제 문제가 생기면 정부가 부실을 막아 주는 대마불사가 관행이었어요.

결국 언젠가는 터질 문제였던 셈인데 그걸 결정적으로 촉발한 것이 1996년의 수출가격 급락이었고 경상수지 악화였던 것입니다. 1996년에 발생한 수출가격 폭락이 미치는 악영향을 보면 경상수지 적자를 키운 측면도 있지만 더 나쁜 것은 기업들의 수익성을 극도로 악화시켰다는 점입니다. 제가 당시에 개략적으로 추정해 보니까 수출가격 폭락 액수만 합쳐도 상장기업 이익 전체가 사라질 정도였습니다.

당시 한국은행이 전국 주요기업 3,000여 개를 대상으로 조사한 통계에 따르면 1996년 기업들의 경상이익률은 전해의 3.6%에서 1.0%로 크게 하락하였고, 제조기업 부채비율은 1995년 말 평균 286.8%에서 1996년에는 317.1%로 현저히 높아졌다. 건설업과 도소매업의 부채비율은 500%를 훨씬 상회했다.[3] 이해 한국의 경상수지는 사상 유례없는 230억 달러의 적자를 기록했다.

1997년 초, 한보그룹 부도사태와 함께 외환시장에서 동요가 일어나자 그제야 정부가 환율상승을 용인하기 시작했지만, 매일 아주 조금씩만 올리는 데 그쳤다. 하룻밤 자고 일어나면 달러당 1원 정도 오르는 식이었다. 답답하기 짝이 없는 일이었다.

'왜 이러는 것일까?'라는 의문이 든 조동철 박사가 하루는 국제금융라인 공무원들을 만났다. "왜 환율을 이렇게 가져가는가? 외환시장의 뒤에 정부가 있는 걸 다들

---

3 윤제철, 《외환위기는 끝났는가》, 비봉, 2007, 24쪽에서 재인용.

아는데, 이런 상황에서 달러를 사 두면 적어도 1년에 36% 이상 버는 셈이니 사람들한테 얼른 달러 매입에 투기하라고 권고하는 거나 다름없지 않은가? 어차피 올라갈 환율이면 한꺼번에 빨리 올려라"라고 조언했다.

그러자 당국자는 "그럼 얼마나 올리라는 이야기냐?"라고 되물었다. "인상 한도까지는 정하기 어렵지만 일단 대폭 올려놓고 투기심리를 사전에 차단하는 것이 좋겠다"라고 하자, "환율을 한꺼번에 확 올리면 다음 날 신문 1면에 톱기사가 되어 버린다. 그러니 소폭으로 관리를 해야 한다"라는 답변이 되돌아왔다.

조동철 그때 제가 '외환시장이며 경제정책이 경제논리보다는 이렇게 정치적 배경에 따라서 이뤄지는구나'라고 생각했던 기억이 납니다. 아무튼 1997년 내내 KDI가 수시로 청와대나 경제 관료들과 만나 여러 가지 우려를 전달했습니다. 또 정책보고서 요청이 오면 일주일 만에도 작성해 보내 준다던가 하는 일을 많이 했습니다.

단기 보고서는 부정기적으로 우리가 만들어 보내기도 하고 저쪽에서 요청해 오기도 했지만 일단 보고서를 쓰면 청와대와 재정경제원에 전달했습니다. "환율상승을 빨리 용인해라. 부실채권 빨리 정리하라. KAMCO 기능을 확대해서 빨리 금융권 부실 털어내도록 해라"는 등 여러 가지 정책적 우려를 지속적으로 전달했죠.

김준경 박사와 김준일 박사님이 공동으로 연구했던 기업들 수익성 연구도 있었고 금융개혁 관련 보고서도 내고, 우리의 뜻이 전달되는 통로는 많았지만 그게 잘 받아들여지지 않았던 것으로 기억합니다.

국제기구 관계자들 KDI에 잦은 발걸음

한국 경제에 정말 큰일이 날 것 같다는 불안이 감지되기 시작한 시점은 1997년 하반기부터였다. 7월 중순 기아차그룹까지 부도를 내면서 금융시장이 급격히 흔들리기 시작하자 외국인 투자자나 IMF 등 국제기구 관계자들이 계속 KDI를 찾아와 "한국 경제가 앞으로 어떻게 될 것 같으냐?"라고 물었다.

8월에는 태국에서 바트화 위기가 인근 아세안 지역으로 파급되고 급격히 확산되면서 자본유출이 썰물처럼 시작됐다. 한국 정부는 환율 급등세를 진정시키기 위해 달러화 매도 개입을 재개하는 한편 선물환시장까지 개입했다. 8월에 18억 3,000만 달러, 9월에 24억 3,000만 달러를 현물시장에서 매도했고 선물시장에서는 8월에 16억 달러, 9월 13억 5,000만 달러 등을 매도했다. 이에 따라 외환보유고 및 외화 예탁금이 소금 가마니가 물에 녹아내리듯 계속 줄어들기 시작했다.

1997년 9월 대외비로 경제부총리와 경제수석 등에게 전달된 단기 보고서에서 KDI팀들은 다시 한번 환율의 신축적 변동을 촉구했다.[4]

> 환율의 자율변동을 최대한 보장해야 한다. 금융기관과 기업의 환차손과 외채 상환부담이 확대되더라도 환율절하 압력을 적시에 수용하는 것이 외환위기를 사전에 방지할 수 있는 가장 핵심적인 과제이다. 해외자본 유출입의 결정요인은 이미 진행된 환율변동이 아니라 미래의 환율변화에 대한 기대이며 멕시코와 태국의 외환위기도 경상수지의 악화에 따른 환율절하 압력을 적시에 수용하지 못한 사실에 기인한다.

국가위기로 확산된 금융위기

10월 말이 되자 민간기업들의 부도 위기와 금융기관의 신용 위기라는 미시적 문제가 국가 차원의 외환위기로 급변했다. 10월 22일 정부가 산업은행 출자를 통해 기아차 그룹을 구제하기로 결정하자 이 같은 정치적 판단에 비판적이었던 S&P는 바로 이틀 후인 10월 24일 한국의 국가 신용등급을 A++에서 A+로 하향 조정했다.

엎친 데 덮친 격으로 10월 말 홍콩 주가가 폭락했다. 외환시장에서 달러 구하기가 어려워진 데다 정부의 외환시장 개입이 한계에 달하자 환율이 급격히 치솟기 시작했다. 11월 10일, 원-달러 환율은 심리적 저지선인 달러당 1,000원을 돌파했다.

---

4 김준경·김준일, 〈경제구조조정과 금융안정을 위한 정책과제〉, 연구자료 97-05, KDI, 1997, 11쪽.

외국 은행들의 단기외채 연장 거부로 비상이 걸린 금융기관들이 달러 마련을 위해 필사적으로 노력했으나 원화의 추가 절상에 대한 기대로 달러 유입은 완전히 실종되었다. 1997년 10월 85%대였던 7대 시중은행의 차환율[5]은 11월에는 58.8%로 하락했고 외환시장에서는 거래가 실종되었다.

더는 버틸 수 없다고 판단한 한국 정부는 결국 11월 21일 IMF에 구제금융을 신청했다. 양측은 지원조건 협상에 들어가 12월 1일 IMF 자금 210억 달러, IBRD 100억 달러와 미국, 일본, 유럽 등 선진 각국의 2선 자금을 포함한 550억 달러의 구제금융을 받기로 하는 협약에 조인했다. 아시아에서 가장 빨리 끝난 협상에 최대 지원액수였다.[6]

외환위기 예측 실패에 대한 뼈아픈 반성

정부의 이 같은 행보는 막후에서 비밀리에 이루어졌다. 갑자기 발생한 국가부도 위기에 대해 KDI 연구자들은 "거시경제의 일반적 지표가 그다지 나쁘지 않은 상황에서 금융시장과 외환시장의 비효율 및 기업 부문의 부실 축적이라는 한국 경제의 만성적인 문제들이 갑자기 그처럼 엄청나고 폭발적인 위기를 초래할 것이라는 점은 솔직히 사전에 감지하지 못했다"고 고백한다.

한국 경제정책의 이론적 기수를 자부해 온 KDI가 외환위기가 코앞에 닥칠 때까지 그걸 인지하지 못했고 정부에 대한 환율정책이나 구조조정 방안에 대해 정책당국자들을 좀 더 강하게 설득하지 못했다는 데 대해 뼈아픈 반성의 목소리가 나왔다.[7]

---

5 차환율은 만기가 다가온 돈을 갚기 위하여 새로 돈을 빌리는 차환re-funding 비율을 말한다. 차환율이 100% 이상이면 전액 만기를 연장하고도 외화가 남은 것으로 그만큼 만기 연장 비율이 높았음을 보인다. 반대로 차환율이 100% 이하이면 만기가 도래한 차입액보다 신규 차입액이 적다는 것을 의미한다.

6 태국은 1997년 7월 28일 구제금융을 신청하여 8월 3일 172억 달러를 지원받았고 인도네시아는 10월 8일 구제금융을 신청하여 10월 31일 430억 달러를 지원받았다.

7 김준경·조동철, "1997년 경제위기 극복", 《KDI 정책연구 사례: 지난 40년의 회고》, KDI, 2012, 261쪽.

전홍택 이미 1997년 연초부터 대기업 연쇄부도가 발생하며 금융시장이 불안했습니다. 위기를 경고하는 단기 보고서를 조금씩 내면서 거시금융팀의 여러 박사들이 상당히 우려했습니다. 특히 KDI 내에서도 거시금융팀 등 외국계 금융기관과 접촉하던 사람들은 더 불안하게 생각했습니다.

불안 조짐이 갈수록 커지니까 KDI 자체적으로 "이거 정말 괜찮은가?"라는 의문을 갖고 우리 스스로 외환위기 가능성에 대한 보고서를 몇 번 만들었습니다. 1997년도 11월 이전에 두세 개 정도의 보고서를 냈는데, 그때만 해도 정부나 IMF의 견해를 참조하여 거시경제 펀더멘털fundamental은 좋은데, 금융시장과 기업 부문에 위험이 있으니 더 주의해야 한다, 그런 정도의 톤이었습니다.

솔직히 외환위기가 임박했다는 건 몰랐어요. 핵심이 되는 외환보유고 통계 등을 정부나 한국은행이 공개하지 않아 아무도 모르니까 그냥 우려된다는 정도의 톤이었습니다. 당시 외환보유고 통계는 재무부나 한국은행 관계자 중 몇 사람들 외에는 잘 알지 못했고, 대외비라 KDI 내부에도 아무런 정보가 없었습니다.

KDI, IMF의 고금리정책 변화 촉구

위기 발생 후 IMF는 한국에 구제금융을 지원하는 대신 강도 높은 구조조정과 재정긴축, 환율의 신축적 조정 및 고금리 등을 요구했다.

이에 따라 콜금리call rates가 12월 1일의 12.51%에서 매일 큰 폭으로 올라 12월 말에는 31.32%까지 폭등했고, CP금리는 같은 기간 19.40%에서 무려 40.77%까지 급등했다. 회사채 수익률 역시 17.5%에서 28.98%로 연일 오름세를 나타냈다. 이미 금융시장은 얼어붙고 기업들 연쇄부도 나고 있는 마당에 금리가 계속 오르자 멀쩡한 기업들까지 흑자도산이 우려되었다.

조동철 박사는 1997년 12월 초 IMF 관계자를 만나 IMF가 외화자금 지원의 조건으로 요구한 고금리 정책에 대해 큰 우려를 표시했다. "금리를 이렇게 많이 올리면 안 된다. 외환위기의 원인이 한국 기업들 부채가 많아서 발생한 것인데 이 정도 고

금리 정책을 쓰면 기업들 다 쓰러진다."

그러자 IMF 관계자가 "당신의 우려에 동감한다. 그런데 외환시장이 훨씬 더 심각하기 때문에 돈이 빠져나가지 않도록 하기 위해서는 고금리가 불가피하다. 한국의 외환보유액이 현재 얼마나 되는지 아는가?"라고 되물었다. "300억 달러 정도로 안다"고 답변했다. IMF 관계자는 "300억 달러는커녕 30억 달러도 채 안 된다"고 알려 주었다.

조동철 그게 바로 '가용可用외환보유고' 개념이었습니다. 그 말을 듣고 제가 너무 충격을 받았는데 IMF 관계자가 "한국의 가용외환보유고가 현재 약 30억 달러 정도인데 단기외채 규모가 얼마인지는 아느냐?"고 또 물어요.

제 기억으로 1996년 말에 우리나라 총부채가 1,000억 달러가 되네, 안 되네 하던 기억이 있었는데 이상하게 1997년부터는 정부가 외채 규모 발표를 아예 안 하더라고요. 그래서 저는 막연히 1,000억 달러 외채에 300억 달러 외환보유고 정도로 생각하고 있었습니다. 그런데 한국의 총대외지불 부담금이 2,000억 달러가 훨씬 넘는다는 것입니다. 어이가 없어 제가 더 할 말이 없었습니다.

그래도 제가 IMF에 금리하락을 권고했습니다. "당신 말대로 지금 어쩔 수 없더라도 조금이라도 외환시장이 진정되면 금리를 내려야 한다"라고 의견을 전달했습니다. 1997년 하반기에 정부의 '가용외환보유고'가 낮아진 이유가 정부와 한국은행이 외환보유고를 풀어서 국내 은행들의 외국지점 외화유동성을 지원했기 때문입니다.

그런데 문제는 그걸 아주 낮은 이자로 빌려줬다는 점입니다. 벌칙성 페널티penalty 금리를 물려야 하는데 거꾸로 리보LIBOR금리로 빌려준 것입니다. 정말 말이 안 되는 일이었는데 KDI 박사들은 그 사실을 전혀 몰랐습니다.

홍은주 1997년 10월에서 11월 사이에 리보 3개월 물物이 5.9% 선이었습니다. 금융기관 입장에서는 한국은행에서 달러를 리보금리로 빌려다가 그보다 훨씬 비싼 금리를 내야 하는 자기네들 차입금을 갚아 버리는 게 더 이익이었겠죠. 정말 잘못된 경제적 유인이 제공되었던 셈입니다.

조동철 결국 IMF가 와서 가장 먼저 시행한 조치가 뭐냐? 한국은행이 빌려준 외화 대출에 페널티 금리를 물린 거예요. 리보 플러스 10%를 더해서 페널티 금리를 왕창 부과했더니 은행들이 무슨 수단을 동원했는지는 몰라도 다른 데서 무조건 달러를 구해다가 한국은행에 갚기 시작했습니다. 그래서 가용 외환보유액이 다시 차기 시작한 것입니다.

그런데 IMF와 협상 타결만 되면 모든 위기가 쉽게 끝날 줄 알았던 기대는 완전히 뒤집혔다. 12월 3일 협약이 타결되고 이틀 후인 12월 5일 IMF에서 55억 달러가 유입되자 그 돈을 채권은행들이 서로 먼저 빼내 가려고 서두르는 바람에 그때부터 위기가 더욱 본격화된 것이다. 캄캄한 절망이 온 나라를 휩쓸었다.

12월 16일 뒤늦게 자유변동환율제가 도입됐지만 이미 외환거래가 사실상 실종된 상태여서 '소 잃고 외양간 고치는 격'이었다. 외환시장은 개점휴업 상태에서 환율만 연일 치솟았다. 12월 23일 환율은 연초보다 무려 두 배 이상 오른 1,964원을 기록했다.

조동철 정확한 외채 통계와 외환보유고 실제 상황을 알고 나면서부터 KDI 박사들도 정말 열을 받았습니다. 엄청나게 격앙되어 젊은 박사들이 삼삼오오 모이면 울분을 터뜨리곤 했죠.

외환위기가 갈수록 심각해진 12월 중순 무렵, 차동세 원장님께서 2층 회의실에 젊은 박사들을 다 소집했는데 분위기가 아주 비장했습니다. 젊은 박사들로부터 "죽을 때 죽더라도 우리가 하고 싶은 이야기 다 합시다." 그런 발언들이 마구 쏟아져 나왔습니다.

그 회의 전에 차동세 원장님이 저를 불러서 가 봤더니 테이블 위에 우리가 1997년에 작성해 정부에 전달한 단기 보고서를 날짜별로 쭉 늘어놓고서 그 하나하나를 언급하면서 "우리가 이렇게 계속 우려를 전달했는데 정부가 하나도 말을 안 들었다"고 한탄했습니다.

미국과 IMF는 12월 18일 대통령 선거에서 새 대통령으로 당선된 김대중 당선자로부터 "협상 결과를 반드시 준수하겠다"라는 다짐을 받고 그때부터 막후에서 움직였다.

루빈 미 재무장관은 IMF와 선진 8개국은 채권 금융기관들을 설득하여 "외채 회수를 자제하고 집단채무조정collective debt restructuring에 나서겠다"라는 약속을 받아내는 한편 100억 달러를 조기 지원하기로 했다.

이 돈이 12월 31일 들어오면서 한국은 극적으로 부도위기를 넘기게 된다. 또 1998년 1월 말에 외채 만기연장 협상에 성공하면서 환율이 크게 떨어지고 외환시장이 안정되었으며 가용 외환보유고는 4월 말에 300억 달러를 넘어섰다.

IMF와 정부에 금리인하를 주장한 KDI

외환시장은 안정되었지만 고금리・고환율, 긴축재정과 통화정책이 지속되면서 경기침체의 골이 깊어졌고 실업은 계속 늘어났다. 1998년 1월 한 달간 실업자가 70만~80만 명이 발생한 데 이어 2월에는 무려 120만 명의 실업자가 발생했다. 금융시장에서는 온갖 대란설이 유포되면서 신용경색이 갈수록 심화되었고, 매달 100개 이상의 기업들이 도산했다. 그런데도 1998년 2월 이루어진 제 5차 IMF와의 협의에서도 고금리 정책기조는 유지되었다.

이에 KDI는 3월 5일 '향후 거시경제 전망과 정책방향'이라는 제목으로 정책 세미나를 열어 고금리 사태가 불러온 경제의 심각성을 경고했다. 조동철 박사는 발제에서 "IMF와 지속적인 협의를 통해 국내 유동성 및 중앙은행 금리 제약에 의한 인위적 고금리정책을 완화해야 한다"고 주장했다. 외환시장 불안을 고금리정책으로 해소하는 데에는 한계가 있으며, 지나친 고금리정책은 기업부실을 심화시켜 금융시스템 불안을 장기화하며, 대외신인도 회복 및 외자 유입 촉진을 지연시켜 환율 안정에 오히려 역작용을 미칠 가능성이 있다고 봤다.

또한 "통화공급 확대가 인플레이션으로 연결되는 경우는 명목임금의 동반 상승을 전제로 하지만, 당시 한국 경제에 이 같은 우려는 존재하지 않으며 거시경제에도 초과수요가 전혀 존재하지 않는다. 오히려 이대로 가면 내년에는 디플레이션이 발생할 가능성을 배제하기 어려운 상황이다"라고 주장했다.

조동철 그 이전까지는 저금리로 가고 싶어도 갈 수가 없었습니다. 만약 원화는 저금리로 빌려주고 외화에는 고금리를 물리면 은행이 저금리로 한국은행에서 돈을 빌려 고금리인 달러를 갚게 되면서 외환시장이 난리가 나니까요. 할 수 없이 원화 이자도 높일 수밖에 없었어요.

그런데 외채 만기 협상에 성공하면서 외환보유고가 높아지고, 시장이 어느 정도 안정되어 금리를 낮출 여력이 생기면서 우리가 "이제는 금리를 낮추라"고 다시 촉구하기 시작했습니다.

그러자 IMF도 고금리정책이 불러오는 경기침체의 심각성을 인식하면서 1998년 5월 2일 한국 정부와의 제 6차 협의에서 "환율 움직임에 따라 신축적이고 대칭적인flexible and symmetric 방법으로 금리를 운용하고 외환시장의 안정 유지를 전제로 콜금리는 시장 여건에 맞추어 계속 인하"하기로 합의했다.

그런데 이번에는 한국은행이 금리인하를 반대했다. 환율 급등이 불러온 수입물가 상승에 놀란 한국은행은 1998년 물가를 5~6% 선으로 안정시키고자 금리-환율 조합을 15.5%에 1,200원으로 추정하여 금리인하에 반대했다. 정부 일각에서나 전문가들도 금리를 대폭 인하할 경우 기업들이 구조조정 노력을 소홀히 할 것을 우려하여 기업의 부채비율을 15% 낮출 수 있는 명목금리를 15.5% 선으로 추정했다.[8]

이 때문에 6월 말에도 콜금리 14.4%, 은행 당좌대출금리 18.5%, 회사채 수익률 16%로 고금리 추세는 여전했다. 경기침체는 더욱 악화되어 기업의 휴·폐업으로 생긴 전직실업자가 1998년에만 110만 명, 신규실업자가 20만 명 등에 달하며 대규모 실업이 발생했다.[9]

---

8 이규성, 《한국의 외환위기》, 박영사, 2006, 279쪽.

9 위의 책, 301쪽.

조동철 실업이 늘고 경기침체가 심화되니까 하루빨리 금리를 낮춰야 한다고 생각해서 제가 IMF에 "외환시장도 안정되었으니 이제 금리를 내려야 한다"고 말했더니, "우리도 그렇게 생각하는데 한국은행에서 금리를 낮추지 않으려고 한다"고 그럽니다. 한국은행을 비롯한 여러 사람들이 금리를 더 낮추면 안 된다고 주장한 것입니다. 그래서 그 후 한국은행이 발표하는 보도자료를 유심히 살펴봤습니다. 당시 한국 경제는 디플레이션을 걱정해야 하는 상황이었는데, 여전히 인플레이션 안정을 위한 통화정책을 이야기하더라고요.

그런가 하면 "우리가 돈을 풀고 싶어도 풀 수가 없다. 민간은행들이 풀린 돈을 한국은행에 도로 맡긴다"는 주장까지 하더라고요. 이건 당시 한국은행이 조절하던 RP 금리가 암울한 거시경제 여건에 비해 상대적으로 높으니 은행들이 민간에 돈을 제공하기보다 안전하고 수익률도 괜찮은 한국은행 금고에 맡겨 두고자 한 결과 아니겠어요?

또 금리인하를 반대하는 사람들 중에는 "재벌 구조조정이 끝나기 전에 금리를 낮추면 기업들이 너무 쉽게 빠져나가니까 안 된다"는 논리를 드는 이들도 있었고, "금리가 외환위기 이전 수준으로 되돌아갔으니 더 낮추면 안 된다"는 논리를 펴는 사람들도 있었습니다. 심지어 한 유명한 경제학 교수님도 그렇게 주장했습니다.

외환위기 이후 거시경제 상황이 완전히 달라졌는데 외환위기 이전과 비슷하니 더 낮추면 안 된다는 게 말이 됩니까? 1997년 초에 그랬듯이 또다시 생산성이라는 미시적 이슈를 금리인하라는 거시정책과 뒤섞는 잘못된 논리였습니다.

제가 너무 화가 나서 5~6월쯤에 한 30쪽 정도 되는 금리인하 보고서를 작성했습니다. 통화정책과 인플레이션에 대한 한국은행의 주장을 반박하는 내용도 포함했고요.

〈거시경제 상황에 대한 이해와 정책방향〉 보고서에는 "현재 한국은 인플레이션 우려보다는 디플레이션 위험이 더 높기 때문에 금리인하를 해야 한다"는 내용이 담겼다. 이 내용은 그보다 시간이 경과한 후 공식적으로 발간된 보고서에 자세히 언급된다.[10]

---

10 조동철, 〈거시경제 상황에 대한 이해와 정책방향〉, KDI, 1998.

최근의 경제 상황은 총수요 측면의 위축 정도가 총공급 측면의 위축 정도를 훨씬 상회하고 있다. 총수요 위축을 초래한 이유는 구조조정 과정에서 발생한 신용경색과 불확실성 그리고 고금리정책에 기인한다.

자산가치 등에 대한 디플레이션 기대가 있을 경우 명목금리가 하락하는 것은 금융시장 내부의 당연한 조정기능이다. 총수요 위축 등 거시경제 여건이 크게 바뀌었는데도 불구하고 단순히 명목금리를 IMF 이전과 비슷한 수준에서 안정시키고자 하는 통화정책은 큰 폭의 실질금리 상승 위험을 내포하고 있다. 가령 기대 인플레이션이 5%인 상황에서의 명목금리를 기대인플레이션이 0%로 추정되는 현 시점에도 그대로 유지하는 것은 실질금리 5%p의 상승을 의미한다. (중략) 또한 미국 대공황에서 볼 수 있는 것처럼 자본유출 등에 의해 총공급이 일시적으로 크게 위축된 상황에서 총수요마저 긴축적으로 관리되는 것은 바람직하지 않다. 총수요관리 정책은 경기침체를 더욱 심화시키지 않을 정도로 유지되어야 한다.

재정경제부와 한국은행에 금리인하 설득

조동철 박사는 금리인하 보고서를 최종본으로 만들어 외부에 돌리기 전에 재정경제부(기획재정부의 전신) 이규성 장관의 자문관으로 가 있던 김준일 박사에게 보냈다. 의견을 제시해 달라고 부탁하기 위해서였다.

그런데 이규성 장관이 외부에 나가고자 막 차를 탔을 때 김준일 박사가 "이 보고서 한 번 읽어 보십시오"라고 이 장관에게 전달했다. 차 안에서 보고서를 다 읽었는지 한 시간쯤 후에는 김준일 박사에게 "이 리포트 쓴 박사더러 좀 와서 직접 설명해 보라"는 연락이 왔다.

조동철 그때가 7월 무렵인데 이진순 원장님과 함준호 박사 그리고 저 이렇게 셋이 재정경제부에 가서 60~70명 정도의 국·과장들이 참석한 자리에서 금리인하가 필요한 정황을 쭉 설명했습니다. 설명이 끝나자 한 분이 손을 들고 일어나서 "조 박사님 이야기는 돈을 풀자는 이야긴데, 그럼 그렇게 돈을 풀어서 누구한테 우선적으로 줘야 할까요?"라는 겁니다.

제가 그걸 듣고 사실 좀 놀랐습니다. "아, 우리나라에서는 돈을 푼다는 것을 공개시장을 통하는 일이라고 생각하지 않고 구체적으로 누구를 지정해서 돈을 푸는 것으로 받아들이는구나" 싶었습니다. 저는 늘 "정부의 유동성 공급 확대는 공개시장에서 무차별적으로 이루어져야 하며, 과거와 같이 특정 부실기업 혹은 금융기관에 대한 장기특융 형태로 공급되어 부실을 심화시키는 정책은 반드시 지양해야 한다"고 주장한 바 있습니다.[11]

발표가 끝나자 이규성 장관이 조동철 박사를 장관실로 데리고 들어가더니 "조 박사가 수고했다. 그런데 돈을 푸는 주체가 한국은행이지 재정경제부가 아니다. 그러니 한국은행에도 이 내용을 좀 설명해 달라"고 말했다.

이규성 장관의 주선으로 조 박사는 한국은행 전철환 총재와 박철 부총재를 만나러 한국은행 총재실을 방문해 금리인하의 필요성을 다시 역설했다.

조동철 당시에 제가 말을 시작하자마자 전 총재가 갑자기 "자본유출이라고 하는데 7가지 자본의 개념 중에서 어느 자본을 이야기하는 거요?"라고 물으셨고, 그 뒤로는 끝까지 아무 말씀 없이 듣기만 하셨어요. 박 부총재도 별말씀 없었고요.

다만 제가 보고서에서 디플레이션 가능성을 언급했더니 나중에 한국은행 실무진이 "총재께 디플레이션이라는 이야기로 겁주지 말라"는 짜증 섞인 반응을 보이더군요.

그러나 실제로 디플레이션 위험은 존재했다. 1998년 6월까지의 잠정 GDP 성장률이 약 -5%에 이르리라 추정된 것이다. 정부는 경기침체의 골이 너무 깊어 성장잠재력이 훼손될 우려가 있다고 판단했다.

이에 따라 1998년 9월 28일 김대중 대통령은 특별 기자회견을 열고 "신용경색을 적극적으로 해소하고 강력한 경기부양 조치를 취하겠다"고 밝혔다. 재정경제부도

---

11 1998년 3월 5일 은행연합회에서 열린 KDI 정책세미나에서 발췌했다.

추경을 편성하여 경기 활성화를 위한 후속 조치를 내놨다. 통화를 최대한 신축적으로 공급하고 대출금리의 하향 안정화를 유도하며, 재정지출을 최대한 조기 집행하는 등 경기부양에 힘쓰겠다고 공식적으로 천명한 것이다. 소비와 투자의 활성화와 수출 촉진, 중소기업 지원 강화와 주택 건설 및 부동산 경기 활성화 등 부문별 경기 대책도 점검하겠다고 밝혔다. 조동철 박사가 한국은행을 방문한 시점이 8월쯤이었는데, 9월 말 대통령 기자회견을 연 직후 금리가 확 내려갔다.

조동철 한국은행이 9월 30일 하루 만에 금리를 8.25%에서 7.25%로 100bp를 낮추었습니다. 더 중요한 것은 앞으로도 금리하락을 용인하겠다고 선언했다는 점입니다. 그랬더니 금리가 쭉 내려가고 코스피 지수가 석 달 만에 300 근처에서 600까지 올라갔으며, 산업활동도 급격히 활발해지고 경기가 빠르게 회복되면서 1999년에는 경제성장률이 10%가 넘었습니다.[12]

지금 생각해 봐도 그때 금리를 낮추지 않았으면 어떻게 됐을지 아찔합니다. 당시의 금리인하에는 이규성 장관께서 결정적인 역할을 하셨습니다. 이분이 제 보고서를 다 읽고 국·과장들과 토론도 시키더니 금리를 낮추고 경기를 진작하는 쪽으로 결단 내린 것입니다.

정책금리인 콜금리 인하만으로는 장기금리 하락을 유도하기 어려웠다. 한국은행은 시장에 더 큰 영향을 미치는 회사채 유통수익률 및 금융기관 대출금리를 하향 안정화하기 위하여 KDI가 제시한 대로 통안증권 및 RP 중도환매 등을 통해 유동성을 늘려나갔다.

이때까지도 한국은행은 여전히 신중론을 견지한 것으로 알려졌다. 그러나 IMF와 정부가 금리인하와 추경 편성을 통해 경기를 진작하기로 이미 합의한 상태였던데다 금리인하를 가능케 하는 핵심이었던 외환 수급에서의 공급우위 추세가 뚜렷해

12 1999년 1/4분기에 5.8%, 2/4분기에 11.2%, 3/4분기와 4/4 분기에 13%를 기록하는 등 연간 10.9%의 성장률을 보였다.

졌으며, 외환시장도 안정을 되찾아 더는 금리인하를 반대할 명분이 없었다.

경상수지의 흑자 전환을 예견하다

KDI는 "1998년 말에 경상수지 흑자가 크게 발생할 것이며, 향후 2년 연속 큰 폭의 흑자를 기록하여 2000년 이후에는 550억 달러에 이르는 순외채가 거의 소멸할 것"이라고 전망했다.

KDI의 낙관론에 정부 당국은 회의적인 반응이었다. 당시 수출은 수출주력 품목의 단가가 하락하고 금융경색이 지속되며 전년 동기보다 감소세를 보였고, 일본 엔화가 약세로 돌아서며 자동차나 조선 등 일본과의 경합품목 수출의 채산성이 우려되었기 때문이다.

그러나 외환위기로 인한 내수 위축으로 수입 수요는 그보다 훨씬 큰 폭으로 줄어들면서 결과적으로 KDI의 예측이 맞아떨어졌다. 1998년 말 누적 경상수지는 사상 최대 흑자인 403억 7,000만 달러를 기록했고, 1999년부터는 국내 소비와 설비투자가 점차 늘어나면서 줄어들어 245억 2,000만 달러, 2000년에는 122억 5,000만 달러, 2001년에는 80억 3,000만 달러를 기록했다. KDI의 예측대로 순외채도 소멸되어 순채권국의 지위에 올랐다.

조동철 당시는 KDI 박사들이 언론의 주목을 많이 받을 때였습니다. 저희가 경상수지 흑자가 많이 날 것이라고 전망했더니 언론이 이 내용을 집중적으로 조명하면서 난리가 났어요. 모 언론에 실린 사설 제목이 "아직도 정신 못 차린 KDI"였습니다. 그런데 저의 논리는 외환위기로 수입 수요가 엄청나게 줄었으니 그것만으로도 이미 경상수지 흑자가 날 것이라는 예측이었습니다.

경상수지 흑자가 커지고 1999년부터 국가신용등급이 '투기' 등급에서 '정상' 등급으로 올라오면서 한국은 적극적으로 IMF에 대기성 협정자금stand-by credit을 갚기 시작했다.

1999년 9월에는 금리가 높은 보완준비금융 130억 달러를 갚았고, 2001년 8월에는 남은 IMF 대기성 차관 60억 달러를 갚아 전액을 상환했다. 2000년 12월 3일, 10차 협상을 끝으로 IMF와의 협상도 종료했다. 외환위기 발생 3년 만의 일이었고, IMF로부터 구제금융을 받은 국가 중 최단기간 내에 조기 상환한 국가가 됐다.

정부의 외환시장 개입을 우려한 KDI

1998년 9월 이후 환율은 극적으로 안정되기 시작했다. 1998년 9월 말 총대외지불부담은 1,518억 7,000만 달러였고 장기차입 스프레드는 여전히 높았지만 위기 속에서 대부분의 단기외채를 상환하여 1999년 상반기까지 갚아야 할 단기외채는 50억 9,000만 달러에 불과했다. 그나마도 대부분이 무역신용이었기에 자체 연장이 가능했다. 반면 외환보유고는 430억 달러에 달해 환율이 급속히 안정될 수 있었다.

그러던 중 2003년 9월쯤부터는 전 세계적으로 달러가 약세로 돌아서면서 그해 말 환율이 1,198원까지 하락했다. 한때는 너무 높아서 문제였던 환율이 이번에는 지나치게 하락한 것이다. 당시 재정경제부의 국제금융국은 환율급락에 따른 수출감소를 우려하여 더 이상의 환율하락은 절대로 용인하지 못한다면서 외환시장에 개입하려는 움직임을 보였다. 심지어 국내 외환시장에 영향을 미치는 역외域外 파생금융상품시장 역외선물환NDF: Non-Deliverable Forward에도 개입하고 있다는 소문이 금융시장에 파다했다.

이와 같은 상황에서 2003년 12월 조동철 박사는 재정경제부 기자실에서 KDI의 경제전망 보고서 브리핑을 하면서 신축적인 환율 조정이 필요하다는 요지의 원론적 발언을 했다. 그렇게 브리핑이 끝나고 나오는데 기자들 몇몇이 쫓아 나오더니 "환율이 변동하도록 내버려 두자는 거죠? 이건 재정경제부의 입장과는 정반대인데요"라고 물었다.

그날 오후 2시쯤 재정경제부의 모 과장한테서 급하게 전화가 걸려 왔다. 그는 조 박사가 전화를 받자마자 "왜 이런 내용의 보고서를 우리와 상의 없이 마음대로 발표하느냐? 우리가 반박자료를 내겠다"고 말했다.

KDI가 보고서를 낼 때는 재정경제부와 사전 교감 및 조율을 거친다. 이미 재정경제부에 사전에 보고서를 보낸 바 있었는데, 국제금융국이 이렇게 민감하게 반응한 이유는 무엇이었을까?

조동철 재정경제부에 여러 부서가 있잖아요? 우리는 주로 재정경제부의 정책국과 많이 이야기하고 여기로 보고서를 보냈습니다. 국제금융국은 우리 보고서의 내용을 전달받지 못했겠죠.

서로 일면식도 없는데 국제금융국 사람이 전화로 언성을 높이며 난리를 치기에 나도 좀 화가 났습니다. 연구원이 화나면 할 일이 뭐겠어요? 제가 또 20~30쪽짜리 보고서를 쓰기 시작했습니다.

그러고 나서 하루나 이틀쯤 뒤에 김준경 박사님이 오시더니 "조 박사, 무슨 일 있어?" 그러셨어요. 모 국장이 "KDI 조동철 박사 좀 조용히 하게 만들라"고 했다는 것입니다.

그때 보니까 국정원이 정보가 참 빨라요. "시장에서 재정경제부의 환율정책이 잘못되고 있다는 이야기를 들었는데, 자신은 전문가가 아니라 진위를 잘 모르겠다"라면서 저를 찾아온 거예요. 제가 관련 보고서를 쓰고 있다는 이야기를 들었다면서요. "아직 완성되지 않았다"고 일단 피했더니 저보고 보고서를 쓰면 자기한테도 꼭 한 부 보내 달라고 했습니다.

조동철 박사는 다시 작성한 보고서에서 환율이 신축적으로 조정되는 것이 바람직한 이유를 자세히 설명했다. "개방경제에서 경기가 좋아지면 자금 유입이 이뤄져서 원화가 강세로 돌아서고, 환율이 하락하면 수출 경기가 둔화되어 자동적으로 경기의 추가 상승과 물가 압력을 완충한다. 경기하락기에는 반대의 수순을 거쳐 경기가 좋아지고 디플레이션이 예방된다. 한마디로 환율은 경기 및 물가에 대한 자동안정장치automatic stabilizer의 역할을 하는데, 정부가 수출 측면만을 고려하여 의도적으로 시장에 개입하는 경우 거시경제에 풍선효과가 발생하고 뜻하지 못한 부작용이 발생할 것"이라는 요지였다.

한국 경제가 환율 급락으로 인한 수출감소를 두려워할 필요가 없다고 생각했던 이유는 외환위기 이후 크게 좋아진 기업들의 재무구조 외에도 크게 줄어든 외화부채外貨負債 때문이었다.

보고서에서 조동철 박사는 "환율의 급변동, 특히 통화가치의 급격한 하락이 거시경제의 안정을 저해하는 주요 경로로서 민간 부문의 보유통화 불일치currency mismatch 문제가 거론된다. 즉, 외환위기 당시의 우리 경제처럼 많은 개도국에서는 민간 부문이 외화자산을 크게 초과하는 외화부채를 보유하고 있으며, 그와 같은 상태에서 발생하는 자국 통화가치의 급락은 경제에 충격으로 작용한다. 그러나 최근 우리나라 기업 부문의 외화자산 대비 외화부채의 상대적 규모는 크게 낮아진 상태이며, 적어도 외환위기 이전에 비해서는 기업 부문 전반의 재무상태에 미치는 환율변동의 영향력은 상당히 축소된 것으로 보인다. 우리 경제구조는 환율변동에 의해 영향받는 정도가 점차 축소되고 있으며, 따라서 외화유동성 자체의 경색이 발생하지 않는 한 환율변동 그 자체를 지나치게 두려워할 이유는 줄어들고 있는 것으로 판단된다"[13]고 결론을 내렸다.

조동철 제가 그 보고서를 쓴 후 김중수 원장님께 보냈는데 아무 답이 없이 시간만 흘렀습니다. 그러다가 2004년 초에 재정경제부의 모 국장이 기자들에게 "현재 환율을 끝까지 사수한다. 발권력을 동원해서라도 한다"고 큰소리를 쳤다고 합니다. "환율상승을 용인하면 중소기업들이 다 망하고, 수출이 이루어지지 않기 때문에 제 2의 외환위기가 벌어질 것이다"라는 내용으로 겁을 주는 보고서도 위로 올렸다는 이야기가 들렸습니다.

하루는 원장실로 올라오라고 해서 갔더니 원장님께서 "장관에게 가서 당신이 직접 내용을 보고하라"고 지시했습니다. 그래서 김진표 부총리(후일 국회의원)에게 찾

13 조동철 외, 〈경제세계화와 우리 경제의 위기대응 역량〉, 연구보고서 2011-03, KDI, 2011, 403쪽.

아가 박병원 차관 배석하에 직접 보고했습니다. 이분이 아무 말도 없이 듣기만 하다가 "우리 국제금융국 라인과 이야기해 보셨나요? 만나서 한번 이야기해 보시죠"라고 하셨습니다.

그래서 권태신 국제금융 차관보를 만나러 갔더니 권 차관보도 "실무진이 내 말도 잘 안 듣는다"고 우려를 표시했습니다. 재정경제부의 강호인 정책국장이 우리 쪽 입장을 대신 국제금융국에 전달하기도 했고요. 이런 가운데 결국 제 보고서가 국정원에도 들어가고, 나중에는 국회에도 흘러들어가서 국회에서 담당국장을 불러들여 크게 문제 삼은 일이 있었다고 들었습니다.

그러다가 부총리가 금융을 잘 아시는 이헌재 장관으로 바뀌었습니다. 이 장관이 이 건에 대해 보고를 받고 대외적으로는 내색하지 않았지만 한번은 이건혁 자문관을 통해 나를 만나자고 하셨습니다. 2004년 여름쯤인가, 이헌재 장관을 만났는데 제가 쓴 보고서 내용에 대해 이것저것 확인하시더라고요. 그 후 정부가 환율 하락을 용인하기 시작합니다.

실제로 2004년 말에는 환율이 1,050원까지 급락했습니다. 나중에 다시 한덕수 부총리로 바뀌면서 저더러 자문관으로 오라고 했는데, 그때 국제금융국과의 갈등이 가장 마음에 걸렸던 기억이 납니다.

환율변동 둘러싼 논쟁 재연

'인생하처불상봉人生何處不相逢'이라 했던가? 이명박 정부가 들어서고 조선업계의 금융폭탄이 터지면서 또 한 차례 정부가 외환시장에 강하게 개입했다. 조동철 박사와 환율 문제로 자주 갈등을 빚던 국제금융국장이 이때는 실세 차관으로 승진한 후였다.

그는 어느 나라도 환율을 정부가 방치하는 법은 없다는 신념을 가지고 있었다. 특정한 의도를 가지고 환율을 정부의 통제하에 두겠다는 것이었는데, KDI는 일관되게 "환율의 경기자동안정 기능을 믿고 외환시장에 정부가 억지로 개입하지 말라"는 입장을 견지했으니 또다시 정면으로 부딪칠 수밖에 없었다.

조동철 다행히 그때 한승수 씨가 총리로 왔습니다. 한 총리가 재정경제부 말만 듣지 않고 저를 불러서 따로 확인했기에 제가 이창용 부위원장과 둘이서 한 총리를 자주 찾아뵙고 환율에 관해 말씀드린 적이 있습니다.

그런데 제가 "환율을 억지로 붙잡지 말라"고 주장한 KDI 보고서를 언론이 자꾸 받아쓰니까 기획재정부에서 KDI 설광언 부원장더러 오라고 하더니 제 이야기를 언급하면서 "KDI는 인사절차가 없느냐?"고 묻더래요. 설 박사님이 그냥 듣기만 하고 저한테는 전달도 하지 않아서 저는 전혀 몰랐다가 1년 후에야 그 사실을 알았습니다.

사실 그 경우만 봐도 당시 KDI가 참 좋은 연구조직이었다는 생각이 듭니다. 선배 박사님들이 "당신더러 하기 싫은 말을 하라고 KDI가 등 떠미는 일은 아마 없을 것이다"라고 안심시켜 주시더라고요. 돌이켜보면 지금까지도 실제로 그런 일은 없었습니다.

또한 "KDI에서는 누가 이야기를 하느냐가 중요하지 않고 어떤 내용의 이야기를 하느냐가 중요하다"라고도 말씀하셨던 기억이 나는데, 저는 그걸 '계급장 떼고 토론할 수 있는 풍토'라는 뜻으로 받아들였습니다. 실제로도 그랬다고 생각합니다. 직급이 더 위인 선배들이 이야기해도 주니어 연구자가 아니라고 믿으면 "그게 아닙니다"라고 이야기할 수 있는 조직이었다고 생각해요.

유연한 환율정책으로 대응한 2008년 금융위기

'엔론 사태'[14] 당시 조지 소로스George Soros는 "금융시장은 실물시장과 달리 수요와 공급이라는 균형이론으로 설명할 수 없고, 적절한 견제와 감독 기능이 부재할 경우 본질적으로 부도덕한 궤적을 따라가기 쉽다"고 설파한 바 있다.[15]

역사는 되풀이되는 걸까? 신용평가회사를 비롯해 금융계를 구성하는 수많은 기

14 2001년 10월 16일 미국 엔론 사Enron Corporation에서 발생한 회계 부정사건을 말한다.

15 〈매경 이코노미〉, "조지 소로스가 던지는 충고", 1172호, 2002. 9.
https://www.mk.co.kr/news/home/view/2002/09/276 028

관과 사람들이 진작 눈치챘으면서도 서로 얽히고설킨 이해관계 때문에 장기간 침묵의 카르텔을 유지한 결과 발생한 최악의 글로벌 금융위기가 2008년 미국의 '서브프라임 모기지 사태'이다. 서브프라임 등급의 부동산 부실대출을 기초자산으로 삼아 발행한 각종 유동화 증권이 우량등급의 채권으로 둔갑하여 전 세계 금융기관에 팔려 나가면서 시작된 위기는 발생의 진앙지가 미국 금융시장이었기에 광범위한 글로벌 위기로 확산될 수밖에 없었다.

위기의 규모 면이나 파장이 광범위했다는 점에서 1930년대의 대공황에 비견할 만한 사건이었다. 미국발 글로벌 금융위기의 여파로 대부분의 선진국들의 경제성장률이 마이너스를 기록했고, 이는 한국도 예외는 아니었다. 수출이 급감했으며, 특히 외환위기의 충격과 공포가 아직 기억에 생생할 때라 급격한 달러유출 움직임이 나타났다. 이에 따라 9월 이전에는 900~1,000원 선이던 달러당 환율이 1,200원까지 급등하였다.

미국발 글로벌 금융시장의 불안이 최고조에 이르자 2008년 10월 이후 정부는 시장을 진정시키고 경기급락 및 실업 급증을 완화하기 위한 각종 비상조치들을 강화했다. 국내 은행 차입의 외화표시 채무 원리금에 대해 국가보증을 실시했고, 은행들의 유동성 위기를 완화하고자 은행채 등 위험채권을 한국은행의 RP 대상 채권으로 편입시켰으며 '채권시장 안정기금'을 설정했다.

이 같은 일련의 긴급조치들에 대해 KDI는 〈경제환경 변화와 정책방향〉[16] 연구에서 "이 같은 비상조치들이 장기간 지속될 경우 도덕적 해이를 확산시키고 구조조정을 저해함으로써 경제체질을 약화시킨다"고 문제를 제기하며 "점진적으로 축소·폐지하는 것이 바람직하며, 조기에 정상화되지 않는다면 위기를 증폭시킨 요인으로 지적된 금융기관의 방만한 경영을 오히려 확산시킬 가능성이 크다"고 지적했다. 이어 "그보다는 외화자산과 부채 간의 유동성 차이를 고려할 수 있도록 기존의 외화건전성 관련 감독체계를 개선해야 한다"라고 조언했다.

다행히 정부는 사태가 진정될 기미를 보이자 긴급조치를 환원하는 한편 금리를

---

16 조동철, "경제환경 변화와 정책방향", 〈KDI FOCUS〉 통권 1호, KDI, 2009.

낮추는 등 유연하게 대응하여 적정하게 위기에서 비켜났다. 외환시장에서의 환율 급등도 1,500원 선까지 용인하여 외환보유고를 낭비하지 않았다.

시장에서 즉각적으로 이루어진 환율상승은 수출증가와 경기상승으로 이어져 위기 확산을 막는 안전판으로 작용하기도 했다. 금융위기 이후 생긴 전 세계적인 디플레이션 환경하에서 해외의 디플레이션 압력이 해외에서 발생시키는 충격을 신축적인 환율변동이 흡수함으로써, 국내 거시경제의 안정이 유지될 수 있었던 것이다.[17]

조동철 글로벌 금융위기가 발생한 2008년에는 정부가 정말 잘 대응했습니다. 환율상승을 용인하여 한때 달러당 1,500원까지 올라갔고 금리도 적극적으로 낮췄는데, 당시 박병원 경제수석이 재임하던 시절이었습니다. 그 당시에도 10년 전 외환위기와 비슷하게 환율이 급등하고 경기는 급락하면서 통화정책을 어떻게 해야 할지에 대한 고민이 컸습니다. 경기를 보면 금리를 낮추어야 했지만, 외환시장 불안 때문에 한국은행이 주저하고 있었습니다. 외환위기 때에는 외환시장 문제로 금리를 크게 올렸잖아요?

그러나 저는 2008년 금융위기 당시 한국 경제에 결정적으로 문제가 생기지는 않을 것이라고 보고, 금리를 과감하게 낮추는 방향으로 통화정책을 펴는 것이 좋겠다고 박병원 수석에게 보고했습니다. 2008년 위기는 우리 내부의 위기가 아니었고 한국 경제의 내부는 비교적 단단했거든요. 1998년 외환위기 이후의 강도 높은 구조조정을 실시한 결과 우리 금융시장의 시스템 복원력이 굉장히 좋아졌습니다.

한국 금융시장 내부에 취약한 고리가 좀 있었다면 바로 선박금융 때문에 단기외채가 좀 많았다는 것이었습니다. 2008년 미국의 최대 투자은행 가운데 하나인 리만 브라더스Lehman Brothers가 도산하는 사태가 벌어진 후 10월 한 달 동안 빠져나간 단기외채 규모가 300억 달러 수준이었습니다.

그리하여 다들 제 2의 외환위기를 걱정했다. 조동철 박사는 당시 수백 명 기업인들

---

17 조동철 · 김현욱, 〈경제세계화와 우리 경제의 위기대응 역량〉, 연구보고서 2011-03, KDI, 2011, 403쪽.

을 대상으로 연 거시전망 강의에서 "우리나라 외환보유고가 외환위기 때보다 훨씬 높고, 문제가 될 만한 단기외채 규모는 1,000억 달러를 조금 상회하는 정도다. 매월 300억 달러씩 갚는 속도로 상환해 나가면 수개월 만에 단기외채를 다 갚아 버리는 셈이니 현재와 같은 외환시장 불안이 장기화될 가능성은 높지 않다"고 전망했다. 실제로 2008년 4/4분기의 혼란은 2009년 1/4분기 이후 점차 진정되었고 경제회복도 탄력을 받았다.

조동철 그때 외환시장을 금방 진정시키는 데에는 정부의 노력으로 체결한 한미 간 통화스와프currency swap 협정이 결정적으로 도움이 되었지만, 그게 없었더라도 아주 큰 문제는 벌어지지 않았으리라고 저는 확신했습니다.

실제로 당시 대기업들을 보면 외환위기 때와 달리 문제가 된 기업이 하나도 없었어요. 일부 대기업들은 선진국들이 다 망했으니 우리에게 오히려 더 좋은 기회가 올지도 모른다고 할 정도였습니다. 은행들도 위기관리가 잘되어 문제가 전혀 없었고, 공적자금이 전혀 투입되지 않았습니다.

KDI는 당시 우리 경제가 비교적 순탄하게 위기를 극복할 수 있었던 원인에 대해 "외환위기 이후 적극적인 구조조정에 힘쓴 결과 외환보유고가 확충되고 기업과 금융기관의 재무구조 개선이 이뤄졌으며, 견실한 정부 재정과 총자산상환비중DTI: Debt to Income이나 주택담보인정비율LTV: Loan to Value Ratio 규제를 통한 주택담보 대출 억제 등이 대공황에 비견될 정도였던 세계적 경제위기 및 충격이 국내경제로 파급·확산되지 않도록 완충장치 역할을 수행했다"고 진단했다.

아울러 재정통화와 환율정책의 신축적이고 시기적절한 대응도 위기를 완충하는 데 크게 기여했다고 봤다. 위기가 발생한 직후 적극적으로 재정을 풀고 금리를 인하하며 외환시장에서 환율이 자율조정기능을 수행하도록 했다는 것이다. 막대한 외환보유고를 가졌음에도 환율을 방어하려는 정책보다는 환율의 신축성을 용인한 정책 방향이 국내 경기회복과 물가안정에 크게 도움을 줬다고 분석했다.[18]

대규모 경제위기, 어떻게 대응할 것인가?

KDI는 1997년 외환위기와 2008년 글로벌 금융위기를 비롯해 거의 10년 주기로 발생하는 대규모 경제위기에 어떻게 대응해야 할지 모색하는 연구를 계속했다. 2011년의 〈경제 세계화와 우리 경제의 위기대응 역량〉 보고서는 메가톤급 대형위기에 대응하기 위해 다져 두어야 하는 경제 펀더멘털의 제 조건을 다음과 같이 정리했다.

첫째, 건전한 정부 재정은 모든 위기대응을 위한 최후의 보루이므로 평상시 재정건전성을 확보해 두어야 한다. 전혀 예상치 못한 시점에 예상치 못한 방식으로 발생하는 위기에 즉각 대응하기 위해서는 정부가 '건전 재정'이라는 실탄을 준비해 두어야 한다. 정부가 위기대응의 실탄이 없다는 사실을 읽히는 순간 위기는 재앙의 성격을 띤 채 확산한다.

둘째, 통화정책의 경우 금융위기에 대한 단기대응과 물가안정이라는 중기적 목표는 정책목표의 시점이 상이하므로 중앙은행의 단기적 재량권을 폭넓게 인정한 상태에서 물가안정 목표제를 유지하되, 허용오차는 현재보다 줄이고 물가정책의 시계視界를 1년 단위보다 더 길게 설정해야 한다고 봤다.

셋째, 외환보유고와 외환시장에 대해서는 적정 외환보유고를 유지하는 것이 필요하나 자본시장이 완전히 개방된 상태에서 아무리 많은 외환보유고를 지닌다 하더라도 자본유출을 막기란 불가능하므로 환율의 신축적인 조정을 수용하는 것이 당연히 바람직하다.

넷째, 금융 부문의 위기대응 역량을 높이기 위해서는 금융기관들의 자기자본 확충, 경기 순응성 완화 및 유동성위험의 관리, 거시건전성 감독체제의 확립 등을 근간으로 하는 감독체제를 확립할 필요가 있다.

---

18 조동철·김현욱, 〈경제세계화와 우리 경제의 위기대응 역량〉, 연구보고서 2011-03, KDI, 2011.

2장

외환위기 극복 청사진 연구

한국 경제 위기극복 종합연구

국가부도라는 사상 초유의 경제위기에 직면한 1997년, 12월 18일 치러진 대통령 선거에서 야당의 김대중 후보가 대통령에 당선되어 1998년 2월부터 임기가 시작됐다. 과거 단 한 번도 경험해 보지 못한 미증유의 국가부도 위기에 직면하여 국가 전체가 우왕좌왕할 때였다. 위기의 국면에 정권이 교체되었는데 "새 정부가 무엇을 어떤 순서로 어떻게 추진해야 되느냐?"라는 질문에 대한 구체적 청사진이 마땅치 않았다.

그런 상황에서 1998년 2월 새 정부가 출범하며 KDI에 신임 이진순 원장이 취임했다. 이 원장은 숭실대 교수로 재임하던 시절 김대중 대통령을 막후에서 논리적으로 지원하던 학자였는데, 부임하자마자 취임 일성으로 "KDI가 외환위기 극복을 위한 청사진을 제시하겠다"라고 언론에 공언했다.

이때 KDI 외환위기 극복 종합연구의 책임자를 맡은 사람은 당시 산업팀에 있던 설광언 박사였다.

설광언 신임 이진순 원장이 원내회의에서 갑자기 저더러 연구책임자PM: Project Manager

를 맡으라고 했습니다. 저는 그 이전까지 이진순 원장을 한 번도 만난 적이 없었는데, 누가 추천해서 그 중요한 일을 나에게 맡기셨는지 사실 지금도 잘 모르겠어요. 개인적으로는 거시금융팀 소속도 아닌데 '외환위기 극복 청사진 마련'이라는 너무나 중요한 책임을 부여받아 부담이 몹시 컸습니다.

제가 박사학위를 딸 때는 독일에서 거시경제 중에서도 '통화정책monetary policy'을 전공했습니다만, KDI에 들어오기 전에는 다른 연구원에서 전혀 다른 분야를 연구했죠. KDI에 들어와서는 산업팀에 소속되었는데 갑자기 이진순 원장이 제게 종합대책 PM을 맡기니 걱정이 컸습니다. 다행히 각 분야별로 유능한 박사들이 정말 열심히 도와줘서 2개월이라는 짧은 시일 내에 종합대책을 마련할 수 있었습니다.

거시경제는 조동철 박사가 담당했고, 재정은 고영선 박사와 문형표 박사가, 노동시장 쪽은 김대일 박사가 담당했습니다. 금융은 최범수 박사와 함준호 박사, 기업 구조조정은 경영학을 전공한 강영재 박사가 많이 작업했고, 남일총 박사 등이 함께 했습니다. 그때 다들 "KDI가 아니면 이 위기를 극복할 방안을 내놓을 수 있는 집단이 대한민국에는 없다"는 사명감을 가지고 온 힘을 다했습니다.

2월 말에는 보고서 작성에 착수했고, 내용을 종합적으로 정리해 정부에 대강 보고한 때가 4월이었다. 보고서가 완성되어 발표된 시점이 5월이었다. 외환위기에 대응하기 위해 작성한 이 보고서에는 경제위기의 본질에 대한 정확한 인식과 대응전략, 금융과 기업 부문 구조조정 방안, 구조조정 원활화를 위한 실업 및 빈곤 대책, 구조조정기의 재정운영 방향, 구조조정이 성공할 경우와 실패할 경우의 거시경제 예측 동향 등이 종합적으로 포함되었다. 단 2개월 만에 수준 높은 위기극복 종합보고서를 만들어 낼 수 있었던 것은 이미 그 이전에 KDI가 자체 연구를 통해 필요한 내용을 많이 축적했기 때문이었다.

다음은 당시 연구조정실장이던 전홍택 박사의 회고이다.

전홍택 1997년 11월에 외환위기가 현실화되기 시작했습니다. 12월 초에 IMF에서 지원자금을 받았는데도 위기가 재발하고, 크리스마스에는 대반전이 일어나는 엄청난 위기를 겪으면서 KDI 박사들이 "우리가 손 놓고 이대로 있으면 안 되겠다" 하여 이미 자발적으로 많이 연구하고 있었습니다. 1997년 12월 김대중 후보가 대통령에 당선되고 1998년 초에 이르는 사이에 "우리가 위기극복을 위한 연구를 미리 해 두어야겠다" 싶어서 여러 관련 연구에 착수했던 것이죠.

1997년 금융개혁위원회(이하 금개위)에서 KDI 박사들이 많이 활동했기 때문에 금융개혁 연구를 종합할 수 있었습니다. 기업 부문은 이영기 박사님이 맡았습니다. 이 박사님은 KDI 부원장도 지내신 분인데, 재무를 전공한 터라 KDI에서 기업 재무구조 개선에 대한 정책연구를 많이 수행했습니다.

사실 위기가 닥치기 이전부터 금융팀에서는 기업들의 부실한 재무구조와 높은 부채비율 등에 대해 몹시 걱정했거든요. 그러다가 이진순 원장이 신임 KDI 원장으로 오신 후 "우리가 외환위기를 타개하기 위해 무엇을 해야겠는가?"라는 논의가 시작됐습니다. "구조개혁에 대한 청사진을 KDI가 먼저 제시하는 것이 맞겠다"라는 생각에 모두 적극 동의하면서 〈경제위기 극복을 위한 종합대책〉이 나왔습니다.

해당 연구에는 KDI 연구인력이 총동원되다시피 했다. 외환위기가 발생한 후 극도의 울분과 자괴감, 좌절을 경험하고 있던 KDI 박사들은 이를 동력 삼아 모두 외환위기 극복을 위한 종합연구에 연구 역량을 쏟아부었다.

전홍택 거시금융팀이 주축이 되었고 재정팀과 산업팀까지 대부분 총동원됐습니다. KDI 전체 인력을 투입하여 구조조정의 재원문제를 비롯해 은행 주도로 기업의 재무구조를 개선하도록 하는 등 개혁의 여러 가지 요점들이 모두 포함된 종합보고서를 만들어서 정부에 제출했죠. 김대중 정부가 추진해야 할 4대 개혁을 총망라한 종합적 성격을 띤 보고서였습니다.

금융개혁은 금개위에 참여했던 KDI 박사들의 연구가 종합되었고, 재정개혁과 노동개혁은 KDI가 과거에 해 왔던 내용이 종합되었습니다. 특히 기업 구조조정은 완전히 새로운 분야이기 때문에 미국의 기업 구조조정 기법을 배우면서 내용을 보완했습니다. 기존에 없던 완전히 새로운 신세계적 연구를 수행했다고 자부합니다. 은행이 주도하여 기업 구조조정에 나서야 한다는 방향을 제시하고 금융 및 기업 구조조정에 필요한 재원 등을 구체적으로 분석한 것은 KDI의 보고서가 최초였습니다.

홍은주 정부가 직접 기업 구조조정을 했던 과거와 달리, 금융시장을 통하여 은행 주도로 기업 구조조정을 추진하고 재무구조를 개선해야 한다는 방향성을 설정한 것은 당시 굉장히 혁신적인 발상이었습니다.

설광언 그 부분을 작성할 때 KDI 내부적으로 논의가 벌어졌어요. 금융과 기업 재무구조는 서로 얽히기 마련인데, "위기상황에서 어느 부분부터 먼저 손을 봐야 되느냐?"라는 구조조정 우선순위의 문제가 제기됐습니다.

그때 "외환위기로부터 시작되어 금융시장 자금의 흐름에 심각한 문제가 생겼으니 일단 금융시장부터 먼저 잡아야 한다"는 쪽으로 의견이 모였습니다. 금융시장과 은행을 먼저 구조조정하여 정상화한 다음에 기업 구조조정을 추진하기로 했습니다.

재정 부문은 다행히 KDI 쪽에 정부와 몇 년 전부터 계속 재정개혁 관련 문제를 굉장히 강조하며 해 온 연구가 있었습니다. 그때 천만다행이었던 게 1980년대 초부터 KDI는 물론이고, 재정경제원(현 기획재정부의 전신으로 1980년대에는 경제기획원, 김영삼 정부 때는 재정경제원)이나 국회 모두가 재정 건전성에 굉장히 관심이 많아서 균형재정 기조를 쭉 유지해 왔습니다. 그 덕분에 재정이 유일하게 튼튼했습니다. 만약 당시 재정에 여유가 없었다면 조기에 외환위기를 극복하지 못했을 겁니다.

KDI 박사들이 총동원된 외환위기 극복 청사진은 〈경제위기 극복과 구조조정을 위한 종합대책〉이라는 이름으로 1998년 4월에 공개됐다. 이 보고서에는 특히 1998년 말을 전후하여 전체 금융기관의 부실채권이 100조 원에 달할 것으로 추정하는 내용이 포함되어 있었는데, 이 통계치가 당시 한국사회에 큰 반향을 불러일으켰다. 최초로 금융권 부실채권 규모를 추정하여 낸 수치였기 때문이다. 이로써 사람들이 천문학적인 금융권 부실 규모를 처음으로 파악할 수 있었고, 그 결과 투입에 필요한 재정자금 규모가 확정되어 국회동의를 얻었다.[1]

설광언 부실채권 100조 원을 처리하고 금융과 기업 구조조정을 하기 위해서는 향후 5년간 67조 원 이상이 소요될 것이라고 구체적 숫자를 제시한 곳이 KDI 금융팀이었습니다. 그 비용은 주로 부실채권 매각 손실·이자비용·은행증자 지원 등으로 구성되었습니다.

계산할 때에는 구조조정 자금을 투입하면 절반 정도는 회수하지 못하겠지만 그래도 절반은 건질 수 있을 것이고, 위기가 수습되면 정부가 한국자산관리공사KAMCO를 통해 매수한 주식과 채권 등의 가격이 올라갈 것으로 예상되므로 추가적으로 회수할 수 있을 것이라고 가정했습니다.

당시 기업재무 부문은 젊은 연구진이 작업했는데, 경영학을 전공하고 기업 구조조정을 연구한 강영재 박사와 남일총 박사 등이 참 열심히 일했습니다. 부실채권의 잠정 규모를 추정하는 작업은 김준경 박사가 했는데, 부실채권의 출자전환을 통해 기업 구조조정을 실시해야 한다고 주장했습니다.

300쪽이 넘는 방대한 종합보고서의 기저에 흐르는 핵심 정신은 "정부 주도의 개발연대 발상에서 탈피하여 정부와 민간의 역할을 재정립하고, 시장 중심 경제체제로 전환할 수 있도록 금융·기업·재정·노동 등 각 분야에서 구조조정과 제도개혁을 실시해야 한다"는 것이었다. 다음은 보고서의 핵심 내용을 요약한 것이다.

첫째, 도태되어야 할 부실 부문을 신속하고 과감히 정리함으로써 일부의 부실이 전체의 부실로 확산되는 것을 차단해야 한다. 이를 위해 결합재무제표 작성, 국제회계기준 도입 등을 통해 기업의 부채 규모와 재무상태를 정확하게 파악하고 금융기관 주도로 부실채권에 대한 정밀 실사를 조속히 실시하도록 한다.

둘째, 무엇보다 금융산업에서의 신속한 구조조정이 선결되어야 하며, 이를 위해서는 금융시스템 붕괴에 대비해 안전판 역할을 하는 공적자금 동원이 불가피하다.

---

1 당시는 기업들이 상환기한이 되어 원금을 갚지 못하더라도 이자만 내면 정상여신으로 분류할 때였다. KDI가 추정한 부실채권은 이자를 내지 못하는 '무수익채권'을 기준으로 삼았기 때문에 실질적으로 잠재된 부실채권은 훨씬 큰 상황이었다.

특히 이미 발생한 부실채권 규모가 막대하며 향후 발생할 부실채권의 규모가 매우 불확실하다는 점을 감안할 때 공적자금은 조기에 충분히 확보해야 한다. 공적자금은 기업 구조조정보다 금융 구조조정에, 그중에서도 특히 은행권 구조조정에 우선적으로 집중하여 금융시스템 붕괴에 따른 건실한 기업의 도산을 막아야 한다.

셋째, 기업 구조조정은 시장기능과 법을 이용해 부실기업을 조속히 정리하는 것을 최우선 과제로 추진해야 한다. 정부는 그 파급효과가 완충될 수 있도록 M&A 및 구조조정 전문회사를 설립하고, 도산3법과 노동법 등을 정비하는 등 관련 법과 규제를 마련해야 한다.

넷째, 최선의 실업대책은 기존 부실기업을 온존하는 방식이 아니라 신속한 경제 구조조정을 취해 대외신인도를 회복하고 경기를 활성화하는 것이다. 다만 구조조정 과정에서 발생하는 실업자나 빈곤계층 등을 위해 대책을 세워 사회안전망을 동시에 구축해야 한다.

방대한 보고서 내용을 PPTPowerPoint 자료로 요약하여 이진순 원장이 대통령에게 직접 보고했다. 당시는 수기手記 보고가 일반적이던 시절이다. KDI 내부에서는 주호성 연구원[2]만이 PPT를 능숙하게 다룰 줄 알았기 때문에 주 연구원이 경제정보센터가 자리한 양재동에서 홍릉까지 오가면서 밤새 PPT 자료를 만들었다.

설광언 KDI가 대통령께 보고할 때 구조조정 개혁 방향만 얘기한 것이 아니라 보고서 맨 끝에 '이렇게 구조조정을 하면 경제가 이렇게 될 것'이라는 거시전망을 포함하여 보고했습니다. '구조조정이 성공할 경우'와 '구조조정이 실패할 경우'라는 전제조건을 달아서 각각의 경우에 1998년부터 3년간 단계적으로 어떤 식으로 변화할지 예측해 보고했습니다.

당시 보고서 작성에 참여했던 조동철 박사는 3년 내 경상수지 흑자가 286억 달러가

---

2 당시 KDI 부설 경제정보센터(구 국민경제제도연구원) 소속이었다.

되리라 추정했다. 처음에 이 보고서를 접한 공무원들은 "외환위기가 일어나 달러 한 푼 없는데 이게 말이 되느냐?"라며 회의적인 반응을 보였다. "우리가 IMF 구제금융을 받는 현 상황에서 너무 낙관적으로 보는 것 아니냐? 말이 안 되는 이야기다"라는 것이었다.

설광언 우리는 그때 거시팀이 제시하는 예측에 대한 확신 같은 것이 있었습니다. "경상수지 대규모 흑자 전망이 믿기지 않는다"는 재정경제부 관리들에게 조 박사가 "우리 내기할까요?"라며 농담할 정도로 확신이 있었습니다. 조동철 박사는 "환율이 이렇게 높은 상황에서는 외환위기 때문에 내수시장이 위축되어 수입은 줄고 수출은 늘어난다. 따라서 상당한 경상수지 흑자가 날 것"이라고 확신했습니다.

그때 우리는 공급능력이 없었던 것이 아니라 유동자금에 단기적 문제가 생겼던 것이기 때문에, "환율이 오른 상태에서 금융이 제대로 돌아가면 생존한 기업들의 제품 수출이 늘어날 것이고, 당시 중국시장에서도 수출이 늘고 있었기 때문에 충분히 외환을 확보할 수 있을 것이다. IMF 구제금융을 빠른 시일 내에 갚을 수 있다"고 생각했습니다.

그래서 3년 후의 낙관적인 경제전망을 덧붙여 보고했는데, 나중에 결국 경상수지가 큰 폭의 흑자를 냈습니다. 또 3년이 채 되기 전에 IMF에서 받은 구제금융을 다 갚았습니다.

당시 정부가 기업들의 부채비율을 200% 이하로 낮추도록 기업들을 강하게 압박하여 어느 정도 구조조정이 이루어지고 있었습니다. 외환위기의 여파로 워낙 정신없는 상태에서 거시경제를 예측하는 작업을 했기 때문에 구체적 숫자까지는 장담하기 어려웠지만, 큰 방향은 확실했습니다. 실제로 경제위기가 발생하고 2년이 지나고 나서부터는 경제가 크게 회복됐습니다.

DJ, "KDI 보고서를 위기극복 청사진으로 하라"

대통령이 주재하고 주무 부처 장관들이 대거 참석한 자리에서 외환위기 극복을 위한 종합대책 보고가 끝나자 대통령은 회의 말미에 "KDI 연구 결과를 종합대책의 청사진으로 삼으라"고 지시했다. 이에 재정경제부는 세부 조치를 마련하여 즉시 시행에 들어갔다. KDI의 위기대응 종합보고서에 언론이 보인 반응도 뜨거웠다.

설광언 KDI가 작성한 종합대책 보고 내용을 그 당시 한국 경제를 굉장히 부정적으로 보던 외신기자들한테도 설명하라고 하기에 저와 함준호 박사가 요약본을 영문으로 번역한 뒤 외신기자들을 불러서 따로 설명회를 가졌습니다. 그 설명회를 연 후에 부정적이었던 이들을 포함한 모든 외신기자들이 호평을 많이 했습니다.

당시에 한국 경제를 굉장히 비판하고 비관적으로 보던 외국 기자가 한 명 있었습니다. 그런데 며칠 후에 "이런 좋은 정책보고서가 나올 수 있는데 왜 한국 경제가 이렇게 위기를 맞은 것인가?"라는 의문을 제기하면서, "KDI 연구진이 좋은 방향성을 이미 가지고 있었는데 발표할 기회를 못 얻었거나 억눌려 있었기 때문에 이런 보고서가 나오지 못하다가, 이를 풀어 주면서 좋은 의견도 나올 수 있었던 것 아니냐"라는 취지의 기사를 쓰기도 했습니다.

일본 재일교포가 만든 신문에서도 인터뷰하러 왔습니다. 아마 재일동포들도 그 문제에 관심을 많이 두었던 것 같습니다. 재일교포 민단에서 발행하는 신문이었는데, 그 신문에 우리가 발표했던 외환위기 극복 청사진의 내용을 한 면 전체를 할애해 내보냈습니다. 그 정도로 파급효과가 컸습니다.

그뿐 아니라 우리보다 먼저 인도네시아에서 외환위기가 터졌는데, 우리나라에서 외환위기 극복 청사진이 나왔다고 하니 인도네시아 중앙은행 쪽에서 사람이 와서 자국에서도 한 번 발표해 달라는 요청이 왔습니다. 그때는 우리도 발등에 불이 떨어져 앞가림하기도 힘들 때라 가지 않았습니다.

보고가 끝난 후 정부 정책이 굴러가기 시작하니까 정부 쪽에서 국민들이 이 내용을 잘 알아야 구조조정이 쉬워질 거라고 하기에 여기저기 돌아다니면서 강연하기도 했습니다. 국내 미디어가 보인 반응도 뜨거워서 우리가 설명한 내용이 TV에 자세히 소개되었고, 아침 라디오 방송에도 자주 나가서 설명했습니다. 전화 인터뷰를 한 적도 많았고요.

DJ노믹스의 개념 설계

김대중 대통령은 정치적으로는 잘 알려진 인물이었지만 경제 측면에서는 무슨 생각을 품었는지 알려진 바가 별로 없었다. "유럽식 사회주의에 경도되어 집권하면 사회주의 경제로 가는 것 아닌가?"라는 의심도 받고 있었다.

당선자 신분이 된 첫날 김대중 당선자는 자택 앞에서 당선 소감을 이야기하면서 "국민의 정부는 국정목표로서 민주주의와 시장주의의 균형발전을 지향한다"고 언급했다. '민주주의와 시장주의의 균형발전'이 의미하는 바가 무엇일지 모두들 궁금해했다.

KDI가 외환위기 종합대책 보고서를 낸 직후에 청와대의 또 다른 요청이 KDI에 전달됐다. 'DJ노믹스'를 개념화하여 김대중 정부가 추진할 경제정책의 방향성을 만들어 달라는 청이었다.

설광언 김대중 대통령이 당선 직후 기자회견에서 '민주주의와 시장경제의 균형발전'을 국정철학으로 제시했는데 총론만 있고 디테일이 알려진 바가 없으니까 사람들이 이 개념이 뭔지 궁금해했습니다. 그래서 그 세부사항을 이론적으로 상세하게 보충하고 논리를 정리해 달라는 요청이 KDI에 온 것입니다.

이 작업에서 다시 PM을 맡은 설광언 박사는 고민에 빠졌다. "민주주의라는 정치체제 속에서 시장경제체제를 구축하려면 어떤 기본원칙과 방법론을 설정해야 하는가?" 당시 설 박사와 함께 DJ노믹스의 틀을 세우고자 고민한 사람은 스탠퍼드대에서 경제학 박사학위를 취득하고 KDI에 막 들어온 임원혁 박사였다. 임 박사는 학부에서 역사를 전공했기 때문에 국가의 흥망성쇠에 대한 역사적 통찰력이 있었다.

연구진은 사회를 안정시키고 질서를 유지하기 위해서는 공권력은 일정 부분 필요하지만, 이를 핑계로 권력자의 자의적 공권력 행사가 개인의 창의와 선택의 자유를 박탈할 경우 경제발전에 역행할 수밖에 없으며, 역사가 이를 증명한다고 생각했다. 몇 가지 사례를 들자면 프로이센 독일과 메이지유신 후의 일본 등이 경제력 및 정치 권력의 과도한 집중화로 종말을 맞았으며, 시장경제를 거부한 여러 사회주의 국가들 역시 참담한 경제실패를 맞이했다.

설광언 역사적으로 사회주의 국가나 전체주의 국가들이 망한 이유를 경제적 측면에서 살펴보면, 이들 국가들은 모두 극단적인 경제력 집중으로 망했다는 사실을 알 수 있습니다. 공통된 근본적 이유는 사유재산을 제한하고, 개인의 자유를 보장하는 데 실패한 것이라는 점에 주목했습니다.

특히 '정보화와 세계화로 상징되는 21세기의 시대적 변화에 대응하기 위해서는 개인의 자율과 창의가 샘솟고 다양성이 존중되는 사회가 되어야 한다, 인간의 자유의사를 존중한 민주적 정치제도와 경제제도를 동시에 발전시키지 않으면 지속적 성장과 발전을 담보할 수 없다'는 식의 논리구조를 만들었습니다.

한국이 그 당시 겪은 외환위기 역시 정부의 주도 아래 소수 엘리트들이 경제발전을 이끄는 과정에서 제도와 정치적 민주주의가 같은 속도로 발전하지 못하여 정경유착, 관치금융, 부정부패, 도덕적 해이 등이 발생한 데에서 비롯되었다는 결론을 내렸다. 선진국 모두 민주주의와 시장경제를 함께 시행하고 있다는 점만 봐도 민주주의와 시장경제를 병행 발전시키는 것 외에는 다른 대안이 없음을 분명히 했다.

한편 시장경제는 "개인의 사유재산권을 바탕으로 경제활동의 자유가 보장되고 개인의 선택에 대한 보상이 시장경쟁을 통해 결정되며, 경쟁의 결과도 스스로 책임지는 체제"로 정의했다.[3]

---

3 재정경제부 · KDI, 《국민과 함께 내일을 연다》, 대한민국 정부, 1998, 57쪽.

DJ노믹스의 최종 내용에서 "민주주의와 시장경제는 자유·경쟁·책임의 원칙을 공유하는 국가의 두 핵심 축"이라고 규정되었다. 또한 이를 기초로 "작지만 효율적인 정부, 건실하고 경쟁력 있는 금융, 기업의 투명한 재무구조와 거버넌스, 국제규범에 맞는 개방경제체제의 확립" 등을 추진해야 한다는 내용으로 구성하였다.

구체적 하부전략으로는 활력 있는 중소벤처기업의 육성과 21세기에 대비한 정보화의 신속한 확산, 농수산업의 고부가가치 산업화, 질 높은 보건의료 서비스와 사회복지의 제공, 물가안정과 수출경쟁력 강화 정책 등을 제시했다.

설광언 일반 국민들은 김대중 후보가 대통령이 되면 사회주의 성향이 강한 정책을 펼 것이라고 예측했습니다. 그러나 이는 가설에 지나지 않았고, 주변 사람이나 학자들은 오히려 독일의 '질서자유주의' 경제체제에 많은 관심을 가졌습니다. 공정한 경쟁을 펼칠 수 있도록 경제가 돌아가는 데 필요한 기준이나 틀은 정부가 제공하지만, 나머지는 모두 시장에 맡긴다는 것이 질서자유주의의 기본적인 개념입니다.

김대중 대통령 측근 인사들은 개인의 자유를 굉장히 보장하는 쪽으로 정책방향을 생각하는 등 오히려 신자유주의적 시장경제체제를 경제정책의 기조로 강조했습니다. 그래서 혹자는 "김대중 대통령이 신자유주의를 한국에 이식한 사람"이라고도 말합니다. 외환위기가 닥쳤고, 미국과 영국을 중심으로 한 당시의 시대적 흐름도 신자유주의가 대세이긴 했지만, 어쨌든 김대중 대통령이 이를 선뜻 받아들여 시행했다는 점이 의외였습니다.

새천년의 새 패러다임은 '지식기반경제'

뉴 밀레니엄을 앞두고 세계은행은 1998년 10월 〈세계개발보고서〉에서 '발전을 위한 지식'을 주제로 다루면서 개발도상국들이 선진국과의 지식격차를 줄이지 않으면 경제격차와 소득격차가 더욱 벌어질 것이라고 주장하면서, 개도국들이 지식격차를 해소하고 시장경제 활성화에 필요한 정보 흐름의 문제를 해결하기 위해 획기적으로 노력해야 한다고 촉구했다. 또 스티글리츠 부총재는 "향후 세계은행은 '지식은행'이 되어야 한다"라고 선언했다.

또한 세계은행은 1999년 아프리카 가나와 한국이 보인 지난 50년간의 GDP 성장률을 비교하는 통계적 연구를 수행했는데, 이때 노동과 자본 등 투입 요소의 증가가 아니라 지식의 축적에 의한 총요소 생산성이야말로 두 나라 간의 경제발전이 66%의 격차를 보인 이유를 잘 설명한다는 보고서를 냈다.[4]

외환위기를 겪는 와중이던 한국은 세계적인 지식기반경제로의 흐름을 신속하게 받아들였다. 외환위기 이후 부실화된 제조업이 강도 높은 구조조정에 들어가면서 생산과 고용이 줄어들자 지식기반산업의 육성이 최우선 과제로 떠오른 것이다.[5]

각 부처가 중구난방으로 지식기반산업을 활성화한다고 나서자 1999년 상반기 재정경제부는 '지식기반경제 발전 종합계획' 연구를 KDI에 요청했다. 제도 개선·신지식인 양성·과학기술 혁신·정보인프라 구축·산업경쟁력 강화 등의 5개 분야에 대책본부TF: Task Force를 구성하고 지식기반경제 발전을 위한 실무조정회의도 운영했다. 이 연구에는 10여 개 국책연구기관뿐만 아니라 민간연구원도 참여했다.

설광언 세계적으로 디지털화 바람이 불고 세계은행이 지식기반경제를 강조하니까 당시 재정경제부에서 우리에게 종합적인 지식기반경제 발전전략 보고서를 만들어 달라고 요청했습니다.

그래서 〈지식기반경제 발전전망과 과제〉 보고서가 만들어졌습니다. 보고서 총론은 우리가 작성하고 전산이나 정보통신, 과학기술 혁신 등 개별 파트는 정보통신산업진흥원과 한국전산원(현 한국지능정보사회진흥원), 과학기술정책연구원 등에서 작성했습니다. 또한 LG경제연구원처럼 지식기반경제 발전에 관심이 있던 민간기업도 참여하여 기업의 지식경영을 유도하기 위한 방안을 연구했습니다.

---

4 The World Bank, *Building Knowledge Economies*, World Bank e-book, 2007, p.4. http://siteresources.worldbank.org

5 이규성, 《한국의 외환위기》, 박영사, 2006, 649~650쪽.

재정경제부와 KDI가 공동으로 작성한 〈새천년의 패러다임, 지식기반경제 발전전략〉은 지식기반경제의 개념을 "지식이 각 경제주체 및 국민경제 전체의 성과와 경쟁력을 결정하는 핵심 요소이며 지식의 창출·확산·학습 등의 활용을 통해 경제주체들의 혁신 능력을 배양하고 이 같은 능력이 경제성장의 기반을 이루는 경제"로 정의했다.[6]

한편 한국의 지식경쟁력 수준을 점검한 결과 투입의 상대지수는 90.2로 미국이나 일본, 독일 등 선진 5개국과 비슷한 수준이었으나 지식성과의 상대지수에서는 현저히 낮은 32.7이라는 수치를 보였다.[7] 고위기술산업의 R&D 집약도에서도 우리나라는 현저히 떨어져 모방생산이나 생산공정 개량 등 중고위 기술에 집중되고 있었다.[8]

KDI는 지식산업을 육성하기 위한 구체적 전략으로 창의적 인력을 양성하는 교육체계와 창의적 연구개발체계 구축, 정보화 인프라 확충, 지식집약적 산업구조, 지식시장 활성화 등 혁신정책이 필요하다고 봤다. 이를 위해 적극적인 개방과 공격적인 외국인 투자유치가 필요하며, R&D 활성화를 통한 제조업의 지식기업화와 창의적 인재교육, 정보화 및 지식시장 활성화, 선진 제도의 도입 등 내부 혁신기반을 구축해야 한다는 내용의 방안을 제시했다.[9]

설광언 이 무렵 공무원들이 벤처기업인들이 제시한 목표를 받아들여 "벤처기업 1만 개를 만들겠다"고 언론에 발표했습니다. 그런데 일부에서 의욕만 앞서지 자꾸 근거 없는 목표를 이야기하니까 재정경제부의 국·과장들이 그 내용을 KDI에 보내서 우리더러 검토하고 좀 현실성 있게 고쳐 달라고 부탁했습니다.

우리가 근거를 만들어 수정한 이후로는 상당히 현실적인 내용이 발표됐습니다.

---

6 재정경제부·KDI, 〈새천년의 패러다임, 지식기반경제 발전전략〉, 1999, 41쪽(이규성, 《한국의 외환위기》, 박영사, 2006, 827쪽에서 재인용).

7 투입지수는 R&D 투자와 교육지출, 연구원 비중, 대졸자 비중 등을 따져 계산했으며, 성과지수는 특허 출원, 논문 발표, 성장기여도, 기술산업 비중, 기술료 수령액 등이 포함되어 계산되었다.

8 재정경제부·KDI, 〈새천년의 패러다임, 지식기반경제 발전전략〉, 1999, 41쪽(이규성, 《한국의 외환위기》, 박영사, 2006, 830쪽에서 재인용).

9 우천식, "지식기반경제 발전전망과 과제", 〈KDI 경제전망〉 2000년 1/4분기, 2000.

그렇게 마무리를 지었는데, 나중에 정부가 갑자기 각 부문에서 '신지식인'을 발굴 및 선정한다고 나서면서 그 작업이 좀 희화화됐던 기억이 납니다.

지식기반경제로의 이행 전략은 이후 재정경제부의 요청에 따라 OECD와 세계은행에 의해 2000년 6월 PDF 파일로 출판되었다.[10] 발간 과정에서 세계은행팀의 방문규 재정경제부 과장, OECD팀의 KDI 서중해 박사가 자문역으로 참여했고, 이진순 원장과 유정호 부원장, 우천식 박사가 조언을 제공했다.

---

10 Dahlman, Carl; Anderson, Thomas, *Korea and the Knowledge-based Economy: Making the Transition*, Washington, DC: World Bank and OECD, 2000.
https://www.oecd-ilibrary.org/science-and-technology/korea-and-the-knowledge-based-economy_9789264188549-en

외환위기가 촉발시킨 재정개혁 연구

예산과 재정의 효율화 점검

KDI는 설립 초기부터 지속적으로 재정건전성을 유지하기 위한 연구를 지속했지만 경제발전과 산업고도화 과정에서 후순위로 밀렸던 재정건전성 문제가 연구의 우선순위로 등장한 시점은 1980년대 무렵부터였다.

문형표 박정희 대통령이 재임할 때는 압축 고도성장을 위한 확대재정이 장기간 계속되면서 연평균 15%가 넘는 인플레이션과 부동산 투기 등의 부작용이 심각했습니다. 그러다가 제 5공화국에 이르러 재정을 균형재정으로, 심지어 더 나아가 흑자재정으로 만들었습니다. GDP 대비 재정비율을 6%p 이상 낮춘 경우는 전 세계 역사상 없었던 일입니다.

아마도 강력한 군사정권이었기 때문에 가능했을 것입니다. 당시에 예산이 동결되거나 심지어 추가경정예산을 깎는 일까지 있었습니다. 여기에는 김재익 경제수석의 역할이 컸고, 문희갑 예산실장이 기울인 노력도 높이 평가해야 합니다. 그때의 피나는 노력으로 우리나라의 재정건전성에 대한 신화가 만들어졌습니다.

이후 노태우 정부와 김영삼 정부 때 다소 이완되기는 했지만 그래도 균형재정에 대한 긴장감이 정부에 아직 남아 있었기 때문에 김대중 정부가 외환위기를 수습할 때 재정이 금융위기 극복을 위한 최후의 보루 역할을 제대로 수행했다고 생각합니다.

1997년 말 외환위기를 수습하는 과정에서 향후 재정의 역할이 그 어느 때보다 중요할 것이라고 판단한 KDI는 〈국가예산과 정책목표: 경제위기 극복을 위한 재정개혁〉 보고서를 내고 위기극복을 위한 예산과 함께 재정이 맡을 혁신적 역할을 점검했다.[1]

이 보고서는 선진국의 재정지출 증가와 이로 인한 문제점을 지적하고 재정개혁 사례와 시사점을 담았다. 또한 부문별 재정지출 구조를 개혁할 방안을 제시하고, 조세제도 개혁 및 세정 합리화 방안, 예산회계제도와 기금제도의 개혁방안, 지방재정 조정제도의 개선방안, 정부 회계제도의 개선방안 등도 점검했다.

한편 한정된 재원으로 급증하는 예산수요를 맞추기 위해서는 사업의 효용과 정부가 반드시 수행해야 하는 이유, 지방정부로 이양될 가능성, 민간에 위탁하거나 민간이 참여할 가능성, 내부 효율성 제고방안, 가용 자금의 범위를 검토하고 사업조정 등을 검토하여 재정의 우선순위를 정해야 한다고 했다.

다년도 예산편성제도 도입 촉구

1998년 초 KDI는 〈선진국의 재정개혁 사례와 시사점〉[2] 보고서를 통해 "은행 부실채권의 정리 및 자본금 확충, 예금자 보호 등에 소요되는 재정자금은 막대한 수준에 이를 것으로 추산되며, 이러한 부담은 향후 몇 년간 지속될 전망이다. 또 현재의 금융외환위기를 성공적으로 극복한 후에도 중장기적 안정성장 국면에 진입함에 따라

---

1 이계식 · 황성현 · 고영선 · 김재형 · 문형표 · 박정수 · 설광언 · 이종훈 · 원윤희 · 박진 · 박완규 · 이은상, 〈1997년 국가예산과 정책목표: 경제위기 극복을 위한 재정개혁〉, KDI, 1997.

2 고영선, "선진국의 재정개혁 사례와 시사점", 〈KDI 정책포럼〉 139호, KDI, 1998.

재정지출 증가율은 과거와 같은 수준을 유지하기 어려울 것"이라고 지적하고, 재정 긴축을 위한 수단으로 다년도 예산편성제도를 활용해야 한다고 주장했다.

다년도 예산편성제도의 장점은 향후 몇 년간의 지출 규모를 실질가격이 아닌 경상가격을 기준으로 삼아 동결함으로써 예산 증가를 효과적으로 억제할 수 있으며, 각 부처는 신규 재정수요가 발생하거나 단위비용이 증가했을 때 기존 사업의 우선순위를 조정하여 상한선을 지키게 된다는 것이었다. 당시까지만 해도 한국의 예산편성제도는 1년을 기준으로 하는 단년도 예산편성에 초점이 맞추어졌는데, 이를 대신하여 다년도 예산편성을 도입하라고 촉구한 것이다. KDI는 다음 해인 1999년에도 〈재정건전성 조기 회복과제〉, 〈재정적자와 국민경제〉 등의 재정건전성 관련 보고서를 지속적으로 냈다.[3]

고영선 당시 재정과 관련된 많은 연구는 문형표 박사님, 황성현 박사님 등과 함께 했습니다. 다만 문형표 박사님은 국민연금의 장기적 지속성을 주로 연구하시니까 재정건전성을 유지하는 것이 중요하다는 입장이었고, 황성현 박사님은 재정이 경기에 대응하여 적극적인 역할을 해야 한다는 입장이어서 관점의 차이는 좀 있었죠.

금융위기 직후 금융권 부실채권 해결과 금융기관 자본금 확충, 예금자 보호, 사회안전망 구축 등에 막대한 재정자금이 투입된 것은 불가피한 일이었지만, 중장기적으로는 재정건전성을 회복하는 일이 중요하다고 봤습니다.

재정건전성 유지 강도 높게 촉구

대우 부도사태 이후 GDP 대비 통합 재정지출 및 순융자 규모가 1988년 16%에서 1999년에는 25%로 증가했다. GDP 대비 중앙정부 채무 역시 1996년 말 8.8%에서 1999년 말에는 18.6%로 두 배 이상 증가했다.

3 문형표 편, 〈1999년 국가예산과 정책목표: 재정적자와 국민경제〉, KDI, 2000, 5~6쪽.

이에 따라 KDI는 2000년도에 〈재정개혁의 현황과 과제〉,[4] 〈재정건전성 조기 회복을 위한 과제〉, 〈2002년도 국가예산과 정책목표〉 등 일련의 보고서를 잇따라 내고 재정건전성에 대한 정부의 주의를 강도 높게 촉구했다.

고영선 박사는 특히 2002년에 발표한 〈우리나라의 재정통계〉 보고서에서 "차입금과 국채 발행액, 국고채무 부담행위만을 국가채무로 보는 우리나라의 재정규모 통계를 산정하는 재정 범위가 지나치게 좁고, 통합 재정통계와 국가 채무통계의 포괄 범위가 상이하다"고 지적했다.[5]

당시 국가채무는 중앙정부 채무만을 뜻했다. GDP 대비 중앙정부 채무는 1996년 8.8%에서 1999년 18.6%로 크게 증가한 이래, 2000년 19.5%, 2001년 20.8%로 큰 변동이 없는 것으로 나타났는데,[6] 이는 기업과 금융 구조조정을 위해 조성한 대규모 공적자금을 KAMCO나 예금보험공사KDIC 신용보증기금KODIT 등 공공기관 부채로 분류하여 정부 채무통계에 포함하지 않았기 때문이었다.

고영선 당시 정부가 막대한 금융 및 기업 구조조정 자금을 해결하고자 선택한 방식은 국채 발행이 아니라 KDIC의 예금보험기금이나 KAMCO의 부실채권정리기금 등 공공기관의 부채를 늘리는 것이었습니다. 이 때문에 중앙정부 부채가 공식 통계상으로는 크게 늘어나지 않았지만, 대신 예금 대지급과 및 부실채권 정리를 위한 기금채권 발행이 크게 늘어났습니다. 정부부채 규모를 축소시키려는 경향이 있었던 것입니다.

당시 저희가 이야기하려고 한 것은 "금융위기 이후 발행한 양대 기금채권 64조 원과 2001년 중 신규 발행 예정인 40조 원에 대해 정부가 지급을 보증했는데, 만약 상환을 하지 못하는 상황이 벌어질 경우 결국 정부가 재정을 투입해야 한다. 또한 그 이자도 정부가 경직적으로 지출하고 있으니 사실상 정부의 잠재부채로 봐야 한다"

---

4 문형표·고영선 편, 〈2000년도 국가예산과 정책목표: 재정운용의 현안과제와 개선방향〉, KDI, 2000.

5 고영선, 〈우리나라의 재정통계〉, KDI, 2002, 17~20쪽.

6 위의 논문, 47쪽.

는 것이었습니다. 결국 김대중 정부 말에 이르러 공공부채가 모두 정부부채로 바뀌었습니다.

이 연구는 또한 통합재정의 범위를 시장외적 비영리기관(공단, 연구원 등)을 포함하고 건강보험을 정부 부문에 포함하며 정부가 운영하는 외국환평형기금을 정부 범위에 포함시키고 공무원연금의 암묵적 부채 역시 정부의 직접부채로서 대차대조표상에 반영하는 등 IMF의 새로운 재정통계편람을 제시했다.[7] 특히 공기업의 순자산을 계산하여 정부의 대차대조표에 반영해야 한다고 했다. KAMCO나 KODIT 등 공공기관에 부실이 발생하면 이는 정부의 순자산을 감소시키기 때문이다.

'재정건전화 특별법' 제정을 위한 노력

김대중 정부는 〈공적자금관리특별법〉을 제정하고 공적자금관리위원회를 두어 나름대로 공적자금 운용의 효율성을 기하고자 했으나, 전면적인 재정개혁 차원에서 이루어진 일은 아니었다.

이에 대해 KDI는 정부부채 축소와 재정건전성을 회복하기 위한 가칭 '재정건전화를 위한 특별법'을 제정해 정부부채를 GDP 대비 일정 비율로 유지하도록 하는 내용을 명시해야 한다고 주장했다.[8]

고영선 재정건전성 회복을 위해 총량적 재정규율, 즉 재정지출 상한선과 재정규율을 설정할 수 있는 법적 근거를 만들자는 것이었습니다. 방만한 기금 등 특별회계를 일반회계와 통합하여 관리하고, 정부 채무에 대해 발생주의 복식부기複式簿記를 도입하며 예비타당성조사preliminary feasibility study 등 예산사업을 사전에 검증할 필요가

---

7 고영선, 〈우리나라의 재정통계〉, KDI, 2002, 22~23쪽.

8 고영선, "재정건전성 조기회복을 위한 과제", 〈KDI 정책포럼〉 153호, KDI, 2000, 3~4쪽.

있다고 봤습니다. 또한 신공공행정 개혁의 큰 방향과 유사하게 성과주의 예산체계로 가자고 주장했습니다.

당시까지만 해도 예산을 심의할 때 예산실에서 세목별로 들여다보고 조정해서 그대로 집행하도록 하는 '톱다운' 방식을 따랐거든요. 이 같은 예산편성 시스템을 개혁하여 "총량을 지정하되 디테일은 각 부처에서 알아서 집행하도록 해야 한다. 예산당국은 집행된 예산의 결과와 성과만을 보자. 그러기 위해서는 예산에 대한 세부적 통제는 대폭 완화해야 한다"라는 것이었습니다.

대강 정부예산으로 시행되는 사업에 대한 평가체제까지 포함해 종합적 성과관리체제를 구축해야 한다는 논지였죠. 재정융자제도의 축소 개편과 재정통계의 투명한 정비, 발생주의 회계제도의 도입 등 재정개혁의 핵심 내용을 제시하였습니다.

이밖에 예산을 통제하기 위해서는 편성 방식에도 중기재정 관리체계를 도입하고 성과주의에 따른 예산 관리가 필요하다고 주장했습니다. 중기재정 관리체계에서 정부는 수입 전망 및 지출 전망을 바탕으로 총재정지출 규모를 설정하고 각 부처별로 과거 사업과 지출을 감안하여 지출수요를 파악합니다.

이 같은 기본자료를 바탕으로 그해의 잠정지출 증가율에 따라 총액을 설정하는 등 예산편성 지침을 각 부처에 내려보내면, 각 부처는 이 지침에 따라 예산요구서를 예산실에 다시 제출합니다. 이 예산요구서에는 기존 사업의 지출 전망과 축소 조정안, 신규 사업에 대한 지출수요 전망 등을 포함시켜야 합니다.

국가재정운용계획 수립

2003년 노무현 정부가 들어서면서부터는 예산제도와 재정개혁을 강도 높게 추진하기 시작했다. 중기재정관리제도가 본격화·공식화되고 4대 재정개혁 목표를 세우고 재정개혁 TF를 구성하여 범부처적 개혁작업을 시작했다. 이 무렵 방만한 기금회계가 대대적으로 정리되었다. KDI가 그동안 재정연구로 꾸준히 주장한 내용이 대부분 포함된 것이다.

당시의 재정 및 예산개혁에는 변양균 기획예산처 차관의 역할이 컸다. 한번은 변양균 차관이 우연히 KDI에 들른 김에 고영선 박사의 방에 찾아와 자신이 예산실에서 근무할 때 느낀 문제점들을 이야기했다.

"예산실을 지금처럼 가져가서는 안 된다고 생각한다. 예산실에서 각 부처와 공공기관 예산에 대해 세부적인 것을 시시콜콜 따지는데 이런 데 에너지를 소비하는 것은 국가적 낭비다. 예산 당국은 국가의 큰 그림을 가지고 고민하고 이 같은 목표를 예산에 전략적으로 반영해야지 지금처럼 가서는 안 된다"는 것이었다. 변양균 차관은 정부가 이 문제를 적극 해결하려고 하니 KDI가 도와 달라고 요청했다.

고영선 2004년에 변양균 차관과 박수민 재정경제부 사무관 그리고 저 이렇게 셋이서 스웨덴과 노르웨이 등에 출장을 갔습니다. 당시로서는 스웨덴이 예산수립의 선진 사례로 거론되는 곳이었거든요. 스웨덴은 재정적자를 줄이기 위해 예산 총량은 통제하되 세목별 세부사항은 부처에 맡긴 뒤 결과로 평가한다는 입장이었습니다. 당시 예산실의 김동연 국장도 비슷한 생각을 했어요. 이분과는 세계은행에서 프로젝트를 같이 수행한 적도 있는데, 함께 출장 다니면서 이야기해 보니 비슷한 생각을 가지고 있었습니다.

그 결과 노무현 정부 때 4대 재정개혁 목표를 세우고 공무원으로 재정개혁 TF를 구성합니다. TF에 파견된 공무원의 규모가 최소 20명에 이른 듯합니다. 기획예산처와 지방재정을 담당하는 행정자치부, 감사원 등 범부처적으로 공무원들이 참여했고, 생산성본부 건물에서 개혁작업을 진행했습니다.

저는 TF 자문위원으로 주 1회 정도 방문해서 다른 자문교수들과 회의하고 조언했는데, 그 내용은 《한국 경제 60년사》 재정 부문에 정리되어 있습니다.

기금과 특별회계의 대대적 정비

정부는 2004년 〈정부 산하기관 관리기본법〉을 제정하여 산하기관 관리체계를 개편하는 한편, 오랫동안 방만한 재정과 불투명한 정부회계의 주범으로 지목되어 온 기금과 특별회계도 대대적으로 정비했다.[9]

2004년 9월 13일 KDI는 〈특별회계 및 기금 정비방안〉을 마련하고 공청회를 개최하여 여론을 수렴했다. 또한 정부는 KDI의 권고에 따라 특별회계 및 기금을 대거 정리해 기금을 조성할 때에는 반드시 국회의 동의를 받아 예산실에 통제받도록 했다. 특별회계 역시 숫자를 대폭 줄여 합병시키거나 일반회계에서 흡수하도록 했다.[10]

고영선 2004년 개혁 TF 당시에 우병렬 사무관이 예산기금과 특별회계 개혁을 담당했는데, 수많은 기금들을 통폐합하면서 기금을 예산실 통제로 취합하고 기금도 국회 승인을 받도록 하는 큰 개혁을 이루게 됩니다. 결국 과거의 방만한 기금은 그때 다 정리되었다고 봐야죠.

기금은 'off budget account' 혹은 'extra budgetary account'라고 해서 국회에서 승인받지 않고 만들어졌습니다. 그 이후부터 기금에 대해서는 국회에 승인받아야 하기 때문에 일반적 의미의 기금은 그때 다 없어졌다고 해도 과언이 아닙니다.

2004년부터 진행된 재정개혁 TF가 마무리되면서 노무현 정부는 2006년 10월 〈국가재정법〉을 제정했다. 과거 KDI가 과거에 제안했던 가칭 '재정 건전화를 위한 특별법'이 〈국가재정법〉으로 현실화된 것이다.

제 1조(목적)에서 "이 법은 국가의 예산, 기금, 결산, 성과관리 및 국가채무 등 재

---

9 기금은 국회의 심의·의결을 받지 않아도 되는 '예산 외 재정'이었기 때문에 1980년대 초 강하게 예산통제를 받자 각 부처들이 그럴듯한 명분으로 기금을 조성하여 부처의 쌈짓돈처럼 사용했다. 특별회계는 1990년대 초반에 교육·교통시설·농어촌 등 재정 수요가 집중된 분야를 지원하기 위해 많이 만들어졌다.

10 특별회계는 2006년 농어촌특별세 관리·재정융자·특허 관리·자동차교통 관리 등이 대거 통폐합되면서 2007년에는 16개로 감소했다.

정에 관한 사항을 정함으로써 효율적이고 성과지향적이며 투명한 재정운용과 건전 재정의 기틀을 확립하는 것을 목적으로 한다"고 명시하면서 효율성과 성과지향, 투명성, 건전성 등을 재정운용의 중요 요소로 규정했다.

고영선 노무현 정부 때 단행된 4대 재정개혁을 큰 틀에서 보면 형식적으로는 이미 선진국형으로 전환되었고, 큰 변화가 이루어졌습니다. 실제로 잘 작동했는지는 또 다른 이야기지만 적어도 제도상으로는 선진재정으로 발돋움하기 위한 IMF의 요구가 다 받아들여진 것입니다. 재정에서 일군 가장 큰 변화였습니다.

그 과정에서 최초로 문제를 제기하고 장기적으로 논의하고 해외 정세를 감지해 지속적으로 큰 변화의 흐름을 제시했다는 점에서 KDI가 역할을 다했다고 생각합니다.

재정개혁의 열쇠는 이해집단 간의 합의구조

홍은주 과거 경험을 바탕으로 재정연구에 관해 지금의 후배 박사들에게 종합적 관점을 제시하신다면요?

고영선 우선 저희가 선진국의 제도를 공부해서 국내 최초로 정부개혁의 의제를 던진 것은 의미가 있지만, 나중에 생각해 보니 "한국 공무원조직의 생태나 한국 현실을 연구하고 좀 더 보완해서 현실에 정합한 내용을 제시했더라면 좋았겠다"라는 아쉬움이 남습니다.

당시에 공무원조직을 비효율적이라고 매도하는 사회적인 분위기가 있었습니다. 그런데 제가 막상 공무원조직에 들어가 일해 보니 다 그럴 만한 이유와 현실적・법적 제약이 있더라고요. 선진국 제도를 그대로 이식했을 때 예상되는 어려운 점은 무엇이고, 그걸 어떻게 극복해야 하는지 한 단계 더 깊은 연구를 해서 개선안을 내놓았더라면 좋았을 듯합니다.

둘째, 재정은 흔히들 이야기하는 대로 정치적 과정입니다. 재정은 거시적 관점에서의 정책이나 재정지출 총량, 세입 총량 등의 문제가 있고 예산회계적 측면이 있는데 이건 행정 영역에 속합니다. 세부사업별로도 세부적인 이슈가 있죠. 중소기업지원제도나 공무원연금제도 등 수없이 다양한 측면이 있는데, 이 모든 분야에 예산을 배분할 때 정치적 힘과 국민여론이 반영되는 구조입니다. 조세도 마찬가지입니다. 가령 현재 한국은 조세부담률이 낮은 편인데, 그렇다고 부담률을 올릴 수는 없어요. 국민적 합의가 있어야만 하거든요. 예를 들어 정부가 한시적으로 도입했던 신용카드 공제를 없애려고 했더니 샐러리맨들이 모두 들고 일어나는 바람에 결국 없애지 못한 일화가 있습니다.

재정운용의 효율성 및 효과성을 제고하는 문제 또한 겉으로는 선진 제도를 도입하더라도 실제로 법에 반영하고 실행할 때에는 국민적 합의나 정치적 타협을 이끌어내는 과정이나 정치적 결단, 리더십이 없으면 집행하기 어렵습니다. 지금 돌이켜 볼 때 재정개혁을 두고 KDI 학자들이 할 수 있는 이야기는 그동안 다 한 것 같습니다. 향후 현실에 정착시키기까지는 더 많은 시간과 노력, 정치적 결단과 집행 의지가 필요할 듯합니다.

셋째, 정부개혁과 재정개혁을 연구하다 보니까 정부의 거버넌스가 참 중요하다는 생각이 듭니다. 예를 들어 개도국의 경우를 보면, 경제 발전이 더딘 이유가 정치나 관료제도 등 정치 · 경제 · 사회적 문제로 귀착됩니다.

홍은주 우리가 향후 재정개혁에서 참고할 만한 나라가 어디일까요?

고영선 저희가 선진국 중에서는 스웨덴 재정을 많이 참고했습니다. 스웨덴이 거버넌스가 잘 이루어지는, 재정이 건전한 대표적인 국가입니다. 사회적 신뢰자본이 잘 구축되었고 합의구조가 탄탄해요.

이미 1930년도부터 주요 집단 간의 합의구조 및 동반자 의식이 잘 구축되어 갈등이 생기는 이슈에 대해 서로 양보하며 순조롭게 타협합니다. 1997년에는 국민연금에 민간보험적 요소와 시스템을 도입해 변동하는 인구구조를 고려했고, 자동적으로 연금수급액이 조정되는 제도를 만들어 사회적 합의를 도출해 냈습니다. 재정 부담 문제에 실용적이고 합리적으로 접근하는 것이죠. 그런데 우리에게는 그런 사회적 신뢰자본이 없습니다.

그리고 스웨덴이 '슈퍼복지국가이고 사회주의 성향의 국가'라는 식의 오해가 많은데, 실은 스웨덴이 매우 실용적인 사람들이 사는 실용적인 국가입니다. 제가 스웨덴 사람이 제작한 〈Sweden: Lessons for America?〉라는 비디오도 봤는데, 여기에도 그런 내용이 나옵니다. 복지 내용이나 제도를 들여다보면 우리나라보다 신자유주의적 요소가 훨씬 강해요. 교육이나 의료 등 우리나라 같으면 생각도 하지 못하는 공적 영역에 시장화가 도입되어 있습니다. 또한 재정이 감당할 수 있는 영역에 머물러 있도록 하는 사회적 합의구조나 제도가 내재되어 있습니다.

공공섹터, 즉 교육・의료・사회보험 영역에서 나타나는 각종 문제를 인식하고 논의한 후 새로운 제도적 혁신을 이룰 수 있는 토양이 마련되어 있죠. 현재 우리나라는 오히려 그 반대 방향으로 나아가고 있어 걱정입니다.

금융개혁의 최전선에 서다

금융개혁위원회의 출범과 시장개혁

외환위기가 발생하기 직전인 1997년 1월 22일, 정부는 한국의 금융산업을 근본부터 들여다보고 자율화 및 선진화하기 위한 법적·제도적 개선을 모색하고자 금융개혁위원회를 공식적으로 출범시켰다.

김영삼 정부가 추진한 '신경제 5개년 계획'에서 국내 금융산업을 고부가가치 산업으로 발전시키고 세계적 수준으로 육성한다는 일련의 금융개혁 프로그램을 구체화하기 위한 위원회였다. 새로 출범하는 금개위는 총 31명으로, 위원장과 부위원장을 포함해 기업인 12명, 금융인 9명, 학자 및 전문가 10명 등 각계에서 고루 위촉되었다.[1]

전체회의 아래 5개 분과위원회 및 운영협의회 체제로 운영되었는데, 위원회 지원기관으로 행정실이 설치되었고 KDI와 금융연구원KIF, 자본시장연구원KCMI 등에서 15명의 전문위원이 위촉되었다. 당시 금개위 위원이자 행정실 총책임자는 KDI 금융팀에 소속된 이덕훈 박사였다.

1 당시 금개위 위원장이 금호그룹 박성용 씨, 부위원장이 김병주 서강대 교수였다. 위원은 총 33명이었다.

이덕훈 청와대에서 금개위를 대통령직속기구로 만들고자 한다고 KDI에 알려 왔습니다. 대통령께서 연두교서에서 금개위를 만든다고 발표할 예정이니 실무진을 꾸려서 준비해 달라는 내용이었습니다. 그렇게 금개위가 출범했습니다.

이덕훈 박사가 행정실장이 되면서 최범수·나동민·함준호 박사 등 KDI의 금융팀 멤버들이 대부분 금개위에 참여하였다. 이에 의사결정을 내리기 위해 수행되는 금개위 실무연구는 KDI가 주도하는 분위기가 형성되었다.

이덕훈 1997년 1월 말 한보그룹이 부도가 났고, 다음 달부터 대기업들이 줄줄이 연쇄도산을 겪습니다. 심상치 않은 조짐이 느껴져서 금개위에서 함준호 박사와 권재중 박사에게 의뢰해 실상을 조사하게 한 적도 있습니다.

그런데 당시 정부가 대기업 부도를 처리하는 방법이 과거와 달랐습니다. 옛날이었다면 정부가 일단 대기업 부도를 막은 다음 하나씩 처리해 나갔을 텐데, "이제는 정부가 직접 산업 구조조정을 할 수도 없고 하더라도 효과가 없다"는 내부 총의가 있었던 듯합니다. "부실기업은 시장에서 제도적으로 조정되어야지, 옛날처럼 터지는 대로 하나씩 정부가 나서서 막는 방식은 이제 통하지 않는다"는 교감이 이루어지지 않았나 싶습니다.

최범수 연초에 한보가 무너질 때만 해도 우리가 사실 크게 걱정하지 않았습니다. 그런데 3~4월에 삼미그룹과 진로그룹 등이 연달아 부도가 나면서 굉장히 우려스러워 하는 분위기가 금개위 내부에서도 형성됐습니다.

대기업 연쇄부도 때문에 시장 분위기는 극도로 악화되었다. 금개위에 참여한 박사들은 금융개혁 작업이 빨리 끝날수록 금융시장 불안이 더 빨리 진정될 것이라고 믿었다. 100건이 훌쩍 넘는 안건을 낸 다음 소위원회별로 각자 논의하고, 관련 법에 따라 정리해 모인 법안을 재정경제원이 7월 임시 국회에서 통과시킨다는 방침이었다. 결국 밤낮 가리지 않고 속도를 낼 수밖에 없었다.

금융개혁 13개 법안 확정

1997년 4월에 나온 1차 금개위 보고서는 "금융산업의 국제경쟁력 강화를 위해 은행의 지배구조를 새로 만들고, 각 업권별 칸막이 규제를 낮추어 금융기관들끼리 발전적으로 경쟁하도록 하며 '여신한도 관리제도'를 폐지하는 대신 '동일계열 여신한도제'를 도입한다"는 등의 내용을 담았다. 금융기관 부실채권을 신속하게 처리하기 위해 성업공사(현 한국자산관리공사)에 채권인수 및 정리 기능을 부여한다는 내용도 포함되었다.

1997년 6월 발표된 2차 보고서에는 금융감독제도를 통합하고 금융산업 진입 및 퇴출을 원활하게 하는 내용이 담겼다. 특히 금융통화위원회(이하 금통위)를 한국은행의 최고 의사결정기구로 제정하고 정부로부터 독립시키고자 했고, 중앙은행의 독립성을 강화하는 내용과 한국은행의 핵심 목적을 물가안정목표제inflation targeting에 두는 등, 한국은행의 기능을 조정하는 몇 가지 방안이 포함됐다.

이덕훈 중앙은행제도를 개편하여 한국은행의 중립성과 독립성을 강화하고자 했습니다. 사실 중앙은행이 독립하려면 제일 시급하게 해결해야 하는 일이 중앙은행의 최고 의결기구인 금통위를 재정비하는 것이었습니다.

금통위가 한국 금융통화의 최고 의결기구여야 하잖아요? 그런데 그때까지는 재정경제원 장관이 금통위의 의장이었습니다. 우리나라의 통화나 발권력이 모두 재정경제원의 재무부 라인 휘하에 있었는데, 금통위 의장이 재정경제원 장관이라는 말은 곧 발권력을 정부가 갖는다는 뜻입니다.

그래서 중앙은행인 한국은행이 재정경제원으로부터 독립하도록 법적으로 보장하고, 금통위가 독자적인 통화신용정책을 운용할 수 있도록 하는 것이 저희의 구상이었습니다. 그때까지는 '한국은행이 재무부의 남대문 출장소'라고 했을 정도였는데, 그 고리를 끊겠다고 하니 재정경제원이 좋아할 리 없었습니다. 우리는 서둘러서 6월 말에 2차 보고서를 발표했고, 13개의 금융개혁 법안을 만들어 7월 임시국회에 넘겼습니다.

홍은주 그 과정에서 이에 반대하는 여러 이해집단이 로비를 하기도 했고, 한국은행 노조도 한국은행의 감독 기능을 축소시킨다는 이유로 국회에서 법안 통과에 반대했다고 기억합니다.

이덕훈 개혁은 관련 집단의 이해가 충돌하면 현실적으로 추진하기 어렵습니다. 법안이 통과되면 한국은행의 독립성은 강화되겠지만 은행감독 기능을 상실하니까 한국은행 노조는 법안에 반대할 수밖에 없었지요.

최범수 사실 저는 개인적으로는 한국은행 문제를 금개위에서 다루는 데에 찬성하지 않았습니다. "중앙은행의 목표를 물가안정으로 바꾼다"고 했는데, 이건 제도적 문제가 아니라고 봤어요.

가령 '대한민국이 민주주의를 실시하려면 대통령제를 취해야 하느냐 내각제를 취해야 하느냐'라는 문제를 가지고 떠들다가 제도가 아니라 민도가 문제임을 깨달은 후에는 왈가왈부하는 사람이 사라졌듯이, 중앙은행의 목적이나 통합 금융감독 문제는 제도가 아니라 전문성과 민도의 문제라고 봤죠.

그전에도 재정경제원과 한국은행 간에 이런저런 힘겨루기 문제가 생겼는데, 그때마다 두 기관 사이에 KDI가 끼어들어서 곤욕을 치렀던 경험이 있습니다. 그래서 제가 나서서 한국은행 문제는 금개위가 다루지 말자고 주장했습니다. 저는 금융개혁이란 금융에서 시장성을 되살리고 관官은 시장의 흐름을 관찰하여 부작용이 없도록 하는 여러 가지 제도를 만드는 일이라고 생각했습니다.

"정의가 강물처럼 흐르게 하라"를 본따 "시장기능이 강물처럼 흐르게 하라"라고 하면서 "다만 금융시장 자율화를 너무 급격하게 진행하면 안 되니까 사전에 제도를 만들어 가자는 것이지, 금융감독기관을 한국은행에서 떼어내 통합 금융감독기구로 합치느냐 마느냐가 그렇게 중요하지는 않다"라고 주장했습니다. "한국은행이나 금융감독기구나 사명감과 전문성을 가지는 게 중요하지, 이름이나 조직을 통합하는 게 뭐가 그렇게 중요한가?"라고 문제를 제기했습니다.

제가 자꾸 금개위에서 그 문제를 다루는 데 반대하니까 하루는 이덕훈 박사님이 저를 보자고 하더니 "한국은행 건은 어차피 방향이 이미 대충 정해진 것 같으니 내가 알아서 하겠다. 그리고 내가 나서야 다른 사람들이 시비를 덜 걸 것이다. 아직 젊은 최 박사가 이 문제로 흔들려서는 안 되니 당신은 정말 금융개혁을 위해 꼭 필요하다고 생각되는 연구를 해 보라"라고 하셨습니다.

'금융기관 퇴출 원활화방안' 연구

이덕훈 박사의 충고에 따라 최범수 박사는 금융개혁을 위한 연구에 매진하기로 했다. 이때 주제가 '은행도산 및 처리'였다. 이미 1990년대 중반부터 "대한민국 금융이 발전하려면 은행이 도산하는 제도를 만들고, 그 잿더미 위에 금융시장이 다시 서야 한다"고 주장해 온 터였다. 드디어 금융개혁에 참여할 기회가 생겼으니 이 기회에 부실은행을 정리해 금융시스템을 정비하고 경제를 효율화하는 방안을 연구해 보기로 한 것이다.

최범수 제가 다른 문제는 마음을 접고 은행의 도산에 대해 집중 연구했습니다. 그래서 쓴 논문이 〈금융기관 퇴출 원활화방안〉입니다.

제가 논문에서 부실 금융기관을 원활하게 퇴출하기 위해 정부가 선제적으로 취해야 할 조치를 제시했습니다. 부실 금융기관을 완전폐쇄하는 방식으로는 은행을 완전폐쇄한 후 해당 은행의 예금만 건전한 은행에 이전하는 IDTInsured Deposit Transfer 방식, 건전한 은행이 부실은행의 자산과 부채를 모두 승계하는 P&APurchase & Assumption 방식, 예금보험공사에 가교은행bridge bank을 두어 일시적으로 자산과 부채를 인수하도록 한 뒤 시간적 여유를 가지고 처리하는 방식, 해당 지역에 신규 은행을 세워 부실은행의 자산과 부채를 이어받아 영업하도록 하는 방식, 특정 은행을 대리인으로 지정하여 운영하도록 하는 방식agency agreement 등이 있었습니다.

다음은 비폐쇄 방식으로, 여기에는 은행 도산을 방지하기 위해 정부가 장기 저리 대출을 제공하거나 부채를 인수하는 방식, 채무보증을 서는 방식, 기증하거나 부실

자산을 매입하는 방식, 출자하는 방식 등 직접적으로 자금을 지원하는 방식이 포함됩니다. 미국의 예금보험기구가 특정 조건을 충족하는 은행에 순재산증서를 매입하는 NWCPNet Worth Certificates Program, 영국의 라이프보트lifeboat 프로그램 등이 포함되죠.

우량은행이 부실은행을 합병하거나 자회사로 삼도록 하고, 대신 부실채권을 보전해 주는 방식도 있습니다. 어떤 경우라도 뱅크런bank-run이 발생하지 않도록 예금보험기금을 확충해야 하는 것은 물론이고요. 일단 은행의 부실이 발생하면 막대한 사회적·경제적 비용이 수반되기 때문에 먼저 BIS 자기자본비율에 따라 적기 시정조치 등을 실시하고, 금융기관끼리 선제적 합병을 실시하도록 촉진시키는 방법도 거론했습니다.

당시 최범수 박사의 연구에 가장 관심을 보인 사람이 후일 초대 금융감독위원장으로 취임하여 부실 금융기관 퇴출 및 정리를 지휘한 이헌재 위원이었다. 이헌재 위원의 적극적인 지지를 얻어 금융기관 퇴출방안은 이견 없이 금개위를 통과했다.

최범수 이헌재 위원께서 부실은행 정리 방안에 대해 계속 물으시더라고요. 제가 설명드렸더니 "당신 말이 맞다. 그대로 가자"고 하시더니 제가 쓴 내용을 요점교습으로 지도해서 고쳐 주셨습니다. 그리고 실제로 발표했을 때는 질문이 나오면 모두 답변하는데, 정말 막힘없이 유창해요. '조자룡 헌 칼 쓰듯 한다'는 말이 무슨 경우인지 제가 그때 알았습니다. 그렇게 부실 금융기관 퇴출방안이 단번에 위원회를 통과했습니다.

"부실은행 정리하고 갑시다"

KDI가 효율적인 금융기관 정리방안을 제기하기 시작한 시점은 외환위기보다 몇 년 앞선 1990년대 중반부터였다. 은행이 망할 수 있다고 생각하기도 힘들었던 시절에 이를 전제로 예비적 조치를 포함한 금융기관 구조조정 절차 및 기준을 연구해 정리한 셈이다.

사실 1997년 금개위에서 이걸 구체화하여 발표할 때까지만 해도 당장 시행에 들어가리라고는 전혀 예상하지 못했다. 제도를 미리 만들면서 약 5년에 걸쳐 단계적으로 시행할 것으로 생각했다. 그런데 달마다 대기업 연쇄부도가 일어나면서 갑자기 해당 대기업들에 거액의 여신을 제공했던 금융기관 중 부실 은행이 차지하는 비율이 천문학적으로 높아졌고, 곧 시장에는 붕괴할지도 모른다는 불안한 분위기가 형성되었다.

특히 한보와 기아가 도산하며 가장 큰 부실여신을 떠안게 된 제일은행을 어떻게 처리할 것인지가 초미의 관심사로 떠올랐다. 1997년 10월 무렵 제일은행을 처리하는 문제를 두고 최범수 박사는 강경식 장관에게 "제일은행을 신속히 처리해야 합니다. 외환은행에 인수시키고, 대신 외환은행은 한국은행을 통해 자기자본을 보완시키도록 해야 합니다"라고 주장했다.

강경식 장관은 고개를 흔들었다. "종합금융회사라면 모를까, 은행을 도산시키면 안 된다"는 것이었다. 경제가 불안한 와중에 은행을 도산시키는 사상 초유의 사태가 벌어질 경우 상황이 어떻게 전개될지 자신이 없었을 터였다. 최범수 박사는 "그렇다면 우선 종금사 정리방안이라도 제가 만들겠습니다"고 제안했다.

최범수 그때는 종금사들이 무더기로 문제가 되어 당장 숨이 넘어갈 정도로 사정이 급할 때였습니다. 종금사를 정리하려는데 자본 적정성이니, 실사니 하는 법적 절차를 지키기 어렵잖아요? 그래서 제가 "급한 대로 종금사 가운데 공매도가 많은 종금사부터 정리합시다"라고 제안했습니다.

홍은주 종금사가 무슨 종목을 공매도했습니까?

최범수 당시 제가 종금사 사람들을 만나 보니 삼성전자의 융통어음CP: Commercial Paper를 굉장히 많이 할인하는 거예요. 어이없는 점은, 삼성전자는 CP를 발행하지 않았습니다. 알고 보니 종금사가 자기 CP를 발행하면서 마치 삼성전자 CP를 파는 마냥 공매도하면서 사기를 친 것입니다. 증권을 보유하고 있지 않는데도 마치 보유한 듯 공매도를 해서 들어온 돈으로 다른 부실을 메워 오던 거죠.

그래서 "공매도를 조사해서 공매도 정도가 심한 종금사부터 정리하라. 이건 사기 행위이므로 자본적 성격이고 뭐고 따질 필요 없다. 관련 법을 위반했는지만 조사해 실정법 위반으로 처리해도 된다"라고 주장했는데 강 장관이 제 의견을 받아 주지 않았습니다. 담당과장 두 사람을 만나 보라고 해서 만났지만 그 두 사람도 반대하더군요.

제가 화가 나서 "당신들 잘못하면 큰일 난다. 지금은 진찰할 시간도, 혈액 검사할 시간도 없다. 이걸 거부하면 의사가 직무유기로 환자 죽이는 것과 같다"고 험한 소리도 했지만 암만 설득해도 말이 안 통했습니다. 그런 식으로 시간만 가고 상황은 계속 악화되더라고요.

벼랑 끝 위기에서 빛을 본 금융개혁 법안

금개위가 마련한 금융개혁 법안은 그해 임시국회의 문턱을 넘지 못했다. 1997년 7월까지 13개 금융개혁 법안을 마련해 입법예고하고 8월에 국무회의에서 심의 및 의결을 거쳤지만, 13개의 금융개혁 법안 중 국회에서 입법처리되어 8월 28일 공표된 것은 〈여신전문금융업법〉을 비롯한 제정법안 3개와 〈보험업법〉 등 개정법안 2개뿐이었다. 사실상 대부분의 제안이 무산된 것이다. 그렇게 9월이 되어 다시 정기국회가 열렸고, 또다시 국회 통과를 시도했지만 역시 무산되고 말았다.

이덕훈 지금도 속상한 점은, 정말 열심히 법안을 만들었는데도 결국 국회를 통과하지 못한 일입니다. 그 당시 여러 가지로 상황이 심상치 않았는데 국회에서 통과되지 않으니까 결국 우리가 국제금융 전문가나 IMF 같은 국제기구 사람들을 모두 불러 세미나와 심포지엄 등을 열고, 금융개혁방안에 대한 객관적인 평가와 지지를 얻고자 애썼습니다.

사실 우리의 의도는 "이제부터는 더 이상 정부가 금융을 직접적으로 관리하지 않고 금융시장에 시장원리를 도입할 것이다. 금융자율화를 추진하고 금융안정이 유지될 수 있도록 체계적으로 감독할 것이다"라는 메시지를 국제금융계에 던지고자 했던 것입니다.

세미나에 참석했던 외국인들은 "참 좋은 방안이다. 좀 더 일찍 취했어야 할 조처인데, 다소 늦은 감은 있지만 참 잘된 일이다"라는 반응을 보였습니다. 우리가 정부에 제출했던 보고서를 영문으로 만들어 IMF 등 국제기구에 모두 보내기도 했습니다.

이어 바로 몇 달 후에 외환위기가 발생했다. 이때 IMF가 구제금융을 지원하는 전제조건으로 내건 조항 가운데 하나가 '금융개혁 법안의 국회 통과'였다.

1997년 12월 29일, 〈한국은행법〉 개정안과 통합 금융감독기구 설치에 관한 법률 제정안 등 온갖 금융개혁 법안이 국회 본회의에서 한꺼번에 통과 및 입법되었다. 금융개혁안이 그때라도 빛을 볼 수 있어 다행이었다. 한편 그 결과로 통합 금융감독원이 만들어졌고, 1998년 4월에 금융감독위원회의 첫 수장으로 금개위의 이헌재 위원이 내정됐다. 이헌재 금감위원장은 금융개혁 법안과 밑그림에 따라 금융산업 구조조정의 새로운 틀을 짜기 시작했다. 금개위 임무를 끝낸 이덕훈 박사는 1998년 초 KDI로 복귀했지만 최범수 박사는 이헌재 금융감독위원장의 자문관으로 남아 이후 속도전으로 진행된 은행·기업 구조조정에 직간접적으로 참여했다.

최범수 1997년 12월 대선으로 정권이 바뀌고 이듬해 4월에 금융감독위원회가 출범했습니다. 이때 제가 금개위 시절 이헌재 장관과 맺은 인연으로 금감위원장 자문관으로 가게 되었습니다. 당시 IMF와의 약정에 따라 부실 금융기관들을 선별하여 폐쇄하고 정리해야 했습니다. 그런데 그와 관련된 유일한 문서를 제가 작성했기 때문에 금융기관 부실 문제를 처리할 때 그 내용을 이해하는 사람이 이 위원장과 저 두 사람밖에 없었습니다.

그때 이덕훈 박사께서 저를 불러서 "금감위에서 당신을 부르면 가라. 나라가 위기에 처한 와중에는 금융개혁을 추진하는 핵심 부처가 그곳이고, 부실 금융기관 정리를 아는 사람이 당신밖에 없으니 가서 도와라"라고 조언하셨습니다.

IMF와의 금융의향서 작성을 주도한 KDI

이후 금융과 관련하여 IMF와 벌인 협상은 재정경제부와 금융감독위원회를 대리해 최범수 박사가 전담했다. 흥미로운 점은 한국 금융기관 구조조정과 관련하여 IMF가 내용을 따로 준비해 요구하는 대신, 이전에 금개위에서 작성해 영문으로 국제금융기관 등에 배포했던 자료를 그대로 가져와 의향서LOI: Letter of Intent를 작성했다는 점이다.

최범수 1998년 5월 무렵인가 IMF에서 금감위에 연락했고, 이어 시내 모 호텔에서 2시에 만나 6시까지 금융 구조조정 LOI의 내용을 결정하기 위해 협상을 벌였습니다. 그런데 협상 자리에 마주 앉아서 보니까 IMF가 보여 준 금융개혁 요구 내용이 바로 금개위가 1997년 하반기에 작성해 영문으로 번역한 뒤 해외나 국제기구 등으로 보낸 바로 그 자료였습니다.

결국 외환위기 당시 금융개혁 LOI에 금개위의 금융개혁방안이 전부 반영된 셈인데, 제가 그 내용을 다 알고 있어서 사실상 실무협상을 주도하게 되었습니다. IMF에서 나온 사람들 가운데서도 정규직들은 금융전문가가 아닌지라 내용을 잘 몰랐습니다. 또 피터 헤이우드라고, IMF가 자문가로 데려온 잉글랜드 은행BOE: Bank of England 출신 금융전문가가 있었습니다. 세계은행과 IMF 어드바이저로서 한국과 꽤 오랫동안 인연을 맺은 사람이었는데, 그러다 보니 내용을 작성한 저와 헤이우드 두 사람이 사실상 구체적인 사항을 정해 나갔습니다.

형식적으로는 아무런 법적 권한이 없었지만, 우리 두 사람이 합의하면 그 내용이 곧바로 LOI의 최종안이 되었습니다. 이후 법적 권한을 지닌 사람들이 이를 읽어 보고 사후적으로 서명하는 식으로 협상이 이루어졌습니다.

LOI 협상을 벌이다가 제가 "그 내용은 사실 이러저러한 배경인데, 우리가 이렇게 하려고 의도한 거다" 그러면 헤이우드가 "그런데 왜 이렇게 표현되어 있느냐?"라고 물었어요. "그거야 번역이 잘못된 것이다. 괜히 자구字句 가지고 시비하지 말고 본질적인 내용을 살리자"라고 답하면 피터가 동의하고 이를 영어로 다시 표현해서 일이 원만하게 잘 진행되었습니다.

결국 금융개혁을 위한 제도적 청사진을 만들고 IMF와 협상해 실현시킨 것은 상당 부분 KDI의 공이라고 할 수 있습니다. 당시에 만들어진 법과 제도가 지금까지도 실시되잖아요?

상업은행과 한일은행의 합병 작업

금융기관 구조조정이 급박하게 진행되던 1998년 7월 말이었다. 하루는 금융감독위원회로부터 이덕훈 박사에게 연락이 왔다. "박영철 교수를 위원장으로 삼고 상업은행과 한일은행의 합병을 추진하려고 하는데, 이 박사가 부위원장으로 가서 그 일을 도와 달라"는 요청이었다. 이때 이 박사는 두 거대 은행의 합병을 짧은 기간 안에 실무적으로 성사시키는 일이 어렵기는 해도 금융학자로서 뜻깊은 일이라고 생각했다.

이덕훈 당시 우리나라 6대 시중은행 모두가 자본잠식capital impairment 상태여서 구조조정이 불가피한 위기상황이었습니다. 조흥은행, 상업은행, 한일은행, 제일은행, 서울신탁은행은 각기 다른 접근방법에 따라 구조조정이 시행되었습니다.

그 당시는 한국 금융이 정지된 심각한 상황이었습니다. 사람의 몸에 비유하자면 심장마비로 몸에 피가 돌지 않는 응급상황이었죠. KDI 원장도 "중차대한 정부 일이라고 하니 가서 돕는 게 어떻겠느냐?"라고 하더라고요. 그래서 제가 가서 상업은행과 한일은행 합병을 추진했습니다. 한국의 가장 큰 금융기관 두 곳을 대상으로 합병을 통한 구조조정 작업을 하는 것이었습니다.

경제위기 상황에서 부실한 거대 은행을 합병하는 일은 죽은 사람을 부활시키는 것과 같은 어려운 작업이었습니다. 우선 병든 자산의 규모와 상황을 파악해야 했습니다. 또한 향후에도 생존할 수 있도록 인적·물적 구조조정을 취해야 하고, 문화와 체제가 다른 두 조직을 하나로 합쳐야 합니다. 그뿐 아니라 앞으로도 지속적으로 성장할 수 있도록 하는 체제가 마련되어야 합니다.

다음으로 은행이 작동할 수 있도록 자본잠식을 만회하는 공적자금이 투입될 필요가 있었습니다. 이에 따라 비용을 절감할 수 있게끔 인원을 감축하고 전산을 단일화했으며 지점을 축소하는 등 경영합리화를 추진했죠. 이런 과정에서 경쟁력이 강화된 신은행체제를 구축해야 했습니다. 그것도 합병에 직접적인 관계가 있는 정부·노동조합·은행 직원들과 합의를 이루면서 가능한 한 짧은 시간에 완수해야 했습니다.

홍은주 당시 은행들이 정책금융에 익숙해져 여신도 제대로 관리되지 않았고, 회계 투명성도 낮았을 텐데 거대 은행 두 곳의 자산과 여신 규모를 파악하는 작업이 정말 어려웠을 듯합니다.

이덕훈 그때 두 은행을 검토해 보니 금융기관의 지배구조나 리스크 관리, 여신 관리가 정말 미흡했습니다. 그동안 정부가 금리 등 가격을 통제하고 자원배분에 직간접적으로 개입했으니 그럴 수밖에 없었을 겁니다.

리스크관리본부는 규모가 아주 작아서 겨우 종합기획부 직원 몇 명이 담당하던 상황이었습니다. 이 사람들이 양쪽 은행을 합쳐서 거의 100조에 가까운 여신의 리스크를 관리했으니 잘됐을 리가 없죠. 또 고객을 어떻게 관리하고 상품은 어떻게 개발해야 하는지를 비롯해 고객에 대한 기본적 개념도 없었습니다. 은행에 유인구조가 부재해서 왜 열심히 일해야 하는지에 대한 동기부여도 전혀 이뤄지지 않았고요.

공기업처럼 일단 입사해서 사고만 치지 않으면 정년퇴직할 때까지 아무런 문제가 없는 평생직장이라는 생각에 젖어 있었어요. 또 은행이 돈을 벌면 무엇으로 수익이 났는지 알아야 하는데, 이를 파악하는 시스템도 제대로 갖추고 있지 않았습니다. 수익이 어디에서 나며 어디에서 손해를 보고 있는지 알기 위해서는 한 달이나 지나야 알 수 있는 그런 상황이었습니다.

그래서 통합 은행은 지배구조와 내부 거버넌스를 모두 다시 세운 뒤 성과주의 유인체계를 도입하는 한편, 마케팅 업무도 좀 더 관리하고 고객 중심의 은행을 만드는 등 금융기관으로서의 기본 틀을 완전히 새롭게 짰습니다. 전면적으로 뜯어고치기 위해 양쪽 은행에서 인력을 60명씩 차출했고, 그렇게 모인 120명을 데리고 합병을 추진했습니다.

투신사와 한빛은행을 살려라

1998년도 7월에 시작되었던 합병 작업은 어려움을 겪은 끝에 몇 달 만에 완료되었다. 그렇게 1999년도 1월 4일, 통합 은행은 공모를 통해 결정된 '한빛은행'이라는 이름으로 새롭게 출발했다.

한빛은행 통합 작업을 마친 이덕훈 박사는 KDI에 다시 돌아왔는데, 1999년 들어서는 투자신탁사들의 부실이 문제가 됐다. 투신사 펀드에서 환매 사태가 발생하며 대한투자신탁과 한국투자신탁 등 대형 투신사들까지 줄줄이 위기에 처하자 금감위는 투신사 구조조정 및 회생 작업에 또다시 이 박사를 구원투수로 호출했다.

2000년 초 이 박사는 투신사 구조조정을 할 당시 각오를 단단히 하고자 KDI에 사표를 낸 뒤 정식 대표이사로 갔다. 반으로 토막 난 부실 수익증권을 정리하고 투신사를 정상화하는 작업은 보통 각오로는 될 일이 아니었다. 설령 잘못되더라도 돌아갈 곳이 없도록 '다리를 불태울' 정도의 굳은 의지가 필요했다.

이덕훈 자본이 잠식되어 공적자금 2조 5,000억 원을 투입한 대한투자신탁을 정상화하고자 제가 직접 경영에 참여했습니다. 그 당시 제가 가서 보니 수익증권의 가치가 반 토막이 난 상태였습니다.

우리나라에 수익증권이 도입되면서 채권이나 주식에 일반인이 간접적으로 투자하기 시작했습니다. 당시 일반인들에게는 저축과 수익증권의 개념이 차이가 없어요. 대한투자신탁에 저축한다고 생각하고 돈을 맡겼는데, 그 원금이 반 이상 날아가 버렸다는 뜻입니다. 이게 주로 부실 대기업의 채권에 투자한 자금 때문이었습니다. 제가 대한투자신탁의 CEO로 가서 이 문제를 해결하고 회사를 살리고자 엄청난 노력을 기울였습니다.

그러던 중 2000년 말쯤에 정부 측에서 한빛은행에서 또 자본잠식이 일어났다는 연락을 받았습니다. "정부가 4조 5,000억 원의 공적자금을 추가로 투입하기로 했으니 당신이 다시 가서 한빛은행을 살려 내라"는 것이었습니다. 몇 달간 제가 그토록 애쓰면서 합병·회생 작업을 했는데 불과 2년 만에 또다시 자본잠식 상태에 빠졌다니 개인적으로도 안타까웠습니다.

정부로서는 은행의 구조조정이 시급했고, 한빛은행은 애초에 상업은행과 한일은행을 합병해 만든 은행인데, 실무책임자로 합병을 추진한 제가 상황을 누구보다 잘 알 것이니 한빛은행 문제를 해결하라는 뜻이었어요. 이번에는 행장 자격으로 갔습니다. 제가 그곳에서 3년 동안 행장으로 재직하면서 한빛은행을 정상화하여 부실을 정리하고 만성적인 적자를 흑자로 전환했습니다.

국민은행과 주택은행 합병 작업

한편 최범수 박사 역시 밤낮 없이 이어지는 과로로 건강을 해쳐 몸과 마음이 다 피폐했다. 그러나 이헌재 위원장이 간곡하게 만류하여 KDI에 돌아갈 기회를 놓쳤다. 이 장관이 "어차피 KDI로 돌아가도 금융개혁을 연구하지 않겠는가? 그 연구를 여기서 하라"라며 말리는 바람에 그는 결국 금융기관 구조조정 작업에 참여하게 되었다.

홍은주 국민은행과 주택은행을 합병하는 작업을 실질적으로 주도했습니다. 이 합병 작업에는 어떤 계기로 참여했습니까?

최범수 정건용 금융감독위원회 부위원장이 하루는 저를 부르더니 "국민은행과 외환은행을 합치고 조흥은행과 주택은행을 합병하면 어떻겠느냐?"고 묻기에 "그렇게 하면 부실만 커진다"고 제가 반대를 했습니다. 아니나 다를까, 난리가 나더니 나중에 국민은행과 주택은행이 자기들끼리 상호보완성이 있으니 자체적으로 합병을 추진해 보겠다고 방안을 가져왔어요.

그런데 두 은행 사이에서 최종 합의가 잘 이뤄지지 않으니까 결국 김병주 교수님을 합병추진위원장으로 삼고, 제가 그 밑으로 들어가 합병 문제를 해결하게 된 것입니다. 국민은행과 주택은행은 비교적 성공적으로 합병이 이루어졌고, 지금의 'KB은행'이 되었습니다.

위기의 금융시장에서 주목받은 전문성

국가부도라는 초유의 위기상황에서 이덕훈·최범수 박사뿐만 아니라 여러 KDI 박사들이 현실 정책에 참여했다. 위기상황이었던 탓에 다양한 분야에서 KDI 박사들의 전문성에 대한 수요가 많았던 것이다.

1998년 초에는 유승민 박사가 전윤철 감사원장의 자문관으로, 김준일 박사가 재정경제부 이규성 장관의 자문관으로 각각 갔다. 이후 유승민 박사는 정치권으로 진출했으며 김준일 박사는 IMF로 옮겨갔다. 금융팀의 나동민 박사는 보험연구원 원장을 거쳐 NH보험 대표와 NH생명 대표이사를 역임했다. 당시 주니어 연구위원이었던 함준호 박사는 연세대 교수로 부임했다가 한국은행 금통위 위원으로 위촉되었고, 신인석 박사 역시 KCMI 원장을 거쳐 금통위원이 되었다.

한빛은행 합병 작업을 수행했던 이덕훈 박사는 대한투신 사장을 거쳐 다시 한빛은행에 은행장으로 부임해 구조조정을 성공적으로 이뤄 냈다. 뿐만 아니라 예금보험공사가 보유한 금융기관 등을 인수해 2001년 4월에는 국내 최초로 '우리금융지주'를 출범시켰다. 이후 우리금융지주 부회장을 지내다가 2004년부터 4년간 금통위원을 역임했고, 2014~2017년에는 수출입은행장으로 일하는 등 이후 금융시장에서 경력을 쌓았다.

KDI 현실 정책연구의 전통

홍은주 KDI 금융팀에는 주니어 박사가 새로 들어오면 시니어 박사들을 도와 함께 정책을 연구하면서 자연스럽게 현실경제를 습득하는 전통이 있었다고 들었습니다.

이덕훈 그렇습니다. 금융팀뿐만 아니라 다른 부문도 마찬가지입니다. 신참 박사들은 미국에서 학위만 받았지, 한국 경제가 어떤 위치에 있고 어떻게 앞으로 나가야 하는지, 또한 어떤 경제정책을 마련해야 하는지 구체적인 내용을 알기 힘들잖아요?

이러한 점을 KDI에 들어와 선배 박사들과 함께 일하면서 자연스럽게 배우는데, KDI가 지닌 가장 큰 강점이었다고 생각합니다.

현재 시점에서 국가 경제를 위해 무엇이 중요한지에 대한 화두가 던져지면 모든 팀이 그쪽으로 돌아서서 부분적으로 역할을 나누어 연구합니다. 그렇게 합동연구를 지속하다가 전체적인 그림을 자연스럽게 알게 되지요. 이러한 것은 다른 곳에서는 쉽게 경험할 수 없습니다.

그때는 잘 몰랐는데 시간이 지나서 되돌아보니 굉장히 대단한 일이었습니다. 저도 그 전통 속에서 시니어 박사들에게 배우며 금융이론뿐만 아니라 금융 현실에 눈뜰 수 있었고, 금융발전을 위해 다양한 연구를 수행하는 동시에 정책대안을 마련하고, 특히 외환위기를 극복하기 위한 금융개혁 작업에도 참여하여 최선의 노력을 기울였다고 생각합니다.

최범수 한국 경제가 발전하는 과정에서 KDI가 맡은 역할은 함포사격과 비슷하다고 생각해요. 우리가 목소리를 높여 이론을 펴고 정책을 주장하면 공무원들이 그 엄호를 받으며 국민을 설득시키고, 정치적 예봉을 피하면서 정책을 시행합니다. KDI가 전문성을 지닌 중립적인 기관이다 보니 "부작용이 나타나더라도 한국 경제가 큰 방향으로는 이렇게 가야 합니다"라는 주장을 정책을 결정하는 당국인 청와대와 대통령, 국회 모두에 제기할 수 있었고, 또한 국민들을 설득할 수 있었습니다.

설령 그 주장이 정부가 원하는 결론과 맞지 않다고 하더라도 당시는 KDI가 무슨 이권이나 정치적 당리당략에 따라 움직이지 않는다는 사실과 박사들의 내공이 깊다는 점이 잘 알려져 있었습니다. KDI가 저렇게 목소리를 높이는 걸 보니 그래도 전체적인 방향으로 보면 이 길이 맞나 보다, 하던 그런 믿음이 KDI에는 큰 자산이었습니다.

5장

부실채권 추정과 정리방안 연구

KDI가 최초 추정한 금융권 부실 규모

위기상황에서 금융 구조조정의 핵심은 금융권의 부실채권을 신속하게 정리하는 것이다. 부실을 정부가 매입하는 방식으로 정리하고, 부실이 지나치게 큰 금융기관은 다른 금융기관에 합병M&A이나 자산부채인수P&A 방식으로 정리하여 부실채권으로 생기는 유동성 악화를 막아야 한다.

이를 위해서는 우선 금융권 부실채권 규모가 얼마나 되는지 추정하는 일이 중요하다. 국내에서 은행의 부실채권 규모를 통계적으로 밝힌 최초의 연구는 KDI가 1991년 펴낸 〈금융환경 변화와 은행 부실채권 정리방안〉[1] 보고서였다.

이 연구는 "은행들이 1986~1988년 사이의 증시 호황기에 대규모 유상증자를 통해[2] 부실채권 상당액을 대손상각으로 처리했지만,[3] 부실채권 규모가 여전히 크며

---

1 김준경, 〈금융환경 변화와 은행 부실채권 정리방안〉, 정책연구자료 91-10, KDI, 1991.

2 일반은행 증자액은 1987년 4,578억 원에서 1989년에는 2조 666억 원으로 크게 증가했다.

3 부실채권 규모는 1987년 2조 7,693억 원에서(총여신의 4.3%) 1989년 말 1조 1,049억 원(총여신의 4.1%)으로 줄어들었다.

특히 금융시장 개방을 앞둔 시점에서 금융기관이 경쟁력을 키우는 데 큰 걸림돌이 되고 있다"고 지적했다. 금융선진화의 핵심이 금리자유화인데, 부실채권을 그대로 두고 금리자유화를 실시할 경우 은행 경영 및 수익성이 악화될 것이 명약관화하다는 뜻이었다.

부실채권 정리의 해답으로 떠오른 출자전환

김준경 박사는 이 연구에서 부실채권 정리방안으로 은행의 자산을 재평가하고 단계적으로 대손상각bad debs 처리를 하여 부실비율을 낮추는 한편, 은행의 내부유보內部留保를 촉진하고 회수 가능성이 있는 부실여신은 미국 크라이슬러사의 사례처럼 출자전환을 하여 기업 회생을 통해 자본이익을 높이는 방법을 제시했다.[4]

국내 최초로 은행이 기업에 '출자전환'을 제공하여 부실채권을 정리하는 동시에 기업 회생을 돕는 방식을 제시한 것이다. 출자전환 후 기업 회생을 지원하는 방식은 1997년 외환위기가 터진 직후 금융기관을 통한 기업 구조조정의 핵심 대안으로 채택되었다.

김준경 제가 1990년 8월 KDI에 들어왔는데, 그때 남상우 박사님이 금융팀장이셨습니다. 하루는 저를 부르더니 "금융자율화와 금리자유화를 실시하기 위해서는 선제적으로 반드시 해결해야 할 문제가 바로 부실채권 정리인데, 우리 금융팀이 완수하지 못한 과제가 부실채권 정리방안을 마련하는 것이다. 김 박사가 한번 이를 연구해 보라"라고 미션을 주셨습니다.

당시 금융시장 국제화와 OECD 가입 문제가 논의되던 중이었습니다. 이 두 가지를 위해서는 금리자유화·금융개방 등 선진화가 추진되어야 하는데 그 전제조건으로 반드시 은행의 부실채권을 털어내야 했거든요. 당시 부실채권을 정리하기 위한

---

4 김준경, 〈금융환경 변화와 은행 부실채권 정리방안〉, 정책연구자료 91-10, KDI, 1991, 54쪽.

연구가 잘 진척되지 않았던 핵심적 이유가 통계 접근이 어려웠기 때문이었습니다. 전체 부실채권이 어느 정도 규모이며 총여신 대비 얼마만큼의 비율을 차지하는지, 어느 정도로 심각한지에 대한 현황을 통계적으로 전혀 파악하지 못하니 대책도 세우기 어려웠을 것입니다.

부실채권은 고정·회수의문·추정손실 등으로 나뉘는데, 그때까지 총규모가 얼마인지 제대로 파악하지도 못하고 있었습니다. 이미 기업이 도산하며 발생한 부실채권이 확정된 고정이하 여신의 통계적 규모는 은행감독원이 가지고 있었지만, 내부 자료로만 존재할 뿐 민감한 자료여서 공표하지 않고 대외비 자료로 취급하던 상황이었습니다.

그런데 저에게 금융권 부실채권을 연구해 보라고 하기에 당시 은행감독원(현 금융감독원) 원장이었던 이용만 씨를 찾아뵙고 KDI의 연구 취지와 금융개방화 관련 이슈를 잘 설명해 드려서 다행히 전체 은행권의 부실채권 현황 자료를 구할 수 있었습니다. 이 자료를 기초로 부실채권이 쌓인 원인과 경과 등을 파악하여 1991년의 연구결과를 발표했습니다. 한국 최초로 부실채권 규모가 추계된 것입니다.

한보그룹 부도사태에 한승수 부총리와 이석채 경제수석이 각각 책임을 지고 물러나면서 3월에 강경식 부총리와 김인호 경제수석이 김영삼 정부 마지막 해 경제 사령탑으로 들어섰다. 강경식 부총리는 공무원으로 일하는 내내 경제개발 5개년 계획 수립 등을 비롯해 모든 중요 경제정책을 KDI와 함께 펼친 사람이다.

강경식 부총리는 취임 한 달 후인 4월 초 KDI 박사들과 조찬모임을 가지고 "한보그룹과 삼미그룹이 부도나면서 부실채권이 크게 증가해 시급한 현안 과제가 되었으니, KDI가 경제난국을 타개할 만한 정책 방향을 연구해 달라. 특히 효율적인 부실채권 정리방안을 연구해 보고하길 바란다"고 요청했다. 1991년 부실채권 추계를 연구한 거시팀의 김준경 박사에게 부도 난 대기업들의 부실채권 정리방안을 연구하는 일이 맡겨졌다.

김준경 강경식 부총리의 부탁을 받은 남상우 박사님이 부실채권 처리 연구를 저한테 맡겼습니다. 제가 1994년부터 거시팀에서 소비나 저축률 등을 연구하고 있었는데, 1991년에 수행했던 부실채권 연구 때문에 1997년의 부실채권 정리 연구가 제게 온 것입니다.

당시 우리나라 대기업들은 직접금융시장에서 조달하는 자금의 비중이 낮고, 은행을 통해 조달하는 간접금융의 비중이 높았기 때문에 대기업 부도는 곧바로 은행 부실로 전이됐습니다. 종금사들에게도 동반부실이 생겼습니다. 기업들이 시설투자나 확장에 필요한 장기자금은 은행의 정책금융으로 조달하고, 단기 운영자금은 종금사에서 빌렸기 때문에 기업이 부도나면 은행과 종금사 모두 동시에 문제가 생긴 것입니다. 그런 이유로 부실채권 정리가 정책현안으로 떠올랐죠. 제가 전에 이미 부실채권을 많이 연구했기 때문에 2주쯤 작업한 뒤 9쪽 정도의 간단한 보고서[5]를 작성해 서면으로 제출했습니다.

홍은주 당시 보고서에 어떤 내용을 담으셨나요?

김준경 당시 저는 보고서에서 과거 부실채권 정리로 발생했던 문제점과 이로 인해 생겨난 도덕적 해이를 지적했습니다. 우리나라의 금융기관에 쌓인 부실채권 문제는 연원이 아주 오래되어, 1972년의 8·3긴급금융조치까지 거슬러 올라갑니다.

1970년대 후반에는 정부의 해외건설공사 지급보증 문제를 처리했고, 1980년대 초에는 중화학공업 투자 조정이 이루어졌으며, 1984년부터는 해외건설 및 해운업 등에 대한 추가적인 산업합리화 조치를 취하면서 부실채권이 깨끗하게 정리되지 못한 채 계속해서 만기가 연장되고 누적되던 상황이었습니다.

이 과정에서 정부는 부실채권을 정리해 한국은행 특융으로 해결했습니다. 발생한 부실을 귀책사유와 사안의 경중에 따라 기업과 금융기관 등에 분담했어야 하는데, 추후 경기가 좋아지면 되돌려 받을 수 있다는 생각에 정부가 반복적으로 만기를 연장해 주고 구제하다 보니 도처에 도덕적 해이가 만연했어요.

---

5 Executive Brief, 〈은행 부실채권의 현황 및 정리방향〉, 1997.

특히 부실채권은 정책금융의 부실로 발생하기 때문에 은행 경영진은 스스로 이를 정리하면 한국은행 특융과 세제혜택 등 정부지원도 받지 못하고 오히려 당기에 표면화되는 손실에 대한 책임만 져야 한다고 생각했습니다. 제가 이 같은 무사안일주의적인 경영관행을 보고서에서 지적했습니다.

당시 단기 보고서에 담겼던 내용을 종합적으로 정리한 것이 1997년 9월 발표된 〈경제구조조정과 금융 안정을 위한 정책과제〉6 연구다.

이 연구에서 김준경 박사는 부실기업을 정리하는 과정에서 발생한 은행 부실채권을 정부가 저리의 한국은행 특융으로 해결해 주는 행태가 반복되면서 금융기관 본연의 대출심사 기능이 약화되었으며, 그 결과 기업들의 부실 문제는 해결되지 못한 채 국민경제를 볼모로 잡아 기업부실을 국민 세금으로 해결하는 모순이 발생했으며, 경제주체들 사이에서 도덕적 해이가 만연해졌다고 지적했다.

이 연구는 부실채권을 잘못된 방식으로 처리하여 생긴 도덕적 해이 문제를 지적하는 한편, 그동안 누적된 부실채권을 정리하는 방법이 무엇인지 함께 조언했다. 이때 가장 좋은 방법은 금융기관이 부실채권을 출자전환하는 것이라고 제안했다. 또한 "자력으로 상환할 가능성이 없는 기업의 부실채권은 은행이 대손상각 처리하되, 정부도 정책금융을 지원한 책임이 있으니 국채를 발행해 조성된 재원으로 금융기관 부실을 깨끗하게 해결해야 한다. 그러고 나서야 금리자유화와 금융시장 개방을 추진할 수 있다"고 조언했다.

김준경 그때 제가 내용을 강조하기 위해 1970년대 중반 남미의 칠레와 아르헨티나를 예로 들었습니다. 남미 국가들이 부실채권을 정리하지 않은 상태에서 금융시장을 자율화했더니 금융기관들이 고수익을 내려고 무리수를 두어 금융위기가 발생했던 사건을 예로 든 것입니다.

사실 이 내용은 새로운 게 아니라 제가 1990년에 작성한 보고서에서 누누이 강조

---

6 김준경 · 김준일, 〈경제구조조정과 금융안정을 위한 정책과제〉, KDI 정책연구자료 97-05, KDI, 1997.

했던 내용입니다. 그동안 들은 척도 않더니 1997년 초에 한보사태가 터지고 대기업들 연쇄부도가 발생하고서야 뒤늦게 부실채권의 심각성을 인식하여 강경식 부총리가 취임하자마자 이 문제를 연구해 달라며 KDI에 부탁한 것입니다.

당시 강 부총리가 부실채권 정리가 가장 큰 경제 현안이라고 생각하여 재정경제원 금융정책실 산업자금과에 부실채권 정리를 위한 특별법을 만들라고 지시했기에 재정경제원도 나름대로 법령 개정을 준비하고 있었습니다.

1997년 초에 대기업들이 자꾸 도산하여 쓰러지니까 '부도유예협약'이란 제도를 만들어 어떻게 해결해 보려고 했지만 잘 안됐습니다. 정부가 기업들의 부채비율을 들여다보니, 은행여신 잔액이 2,500억 원 이상인 51개 재벌그룹 중 부채비율이 500% 이상이거나 자기자본이 잠식된 재벌 수가 절반 가까운 21개나 되는 것으로 파악되었다고 합니다. 게다가 외환시장도 자꾸 불안해지니까 작심하고 부실채권을 한 번에 처리하고자 법령 개정을 준비했던 것입니다. 기존의 산업합리화 여신이 부실채권으로 계속 남은 데다, 1997년 대기업들이 연쇄도산하며 발생한 부실채권이 추가되었으니 이번 기회에 그런 것들을 한꺼번에 털고 다시 출발하자는 의도였습니다.

성업공사를 활용한 부실채권 정리 자문

김준경 그때 제가 재정경제원과 같이 작업하면서 살펴보니, 재정경제원이 내부적으로 상당히 급하게 일을 진행하고 있었습니다. 특히 이영근 산업지원과장(후일 국민권익위원회 부위원장)과 신동진 사무관(후일 예금보험공사 이사)이 부실채권을 하루빨리 정리해야 하는데, 은행에 부실채권을 맡기면 언제까지 할지 모르니 성업공사를 활용하자는 생각을 했습니다. 이에 따라 "우리가 성업공사를 부실채권을 정리하는 기관으로 활용하기 위해 특별법을 만드는 중인데, KDI가 검토하여 의견을 달라"는 요청이 제게 왔습니다.

후에 외환위기가 발생하고 '한국자산관리공사'로 이름이 바뀐 성업공사가 부실채권 정리에 큰 역할을 했다는 사실은 잘 알려져 있습니다. 결국 성업공사를 활용하자는 아이디어가 사실 금융권의 부실채권을 정리하는 결정적인 전환점이 된 셈입니다.

성업공사는 산업은행이 대출해 준 뒤 불이행된 채권 회수와 담보 물건을 처리하는 소규모 기관이었다. 1966년 은행권 부실이 심화되자 〈금융기관의 연체대출금에 관한 특별조치법 시행령〉이 제정되면서 연체대출금을 회수하는 성업공사의 업무가 전 은행권으로 확대되었고, 1982년부터는 국세 체납 및 압류 자산의 처리 업무까지 맡게 되었다. 금개위와 재정경제원은 기본적으로 이 은행권 출자를 통해 성업공사의 규모를 키워 전체 금융권의 부실채권을 신속하게 정리하는 데 쓴다는 생각을 지니고 있었다.

이에 대해 김준경 박사는 "은행 돈으로 출자하고 나중에 발생하는 손익 역시 은행에 귀속되면 성업공사가 부실채권을 열심히 관리할 이유가 없다"면서 유인구조가 취약하다는 점을 지적했다.

김준경 제가 성업공사를 활용하는 방안을 두고 재정경제원에 몇 가지를 조언했습니다.[7] 우선 성업공사가 산업은행의 자회사이긴 하지만 금융권의 부실채권을 전담하기 위해서는 산업은행 출자만 가지고는 현저히 부족하니 정부가 현물을 출자하여 공공성과 그 역할을 대폭 강화해야 한다고 조언했습니다.

은행의 부실채권을 매입·관리·처분하려면 거액의 재원이 필요한데, 재정경제원이 법안에 담기 위해 내놓은 방안은 우선 은행으로부터 출연을 받는 것이었습니다. 신용보증기금을 만들 때도 은행 출연으로 해결했고요. 정부가 그런 방식에 익숙하니 산업은행에서 출자한다는 아이디어를 낸 것입니다.

또한 한국은행에서 차입하거나 성업공사가 채권을 발행한다는 내용 등을 특별 법안에 담겠다고 했는데, 저는 성업공사가 직접 채권을 발행해 재원을 조달하도록 해야 한다고 주장했습니다. 성업공사가 부실채권을 매입했다가 후일 발생하는 손익

---

7 김준경·김준일, "부실채권 조기정리를 위한 정부의 특별법 검토", 〈경제운영에 관한 정책과제연구〉, KDI, 1997.

이 누구에게 귀착되느냐가 중요하다고 봤기 때문입니다.

모든 걸 은행 돈으로 처리하고 나중에 발생하는 손익 역시 은행에 돌아가게 하면 성업공사가 부실채권을 열심히 관리하고 좋은 가격에 팔아서 손해를 줄이거나 이익을 내봤자 얻는 보상이 없잖아요? 성업공사가 채권을 발행하게 하여 적극적으로 참여하도록 유인을 제공하라고 조언했습니다.

기아차 사태로 긴박해진 경제 상황

1997년 7월 15일 기아자동차그룹이 부도를 냈다. 재계 8위의 대기업이었기에 부실 규모는 막대했으며 금융권에 미치는 파장도 천문학적이어서 정부는 시간을 벌고자 우선 기아그룹을 '부도유예협약'에 따라 처리했다.

부도 기업을 처리하는 데 필요한 시간을 버는 한편, 부실이 은행에 곧바로 전이되어 다른 기업에 영향을 끼치는 상황을 막기 위해 1997년 4월 은행여신 잔액이 2,500억 원 이상인 재벌 가운데 부실 징후를 보이는 기업을 대상으로 3개월 동안 금융기관 채권 행사를 일시적으로 유보하는 조치가 바로 부도유예협약이었다.

기아차 사태로 발생한 부실 규모가 워낙 천문학적이었기 때문에 KDI가 이때부터는 단순히 부실채권을 정리하는 문제뿐만 아니라 부실금융기관, 즉 부실은행과 종금사를 처리하는 방안을 함께 연구했다. 연구 주제가 훨씬 넓어지고, 시한도 급박해진 것이다.

당시 김준경 박사와 김준일 박사가 함께 7~8월 두 달간 집중적으로 부실채권 및 부실금융기관 처리에 관한 연구보고서를 정리했고, 부총리 자문관이었던 김준일 박사가 이를 부총리에게 전달했다.

김준경 저희가 작성한 보고서의 핵심은 '부실을 정리할 때 국민 부담을 최소화한다는 원칙을 기본으로 삼아야 하며, 부실채권을 '헤어 컷hair cut(증권가치 평가 시 손실분 처리)'하고 손실분에 대해서는 이를 초래한 주주와 경영진에게도 일정 부분 책임을 물어야 한다'는 것이었습니다. 둘째, '부실금융기관 정리 업무는 예금보험공사가 주도하되, 부실채권의 정리업무는 성업공사에 위임하는 방식의 역할 분담이 바람직하다'는 것이었습니다. 셋째, '회생할 가능성이 있는 금융기관에는 해당 금융기관이 자구노력한다는 것을 전제로, 예보를 통해 공적자금을 집어넣고 증자해야 한다'고 조언했죠. 넷째, '만약 회생할 가능성이 없다면 예보가 설립한 가교은행을 통해 인수하도록 하고, 동시에 성업공사에서 부실채권을 매입하도록 해야 한다'고 권고했습니다.

또 은행의 부실채권에 대한 대손충당금을 대폭 올려 부실채권을 보유하기보다는 싼값에라도 매각하도록 유도하고, 만약 일정 기간 내에 부실채권을 매각하지 않으면 정부가 '적기 시정조치'에 들어간다고 압박하도록 했습니다.

금융위기 수습의 교과서가 된 KDI 연구

김준경 · 김준일 박사가 종합한 〈경제 구조조정과 금융안정을 위한 정책과제〉 보고서[8]는 부실기업 정리에 대한 KDI의 대정부 권고안을 담고 있다. 이 권고안은 "시장규율에 입각하여 부실기업을 정리하되 주주와 경영진, 근로자, 채권금융기관, 협력업체 모두가 책임주의에 입각해 손실을 분담해야 한다"는 기본 원칙을 제시하고, "경쟁적 M&A를 통해 부실기업을 정리하는 게 가장 효율적이지만, 한국의 경우 정보의 비대칭성 문제가 상존하는 데다가 M&A시장도 발달하지 않았으며 정부가 개입하는 제 3자 인수도 동반부실로 이어질 가능성이 높다. 따라서 과도기에는 해당 기업의 수익성 및 신용위험도를 가장 잘 파악하는 금융기관을 통해 정리하는 방안이 가장 효율적일 것"이라고 밝혔다. 보고서는 또한 금융기관이 경영책임을 인식하도록 유도하기 위해서는 출자전환할 수 있도록 법을 정비해야 한다고 제안했다.[9]

---

8 김준경 · 김준일, 〈경제구조조정과 금융안정을 위한 정책과제〉, KDI 정책연구자료 97-05, KDI, 1997.

9 출자전환을 통한 은행의 부실기업 정리가 가능하려면 금융기관이 기업을 대상으로 10% 이상의 주식을 출자하거나 대규모 여신을 제공하는 것 등을 금지한 〈은행법〉 제 22조, 27조 10항 및 금융의 소속 대기업 집

한편 금융시스템을 안정시키기 위해 재정 지원이나 예금보험기관을 통해 예금자를 보호하고, 부실기관 정리를 위한 제도적 장치나 정리기구가 미흡하거나 제도적으로 미비한 경우 신속히 이를 보완해야 한다고 제언했다.

부실 금융기관 정리체계에 대해서는 우선 자력으로 회생할 가능성이 있는 부실 금융기관의 경우 자본금 증자가 필수이므로 해당 금융기관의 자구노력[10]을 전제로 재정자금이나 한시적으로 한국은행의 차입으로 증자하도록 했다. 이때 증자는 장기국채를 발행하거나 예보에 대한 연차적 출자를 늘려 지원하되 장기채는 공공기금이 인수토록 했다.

자력으로 회생할 가능성이 없는 부실 금융기관은 가교은행이 자산부채를 인수하도록 한 뒤 구조조정과 정상화를 추진하여 정상화를 마치고 M&A를 추진하되, 해외투자자에게도 참여할 기회를 부여해야 한다고 주장했다.

김준경 한마디로 최소비용의 원칙, 공적자금 조성, 성업공사를 통한 부실채권의 신속한 처리, 가교은행 설립, 적기 시정조치 등 부실채권 정리에 관한 핵심 내용이 이 보고서에 다 들어 있었습니다. 이런 고민은 저희뿐만 아니라 금개위에 가 있던 다른 KDI 멤버들도 했고, 재정경제원도 이를 함께 공유하면서 결국 그 핵심 내용들이 외환위기 수습의 교본이 되었습니다. 실제 외환위기 때 적기 시정조치를 적용했고, 종금사는 대부분 가교은행으로 정리했으며 예금보험공사를 활용하여 시장을 안정시키고 성업공사를 통해 부실채권을 신속하게 처리했습니다.

그러나 외부에서는 사실 이때까지도 그렇게 엄청난 규모의 부실채권이 잠재해 있다고는 생각하지 못했습니다. 외환위기가 그토록 순식간에 나라 경제를 뒤흔들리라고는 짐작하지 못했던 것이 사실입니다.

단에 대한 의결권을 금지한 〈공정거래법〉 11조 조항을 고쳐야 한다고 조언했다.

10 주주 배당 중지, 경영진 교체와 구상권 청구, 인적 구조조정, 임금이나 퇴직금 삭감 등이 포함된다.

기업재무 데이터베이스 구축과 부실 추정

1998년 초반 정부는 외환위기를 본격적으로 수습하고자 기업과 금융기관 구조조정을 위한 64조 원의 공적자금을 조성했다. 당시 그 액수를 계산한 곳이 KDI였다.

김준경 제가 외환위기 이후 정부에 나름대로 실질적인 도움을 주었던 연구가 〈이자보상배율을 활용한 부실채권 규모 추정 연구〉였습니다. 금융기관을 구조조정하고 부실채권을 정리하려면 잠재해 있는 부실 규모를 추정하고 그에 따라 공적자금을 조성해야 했는데, 이때 기초자료를 제공했습니다.

한국 기업의 이자보상배율interest coverage ratio을 연구하게 된 계기는 세계은행이었다. 아시아에 닥친 외환위기로 한국과 태국, 인도네시아 등 여러 국가들이 문제를 겪자, 1998년 5월 초 세계은행에서 아시아를 담당하는 경제학자가 한국에 출장을 왔을 당시 국내 상황을 자세히 알아보기 위해 KDI를 방문했다. 스타인 클라센Stijn Claessens이라는 선임 이코노미스트였다.

그는 김준경 박사를 비롯한 KDI 연구원들과 토론한 끝에 "KDI가 정부에 건의해 기업 재무제표 데이터베이스를 구축하는 동시에 기업코드를 이용해서 은행연합회가 가진 기업별 여신자료 데이터베이스를 여기에 연결하면 어떤가? 특히 그룹별로 여신 현황, 여신 규모, 부실채권 규모, 재무적 건전성 등을 구체적으로 파악해 모델을 만들고 나서 경제상황 시나리오별로 부실채권이 얼마나 발생할 것인지 추정해 보자. 그러면 한국 기업들의 잠재부실 및 필요한 공적자금의 규모를 추정할 수 있지 않겠는가?"라고 제안해 왔다. 이 작업을 위해 세계은행이 용역을 주겠다는 것이었다.

그런데 막상 금감위 금융개혁단에 가 있던 최범수 박사를 통해 은행연합회의 기업별 여신자료를 얻으려고 했더니 〈신용정보법〉 위반이라면서 "절대 공개하지 못한다"는 반응이 되돌아왔다.

그렇게 무산되겠다고 생각하던 차에 이진순 KDI 원장이 김준경 박사를 다시 불렀다. "부실채권 규모가 얼마인지 알아야 우리가 공적자금 규모를 제대로 추정할 수 있다. 관련 데이터가 없으면 깜깜한 곳에서 눈 감고 권투하는 격 아닌가? 그러니 우리가 기업 데이터베이스만 가지고서라도 부실채권 추정을 위해 노력해 보자"는 것이었다.

이에 따라 김준경 박사가 연구 책임을 맡았고, 조성욱 박사(후일 공정거래위원장)와 김동석·한진희 박사, KDI 전산실의 양정삼 연구원 등이 연구팀에 합류했다. 주말에도 출근해 집중적으로 작업하여 12년 동안 쌓인 재무 데이터를 그룹별·기업별로 정리하는 데만 꼬박 한 달이 걸렸다.

김준경 기업 재무제표 데이터가 필요해서 한국신용정보(전국신용평가의 후신)의 김중웅 전 사장의 도움을 얻어 1986~1997년까지 12년간의 기업 재무제표 패널데이터를 입수하게 됩니다. 당시에 한국신용평가는 종금사 등 제2금융권 정보를 가지고 있었고, 한국신용정보에서는 은행 대출정보를 가지고 있었습니다. 데이터는 전체 표본수가 8,000개에 이르렀고, 외부감사를 받는 기업이라 회계시스템이 일관되고 안정되어 있었습니다.

KDI 전산실의 양정삼 씨가 많이 노력했고, 김수현 과장 등 한국신용정보 직원들의 도움도 얻어서 완벽한 12년치의 패널데이터 세트를 구축하여 구체적인 모델을 설정하고 연구할 수 있게 되었습니다. 저만 해도 과거의 부실채권은 전부 제도적이고 이론적으로만 연구했을 뿐이지, 데이터가 없어서 실증분석을 하지 못했는데 그제야 실증분석이 가능해진 것입니다.

홍은주 8,000여 개 외감기업의 12년치 재무 데이터이니 정말 대단한 자료군요.

김준경 그렇습니다. 우리가 먼저 데이터를 구축한 후 금리별 시나리오와 매출별 시나리오, 임금별 시나리오에 따라 총체적인 부실 규모를 추정하고 추가로 공적자금이 얼마나 필요한지 추계했습니다. 1998년 8월 중순에 이를 대외비 자료[11]로 만들어

11 김준경 외, 〈기업부실의 실상과 평가〉, KDI 연구자료 98-20, 1998.

서 재정경제부 장관과 금감위원장, 기획예산처 장관, 청와대 경제수석, 공정거래위원장 등을 개별적으로 찾아가 자료를 제공하고 보고했습니다. 당시 정부에서는 이 자료가 너무나 절실했습니다. 공적자금을 추가 조성해야 하는데 국민과 국회를 설득하려면 기초자료가 필요하니까요.

12년치 패널데이터 가운데 실제분석은 10년간 7,805개 기업을 대상으로 1990~1999년까지 이루어졌다. 기업의 채무상환 능력을 나타내는 지표로는 이자보상배율을 사용했다. 이자보상배율은 이자를 지급하고 법인세를 차감하기 전 영업이익인 EBITEarnings Before Interest Payment and Taxes를 이자 비용으로 나눈 배율로, 이 비율이 1미만인 경우는 영업이익으로 이자조차 내지 못하는 잠재적 부실기업임을 의미한다.

기업의 안정성과 성장성, 수익성 등의 재무정보를 모두 포함하기 때문에 기업들의 부실문제를 가장 집약적으로 나타내는 지표라고 할 수 있었다. 이자보상배율을 계산해서 기업부실을 거꾸로 추정하는 방법은 세계은행의 클라센에게서 얻은 아이디어였다.

김준경 이자보상배율 개념을 이용해서 저희가 기업들의 부실 규모를 추산해 보니, 7,800여 개의 표본기업에서만 무려 100조 원에 이르는 수치가 나왔습니다. 여기에 기존의 부실채권에 잡혀 있어 중복으로 계산된 사항이 있으니까 그걸 감안해도 잠재적인 부실 규모가 최소 70조 원은 될 것이라고 봤습니다. "겉보기에는 정상여신인 듯해도 사실상 부실이 훨씬 많다"는 것이 우리가 정책당국에 전하고 싶었던 주된 메시지였습니다.

부실 규모를 재벌그룹별로도 연구했습니다. 5대 재벌과 6~70대 재벌그룹, 그리고 비재벌 독립기업군으로 분리해 들여다보니 가장 문제되는 그룹이 6~70대 사이에 놓인 대기업들이었습니다. 부실이 많이 누적된 데다 재무구조가 너무 엉망이었어요. 대우그룹을 제외하고 상대적으로 괜찮았던 4대 재벌도 반도체 특수에 가려졌을 뿐 반도체 사업을 분리한 후 다시 살펴보니 재무구조가 아주 나빴습니다. 비재벌 독립기업도 상대적으로 좀 낫다 할 뿐이지 문제가 있었습니다.

이러한 분석 결과에 기초하여 저희 보고서에서는 현재와 같은 극심한 경기침체와 신용경색이 지속될 경우 추가적인 부실이 더욱 확대되어 우리 경제의 대외신인도가 하락하고 경제회복이 지연될 것이라고 예측했습니다. 이어 부실기업을 신속히 정리하고 금융 구조조정을 지원하는 데 쓸 공적자금을 추가로 확보하고 조속히 집행할 것을 건의하였습니다.

김준경 박사는 연구 결과 "1999년 현재 아직 부도가 나지 않았으나 이자보상배율이 1에 미치지 못한 잠재 부실기업은 805개, 잠재 부실채권은 39%에 달한다"고 추정했다. 더 중요한 사실은 시계열로 분석해 보니 모든 그룹에서 부실이 지속적으로 증가하고 있었다는 점이었다.

특히 70대 재벌기업들 가운데 영업이익으로 이자도 내지 못하는 재벌기업 수가 1995년 12개에서 1996년에는 21개, 1997년에는 43개에 달했고, 특히 1997년에는 환차손 등의 요인이 영향을 미쳐 5대 재벌의 이자보상배율이 모두 1미만으로 나타났다. 또한 이자보상배율이 1이 넘는 기업들 가운데서도 800여 개 기업이 1~1.5구간에 분포된 한계기업들이어서 경기가 조금이라도 나빠지면 곧바로 잠재 부실기업으로 전락할 위험이 있었다.

김준경 한마디로 기업들의 재무구조가 12년 동안 지속적으로 나빠지고 있었고, 이자보상배율이 1이 넘는 기업들도 충분치 않아서 언제든 잠재 부실기업으로 분류될 수 있는 상태였습니다. 여기에는 크게 세 가지 원인이 작용했습니다.

첫째, 1980년대 후반 정치민주화 이후 노동시장에서 임금인상 요구가 빗발치면서 노동생산성 대비 인건비가 급격히 올랐습니다. 잘되는 기업이 임금을 올리면 큰 문제가 없었을 텐데, 노동집약적이면서 부가가치는 낮은 경공업 분야에서 임금이 더 빠르게 올랐습니다. 갑을그룹이나 우방그룹 등 당시에 무너진 기업들이 모두 섬유나 건설 분야였잖아요? 이런 기업들이 훨씬 부실이 많았습니다.

둘째, 중국이 부상하며 경공업과 저기술 중화학공업 분야에서 경쟁력을 잃었습니다. 셋째, 1994년과 1995년에 경기가 다소 좋아지니까 재벌기업들이 대마불사에 기대어 엄청나게 투자를 늘리고 확장경영에 돌입했습니다. 특히 자본시장이 개방되면서 해외에서 들어오기 시작한 저리의 외화자금이 확장경영에 불을 붙였습니다. 해외부채가 급격히 늘어난 것입니다. 그렇게 해외부채를 얻어 확장했는데 사실 반도체를 제외한 일반 중화학공업은 이미 1995년에 대부분 공급과잉 상태였습니다. 그래서 기업부실이 몇 년간 누적된 것입니다.

김준경 박사는 이자보상배율이 3년 연속으로 1미만을 기록한 극심한 부실기업이 362개사(총 차입금 26조 5,000억 원), 기업 규모별로는 5대 재벌 가운데 계열사 13개사(차입금 4조 2,000억 원), 6~70대 재벌기업 가운데 52개사(차입금 9조 3,000억 원), 비재벌 독립기업 가운데 297개사(차입금 13조 원)가 되는 것으로 분석했다.

김준경 기업의 잠재부실을 추정해 보니 해마다 지속적으로 늘어날 뿐만 아니라 산업별로도 늘어나고 있었습니다. 금감원이 가진 실제 부실채권 비율을 보면 1993~1996년 사이에 오히려 떨어진 것으로 나타났습니다.[12] 그러니 결국 은행감독원이 크게 오판한 셈입니다.

홍은주 왜 그런 심각한 차이가 발생했을까요?

김준경 무엇보다 금융기관들이 부실채권으로 분류되며 대손충당금이 적립되는 등 손실이 발생할 것을 우려해 채무기업의 '빚을 새로 내서 옛날 빚을 갚는' 관행[13]을 용인해 주고, 실제로는 부실여신임에도 정상여신으로 허위 분류해 왔기 때문입니다. 그러니 이렇게 부실이 늘고 위기가 누적되고 있으리라고는 생각하지 못한 거죠. 분석을 한 후에 우리도 크게 놀라서 부실을 신속하게 털어내고 금융기관을 구조조정

---

12 1993년 7.4%, 1994년 5.8%, 1995년 5.2%, 1996년 4.1%으로 떨어졌다.

13 만기 연장과 동일한 효과를 냈다.

해야 한다고 건의했습니다.

당시 대우그룹 전체가 문제가 되었고, 현대그룹 계열사 일부가 흔들리면서 또다시 부실채권이 현안이 되었습니다. 이에 저희가 좀 더 구체적으로 분석해 "잠재부실이 이 정도니 공적자금을 추가로 조성해야 한다"고 주장하며 모든 장관들에게 자료를 돌리고 보고한 끝에, 처음에는 64조 원 규모로 조성되었던 공적자금이 2000년 말에 2단계로 40조 원이 추가됩니다.

그리고 "부실이 일시적이고 단기적으로 발생한 게 아니라 구조적이고 지속적으로 누적되어 왔다. 그러니 차제에 부실기업을 하루빨리 정리하지 않으면 대외신인도가 떨어지고 경제위기를 극복하기도 어려워지니 과감하게 부실 금융기관을 정리하고, 이를 위해 공적자금을 추가 조성해야 한다"는 내용으로 보고서를 요약했습니다.

홍은주 그 보고서 이후에 은행 주도의 부실기업 구조조정안이 강도 높게 추진되었습니다.

김준경 1998년 최초의 데이터베이스를 구축한 이후 이를 계속 업데이트하면서 모니터링하고 분석했기 때문에 기업 전체, 산업 전체가 훤하게 보였습니다. 예를 들어 당시 제가 연구한 것이 워크아웃workout, 화의, 법정관리 등 부실기업 정리제도의 효과를 구분하는 법이었습니다. 그중 워크아웃이 가장 효율적인 것으로 나타났고, 화의는 별 효과가 없었습니다. 법정관리는 1996~1997년 사이에는 별로 효과를 거두지 못하다가 1998년과 1999년 이후로 개선되었습니다.

왜냐하면 그때 법정관리에 '경제효율성 기준'이라는 분명한 기준이 도입되어 법정관리를 추진할지 여부가 패스트트랙으로 신속하게 결정되었기 때문입니다. 경제효율성 기준은 법정관리 대상기업을 대상으로 청산가치와 존속가치를 계산한 뒤 만약 청산가치가 더 크면 가차 없이 청산한다는 방침을 따랐습니다. 이 기준을 실제로 적용해 청산한 최초 기업이 동아건설이었습니다.

이후에도 KDI 박사들은 반기마다 이 데이터베이스에 정보를 추가로 입력하여 기업의 부채비율과 수익성 및 잠재 부실 규모의 변화를 모니터링하면서 기업들의 구조조정 진전 여부를 평가했다.

새롭게 정비한 도산3법

부실기업 가운데 회생이 불가능한 기업을 효율적으로 정리하는 방안과 관련하여 도산법에 대해서도 연구가 이루어졌다. 쓰나미처럼 닥친 외환위기의 후폭풍 속에서 수많은 기업들이 부도를 내고 도산하자 IMF 및 세계은행과 맺은 협약에 따라 한국 정부는 1998년부터 도산3법[14]을 정비하는 데 착수했다.

KDI 강영재 박사는 1999년 〈부실기업정리제도 개선방안〉 보고서에서[15] "부실기업을 정리하는 단계에는 첫째로 기업의 자산을 부분 혹은 일괄 매각하고 경영을 정상화해 기업가치를 높이는 것과, 이해관계자들이 법률적인 절차와 채무비율에 따라 채무를 분배하는 두 가지 과정이 있다. 한국의 도산법은 이 두 가지 과정이 뒤섞여 있어 부실기업을 효율적으로 정리하지 못하고 있다"고 지적하고 "일반법으로서의 회사정리법·화의법·파산법의 체계를 정비하는 것과 경제위기 상황에서 신속하고 효율적인 부실기업 정리를 위해 법을 정비하는 것, 이 두 가지 목적으로 이원화해야 한다"고 지적했다.

전자를 위해서는 "도산3법을 장기적 안목에서 단일화하고 후자를 위해서는 회사정리절차를 한시적으로 대체하는 워크아웃 방식을 개선하거나, 혹은 보다 건실한 법적 근거를 가진 신속처리제도를 도입할 필요가 있다"고 역설했다.

기업가치를 최대화하는 구체적 방안으로는 부실채권에 해당되는 구주를 소각한 후 신주를 발생해 채권자에게 비율대로 분배하되, 기업과 채권자가 기업가치를 높이고자 상호 협력할 수 있도록 경제적 유인과 제도를 도입해야 한다고 봤다. 또한

14 〈화의법〉, 〈파산법〉, 〈회사정리법〉을 가리킨다.

15 강영재, 〈부실기업정리제도의 개선방안: 회사정리제도를 중심으로〉, KDI, 1999.

부실채권을 정리하고 법정 처리하는 데 걸리는 시간을 단축하고, 정리계획안 가결 요건을 단순화하여 효율적으로 처리하되 부실채권을 신속하게 매각할 수 있도록 M&A시장과 구조조정 금융시장 및 관련 채권시장을 육성하라고 주장했다.

대기업 부실 위험 요인 분석

2000년 7월, KDI 김준경 박사는 〈기업 부실의 실상과 금융 정상화 방안〉[16]을 통해 대형 재벌 부실에 대한 추가적 위험요인을 분석하였다. 대외비였던 이 보고서에 따르면 대우그룹이 워크아웃에 들어간 1999년 말을 기준으로 부도가 발생하지 않은 외감기업(외부 회계감사를 받는 기업)의 가중평균 이자보상배율은 0.7이었다. 외환위기를 겪는 와중이었던 1년 전에 비해 오히려 악화된 수치였다.[17] 대우를 제외한 4대 재벌의 경우 이자보상배율은 1.95배였으며, 6대~70대 재벌은 1.40배였다. 특히 6~70대 재벌의 경우 부채비율이 정부가 요구하는 200%로 크게 낮아졌으나 금융비용 부담률은 여전히 높았다.

홍은주 2000년 7월 당시 이자보상배율을 활용한 기업 부실채권 추정 자료가 대외비로 작성되었잖습니까? 그런데 당시 언론에 1면 톱기사로 나오면서 정책당국이 당혹스러워했죠. 이건 어떻게 된 연유입니까?

김준경 그 대외비 자료가 누구를 통해서였는지 몰라도 언론에 노출되어 모 일간지에 1면 톱기사로 대문짝만 하게 나서 문제가 됐습니다. 그래도 언론이 대대적으로 문제로 삼아서 그런지 결국 그해 말 40조 원의 추가 공적자금이 국회 동의를 얻어 조성되었습니다. 대기업들 때문에 발생한 추가적인 부실채권이 금융권 부실로 연

16 김준경, 〈기업부실의 실상과 금융정상화 방안〉, 2000.

17 대우그룹을 제외하면 1.8배이다.

결되지 않도록 잘 정리되었습니다. 2004년에 나온 〈국내 기업 구조조정 성과에 대한 실증분석〉 보고서는 당시 KDI 대외비 보고서를 강동수 박사 등이 학술적으로 정리한 것입니다.[18] 이 보고서는 외국 저널에도 발행되었습니다.[19]

---

18 강동수·최용석, 〈국내 기업 구조조정 성과에 대한 실증분석〉, KDI 연구보고서 2004-4, KDI, 2004.

19 Kim, Joon-Kyung, "Assessment of Progress in Corporate Restructuring in Korea since the 1997-98 Crisis," *Journal of Restructuring Finance*, 1(2), 2004, pp.289~310.

OECD-KDI-Brookings-CEPR 공동세미나(1991. 5. 27~28).

금융개혁위원회 제1차 전체회의(1997. 1. 22).

민주주의와 시장경제 국제회의(1999. 2. 26~27).

경제개혁 성과와 향후 과제에 대한 국제 심포지엄(2002. 2. 21).

하버드-KDI 컨퍼런스(2009. 10. 29).

한국 경제 발전에 관한 KDI-하버드 연구 시리즈.

經濟危機克服과 構造調整을
위한 綜合對策

1998. 4

외환위기 극복을 위한 종합대책 방안[왼쪽부터 〈경제위기 극복과 구조조정을 위한 종합대책〉(1998. 4), 〈경제대책조정회의 보고자료〉(1998. 6), 〈Economic Crisis and Corporate Restructuring in Korea〉(2014. 7)].

산업경쟁력과 생산성 연구

3부

KDI의 산업 연구

위기를 계기로 심화된 산업 연구

KDI 산업 연구의 전통은 한국 경제가 위기를 겪을 때마다 심화되었다는 특징이 있다. 새로운 성장기반을 모색해야만 했기 때문이었다. 최초로 이루어진 본격적인 산업 연구는 제 2차 오일쇼크로 큰 홍역을 앓고 구조적 격변기를 맞았던 1970년대 후반에 시작됐다.

KDI는 1979년 '한국 기계공업의 구조와 전망' 연구[1]에서 자동차와 조선, 원동기 등 기계 관련 주요 산업의 국내외 경쟁력이 부진한 원인을 분석했다. 이때 단순한 요소투입형 경제성장이 한계에 달했으므로 "고부가가치 산업에 대하여 기술도입을 장려하고, 신기술 응용을 위한 전문 인력을 양성하며, 우량 중소 부품업체들을 육성하고, 기업들이 R&D와 기술개발에 전력을 다할 수 있도록 금융, 조세, 재정 등을 통한 뒷받침이 있어야 한다"고 제시했다.[2]

1 김적교 · 이철희 · 장휘용 · 이진주 · 김창수, 〈한국 기계공업의 구조와 전망〉, 연구보고서 79-06, 1979.
2 위의 논문, 83~84쪽.

1980년대 후반 한국 경제는 고비용-저효율 구조로 경쟁력이 심각하게 약화된다. 가격경쟁력에서는 후발 개도국과 중국에 밀리기 시작했고, 고부가가치 제품은 일본 기업에 밀리면서 양쪽에서 강하게 압력을 받는 '넛 크래커nut cracker' 경제구조로 굳어지는 게 아니냐는 우려가 제기된 시점이기도 했다.

이처럼 과거의 저비용 전략으로는 도저히 개방화된 시장에서 경쟁하기 어렵다는 위기의식이 확산되었다. 고기술-고부가가치 산업으로 이행하지 못하면 한국 경제가 버티기 어려워지리라는 인식과 함께 새로운 산업 경쟁전략을 수립해야 한다는 절박한 필요성이 제기되었다.

고부가가치산업 연구를 이끌 책임은 당시 KDI 산업팀장이었던 박준경 박사에게 떨어졌다. 박준경 박사는 원래 거시를 전공했으나, 연구원으로 일하던 시절인 1977년 김광석 박사를 도와 기술 및 생산성 증가 요인이 한국 경제가 성장하는 데 어느 정도 기여했는지 분석한 '성장회계 분석'에 참여했던 일이 인연이 되어 1982년부터 산업 연구에 본격적으로 뛰어들었다.

박준경 유학을 다녀오고 1982년에 다시 KDI로 돌아오자마자 양수길 박사, 구본영 박사, 김승진 박사, 저 이렇게 네 사람이 프로젝트를 진행하게 되었습니다. 저더러는 전자산업 연구를 해 보라는 거예요. 전자산업의 기초도 잘 모르는 상태에서 이를 공부하다 보니 약자도 많고, 기술적 내용도 많아 참 애를 먹었던 기억이 있습니다. 아무튼 그 일이 산업 연구에 입문하는 계기가 되었습니다.

사실 그때까지 한국은 인구 증가나 경제활동참가율 증가 등에 따른 요소투입형 경제성장을 해 왔어요. 그런데 미국의 경제성장 사례가 잘 보여 주듯 궁극적으로는 선진국으로 발돋움하려면 기술혁신으로써 경제성장을 이룩해야 합니다. 그래서 제가 자발적으로 계속해서 산업의 기술혁신을 연구했습니다.

KDI는 1993년 〈산업정책의 기본과제와 지원시책의 개편방안〉[3] 연구를 통해 "수입

3 KDI, 〈산업정책의 기본과제와 지원시책의 개편방안〉, 연구보고서 82-09, 1983.

관세율을 낮추어 수입제품과의 경쟁을 제고하며 과학기술인력의 중장기 종합 수급 계획을 수립하고 산학연 협동 연구를 적극 장려하며 신기술 산업화를 위한 금융지원 및 R&D에 대한 조세와 관세 혜택을 부여하는 등 적극적인 기술개발체제를 확립해야 한다"고 정부에 권고하기도 했다.

박준경 노태우 대통령 집권 시기인 1988년에서 1990년 초 한국 경제의 저임금-저비용 경쟁력이 사라지고, 수출이 줄어들면서 경기가 악화되었습니다. 그러자 최각규 경제부총리가 새로운 시대에 맞는 신산업 정책이 필요하다고 인식하고 이를 KDI의 구본호 원장님에게 주문했습니다.

구본호 원장님이 저를 부르시더니 기간을 3개월 줄 테니 그 안에 20개 이상의 산업에 맞는 신산업 정책을 수립하라고 하셨습니다. 제가 경제기획원 이근경 종합정책과장을 설득해서 "우리가 도저히 3개월 안에 20개 산업을 연구하기란 불가능하니 이 가운데 주요 7개 산업을 제대로 정밀 분석하겠다"고 했죠. 그래서 기업지배구조, 중소기업, 하청구조, 과학 및 공학기술정책, 무역구조 등을 연구하게 되었습니다.

당시 KDI 신산업팀에는 쟁쟁한 멤버들이 많았다. R&D의 경우 성소미 박사, 무역은 이홍구 박사, 기업지배구조는 유승민 박사가 연구 책임을 맡았다. 노태우 정부 말기에 만들어진 신산업연구팀에는 유학을 끝내고 들어온 김주훈 박사가 합류하여 중소기업 연구를 맡았다.

연구 작업은 잘 진행되어 이후 연구진 7명이 발제하는 정책협의회를 열기로 했으며, 이 자리에는 기자들도 부르기로 예정되어 있었다. 그런데 그사이 원장이 바뀌고 차일피일 미루는 과정에서 하루는 신임 원장이 박준경 박사를 불렀다. "정책협의회나 언론 발표를 취소하고 연구를 대외적으로 발표하지 말라"는 주문이었다.

대외 발표가 무산되고 난 후 새 정권이 들어서면서 결국 과거 정부 말기에 수행한 신산업 연구는 발표되지 못하고 묻혀 버렸다. 이유를 알고 보니 언론의 지나친 주목 때문이었다.

김주훈 연구 내용이 언론에 미리 대서특필되었는데, 언론이 주로 강조한 점이 유승민 박사가 수행한 '기업 거버넌스' 측면이었거든요. "KDI가 재벌해체를 연구하고 있다"는 말이 나오면서, 임기 말 대선을 앞두고 정치적으로 시끄러워지니까 연구 발표를 하지 말라고 했습니다. 그렇게 대외 발표가 무위로 돌아가고 말았다고 알고 있습니다.

그런데 나중에 보니 당시 한국 경제의 경쟁력을 높이기 위해 우리가 제시했던 신산업 정책들, 즉 돈을 벌어 이자도 못 내는 좀비기업은 대폭 정리하고, R&D를 강화해 산업경쟁력을 높이고, 개방체제를 확대하고, 재벌기업의 거버넌스를 투명하게 하는 등의 방안이 외환위기 당시 위기를 극복할 해법으로 대부분 시행되었습니다. 전부 정책에 반영되었으니 늦게라도 연구한 보람을 찾은 셈이죠.

기업의 차입경영형 확장 방식에 대한 경고

1991년에 수행한 '산업경쟁력 제고 방안'[4] 연구는 "한국 경제의 개방화와 함께 더 이상 과거와 같은 환율조작, 임금 억제, 수출지원 정책이 가능하지 않다"고 단언하고 "기업들이 자금부족을 호소하고 있으나, 구조조정과 부동산 매각 등을 통해 자금의 가수요를 줄이지 않는 한 어떤 금융개혁이나 제도도 자금부족 문제를 해결하지 못한다"고 지적했다.

연구는 "불경기가 와도 사업 구조조정이나 전환, 퇴출보다는 돈을 빌려 기존 사업을 유지하는 대마불사의 확장경영 풍토, 기술개발과 설비투자보다 부동산투자가 더 수익성이 높다고 생각되는 경영 풍토가 한국산업의 가장 큰 문제"임을 밝히고 "기업의 과도한 차입의존도 경영이 지속되지 않게 직접금융 비율을 높이도록 유도해야 한다"고 주장했다.[5] 이미 이 시점에 1997년 외환위기가 일어나는 핵심 원인이

---

4 박준경 · 성소미 · 김주훈 · 이홍구, 〈산업경쟁력 제고 방안〉, 정책연구시리즈 92-01, KDI, 1992.

5 위의 논문, 46쪽.

었던 '부채에 의존한 기업들의 확장경영'과 함께 '대마불사라는 착각에 의존한 도덕적 해이'를 경고한 것이다.

기업에 대해서는 "공정의 자동화와 관리고도화를 통한 생산성 향상, 대기업-중소기업 간 협력관계 강화, 핵심기술 개발을 위한 R&D, 외국 첨단기업과의 합병이나 기술제휴, 교차 라이선스cross licensing, 기술 원천의 최적 상품 포트폴리오 구축" 등 다양한 경쟁력 확장 방안을 촉구했다.[6]

다부문 모형으로 예측한 한국 산업구조의 장기 변화

KDI 산업 연구는 경제성장에 따라 산업이 장기적으로 어떤 구조로 변화할 것인지에 대한 다양한 시나리오 연구도 시도했다. 이 개념을 통계적으로 엄밀하게 분석한 것이 1992년의 〈한국 경제의 구조변화 전망: 다부문 모형의 모의실험〉[7] 연구이다.

'다부문 모형'은 각종 산업정보 자료를 이용하여 1995~2000년 사이에 일어날 장기적 구조 변화를 전망하고 총생산성과 요소가격 변동에 의한 산업경쟁력을 예측하는 중기 성장모형으로, 25개 산업 부문의 소비·투자·생산·임금·가격·기술·수입 등 1,300여 개에 달하는 구조식 및 정의식으로 구성되는 대형 연구였다.

박준경 1992년 보고서는 제가 했던 시나리오 연구들을 참고하고 산업 다부문 모형을 만들어서 통계적으로 분석한 것입니다. 당시 미국 펜실베이니아대학University of Pennsylvania에 제럴드 애덤스Gerald Adams라는 학자와 일본국제대학에 시시도S. Shishido라는 계량경제학의 대부가 있었는데 이 두 사람이 '다부문 모형'을 개발하고 교역 흐름trade flow으로 미국과 일본 경제를 연결했어요. 그러다가 한국 KDI에 함께하자고

---

6 박준경 외, "II. 경쟁력 제고: 기업의 역할과 정부의 역할", 〈산업경쟁력 제고방안〉, 정책연구시리즈 92-01, KDI, 1992, 40쪽.

7 박준경·김정호, "한국 경제의 구조변화 전망: 다부문 모형의 모의실험", 〈한국개발연구〉 14권 2호, KDI, 1992.

요청했나 봐요.

다부문 모형은 예를 들어 제조업이 15개 부문으로 이루어졌다면, 주요 산업별로 산업연관표과 매크로블록macroblock을 만들고 거시 성장요인도 분석한 뒤 이를 종합해 추정한 것입니다. 이때 김정호 연구원이 오랫동안 컴퓨터와 씨름을 해서 모형을 돌리고 숫자를 만들었습니다. 저는 일본이나 독일 등 OECD 국가별 각종 경제지표와 시계열상의 동향을 다 파악하고 있으니 그 결과가 현실적으로 정합한지 판정하는 역할을 했습니다. 그 판단에 따라 김정호 연구원이 알맞은 계량경제학적 방법으로 추정하여 비교적 자의적 요소가 적은 방향으로 결과를 냈습니다.

수출은 자체적으로 예측하지 않고 산업연구원에 산업별 수출신장률을 추정해 달라고 연구용역을 줬습니다. 그런데 막상 결과를 보니까 너무 낙관적으로 추정한 거예요. 이를 외생변수로 두고 다부문 모형을 돌렸더니 GDP가 한 해 평균 20% 이상씩 늘어난다는 결과가 나왔습니다.

그건 말이 안 되잖습니까? 그래서 몇 번에 걸쳐 다시 현실적으로 추정하도록 했더니 그제야 한국의 실제 성장 예측과 비슷해졌습니다. 다부문 모형은 사실상 김정호 연구원의 작품이나 다름없습니다.

이처럼 다부문 모형을 분석한 결과 KDI는 "향후 경제발전에 따라 농업, 섬유, 의류, 목제품의 산업구성비는 감소하는 반면, 기술과 지식집약도가 높은 기계 및 전기전자 산업은 생활수준 향상에 따른 소비행태 변화로 꾸준히 증가하고 도소매와 금융, 부동산 등 서비스업 구성비가 점차 증가할 것"이라고 예측했다.[8] 이 연구는 산업구조가 기술 및 지식집약산업을 중심으로 진화할 것이므로, 산업정책의 큰 방향성과 재원 배분이 달라져야 한다는 주장을 제기했다. 한편 이 연구는 새로운 산업예측모델이었던 만큼 보고서를 청와대와 기획원, 산자부 등 실무 사무관과 과장들

8 산업군별로는 전기·전자제품 및 정밀기계산업은 연평균 4%를 훨씬 웃도는 생산성 증가율을 보였다. 1차금속과 조립금속, 일반기계와 운송용 기계, 도소매 숙박업 등은 연평균 3% 이상 생산성이 높아지며 비금속광물, 기타 제조업, 금융, 부동산 등은 2% 이상의 생산성 증가를 보일 것으로 예측됐다. 반면 같은 기간 농림수산업은 연평균 -1.2%, 음식료품업은 -1.8% 정도 총생산성이 감소할 것으로 추정되었다.

이 많이 읽었으며, 반응 역시 매우 좋았다.

산업의 글로벌화 방안 연구

1994년 〈한국 경제의 세계화 구상: 21세기 선진화 과제〉[9] 연구에서 KDI 산업팀은 개방화와 글로벌화에 맞추어 새롭게 도출한 경제 및 산업의 장기적 발전 전략, 국가의 경쟁우위를 지키기 위한 혁신체제·기업지배구조 선진화 방안 등에 대해 다양한 논의를 펼쳤다.

글로벌화가 피할 수 없는 추세인 만큼 시계를 21세기로 넓히고 소극적인 해외진출 전략에서 벗어나야 한다고 봤다. 먼저 생산과 R&D 활동을 세계적으로 재배치하고, 그다음으로 노동집약적 산업 가운데 가공·조립·봉제 등 비교열위 산업을 해외 산업기지로 현지화하는 적극적 전략을 마련하라고 주문했다. 다만 국내의 산업공동화를 막고 기술을 해외로 이전하면서 따라올 부메랑을 방지하기 위하여 원부자재 부품 생산과 소재산업 활동, 연구개발, 설계는 국내에서 이루어지도록 하는 것이 바람직하다고 봤다.[10]

기업들에 대해서는 "선진국의 선도기업과 컨소시엄을 형성하여 플랜트, 발전설비, 통신시스템, 항공 및 우주 분야 등 시스템 산업에 진출하고 산업첨단기술을 획득하기 위해서는 선진국 기업들과 기술개발형 합작투자를 강화하며 미국·유럽 기업들과 산업기술을 제휴하고 연구개발에 대한 공동투자를 적극 추진해야 한다"라고 충고했다.

또 정부에 대해서는 "핵심적 기반기술 획득을 위한 연구개발 투자를 촉진하고 과학기술 하부구조와 공동 연구개발 사업을 확대해야 하며 산학연의 긴밀한 연계를 통해 산업계의 장기 기반기술 과제를 해결하는 연구를 지속해야 한다"라고 제언했다.[11]

---

9 김종기·박준경·설광언·유정호·좌승희 저, 황인정 편, 〈한국 경제의 세계화 구상: 21세기 선진화 과제〉는 1994년 KDI에서 발간되었다.

10 황인정 편, 위의 논문, 225~226쪽.

11 황인정 편, 위의 논문, 240쪽.

박준경 하와이대 이스트웨스트센터East-West Center와 KDI가 매년 여름 워크숍을 여는데, 2년 연속으로 다룬 주제가 세계화와 개방화에 관련된 내용이었습니다. 첫해에는 '글로벌라이제이션globalization' 개념에 대해 서양학자들이 발제했고, 이듬해에는 '세계화와 한국 경제'로 하여 한국 학자들이 발제했습니다. 좌승희 박사, 이원영 박사, 민경휘 박사(산업연구원), 유정호 박사 등이 발제했는데 그 워크숍 책임을 제가 맡았기 때문에 세계화 공부를 시작했습니다.

당시 김영삼 대통령이 취임하면서 경제수석실이 KDI와의 연구정책 연결고리를 거의 끊어 버렸어요. 그러다 보니 김영삼 대통령 재임기간 때는 정부 용역이나 단기 연구 요청이 들어오지 않아서 KDI 연구진이 모처럼 각자 하고 싶은 중장기 연구에 몰두할 수 있었습니다.

그런데 이때 했던 각종 연구들이 1997년 외환위기 당시에 모두 채택되어 제도화되고 적용된 것은 참 아이러니면서도 다행스러운 일이었다고 생각합니다.

김주훈 당시에 KDI가 열심히 수행한 각종 연구가 한참 뒤인 1997년, 외환위기를 맞아 강제적인 경제 구조조정이 불가피해지면서부터 전격 도입되었습니다. 연원을 돌이켜 생각해 보면 1989년 KDI 신산업 연구의 주제였던 기업지배구조 문제, 지역 혁신 문제, 중소기업 문제 등이 시간을 두고 숙성하는 과정을 거쳐 외환위기를 극복하는 정책적 기반이 되었던 것입니다.

그때를 돌이켜 보면 김영삼 정부 시절 경제수석실과 KDI의 사이가 썩 좋지는 않았습니다. 경제수석실은 경제정책의 큰 방향을 경기부양 등 과거의 패러다임에 두고 있었어요. 그런데 KDI가 옛날 같은 방식으로는 경기부양이나 양적 성장을 이룰 수 없다고 자꾸 정부 정책에 반대하고, 재벌 지배구조를 개선하고 하청구조를 혁신적으로 쇄신하는 등 질적 성장을 지향해야 한다고 주장해서 그랬는지 KDI와 사이가 좋지 않았습니다.

김영삼 정부와 KDI의 정책연구 간 연결고리가 끊어진 또 다른 요인이 있다. 먼저 1993년 초 김영삼 정부가 들어서면서 '독재 개발의 잔재'라며 기존의 경제개발 5개년 계획 수립을 없앴다. 또한 1994년에는 KDI와 이인삼각으로 오랫동안 정책의 연구와 집행을 담당해 오던 경제기획원이 재무부와 합병되어 역사 속으로 사라진다. 항상 KDI와 함께 한국 경제의 미래를 설계하고 예산을 마련해 이를 집행하던 경제기획원조직이 사라진 것이다.

박준경 김영삼 정부가 들어서면서 과거의 경제개발계획을 없애 버리고 '신경제 5개년 계획'이라는 것을 따로 만들었다고 해서 들여다보니 제가 KDI에서 만든 7차 계획과 차별성이 거의 없었어요. 그리고 KDI에서도 인적 변동이 컸습니다. 연구원들이 많이 생기자 시니어 박사들이 다 나가서 원장으로 재임하다 보니 신입 연구원들을 대거 뽑던 시절이었죠.

사실 신임 연구원들이 KDI에 들어오면 시니어 연구자와 공동으로 작업하면서 정책 연구도 배워야 하는데, 정부가 단기 정책연구 용역을 의뢰하지 않고 5개년 계획도 없애 버린 겁니다. 이에 연구 작업을 가르쳐 줄 시니어 박사들도 다른 연구원으로 다 나가 버리니까 신임 박사들이 들어와서 협력하며 작업할 게 사라졌어요. 각자 알아서 연구하고 논문 작성하는 현재의 KDI 문화가 그때부터 시작되었습니다.

I-O모형으로 통합한 산업경쟁력 데이터

1998년 이후 외환위기를 극복하는 과정에서 한국 경제는 엄청난 진통을 겪고 대대적인 변화를 경험한다. 한국 경제 전반에 걸쳐 산업구조와 시장환경, 기업경쟁력 전반에서 변화가 심층적으로 진행되었으며, 구조가 변화하는 양상이 과거와는 매우 다른 모습을 띠면서 한국 경제가 지속해서 성장하기 위해서는 산업경쟁력에 대한 종합분석이 필요했다.

확장경영에만 힘을 쏟아 부실했던 제조업을 다시 일으켜 세우고, 새로운 산업 성장동력을 탐색하며 고부가가치 생산성 연구가 절실해진 시점이기도 했다. 2000년대 초반 KDI 산업부에서 세운 연구 전통은 지식경제팀으로 이어졌다. 지식경제팀

연구진은 격변기를 맞은 한국의 산업경쟁력을 종합적으로 분석하고 정책대안을 제시한 〈한국의 산업경쟁력 종합연구〉[12]를 발표했다.

이 연구의 가장 중요한 방법론적 특징은 광범위한 데이터를 구축하고 정교한 방법을 사용하여 한국의 산업경쟁력 변화의 원천을 추정했다는 점이다. 한국의 7대 주요 산업을 대상으로 연구개발과 직접투자, 무역, 광공업 등 관련 데이터 세트를 모두 종합하고, 투입과 산출(I-O모형)에 맞추어 한국의 산업경쟁력이 어떤 요인으로 달라지는지 종합적으로 들여다본 것이다. 처음 시도하는 힘들고 난해한 작업이었다. 이때 통계방법론을 다루는 데 귀재였던 김동석 박사의 공이 특히 컸다고 당시 지식경제팀장이었던 우천식 박사는 기억한다.

우천식 산업경쟁력 종합 연구는 제가 지식경제팀장을 맡았을 때 주도해 팀의 박사들이 두 차례에 걸쳐 공동연구를 했습니다. 제가 원래 산업 연구를 전공하지는 않았지만 박준경 박사님께 산업경제에 대해 배우면서 시야와 연구의 외연이 넓어졌습니다. 또한 당시 IMD의 국가경쟁력 평가가 나오면서 산업경쟁력 이슈도 등장했습니다.

그런데 외국에서 발표된 '포터의 다이아몬드 모델' 등을 들여다보면 경영학적 접근을 취한 탓에 내용이 허술하고 산만했습니다. 그러다 보니 정통 경제학자들은 산업경쟁력 이야기를 하면 '무당의 굿거리', 즉 'voodoo economics'라고 하면서 폄하하곤 했습니다. 저는 한국의 산업경쟁력을 그 누구도 이의를 제기하지 못하도록 이론적으로, 방법론적으로 아주 깊이 있고 밀도 높게 평가하고 싶었습니다.

홍은주 방법론적으로 어떻게 접근했습니까?

우천식 과거의 산업 연구는 무역 데이터 혹은 광공업통계조사 데이터만 가지고 현

12 우천식 · 김동석 · 윤윤규 · 장하원 · 한광석 · 서중해 · 연태훈 · 차문중, 〈한국의 산업경쟁력 종합연구〉, 연구보고서 2003-07, KDI, 2003.

시비교우위지수RCA: Revealed Comparative Advantage[13]를 내어 그 숫자가 좀 높으면 한국의 산업경쟁력이 높아졌다고 평가하는 수준에 머물렀습니다.

저는 '그것만으로는 경쟁력의 변화 요인과 과정에 대한 설명력이 없다, 좀 더 구조적으로 봐야 한다'는 문제의식을 가졌습니다. 가령 특정 산업의 경쟁력이 변했다면 무역 데이터 외에 R&D 데이터나 해외직접투자FDI: Foreign Direct Investment 유입잠재지수 등을 모두 들여다본 뒤 입체적이고 종합적으로 접근해야 한다는 생각이었죠. 그런 문제의식에서 KDI 지식경제팀 박사들이 7개의 관련 데이터 세트를 통합하는 작업을 했습니다. 일반적으로 RCA에 쓰이는 데이터 외에 국민소득계정, IO계정, R&D와 FDI, 기업 재무재표 등을 결합했습니다.

사실 광공업통계조사 데이터는 중간중간 빈틈이 있어 긴 시계열 자료도 없었어요. 우선 이를 일일이 다듬어서 긴 시계열로 만들고 IO테이블과 분류체계를 맞춰 표준화했습니다. 통계적으로 각각 다른 시스템인데도 우리가 이 데이터들을 모두 통일하고 하나로 맞춘 것입니다. 참 어렵고 지루한 작업이었습니다. 무역 데이터에서 나타난 것을 IO테이블로도 연계시키고, 광공업통계 데이터로도 연계해 왜 그런 구조적 변화가 나타나는지, 기업의 경쟁력을 결정하는 요인과 경쟁력이 발현된 결과가 무엇인지 등을 자세히 들여다봤습니다.

전자・자동차・기계・섬유・정밀화학 등 주요 산업을 두고 7개 데이터 세트를 통합하고 방법론을 통일하여 결과를 냈고, 이 데이터 세트를 나중에 산업연구원과도 공유했습니다. IO테이블을 엮어서 광공업통계를 보는 일은 그때까지는 생각하지 못했거든요.

KDI는 2004년 서중해 박사 등의 공동연구로 〈한국의 산업경쟁력 종합연구 II〉[14]를 발간했다. 2차 연도 연구에서는 전자, 자동차부품, 기계 및 화학 등 4개 산업에 대

---

13 Ricardian comparative advantage concept에 기초를 둔 개념으로, 해당 국가가 무역 흐름에 따라 서비스나 산업 분야에서 국제적으로 어느 정도의 경쟁력을 갖는지 비교할 수 있는 지표an index이다.

14 서중해・김종일・윤윤규・이재호・정진하・엄미정, 〈한국의 산업경쟁력 종합연구 II〉, 연구보고서 2004-12, KDI, 2004.

한 추가 연구를 수행하고, 특히 기업 인터뷰 결과를 활용해 각 산업에 속한 기업들이 당면한 경쟁력 증진 과제를 도출하고자 했다. 또한 전년의 연구 결과를 활용하여 산업경쟁력을 주제별로 검토했다.

한편 산업성장 요인과 무역 성과는 어떤 연관성이 있는지 심층적인 분석을 시도하였으며, 과학기술정책연구원이 수행한 '2002년도 기술혁신조사: 제조업' 결과를 활용해 우리나라 제조업의 기술혁신 능력에 대한 종합적인 평가도 시도했다.

분석 결과 기술혁신 활동 기업의 비중을 보면, 제조업 대기업들은 유럽 주요 국가들과 유사한 수준을 보이지만, 중소기업과 전체 제조업은 비교 대상국에 비해 낮아 상대적으로 중소기업의 기술혁신 역량이 미약한 것으로 평가됐다. 사업서비스업에서도 기술혁신 활동 기업의 비중은 비교 대상국에 비해 낮았다.[15]

중국의 부상과 한중일 분업구조의 변동

2000년대 초반부터는 중국의 급속한 산업화가 한국 경제에 미치는 영향에 주목한 연구들이 나오기 시작했다. 중국의 부상은 그때 이미 한국 경제에 제조업 공동화와 시장 잠식을 불러오는 큰 문제였던 것이다.

KDI 등 국책 연구기관들이 연구하고 공동 집필한 2006년의 〈양극화 극복과 사회통합을 위한 사회경제정책 제안〉에서도 중국 이슈가 크게 다뤄졌다.[16] 이 보고서는 국내투자의 고비용 요인과 산업화 발전단계에서 제조업 기반의 해외 이전은 불가피한 측면이 있지만, 근본적인 문제는 해외 이전으로 국내 산업에 생긴 공백을 메울 새로운 산업이 잘 형성되지 않고 있으며 선진국과는 달리 이전된 산업과 국내산업 사이의 연계구조가 매우 취약하다는 점임을 지적했다. 제조업이 해외로 이전하는 현상 자체가 문제가 아니라 한국 산업구조가 취약하며 연계성이 부족하다는 점이

---

15 서중해·김종일·윤윤규·이재호·정진하·엄미정, 〈한국의 산업경쟁력 종합연구 II〉, 연구보고서 2004-12, KDI, 342쪽.

16 KDI 편(국책연구기관 공동 집필), 〈양극화 극복과 사회통합을 위한 사회경제정책 제안〉, KDI, 2006, 28쪽.

보다 본질적인 문제라는 것이다.

연구에 따르면 중국 현지의 한국 기업이 중국 내에서 부품 원자재를 조달받는 비율은 1996년에서 2003년 사이 ICT·섬유·의류 분야 등에서 약 40%p 상승했다. 자동차의 경우에도 중국 내에서 부품을 조달하는 비율이 꾸준히 증가했다. 이 같은 제조업 공동화 현상에 따라 IT산업에서도 컴퓨터 등 범용 완제품을 생산하는 업종의 경우 이미 상당수 부실기업이 발생했고, 2004년을 기준으로 외부감사 대상 기업을 기준으로 영업이익에서 적자가 발생한 업체의 비중이 대기업은 19%, 중소기업은 31%에 이르렀다.

KDI는 중국이 부상하며 동북아의 국제 분업구조가 상호보완적 관계에서 3국의 치열한 경쟁관계로 변하는 중이며, 특히 전기전자·정밀기계·자동차·조선업 등의 분야에서 한중일 간 경쟁이 커지고 있다고 지적했다. 이어 고부가가치 기술혁신 및 산업구조 개편을 위한 대응책을 마련하라고 촉구했다.

새롭게 부상한 글로벌 가치사슬

2006년 '양극화 극복과 사회통합을 위한 사회경제정책 제안' 연구는 또한 기업활동 측면에 대해 외환위기 이후 기업의 구조조정이 진행되는 한편으로 디지털시대의 정보화혁명으로 연구개발과 마케팅 등 가치사슬value chain상의 고부가가치 활동의 비중이 점차 높아지고 있음을 지적했다. 또한 기업과 대학 등 혁신 네트워크를 구성하는 다양한 경제주체 간의 협력 및 거래 관계가 증가하고 있다고 봤다.

산업조직적 측면에서는 국내 대기업을 정점으로 하는 종래의 폐쇄적이고 단선적인 산업 및 경쟁력 구조가 해체되고, 이를 대신해 새롭게 선도적 대기업·신기술 기반형 중소기업·외국계 다국적기업 등 다원적 경쟁 구도가 자리 잡고 있는 현상을 조망했다.

이 연구는 "산업구조의 변화 또는 산업구조의 고도화 과정을 통해 지속적인 경제성장이 이룩되려면 한국의 산업이 단순한 생산공정의 효율화를 넘어서 가치사슬에서 가장 높은 부가가치 영역을 차지하는 연구개발, 디자인, 브랜드 구축을 포함하는 마케팅 등의 활동 강화전략이 필요하다"고 봤다.

산업구조 측면에서는 국내 산업에서 취약한 부분인 부품소재 부문을 강화할 필요가 있고, 신산업 형성의 기반인 과학기술 및 연구개발 활동의 강화를 통한 혁신주도형 산업으로 전환하기 위해서는 글로벌 R&D 네트워크를 구축하고, 첨단기술 기업의 M&A와 중고위 기술의 외주화, 선도적 글로벌 기업들과의 전략적 제휴전략 등을 적절히 구사해야 한다고 지적했다.

2장

중소기업 정책 연구

하도급 구조 분석에서 출발한 중소기업 연구

KDI의 초기 중소기업 연구는 1970년대 후반 '완성품 대기업과 이들에게 부품을 납품하는 중소기업으로 형성된 하도급 구조하에서 산업경쟁력 전반을 높일 수 있는 방법이 무엇인가?'에 대한 문제의식에서 시작되어 현재에 이른다.

자동차 · 조선 · 일반기계 등 중화학공업 생산성을 높이는 것이 정부가 펼치는 주요 정책목표였고, 산업경쟁력을 높이기 위한 방안을 연구하다 보니 주요 부품을 생산하는 중소기업들의 기술 수준이나 재무상황 등의 문제가 산업경쟁력 연구의 핵심으로 부상한 것이다.

KDI가 1983년에 발표한 〈산업정책의 기본과제와 지원시책 개편방안〉[1] 연구는 대기업과 하도급 계약을 맺고 거래하는 중소기업의 경쟁력을 높이는 각종 방안, 가령 전국에 기술 및 경영지도센터를 설립하여 중소기업에 대한 기술지도를 전문화 ·

1 양수길 · 유정호 · 홍성덕 · 김승진 · 박준경 · 김진우 · 강광하 · 정구현 · 김기완 · 김광두 · 고시천 · 이승훈, 〈산업정책의 기본과제와 지원시책의 개편방안〉, 연구보고서 82-09, KDI, 1983.

세분화하는 한편, 중소기업 해외시장 개척을 지원하며 납품받는 모기업이 기술우량 중소기업에 금융보증을 하는 등 협력을 강화해야 한다는 등의 내용을 강조했다. 당시 연구책임자는 박준경 박사였다.

박준경 안승철 원장님이 계실 때 중소기업을 연구할 사람을 찾았는데, 제가 적극적으로 손을 들고 해 보겠다고 했습니다. 선진국에는 참고할 만한 중소기업 연구보고서가 별로 없어서 주로 일본에서 나온 책을 봤습니다. 그런데 '중소기업을 보호해 주어야 한다'는 정책만 강조했더라고요.

국내에서 중소기업을 연구하는 교수님의 논문도 다 읽어 봤는데, 이분들이 중소기업학회의 원로이자 핵심인데도 역시 중소기업을 보호해야 한다는 주장 일색이었어요. 우리나라 학자들이 가장 많이 펼친 주장이 "일본 중소기업이 잘된 것은 납품받는 일본 대기업의 온정주의 때문"이라는 것이었습니다. 제가 '아니, 일본 대기업은 우리나라 대기업과 달리 무슨 도덕군자인가?' 싶어서 자세히 들여다보니 일본 대기업과 우리나라 대기업이 본질적으로 다른 점이 있었습니다.

우선 산업 발전의 동기와 환경이 우리와 달랐습니다. 예를 들어 일본의 자동차산업이 발전한 과정을 보면, 일본이 만주사변을 일으키면서 군용차 수요가 급증하니까 자동차를 국산화하고자 〈자동차산업 조정법〉을 만들었습니다. 국산화를 시도하는데 있는 시설이라곤 대장간이나 철공소뿐이니, 자동차 부품을 육성해야 한다는 강한 국가적 의지를 품게 되었습니다.

처음에는 한두 공정씩 국산화하던 자동차 대기업들이 점점 다양한 하청 부품업체를 육성했습니다. 경영기법 중에 '가치분석'이 있는데, 도요타의 엔지니어들이 하청 중소부품업체에 상주하면서 기술지도를 했습니다. 때문에 하청 중소기업의 생산원가 구조도 다 알게 되면서 중소기업들이 마진을 높여 받을 수도 없었습니다. 온정주의가 아니라 시장원리에 맞게 중소기업을 육성한 것입니다.

또 일본 대기업들이 그때 많이 동원한 방식이 동일한 부품을 한두 개 업체에 동시 발주하여 경쟁을 유도하는 방법이었습니다. 어느 쪽이 더 잘 만드는지 보고 최종 승자를 선택하는 거죠. 그렇게 기술력을 키워 주면서 하청단가를 자신들에게 유리하게 책정했습니다. 일본 대기업의 온정주의가 아니라 경쟁주의가 일본 중소기업들의 수준을 높인 셈입니다.

반면에 우리나라는 처음부터 일본 부품을 들여와 대기업들이 조립하는 형태로 산업이 발전했잖아요? 핵심 소재부품을 주로 일본에서 수입해 오니까 한국 대기업들은 중소기업들에 기술이 있는지 없는지 별 관심이 없었어요. 중소기업을 키워서 핵심부품을 국산화하려는 의지가 약하다 보니 한국 중소기업의 기술적 측면은 고려하지도 않고 그저 값싸게만 조달하면 된다는 입장이었습니다. 이자가 높을 때라 중소기업으로부터 납품받고도 현금 대신 3개월이나 6개월 장기 어음을 주다 보니 중소기업의 유동성이 떨어지고, 그 결과 중소기업들의 자금 사정이 극도로 나빠져 경쟁력이 하락한 것입니다.

결국 일본과 비교해 보면 산업의 출발점과 환경이 달랐을 뿐만 아니라, 일본 대기업은 중소기업을 서로 경쟁시키고 혁신을 유도해서 질 좋은 부품을 더 싸게 공급받았다는 점이 다르다는 사실을 알 수 있습니다.

중소기업 정책의 문제점, '온정주의' 지적

박준경 박사는 1987년 〈기계류, 부품, 소재 관련 기술과 정부의 육성책〉2이라는 연구에서 정부가 펼친 중소기업 정책이 '약자로서의 중소기업 보호'라는 소극적·온정적·보호적 한계를 장기간 벗어나지 못하고 있다고 강하게 비판했다.

"중소기업 전체에 대해 무차별적 지원을 할 것이 아니라, 중소기업 간에도 경쟁을 유도하고 유망한 중소기업을 선별해 잠재력 있는 기업을 차별적으로 지원해야 한다"는 그의 시각은 기존의 온정주의적 입장과 크게 달라 중소기업은 물론, 관련 연구소나 학계 모두에서 환영받지 못했다.

---

2 박준경·최강석, 〈기계류, 부품, 소재 관련 기술과 정부의 육성책〉, 정책토의자료 8711, KDI, 1987.

박준경 1980년대 이후 중소기업에 대한 보호주의와 온정주의가 만연했습니다. 당시에 이미 〈중소기업 사업조정법〉에 '중소기업 고유 업종제도'가 있었어요. 관련 위원회에 가서 안건을 심의하면 중소기업들이 "대기업이 중소기업 고유 업종을 침해했으니 대기업들을 내보내 달라", "대기업 생산량을 제한하는 조치를 해 달라" 등을 요구하곤 합니다. 위원장이 차관급 공무원인데 입장이 난처하니 우리더러 "조정 좀 합시다"라고 중소기업 측 주장의 일부를 들어주는 겁니다.

그런 식으로 가면 중소기업이 언제 발전합니까? 중소기업에 미래와 희망이 없습니다. 그래서 저는 중소기업을 무차별 보호하는 예산으로 차라리 우량 중소기업을 따로 골라 R&D나 기술개발을 지원하라는 입장을 견지했습니다.

KDI가 계속 '산업고도화와 중소기업', 혹은 '기술집약화와 중소기업' 이런 식으로 이야기하니까 중소기업들도, 중소기업학회에서도 저를 좋아하지 않았습니다. 제가 중소기업 이슈를 가지고 KDI 정책협의회에서 발제하면 그 분야 교수님들이 아예 대놓고 인신공격하는 발언을 했어요.

유일하게 제 편을 드신 분이 산업연구원의 민경휘 박사였습니다. 원래 산업연구원은 중소기업을 보호해야 한다는 입장이었는데, 민경휘 박사는 성품이 강직하고 남의 눈치를 보지 않기 때문에 자신의 소신대로 저와 입장을 같이했습니다.

일본도 중소기업에 온정적 보호주의를 취한다는 입장이었지만, 1985년 플라자합의Plaza Accord 이후 엔화 가치가 급격히 올라가자 일본의 중소기업 정책이 과거의 온정주의에서 벗어나 확 달라지기 시작했습니다. 중소기업 자체의 본질적 경쟁력을 높이지 못하면 엔고시대에 중소기업이 살아남기 어려워졌으니까요. 저는 우리나라 중소기업 정책도 바뀌어야 한다고 생각해 청와대와 기획원 공무원들에게 올바른 중소기업관을 갖고 정책을 세우도록 촉구했습니다.

중소기업 하도급체제 개선 연구

박준경 박사의 뒤를 이어 1990년대 이후 중소기업 정책을 연구한 인물은 1989년 KDI에 들어오자마자 산업팀에 배정된 김주훈 박사였다. 박준경 박사의 엄격한 가르침 아래서 산업 및 중소기업 정책을 연구하기 시작한 김주훈 박사는 몇 차례 좌절을 경험했다고 기억한다.

김주훈 제가 처음 중소기업 연구를 시작하면서 산업팀장인 박준경 박사님께 많이 혼난 데다 기존 연구나 자료가 없어 중소기업을 연구하기 굉장히 어려웠습니다. KDI를 그만두고 대학으로 갈까, 생각하던 어느 날 일본 학자가 쓴 책을 읽었습니다. "일본의 중소기업이라는 창을 통해서 일본 경제의 이중적 측면을 정확하게 파악할 수 있다"는 내용이었습니다. 그 책을 읽고 나서 '어렵더라도 KDI에 남아 중소기업 연구를 계속해야겠다'고 마음먹고 나름대로 사명감을 띠고 중소기업 문제를 들여다보게 되었습니다.

1991년 〈자동차산업 경쟁력의 실태와 전망〉[3] 연구는 사실상 하도급 중소기업의 경쟁력을 높이기 위한 연구라고 할 수 있었다. 자동차산업의 경우 완성차 업계는 몇 개 되지 않는 반면, 전체 기업의 98% 이상이 부품을 공급하는 중소기업으로 구성된 대표적인 하도급 구조화 산업이었기 때문이다.

1991년의 〈개방화와 하도급체제의 개편〉[4] 연구 역시 중소기업 경쟁력을 저해하는 핵심 요인으로 대기업과 부품공급 중소업체 사이에 잘못 형성된 하도급 거래 구조를 지목하고, 이를 자세히 분석했다. 하도급 거래는 본질적으로 상호이익에 기반을 둔 쌍방관계를 기초로 한다. 그러나 현실적으로는 '대기업-중견기업-중소기업-영세소기업'으로 이어지는 하도급 먹이사슬 구조하에서 상위기업이 하위기업에 대

3 김주훈, 〈자동차산업 경쟁력의 실태와 전망〉, 정책연구시리즈 91-21, KDI, 1991.
4 김주훈 · 조관행, 〈개방화와 하도급체제의 개편〉, 연구보고서 91-01, KDI, 1991.

해 일방적으로 이익을 추구하는 형태의 계약관계가 굳어진 경우가 많았다.

이 연구에서 KDI는 대기업들이 중장기적 경쟁력을 갖추기 위해서는 부품을 납품하는 하청 중소기업에 기술지도 등을 실시하여 대기업과 대등한 관계를 맺을 수 있도록 기술 경쟁력을 높이고 자본을 보강할 수 있는 각종 지원대책을 마련해야 한다고 제시했다. 단기적으로는 "〈공정거래법〉을 통해 대기업의 불공정 하도급 거래를 규제하고, 약자가 그보다 더 약자를 착취하는 1차 벤더vendor와 2차 벤더 간의 불공정거래에 대해서도 정밀한 실태조사를 통해 이를 방지해야 한다"고 지적하였다.[5]

1992년 〈중소기업의 기술 고도화를 위한 지원체제〉[6] 연구에서는 "중소기업이 필요로 하는 기술에 특화된 전담 연구기관을 설립하고 무엇보다 대기업이 협력 중소기업에 대해 기술교육을 강화할 수 있도록 정부가 제도적·정책적 유인책을 마련해야 한다"고 촉구했다. 매출의 80% 이상을 다른 기업에 납품하는 중소기업 비중이 1981년 23.2%에서 1992년 당시에는 63.2%로 증가했기 때문에 중소기업 문제를 해결하기 위해서는 수직적 하도급 구조를 개선해야 한다고 본 것이다.

심층적 데이터 분석으로 살펴본 중소기업의 위상

1990년대 상반기 한국의 중소기업은 전체 산업과 제조업에서 어떤 위치를 차지했을까? 1993년을 기준으로 볼 때 제조업에서 중소기업이 차지하는 비중은 사업체 수에서는 98.9%, 고용 면에서는 68.9%, 부가가치 창출은 50.3%에 달한다고 추계되었다.

한편 중소기업을 둘러싼 환경은 진전되는 산업구조의 변화와 임금상승, 개방화의 진전으로 갈수록 악화되는 추세였다. 노동집약적이고 경공업 위주인 중소기업형 수출이 크게 줄어든 대신 기술집약적 대기업 수출이 차지하는 비중이 크게 높아

---

5 김주훈·조관행, 〈개방화와 하도급체제의 개편〉, 연구보고서 91-01, KDI, 1991, 127~128쪽.

6 김주훈, 〈중소기업의 기술 고도화를 위한 지원체제〉, 정책연구시리즈 92-13, KDI, 1992.

졌고, 섬유·의류·봉제·완구 등 경공업 생산기지를 해외로 이전하는 경우가 늘어났다. 특히 산업 구조조정 과정에서 대기업과 중소기업 간[7] 도급거래뿐만 아니라 중소기업 가운데서도 중규모 기업·소규모 기업·영세기업 간[8]의 도급거래가 활성화되는 등 분업구조의 중층화가 심화되었다.[9] 1987년 이후 임금상승을 회피하기 위하여 더 영세한 하위기업에 외주·하청을 맡기는 일이 급격히 증가했기 때문이다.

1996년 〈중소기업의 구조조정과 지식집약화〉 보고서가 세운 가장 큰 공로는 종합적이고 정밀한 통계를 구축해 1990년대 중소기업이 변화한 과정을 읽어 낸 것이라고 할 수 있다. 통계청의 〈산업총조사〉 보고서와 〈광공업통계조사〉 보고서, 중소기업협동조합중앙회 등이 제공한 자료를 기초로 한국의 중소기업에 관련된 주요 데이터를 일목요연하게 통합·분석하여, 한국 중소기업이 안고 있는 갖가지 문제점과 향후의 중소기업 정책방향 등을 다뤘다. 발품을 팔아 현장 실태를 조사하고 어렵게 데이터를 수집 및 분석하여 작성한 본격적인 중소기업 종합보고서였다.

김주훈 그전에는 중소기업에 대한 정확한 통계가 부족했습니다. 제가 1996년에 광공업통계를 기초로, 대기업이 창출하는 부가가치를 100으로 봤을 때 중소기업의 부가가치가 얼마나 되는지 추정했더니 50 언저리에서 하향곡선을 그립니다. 나중에 보니 제가 만든 그 통계를 OECD에서 가져다 쓰고 있더라고요. KDI가 연구보고서를 요약해서 보내곤 하는데, OECD가 그 자료를 보고 한국의 중소기업 데이터를 참고한다는 이야기를 들었습니다.

당시에 연구를 진행하면서 '우리 중소기업 문제가 결국 경쟁력 낙후 문제구나. 그렇다면 경쟁력이 없는 좀비기업들은 억지로 보호할 것이 아니라 일정 부분 정리할 필요가 있고, 대기업이 협력 중소기업의 기술경쟁력을 끌어올려 강소기업을 만들도록

---

7 김주훈, 〈중소기업의 구조조정과 지식집약화〉, 연구보고서 96-08, KDI, 1996에서는 사업체 규모에 따라 크게 월 평균 종사자 수가 300인 이상인 대규모 사업체와 300인 미만인 중소규모 사업체로 구분했다.

8 300인 이하 중소규모 사업체는 다시 영세규모(20인 미만), 소규모(20~49인) 및 중규모(50~299인)의 세 가지로 세분화했다.

9 김주훈, 앞의 보고서, 1996, 69쪽.

방향을 잡아야겠구나'라는 생각이 들어 연구 방향을 그렇게 설정했습니다.

중소기업 정책에 이견異見 노정하기도

한국의 중소기업을 통계적으로 분석하고 향후 중소기업의 경쟁력을 높이기 위한 정책 방향을 정면으로 다룬 1996년의 보고서는 각 언론매체에서 많은 주목을 받았다. 그런데 언론에 주목받은 타이밍이 썩 좋지 않았다. 영세소기업들의 도산 문제가 사회적·정치적으로 이슈화되던 시점이었기 때문이다.

1990년 초반 이후 전문가들은 "중소기업 기반이 무너지고 있으니 어떻게든 보호해야 한다"는 인식을 가지고 있었다.[10] 이는 당시 노동집약적 3D 업종에 종사하는 영세 사업체의 어려움이 커졌기 때문이었다. 저임금노동이 외주화되며 숫자가 크게 늘어난 영세사업자들이 인력 부족과 자금난 속에서 치열하게 경쟁을 벌이다 시장 여건이 나빠지면 수년 내로 도산하는 현상을 보였던 것이다.

이에 따라 정부는 신용보증기금이 제공하는 보증을 대폭 늘리고, 중소기업 담보취득 기준을 완화하며 상업어음 할인 한도를 폐지하는 등 각종 중소기업 지원시책을 펴기 시작했다. 또한 하도급의 중층화 구조가 심화되면서 최저 기반을 형성하던 영세 중소기업들이 어렵다고 난리가 나자 중소기업청을 설립해 중소기업 특별지원에 나서기도 했다.

그런데 KDI가 "개방화·무한경쟁시대에 경쟁력이 떨어져 시장에서 자체적으로 도태되는 중소기업까지 정부가 보호해서는 안 된다. 우량 중소기업이 일시적으로 겪는 자금난은 완화해 주더라도, 잘못된 방식으로 경영하거나 경쟁력을 갖추지 않은 중소기업은 시장에서 정리되어야 한다"고 주장했다. 이를 언론이 크게 부각하면서 못마땅하게 여기는 시각이 있었다.

---

10 국민경제교육연구소, '중소기업 실태조사', 1996.

김주훈 KDI가 전통적으로 경제기획원이 수립하는 정책을 연구해 밑그림을 그려 왔기 때문에, KDI가 무슨 연구를 한다고 하면 곧 정부의 의도라고 여겨져 언론의 주목도가 높았습니다. 또한 민감한 현안에 대해 거침없이 발언하여 시시때때로 정부와 대립각을 세우는 일이 많아졌습니다. 제가 중소기업 연구로 곤욕을 좀 치렀죠.

저뿐만이 아닙니다. 김준경 박사(후일 KDI 원장)의 경우는 중소기업의 이자보상배율을 연구했는데, 당시 정부가 외환위기의 여파를 수습하고자 한창 중소기업을 지원하여 살리는 중이었습니다. 그런데 KDI가 "이자보상배율이 1에도 못 미치는 장기 좀비기업은 차제에 냉정하게 정리하고 가야 한다"라고 하니까 정부가 추진하는 방향을 비판한다고 생각했나 봅니다. 못마땅해하는 분들이 일부 있었어요. 그럴 때마다 연구자들이 어려움을 겪기도 했습니다.

홍은주 그런 위험성은 사실 특정 시기를 떠나 어느 정부 아래서나, 어느 시점에서나 연구자들이 직면할 수 있지요. 정책을 펴는 분들이나 정치하시는 분들이 연구자들의 발표가 설령 견해가 다르더라도 '이런 의견도 있구나' 정도로 받아들이는 대범함이 필요하다고 봅니다.

중소기업금융은 '기울어진 운동장'

중소기업은 대기업보다 신용이 낮고 담보가 떨어질 뿐만 아니라 업종별·업태별·규모별로 천차만별이라 신뢰할 만한 재무 정보가 구축되지 않았기 때문에 은행들이 대출해 주기를 기피했다. 대기업들이 낮은 금리의 정책자금에 기대 장기간 확장경영을 펼쳤기에 언제나 자금 수요가 공급보다 많았고, 따라서 은행들이 굳이 정보수집에 비용을 들여가며 알짜 중소기업을 찾아보려는 노력을 할 유인도 없었다.

결국 정부가 금리자유화를 실시하길 주저했던 이유도 중소기업이었다. 금리자유화로 금리가 급격히 오르면 먼저 중소기업들부터 쓰러진다는 논리였다. '중소기업 보호'라는 미시적 요인이 금리라는 거시정책의 걸림돌이 되곤 했다.

중소기업의 금융환경을 본격적으로 심도 있게 연구한 결과는 1992년에 나왔다. 김준경 박사는 〈중소기업 경영 안정화와 금융지원정책 개선방안〉[11] 연구에서 중소기업의 '상업어음 할인제도'의 현황과 문제점을 자세히 기술했다.

김주훈 제가 중소기업 문제를 연구할 때 김준경 박사님의 아버님이신 김정렴 전 실장님[12]께서 "한국의 중소기업을 연구하려면 상업어음 문제를 들여다보라. 그게 우리나라 중소기업의 가장 큰 문제다"라고 말씀하셨습니다. 그래서 김준경 박사님과 제가 함께 기업 현장에 가서 발품을 팔며 데이터를 수집하고 현장의 목소리를 들으면서 연구했습니다. 중소기업의 문제를 파악하고자 삼성전자 구매부에 가서 이야기를 듣기도 하고, 반대로 중소기업에 가서 대기업이 횡포를 부린다는 속사정도 들으면서 실상을 파악했습니다.

대기업과 중소기업, 상위 중소기업과 소영세기업 간 하도급 거래 과정에서 하위기업은 상위기업에 물품과 서비스를 제공하고, 그 대가로 현금 대신 일정기간이 경과한 후 대금이 지불되는 상업어음(일명 진성어음real bill)을 받는다.

상업어음은 기간이 평균 1~3개월 정도로 짧고, 받을 날짜가 확정되어 있다. 또한 부가가치 세금계산서가 발급되기 때문에 실제 진성어음인지 시스템상으로 확인이 가능하며, 이를 은행에 가져가서 할인받으면 선이자를 떼고 지급한다.

여러모로 은행이 손해를 볼 일이 아닌데도 당시 금융기관의 상업어음 할인은 적정 규모의 43% 수준에 그치는 것이 현실이었다. 자금이 만성적으로 초과수요인 상태에서 은행들이 집행해야 하는 정책자금의 비중이 커[13] 중소기업이 제시하는 상업어음을 적극적으로 할인할 만한 재원이 부족했기 때문이었다.

특히 1990년대 초반은 경기 사이클상 구조적인 불황기였다. 시중에서 자금난이

---

11 KDI, 〈경제운용 과제에 관한 단기 정책연구〉, 단기정책보고 92-01, 1992 중 김준경 박사가 수행한 "중소기업 경영 안정화와 금융지원정책 개선방안" 연구 참조.

12 박정희 대통령 시절 9년간 청와대 대통령비서실장을 역임했다.

13 금융기관의 장기 주택자금 대출과 무역금융, 농·축·수협 대출 등을 말한다.

심화되고 대기업과 하도급 중소기업 간 '갑을관계'가 굳어지면서 대기업들이 진성어음의 결제기일을 점점 늦추는 추세였다.[14]

김준경 박사는 1992년의 연구에서 대기업들이 상업어음제도로 중소기업에 자금난을 전가하는 현상을 지적하는 한편, 일반은행의 정책금융 비중을 대폭 축소해 은행의 대출자율성을 확립하라고 제안했다. 또한 예금은행이 상업어음을 취급할 때 어음을 발행한 기업이나 할인받는 중소기업의 신용도를 반영해 할인금리를 일정 구간별로 차등 적용하여 신용도를 반영한 리스크 프리미엄risk premium을 줄일 수 있도록 해야 한다고 주장했다. 가산금리가 위험도에 따라 금리나 할인율에 반영되지 않으면, 높은 금리를 내고서라도 자금을 조달하고자 하는 영세소기업을 아예 배제하는 결과가 빚어지기 때문이다. 금리에 차이를 두어야 상업어음 일반매출도 활성화되리라고 본 것이다.

한편 중소기업 대출과 상업어음 할인에 특화된 상호신용금고를 활성화하고 육성할 대책이 필요하다고도 역설했다. 은행에서 유리한 금리로 상업어음을 할인받지 못한 하위기업들은 할인율이 높은 상호신용금고 등 제 2금융권에서 할인받는 경우가 많았기 때문이다.

김준경 제가 1990년대 초반 금융팀에서 일할 당시 중소기업과 관련해 서민금융기관을 연구했습니다. 1991년에는 신용협동조합이나 새마을금고 용역 등을 수행했고,[15] 소기업 및 자영업자를 위한 금융도 발로 뛰며 연구했습니다.

그런데 문제는 상호신용금고나 농협・신협・새마을금고가 다 비슷한 역할을 하는데도 관할하는 감독기관은 다 달랐다는 점입니다. 농협은 농림부에서, 신협은 재무부에서, 새마을금고는 내무부에서 관리하다 보니 한 거리에 몇 개나 되는 서민 금융기관들이 나란히 위치해 경쟁을 벌였습니다. 이러다 보니 효율성이 떨어지고 경

14 1991년의 공정위 조사에 따르면, 국내 101개 대기업을 대상으로 하도급 거래 실태를 조사한 결과 대기업이 지급한 어음의 46.3%가 법정 지급기일인 60일을 초과했다는 사실이 드러났다. 90일을 초과한 어음도 11%가 넘었다.

15 김준경・김철용, 〈소영세기업의 육성과 신용협동조합의 역할〉, 정책연구시리즈 92-16, KDI, 1992.

쟁이 과열되곤 했습니다.

그래서 저는 세 기관을 통합해 중소기업과 서민금융 지원책의 효율성을 높여야 한다는 입장이었습니다. 조합원들이 겹치기도 했고요. 특히 새마을금고는 당시만 해도 금융감독의 사각지대에서 영업했기 때문에 신협이 반발하거나 민원이 제기되곤 했습니다. 이들이 지역사회에서 공동체를 위하는 역할을 수행해야 했는데, 도리어 지역 갈등을 일으키는 주범이 되고 말았어요.

이에 제가 재정경제원에서 서민금융에 대한 용역을 받아 독일의 사례를 들어 이들을 통합해야 한다고 주장했습니다. 10쪽 남짓한 단기 보고서를 작성해 재정경제원에 보내려고 했는데, 이는 또 새마을금고가 싫어하는 안이어서 크게 반발하고…. 그런 일들이 있었습니다.

그러나 그 후로도 중소기업의 금융환경을 개선하는 대신 쥐꼬리만 한 시혜적 지원을 제공하는 데 그치는 관행은 오랫동안 시정되지 않았다. 한국은행 재할인을 통한 어음할인과 신용보증을 늘려 중소기업이 처한 금융문제를 해결하려는 온정적 정책이 지속되면서 중소기업 경쟁력을 약화시켰다. 외환위기가 터지기 직전이었던 1997년 중소기업의 어음부도율은 0.87%로 일본의 0.05%에 비해 현저히 높았고, 신용보증기금 사고발생률(12.9%, 1997년)과 대위변제율(10%, 1996년)도 일본보다[16] 10배 이상 높았다.[17]

16 일본의 대위변제율은 1%였다.

17 박준경, 〈구조조정과 중소기업금융〉, 정책연구시리즈 99-03, KDI, 1999, 110쪽.

혁신기술 제약하는 중소기업금융

1990년대 초부터 첨단기술을 기반으로 하는 신기술 중소기업들이 속속 생겨났지만, 높은 기술력을 지녔다 하더라도 이를 평가할 만한 능력이 은행에는 없었기 때문에 자금난에 시달리기는 마찬가지였다.

1991년 '증시발전과 중소기업 자금조달' 연구에 따르면 창업투자사는 대부분 정부자금을 이용해 담보를 요구하는 고금리 융자에 열을 올리고 있었다. 증권시장에 진출하기 어려운 신기술 중소기업을 위한 장외시장이 1987년에 개설되었지만 등록된 법인은 66개에 불과했으며, 그나마도 유동성을 지원하는 몇몇 증권사들이 주도하는 '기울어진 운동장'이었다.[18]

외환위기로 대기업들이 무더기로 쓰러지면서 경제성장의 동력원과 새로운 고용주체로 등장한 이들이 기술 기반의 중소기업과 벤처기업이었다. KDI가 1998년 연구해 발표한 〈구조조정과 중소기업금융〉에서는 "중소기업 경쟁력을 높일 수 있는 구조조정과 혁신을 이루기 위해서는 금융의 역할이 중요하며, 이를 위해 유형자산 담보를 중심으로 하는 중소기업 관련 금융제도를 근본부터 고쳐야 한다"라고 지적했다.

우량 중소기업이 성장하기 위해서는 지속적인 기술 투자가 필요한데, 기술혁신과 관련된 투자는 대부분 지식자산을 대상으로 하는 무형 투자였다. 이 연구는 "생산설비나 부동산 등 실물자산 투자는 기업가치와 무관하게 시장에서 가격이 형성되는 반면, 지식자산은 그 중요성에도 불구하고 시장에서 가격이 형성되지 못하기 때문에 전통적 금융기관은 '혁신 관련 투자'의 위험을 지기에 부적절하며 그대로 내버려둘 경우 만성적 과소 투자가 불가피하다"고 지적했다.

한국 경제에서 기술혁신을 제약하는 금융 문제는 일반 금융기관이나 벤처캐피털로부터 외면받는 중기술medium high technology의 경우 더욱 심각했다. 은행 입장에서는

---

18 1990년 이전 중소기업금융 통계는 최범수, "증시발전과 중소기업의 자금조달", 〈경제운용과제에 대한 단기 정책연구〉, 정책연구시리즈 91-02, KDI, 1991, 262~270쪽을 참조하라.

위험하고 벤처캐피털 입장에서는 기대이익이 충분하지 않기 때문이다. 첨단기술 벤처기업의 경우 벤처캐피털 외에도 각종 국가가 제공하는 재정지원의 수혜 대상이 되는 반면, 중소기업은 중기술 분야에서 제품 개량이나 공정 개선을 추구하기 때문에 중소기업이 기댈 만한 금융이 충분치 않았던 것이다.[19] 이 연구는 또한 부실 중소기업을 양산하고 기술혁신형 중소기업을 만들어 내지 못하는 한국의 중소기업금융의 문제점을 적시했다.[20]

한편 정부의 중소기업금융 정책에 대해서는 "중소기업 신용정보에 따라 할인금리를 적용하여 시장이 우량 중소기업을 선별하는 체제를 갖추도록 해야 한다. 이를 위해서는 사실상 국가가 전액을 보증해 주는 정책체계를 전환하여 은행이 알아서 차입 기업의 신용평가를 하고 채권 회수에 나설 수 있도록 유인책을 제공해야 한다"라고 결론 내렸다.

KDI는 2000년대 이후로도 일관되게 중소기업에 대한 온정주의와 무차별한 정책금융 지원이야말로 중소기업 발전을 저해하는 요인이라는 입장을 보였으나 '동반성장' 등 정치적 구호만 요란했을 뿐 역대 어느 정부도 이를 실현하지 못했다.

KDI는 2016년 〈중소기업 정책금융은 소기의 성과를 거두고 있는가?〉에서[21] 또다시 중소기업 정책금융의 비효율성을 지적했다.[22] 공적자금을 지원받은 중소기업의 총요소생산성 증가가 지원받지 않은 가상 상황에 비해 낮은 반면, 잔존율은 오히려 높다는 결과가 도출된 것이다. 이는 시혜적 정책자금이 좀비가 된 중소기업들의 수명을 연장시키면서 우수 중소기업들을 가려내는 시장메커니즘이 무너졌음을 보인 우려스러운 결과였다.

연구는 "중소기업 지원정책이 성과를 거두기 위해서는 지원정책의 목적을 생존율

---

19 박준경, 〈구조조정과 중소기업금융〉, 정책연구시리즈 99-03, KDI, 1999, 42~43쪽.

20 이 보고서는 "현 단계에서 중소기업은 높은 금리로라도 은행에서 차입하는 것 외에는 별달리 방법이 없는데 외환위기로 경영환경 불확실성이 높아져 중소기업의 은행 부동산 담보대출 비율은 1996년 55.4%에서 1997년에는 70%를 넘어섰다"고 지적했다.

21 장우현, "중소기업 정책금융은 소기의 성과를 거두고 있는가?", 〈KDI FOCUS〉 통권 63호, KDI, 2016.

22 이 연구는 2009년부터 지원된 약 60조 원 규모의 중기 정책자금을 대상으로 했다.

제고가 아닌 생산성 향상으로 명확히 전환하고, 적절한 성과지표를 선정하여 정책에 대한 과학적 평가를 상시화하는 한편, 정책평가 결과에 기초하여 정책을 재구조화하고 효율화할 필요가 있다"고 강조했다.

2000년대 중소기업의 영세화·양극화 연구

2003년 우천식 박사를 비롯해 KDI 지식경제팀이 발표한 〈한국의 산업경쟁력 종합연구〉[23]는 외환위기 과정을 거치면서 제조업 부문 간 및 부문 내 기업 규모별 격차가 더욱 확대되었다는 점을 확인했다. 우선 산업 부문 간 격차를 살펴봤을 때, 전기전자·기계·자동차산업 등 중화학공업은 꾸준한 성장이 이뤄지는 반면, 섬유 등 경공업은 비중과 성장률, 고용 등 모든 측면에서 하향세를 보였으며 제조업과 서비스업 간 생산성 및 수익성 격차도 심화되었다.

개별 산업 내부에서도 '양극화 현상'이 두드러져 대기업의 성장률이 지속적으로 높아지고 비중이 늘어난 반면, 중소기업들은 제자리걸음 하거나 오히려 약화되면서 격차가 커졌다. 시장 성과 측면에서도 대기업들은 기술역량을 강화하면서 세계적 기업으로서 크게 성장한 반면, 그렇지 못한 중소기업들의 시장성과 수익성은 크게 하락했다. 경제위기로 가격경쟁력이 취약해지며 중소기업들의 재하청 구조가 복합화되었고, 특히 10인 미만 영세기업의 비중이 크게 늘어나기도 했다. 2004년 '혁신주도형 경제로의 전환에 있어서 중소기업의 역할' 연구에서도 기업 규모별로 심각한 양극화 현상이 관찰되었다.[24]

김주훈 당시는 김중수 원장님이 재임하던 시절이었는데, KDI가 내건 대표과제 가

---

23 우천식·김동석·윤윤규·장하원·한광석·서중해·연태훈·차문중, 〈한국의 산업경쟁력 종합연구〉, 연구보고서 2003-07, KDI, 2003.

24 김주훈·차문중·김동석·최용석·안상훈·서중해·강동수·어수봉·정진하·이수일·윤윤규·조인호, 〈혁신주도형 경제로의 전환에 있어서 중소기업의 역할〉, 연구보고서 2005-05, KDI, 2005.

운데 하나가 2004년의 중소기업 연구였습니다. 그때 우리가 심층연구를 해 보니 외환위기 이후 대기업-중소기업 사이에서도 양극화 현상이 발생했지만, 중소기업들 내부에서도 중층구조가 형성되고 양극화가 심화되었음을 알 수 있었습니다.

이 연구에 따르면 1990년대 이후 2000년대 초반까지 비교적 규모가 큰 중규모 기업의 수는 오히려 줄어든 반면, 영세규모 사업체 수는 지속적으로 증가해 중소기업의 영세화가 오히려 과거보다 심화되고 있는 것으로 조사되었다. 중소기업의 영세화 정도는 선진국에 비해 높은 수준이었으며, 소규모 사업자나 영세사업자는 음식료품·섬유의류·금속제품·정밀기계·기타제조업 등 경공업 분야가 대부분이었다.

보고서는 "1980~2003년 기간 중 영세규모 사업체 수 기준 구성비는 59.6%에서 75.9%로 16.3%p나 증가했고, 종사자 수 기준으로도 7.8%에서 27.3%로 19.5%p 증가했다. 반면 명목 자본스톡, 명목 생산액 및 명목 부가가치 기준 구성비의 증가분은 각각 5.3%p, 8.6%p, 8.0%p 늘어나는 데 그쳤다"고 지적하고, "이는 '제조업 부문 내의 양극화'를 의미하며, 구체적으로는 생산요소 투입, 산출물, 생산비용, 생산성 등 다양한 측면에 있어 사업체 규모별 특성의 괴리가 확대되는 추세를 보인 것"이라고 해석했다.[25]

김주훈 제가 자동차산업과 전자산업을 집중적으로 연구했는데, 특정 산업 연구를 목적으로 한 것이 아니라 중소기업 연구의 연장선상에서 했습니다. 자동차산업은 대기업-중소기업 구조가 가장 광범위했고, 분업구조가 가장 분명했기 때문에 그 구조를 공부하고자 자동차산업 하청구조를 연구한 것입니다. 그때 보니 자동차나 전자 등의 분야에서 특히 중소기업 양극화가 심했습니다.

중국과 가격경쟁을 해야 하는데, 1차 벤더가 도저히 이익이 남지 않다 보니 임금이 보다 낮은 2차 벤더에 더 싸게 일감을 맡기고, 다시 3차 벤더가 외국인 노동자를

25 김주훈 외, 〈혁신주도형 경제로의 전환에 있어서 중소기업의 역할〉, 연구보고서 2005-05, KDI, 2005, 129~130쪽. (해당 내용은 김동석 박사가 쓴 3장 "제조업 양극화와 중소기업 영세화 실태에 관한 실증분석" 참조.)

고용해 싼값에 생산하는 도급의 중층구조, 즉 중소기업 양극화가 발생했던 것입니다. 이 같은 양극화는 시정되지 못하고 장기적으로 지속됩니다. 2011년 연구[26]에서도 우리나라 전체 제조업에서 대기업의 부가가치액 대비 중소기업 부문의 부가가치를 비교해 보니 20년 넘게 평행선을 달리고 있다는 사실이 드러났습니다.

저의 문제의식은 두 부문에서 발생한 양극화가 심화되었다는 것이었습니다. '두 부문을 비교해 봤을 때 평행선을 달리는 이유는 무엇인가?'라고 했을 때, 중소기업 자체의 부가가치는 늘어나지 않은 채 가격경쟁력이 심화되면서 영세 중소기업 숫자만 계속 늘어나고 일감 쪼개기가 늘어나 중소기업 간에도 양극화가 발생한 것입니다.

그럼 그 솔루션은 뭐냐? 저부가가치 산업은 어쩔 수 없이 해외로 보내고 국내에는 고부가가치 강소기업을 집중적으로 키우자는 것이었습니다.

이후에도 대기업과 중소기업 간의 양극화 현상에 대해 꾸준히 연구했다. 2012년 '대기업과 중소기업 간 양극화에 관한 해석' 연구에 따르면 중소기업이 영세화되면서 중소기업 생산성은 1989년 51.9%에서 2009년 33.2%로 크게 하락했다. 또한 외환위기 이후 지속적으로 대기업은 '고생산성-고임금' 양상이 나타난 반면, 중소기업은 '저생산성-저임금' 국면이 장기화된 것으로 나타났다.

보고서에서는 "우리 사회의 당면 과제인 대기업과 중소기업 간 양극화를 해소하기 위해서는 첫째, 중소기업이 시장에 직접 접속할 수 있는 통로를 확대하고, 둘째, 대기업 노동시장의 왜곡이 시정되어야 하며 외환위기 이후 노동정책의 화두가 되어온 '정규직의 과보호 축소와 비정규직 자영업 등의 과소보호 강화'가 이루어져야 하며 골고루 나눠주기식 중소기업 지원이 아니라 경쟁력 있는 중소기업을 선별하여 집중 지원하여 중소기업의 협상력을 높여야 한다"라고 주장했다.[27]

김주훈 이건 여담인데 제가 중소기업 연구를 하면서도 중소기업청과는 늘 관계가

---

26 김주훈, "대기업과 중소기업 간 양극화에 관한 해석", 〈KDI FOCUS〉 통권 제16호, KDI, 2012.

27 김주훈, 위의 논문, 6~7쪽.

좋지 않았습니다. 중소기업에 대한 지원이 아니라 중소기업 구조조정과 경쟁력 제고를 자꾸 이야기하니까요. 그래도 우리 산업에서 매우 중요하지만 현실적으로 어려운 분야를 나름 과학적으로 정밀하게 진단해 보려고 애를 썼다는 점에서 중소기업 연구는 보람 있는 작업이었습니다.

지역경제와 산업 클러스터 연구

중소기업 육성을 위한 '지역별 산업 클러스터'

한국 경제가 점차 개방되고 글로벌 경쟁체제에 편입되면서 제품을 개발하는 주기가 빨라졌다. 이에 소비재가 신상품으로 교체되는 주기가 빨라졌으며, R&D에 꾸준히 투자할 필요가 생겼다. 이런 상황에서 중소기업들이 대기업과 유사한 성과를 내려면 어떻게 해야 할까? 이 같은 질문에 답하고자 KDI에서 수행한 연구가 바로 '중소기업을 위한 지역별 산업 클러스터cluster' 연구였다.

'같은 업종에 속하면서 상호 간 기능이 연계된 기업들을 한정된 지역에서 강한 네트워크로 조직화'하는 것이 산업클러스터다. 전후방-상하방 간 연결고리가 단단한 기업들이 상품을 제작하기 위해 사회적 응집력과 집단의식을 가지고 지리적으로 한 지역에 자리 잡아, 상품 개발 아이디어 및 기술혁신을 공유하고 협력하여 상호 시너지를 내어 공동 발전하는 것이다.

산업 클러스터는 수평적 · 수직적 분업 관계에 놓인 기업들은 물론 이에 필요한 주변 산업, 즉 기계 및 장비업체, 원료업체, 디자인업체, 마케팅 및 수출지원업체, 금융기관 등 상호 연관된 기업들을 모두 포함한다. 회계와 수출, 재무회계 등 전문

서비스를 공동으로 받을 수 있으며, 이때 필요한 숙련 인력은 산업집적지역에 소속된 기업들이 공동으로 육성하여 경쟁관계에 놓인 기업들 사이에서 인력을 쟁탈하기 위해 벌어지는 싸움을 최소화한다.

혁신 중소기업들을 대거 육성하기 위해서는 각 지역에 이 같은 산업별 혁신 클러스터를 만들어 창업 및 보육인프라 마련, 전문서비스 제공 네트워크 구축 등 실질적인 지원을 제공하는 정책이 필요하다고 본 것이다.

박준경 당시 이루어진 지역혁신 클러스터의 연구 배경에 대해 설명하자면, 우리가 OECD를 중심으로 중소기업을 많이 연구한 영국 서식스대학Sussex University의 IDSInstitute of Development Studies팀이 내놓은 연구원 자료를 구해 많이 참고했습니다. 혁신 스터디 그룹보고서를 살펴보는 과정에서 지역 중소기업을 육성하기 위한 혁신 산업 클러스터 개념을 알게 되었고, 그때 우리가 한국에 도입하게 되었습니다.

KDI는 1993년 발표한 〈기계공업 장기발전 전략과 지원시책 개선방향〉[1] 연구에서 융복합 혁신 기계공업을 육성하기 위한 대안으로 "지방에 대규모 공단을 건설하여 혁신지향적 중소기업을 선별적으로 입주시키고 여기에 전문 연구기관, 시험검사기관, 기술정보센터, 무역센터 등 지원 인프라를 만들어 주며 리스회사, 경영자문사, 정보처리서비스 등 부가적 지원산업을 유치하는 클러스터 조성이 필요하다"고 주장했다.

박준경 독일 무역 흑자의 50%가 기계공업에서 발생합니다. 여기서 기계공업 흑자를 만드는 주역의 대부분이 중소기업 히든챔피언이지 대기업이 아닙니다. 그래서 우리가 "장기적으로 기계공업을 육성해야 한다. 그것도 범용기계가 아니라 전문 기계공업을 적극 육성해야 한다. 소비재는 아무리 잘 만들어도 결국 중국 등 다른 개도국들이 금방 따라온다"고 주장했습니다. 보다 구체적으로 경제기획원 최종찬 기

1 박준경, 〈기계공업 장기발전 전략과 지원시책 개선방향〉, 정책연구시리즈 94-09, KDI, 1993.

획국장에게 전북 군장산업단지에 독일 기계업체들을 파격적으로 대우해서 데려오라고 권하기도 했었습니다. 나중에 김대중 정부 때 전북지사를 지낸 유종근 지사가 이 내용을 아주 흥미 있게 듣고 나름대로 노력을 한 듯한데, 안타깝게도 여러 가지 이유로 성사되지는 못했습니다.

"글로벌 차원에서 생각하고 지역 차원에서 행동하라"

1999년에 연구해 발표한 〈위기 극복 이후 한국 경제의 성장동력〉[2]에서 김주훈 박사는 "한국 중소기업은 작은 것이 아니라 고립된 것이 문제"라는 인식에서 출발하여 지역에 혁신 클러스터를 구축하기 위한 중앙정부와 지방정부의 역할 분담 및 정책 지원 방향과 체계를 제시했다.

이 연구는 한국 상품들이 글로벌 경쟁력을 가지려면 중소기업의 집단적 조직화와 정보 교환, 공동 R&D, 지역 내 수평적-수직적 분업화를 통한 효율성 증대가 필요하며, 이를 위해 독일과 이탈리아 등 유럽에 마련된 '산업집적지구'를 조성할 필요가 있다고 제안했다. 지방정부가 중앙정부와의 협력하에 매칭펀드 방식으로 지역별 산업 클러스터를 구축하여 기술정보, 개방시험실, 창업 및 보육서비스 제공 등 '연계-교환-자원' 공유가 가능한 지역 혁신체계를 갖춰야 한다는 것이다.

김주훈 박사는 "OECD의 경우 지역경제 및 고용 창출을 위한 협력 프로그램인 LEEDLocal Employment and Economic Development를 설립하여 기업가 배출을 촉진하고, 중소기업을 육성해 고용 창출을 높이기 위한 지역 네트워크 설립을 연구하고 있다"고 소개했다. 구체적 사례로 이탈리아의 편물, 세라믹, 스포츠카, 농업기계 등을 생산하는 집적지구인 에밀리아-로마냐Emilia-Romagna 산업집적지구와 독일의 바덴-뷔르템베르크Baden-Württemberg 산업집적지구 등 지방정부가 혁신을 도모하는 지역 중소기업들의 노력을 지원하여 경제적 성과를 높인 경우를 들었다.[3]

---

2 KDI 장기비전팀 공동연구, 〈위기 극복 이후 한국 경제의 성장동력〉, 연구보고서 99-05, 2000.

성공적으로 산업 클러스터를 구축하기 위해서는 중앙정부와 지방정부의 역할을 분담하는 것이 바람직하다고 봤다. 중앙정부는 인프라를 구축하고 교육 및 훈련을 실시하며 보조금을 지급하고 공동 시험설비를 구축하는 등 공공재를 마련해 지원하는 역할을 할 수 있다. 한편 지방정부는 지역 차원의 규제를 완화하며 지역의 이해 집단을 소집하여 현안 문제를 토의하고 합의하에 프로그램을 실행하는 등 사회적 조정자의 역할을 수행할 수 있다. 다만 중앙정부가 지방정부나 협회로 각종 권한과 예산을 이양할 때 가장 중요한 것은 사후평가와 정책개선 시스템이라고 강조했다.

대구 밀라노 프로젝트의 예비타당성 분석 조사

중소기업 발전과 지역발전을 위한 정책적 구상에 머무르던 '지역혁신 클러스터' 사업이 '대구 밀라노 프로젝트'에 대한 예비타당성조사를 시발점으로 본격적으로 지역 실무연구로 전환되었다.

박준경 김대중 대통령이 동서화합을 이루자고 대구를 방문해서 문희갑 시장을 만났는데, 문 시장이 이른바 '밀라노 프로젝트'를 이야기하면서 재정을 지원해 달라 요청했다고 합니다. "600억 원을 지원해 달라"고 했는데 김대중 대통령이 그 프로젝트가 그럴듯하다고 생각했는지 아니면 정치적 인사치레로 그랬는지 잘 모르지만 "일을 제대로 하면 6,000억 원이 아깝겠나?"라는 말을 했다고 합니다. 그랬더니 문희갑 씨가 진짜로 6,000억 원 규모 프로젝트에 대한 예산을 지원해 달라고 신청한 것입니다.

당시 진념 기획예산위원장과 강봉균 수석이 깜짝 놀라서 KDI에 이 프로젝트의 예비타당성 분석을 해 달라고 했습니다. 그때까지는 공공 부문 건설이나 교통 등

3 이상의 내용은 〈위기극복 이후 한국 경제의 성장동력〉(2000)에서 김주훈 박사가 쓴 7장 "지역혁신체제의 조성" 312~337쪽의 내용을 정리한 것이다.

SOC만 분석했지, 특정 산업에 대해 예비타당성 분석을 한 적이 없었어요. 하루는 김주훈 박사가 오더니 "정부가 대구의 섬유산업을 예비타당성 분석을 해 달라는데요?"라고 하길래 제가 내용을 들여다봤는데, 등에 진땀이 다 나더라고요.

김주훈 우리가 아무것도 모르고 예비타당성 분석 의뢰를 받았는데, 사정을 알아보니 이걸 두고 이미 대구시와 청와대 경제팀이 1년 가까이 서로 밀고 당기고 난리가 난 상태였어요. 그러다 골치 아프니까 그 뜨거운 감자를 KDI에 미룬 거죠.

'패션산업 클러스터' 조성 정책, 대구시와 의견 조율

1999년 상반기 KDI는 대구에 집적된 섬유산업의 구조개선을 위한 '밀라노 프로젝트'의 세부 사업으로 '대구 패션 · 어패럴밸리 조성사업'에 대한 예비타당성 분석을 실시했다.

이 사업은 "대구시 봉무동 소재 30만 평의 부지에 상업시설 용지 5만여 평, 연구시설용지 1만 1,000평, 산업시설용지 10만 평 및 주거시설용지 5만 4,000평을 조성하여 국내외 세계적 어패럴 메이커를 유치하고, 제직과 염색에 편중된 취약한 섬유산업 구조를 개선하며 패션 디자인 및 봉제 부문 등 고부가가치 섬유산업을 구축한다"는 계획이었다.

박준경 예타 분석 자체는 어렵지 않았습니다. 패션산업은 4개 계층으로 분류됩니다. 맨 상위는 유럽 귀족이나 왕족들을 대상으로 하고, 두 번째가 돈 많은 부유층을 대상으로 합니다. 세 번째가 대중들을 대상으로 하는 일반 패션이고, 맨 아래층이 개도국을 대상으로 하는 의류산업인데 당시 홍콩이 세 번째에 자리했다면 한국 섬유산업은 맨 아래층에 놓인 게 현실이었습니다.

우리가 목표를 현실적으로 잡아서 세 번째 층 정도를 공략해야지, 갑자기 첫 번째나 두 번째 층으로 단번에 뛰어오르기는 어렵잖아요? 그런데 대구가 갑자기 밀라노를 지향하겠다는 겁니다. 한마디로 대구에 '패션거리'를 만들어 유명 의류업체나 유명 디자이너들을 입주시킨다는 계획인데, 우리가 섬유산업 전문가와 디자이너 등 이해관계자 60여 명을 인터뷰해서 속속들이 물어 봤더니 다들 고개를 저었습니다.

홍은주 당시 대구의 섬유산업 현황을 실사해 보셨을 텐데, 어떤 상황이었습니까?

박준경 한때 대구 폴리에스터polyester 산업이 흥성했던 것은 1990년대 전반까지 중국에 반입되는 물량이 엄청났기 때문입니다. 중국으로의 수출이 활발하니 폴리에스터 원사 메이커들이 우후죽순으로 생겨나면서 가격 경쟁이 치열해졌습니다. 가령 당시 대구 섬유업체가 판매하는 폴리에스터 직물의 단가는 야드당 1달러가 채 안됐어요.

반면에 이탈리아는 12달러였는데, 어디서 가격 차이가 났는지 살펴보니 염색의 질과 안정성, 후가공, 광택, 디자인 등에서 큰 차이를 보였습니다. 제가 척 봐도 같은 폴리에스터 직물이라 하더라도 이탈리아산은 디자인이 세련되고 촉감이 실크 같았어요.

사실 대구에도 야드당 7~8달러에 해외로 수출하는 경쟁력 있는 우량 기업들이 있었는데, 이들은 정부가 개입하지 않아도 잘하고 있었습니다. 문제는 야드당 판매가가 1달러도 채 안 되는 부실 중소 섬유업체들이었어요. 이 업체들이 자기들끼리 출혈경쟁을 하고 있었습니다. 여기에 정부나 국회, 대구시가 중소기업 경영안정자금을 풀어서 이들의 부도를 애써 막아 주고 있었어요. 이 돈이 좀비기업을 살리니 가능성이 있는 중간계층 우량기업들도 같이 망하죠. 결국 정부가 끝까지 책임지지도 못하면서 어설프게 지원하는 바람에 대구 섬유업체들을 망친 것입니다.

김주훈 폴리에스터 원사 생산시설이 과잉이니 정부가 이걸 "팔라"고 했습니다. 그럼 정부가 망한 기업들의 생산시설을 사들여 폐기 처분해야 하잖아요? 그런데 이 시설을 또 누군가가 사서 새로운 회사가 생기는 상황이었으니 어이가 없었죠.

박준경 그래도 어떤 형태로든 자문과 지원을 해야 하기 때문에 문 시장이 제시한 사업구상 대신 저와 김주훈 박사가 예타 분석에서 대안으로 제시한 안이 바로 '산업 클러스터'라는 개념이었습니다. 가령 폴리에스터 직물 생산업체가 살아나려면 그 직물을 이용하는 의류업체가 바로 근처에 있어야 하는데, 대구에는 그 의류업체가 주변에 없으니 대구 폴리에스터 섬유산업을 일으켜 세우기 위해서는 의류업체들을 대거 유치해 클러스터를 만들어야 한다는 것이었습니다.

그래서 디자인센터, 염색연구소, 후가공업체 등이 모인 클러스터를 형성하라고 제안했습니다. 직물업체 옆에 의류업체를 두고 상호 협력하도록 해야 직물이 고급화되고 홍콩처럼 패션산업이 발전할 것 아닙니까? 또 일제 기기를 사다 쓰는 상황이다 보니 섬유기계를 발전시킬 기반을 마련하여 국산화를 추진해야 하고요. 또한 도시계획 때문에 이주하던 대구 북구의 직물업체들에 이주비를 지원했고요. 패션디자인 센터를 만들어 전문 인력을 육성하겠다고 해서 연구혁신을 이루고 디자인 및 패션 전문 인력을 키우기 위한 사업도 지원하기로 했습니다. 즉, 정부가 약속했던 지원 액수는 맞추되 섬유산업의 근원적 발전을 모색하는 인프라 기능을 위주로 사업 내용을 변경한 셈입니다.

본격화된 지역혁신 클러스터 연구

당시 대구가 섬유산업 프로젝트로 거액의 예산을 확보하고, 춘천에 생명공학 분야가 부상하던 상황에서 다른 지자체들 역시 가만히 있지 않았다. 부산시가 부산의 낙후된 신발산업을 부흥시키겠다고 예산 지원을 요청하는가 하면, 경남이나 광주시 등 지역마다 특화사업을 유치하겠다며 대구처럼 거액의 예산을 지원해 달라고 나선 것이다.

결국 지역의 혁신역량과 현장의 수요를 고려하지 않은 무모한 시도를 하거나, 인기 있는 첨단사업을 앞다투어 중복 선정하는 경우가 늘어났다. KDI가 조사한 결과 지역특화센터들이 지역 내 기업들의 기술(제품) 수준보다 약 2~3년 앞선 기술(제품)을 개발하겠다는 적정한 목표를 선정한 비율은 36.1%에 불과한 반면, 지역 역량을 고려하지 않은 채 4~5년 앞선 기술(제품)이나 국내 최첨단기술을 개발하겠다고 무모하게 나선 경우가 거의 절반 가까이에 이르렀다.[4]

업종별로 한창 인기 있던 바이오산업은 12개 지자체가, 전자 및 정보통신 산업은 10개 지자체가 전략산업으로 선정하겠다고 경쟁적으로 나섰다. 그러나 특화분야조차 분명하지 않았으며, 전자정보기기·조선·자동차·기계산업 등을 들고 나온 지자체는 기존 제조업을 전략산업으로 선정하는 경우도 있었다.

밀라노 프로젝트를 따라 하고자 하는 지자체들이 대거 생기자 입장이 난처해진 기획예산처는 공을 KDI로 넘겼다. 광역자치단체에서 사업계획서를 작성해 오면 KDI에 용역을 주고 타당성 분석을 해 달라고 요청한 것이다. 그때부터 KDI의 지역산업 정책 연구가 본격화되었다.

밀라노 프로젝트의 예비타당성을 분석한 직후 지역 클러스터 구축과 관련하여 KDI가 정부의 요청을 받아 공식 수행한 또 다른 산업 연구는 생명공학 분야였다. 당시 춘천에는 미생물산업 공정 인큐베이터가 만들어졌는데, 이를 본 전라남도가 유사 시설에 4,000억 원을 지원해 달라고 하는 등 생명공학 분야를 앞세워 지방 클러스터로 만들어 보겠다는 지자체가 13개로 대폭 늘어난 것이다.

박준경 당시 한창 벤처 붐이 일고 생명공학 관련 연구가 우후죽순으로 생겨날 때였습니다. 과학기술부와 산업자원부가 생명공학 관련 예산으로 8,000억 원을 달라고 하고, 지역별로 다들 생명공학을 한다고 나서니 기획예산처가 KDI에 "한 달 안에 생명공학 타당성 스터디를 해서 보고해 달라"고 하는 겁니다.

밀라노 프로젝트도 마무리가 덜 되어 연구자들이 아직 정신이 없는데 기획예산처가 급하다면서 생명공학 분야 연구를 맡긴 셈입니다. 아무튼 전문가들과 이해관계자를 몇십 명이나 만나 이야기를 들었습니다. 우리가 지자체 공무원들을 만나 보니, 첨단 인큐베이터를 건설해서 기껏 하겠다는 것이 식품산업에 불과했습니다. 지방 체육대학들도 본인들이 생명공학을 연구한다며 달려들기도 했습니다. 정체불명

---

4 구체적으로는 47.2%가 역량을 고려하지 않고 첨단기술을 개발하겠다고 신청했다.

의 사업이 전부 정부예산을 노리고 몰려든 것입니다.

그래서 우리가 생명공학 산업을 분류했습니다. 국가가 정말 지원해야 할 것은 생명공학 분야의 연구인력 양성이며, 극소수 산업화가 실현될 경우 지원할 시험용 공장을 포함해 산학 연구과제 지원 예산 등으로 2,000억 원을 산출하여 제시했습니다. 숫자의 근거는 사실 단순했어요. 현재 우리나라에서 그런 연구를 할 수 있는 전문 연구인력의 수를 구한 뒤, 이들이 연구를 수행할 때 필요한 예산을 미국 연구자 평균 예산 규모로 곱한 것이었습니다. 예타로 대구의 밀라노 프로젝트가 시작됐고, 생명공학산업 보고서를 본 기획예산처가 KDI를 신뢰하게 되면서 그 후로 지역산업 정책을 KDI가 전담해 용역을 받았죠.

KDI는 예산 낭비를 막고자 지역산업 정책을 분석할 때마다 지역 현실에 맞추어 실효성 있는 대안을 제시하기 위해 노력했다. 맞춤형 산업 컨설팅에 나선 것이다.

박준경 예를 들어 어느 지역에서 자동차박물관을 짓겠다고 하기에 "박물관을 짓지 말고 그 돈으로 이미 비교우위의 기반시설이 있는 정밀화학을 키워 산업혁신을 해 보라"고 권고했습니다. 중견 중소기업이 제품을 개발할 때 이들에게 고가의 시험검사장비와 연구장비를 지원해 주었기 때문에 중소기업을 육성하는 편이 더 좋겠다고 권고한 것입니다.

우리가 또 요구한 것이 있습니다. "지역의 클러스터마다 '전략산업기획단'을 세워 클러스터의 두뇌로 활용하라. 테크노파크와 기술혁신센터를 산업자원부가 이미 만들었다. 이를 최대한 활용하고 지역 내 대학들과 협력해 지역산업 육성 연구를 하라. 고가의 장비를 구입하고 이용 및 유지 계획을 세우려면 정보가 많이 필요하니까 지역산업 정보를 수집해서 데이터베이스도 만들라"는 권고였습니다.

당시 현장 실사를 해 보면 고가의 정밀시험검사장비를 중앙정부에 신청해서 사 놓고도 쓰는 사람들이 없는 경우가 많았습니다. 첨단기계들이 먼지만 쌓인 채 노후화되는 경우도 있었고요. 그래서 우리가 "지역의 대학교수와 중소기업 시험연구소가 같이 의논하여 필요한 기기가 뭔지 선정하고 구매 신청을 할 때 이렇게 융합연구를 하겠다"는 식으로 사업계획서를 써 오라고 했는데, 나중에 보니 지방대학 교수들이 일제히 본인들이 필요한 연구장비 목록만 써 온 일도 있었습니다.

지역혁신 클러스터 연구는 이후로도 계속 진행되었다. 노무현 대통령의 재임기였던 2004년 〈지역산업 육성과 지역혁신체제 구축에 관한 연구〉[5]는 산업자원부의 지역산업 진흥정책을 비롯하여 다양한 지역산업 정책의 현황과 문제점을 파악하고 정책과제를 제시했다. 또한 해외 혁신 클러스터 사례에 대한 조사를 바탕으로 국내 산업집적지의 발전 방향에 대한 시사점을 도출했다. 산학협력 활성화와 지역 산업정책에 대한 평가 및 관리체계를 정립하는 것이 지역 혁신체제를 성공적으로 구축하기 위해 무엇보다 중요한 조건임을 강조했다.

지역산업 진흥사업 중간 평가와 대안 제시

지역별 전략산업 진흥사업이 진행되는 동안 사업성과에 대한 객관적 평가가 미흡하게 이루어지면서 사업 선정의 타당성과 사업 추진체계, 사업 효과 등을 두고 논란이 끊이지 않았다. 이에 따라 KDI는 정부에서 요청을 받아 2006년 1월 지역전략산업 진흥사업에 대한 심층평가에 착수했다.[6]

KDI는 2006년 1월에 관련기관 64개를 대상으로 전수조사를 실시했다. 92%의 응답률을 기초로 한 현황 분석과 설문조사를 실시하고, 지역별 대표기관을 현장 방문하여 개선방안에 대해 토론한 내용을 정리했다.

평가의 주요 쟁점은 ① 지역전략산업의 적정성, ② 지역 내 부가가치 창출 고리의 형성, ③ 지역 내 사업기획 로드맵roadmap 작성, ④ 클러스터 구축 및 성과, ⑤ 지역 내 지역 특화센터 운영의 적절성, ⑥ 지역 내 사업추진체제governance, ⑦ 자립화 및

5 윤윤규 · 이재호, 〈지역산업 육성과 지역 혁신체제 구축에 관한 연구〉, 연구보고서 2004-13, KDI, 2004.
6 고영선 · 김주훈, 〈지역전략산업 진흥사업(4+9사업) 심층평가〉, KDI 공공투자관리센터, 2006.

지속발전 가능성 등이었다.

이 같은 기준으로 평가한 결과, 각 지역별 전략산업 선정의 일관성과 타당성이 부족했고, 일단 선정된 지역전략산업을 추진하는 과정에서도 로드맵을 작성하지 않았거나 지연되었으며, 종합적인 관점에서의 추진 전략이 현저히 부족하다는 사실이 드러났다. 산업자원부와 교육인적자원부, 정보통신부, 중소기업청 등 여러 부처의 사업이 겹치거나 상호 협력 및 연계를 위한 노력이 부족한 경우도 많았다.

클러스터를 지방으로 유치하고도 지방에서 담당해야 할 운영비가 충분히 지원되지 못하는 경우도 많았다. 이에 따라 KDI 평가 보고서는 "지역전략산업 진흥은 지방정부의 적극적인 관심과 지원이 핵심"이라고 경고했다. 중앙정부는 시설의 건설 및 장비 구축만 지원하기 때문에 지방정부가 시설투자 유치에만 신경 쓰고 운영에는 무관심한 경우 건물 및 장비의 가치가 빠르게 떨어지는 감가상각 현상이 발생하고, 투자금이 낭비될 것이 분명하다는 요지였다. 이에 KDI는 "지역전략산업 진흥을 위한 일차적 책임은 지방정부가 지도록 하되, 몇 년에 걸쳐 성과를 지켜본 후 문제점이 해결되고 있다는 확신이 생길 때 추가적인 투자사업을 고려하는 것이 바람직하다"고 제시했다.[7]

---

7 고영선·김주훈, 〈지역전략산업 진흥사업(4+9사업) 심층평가〉, KDI 공공투자관리센터, 8~16쪽.

4장

고부가가치 서비스산업 연구

개방화가 촉발시킨 서비스산업 연구

1980년대 후반 미국의 〈통상법〉 301조를 앞세운 쌍무협정에 따라 한국은 전통 제조업뿐만 아니라 서비스시장도 개방 압력에 노출되었다. 이에 따라 1987년 영화배급 및 제조업 시장이 개방되었고, 1988년에는 도매업과 생명보험업, 무역업 시장이, 1989년에는 해운서비스업 시장이, 1991년에 관광과 여행알선업 시장이 개방되었다.

우루과이라운드에서 벌어진 다자 간 서비스 협상으로 유통·통신 등 다양한 서비스시장의 추가적 개방이 불가피해졌다. 대내적으로도 기업들이 해외로 진출하면서 컨설팅·엔지니어링·광고·회계·유통 등 전문서비스업과 정보 수집, 가공품의 생산 및 유통을 효율화할 수 있는 정보통신 서비스업 등에서의 국제경쟁력을 제고해야 한다는 인식이 생겨났다. 이에 관련 서비스를 국내시장에서 육성하고 제도를 개선하는 일이 시급해졌다.

1992년 〈2000년대를 향한 서비스산업 발전 방향〉[1] 연구는 1990년대 이후 한국의

1 KDI, 〈경제운용 과제에 관한 단기 정책연구〉, 단기정책보고 92-01, 1992, 493~488쪽, 김지홍의 글.

제조업 성장이 한계에 이르고 고용도 크게 늘어나지 않는 상황에서 성장과 고용의 대안으로 서비스업의 가능성을 모색하고, 고부가가치서비스 분야의 육성을 본격적으로 촉구한 연구였다.

이듬해인 1993년 이원영 박사는 〈지식서비스산업의 발전 기반 조성을 위한 정책제언〉[2]에서 "한국 제조업이 지식집약화를 통하여 산업 전반의 경쟁력을 높여야 한다"고 주장했다. 지식집약화는 연구개발과 생산 마케팅, 특허, 소프트웨어 개발 등 기업 활동의 전 분야에서 투입 요소의 생산성을 높이고 높은 부가가치를 창출하는 총체적 과정이다. 보고서는 제조업을 최우선 순위에 두어야 한다는 인식에서 벗어나지 못하는 정부를 문제로 지적했다. 제조업을 중시하고 서비스업을 경시하는 기조를 바탕으로 한 정부의 산업정책 때문에 서비스업이 세제와 금융에서 불이익을 받는 상황에서 당시 한국 대기업들이 지식서비스업을 외주화하기보다는 내부화하고 있다는 문제점을 지적한 것이다.

'고용 없는 성장'의 대안을 모색하다

서비스산업이 본격적으로 제조업을 대신하는 고용 창출의 대안으로 주목받기 시작한 시점은 2000년대 중반 무렵이다. 생산기지가 해외로 이전하며 제조업 공동화를 둘러싼 우려가 커지고, 전자·반도체·ICT 산업이 급속하게 발전했음에도 고용이 늘지 않아 '제조업의 고용 없는 성장' 문제가 본격적으로 제기되던 시점이었다.

당시 제조업의 국내 설비투자 부진이 가장 큰 문제로 손꼽혔다. 1990~1997년 연평균 7.8%에 이르던 제조업 설비투자 증가율이 2001~2004년에는 1.1%대에 그쳤다.[3] 반면 2000년대 들어 GDP 성장률은 연평균 4.5%로 나타났다. 경제는 성장하는데도 설비투자가 부진하여 경제성장과 투자 간의 연결고리가 약해지는 현상이 뚜

---

2 이원영, "지식서비스산업의 발전기반 조성을 위한 정책제언", 〈KDI연구속보〉 9호(9309), 1993.

3 정형민, "투자부진 탈출의 활로-서비스산업", 〈CEO Information〉 544호, 삼성경제연구소, 2006.

렷해진 것이다.[4]

2000년대의 설비투자 부진은 다양한 요인에 기인했다. 우선 전통적인 제조업의 경우 공급과잉과 노사불안으로 인한 고임금, 높은 토지매입 비용 등의 투자비용 상승으로 대부분의 대기업들이 국내 설비투자를 줄였다. 또한 통상마찰 가능성과 환율 자유화에 따른 변동위험, 신시장 개척, 원료 조달 등의 요인 때문에 기업들이 해외로 생산기지를 이전하기 시작했다. 특히 중국이라는 거인이 제조업 분야에 밀고 들어오면서 한국 제조업의 앞날이 걱정된다는 우려도 제기되었다.

'제조업 공동화'와 '고용 없는 성장' 현상이 본격화된 시점에 대안으로 떠오른 것이 서비스산업 육성이었다. 서비스산업의 고용 유발 효과는 제조업의 1.7배였기에 한국 경제가 직면한 '고용 없는 성장'의 딜레마를 해결할 답안으로 여겨진 것이다. 이때부터 성장과 고용의 대안을 찾아 나선 KDI의 서비스산업 연구가 본격화되기 시작했다.

2003년 〈한국의 산업경쟁력 종합연구〉[5]에 따르면 과거 20여 년간 장기적으로 서비스 부문의 비중이 증가하고는 있지만, 성장률 자체는 시간이 갈수록 정체되고 있으며 서비스업 부문의 생산성 역시 제조업 부문보다 낮아 설령 고용 측면에서 서비스 부문의 비중이 높더라도 부가가치 측면의 비중은 정체되고 있는 것으로 나타났다.

무엇보다 큰 문제는 서비스산업의 질과 영세함이었다. 또 다른 조사[6]에 따르면 서비스업의 90% 이상이 10인 미만의 식음료 판매점, 숙박업소, 소규모 가게 등에 해당하는 영세사업자였고, 300인 이상의 사업장은 0.04%에 불과했다. 부가가치가 높은 서비스업 분야로는 통신 및 방송 서비스만이 형성됐을 뿐[7] 유통, 비즈니스 서비스, 문화관광, 의료 서비스 비중은 현저히 낮았다. 제조업 생산성을 높이는 인

---

4 삼성경제연구소의 추정에 따르면 설비투자의 성장탄성치가 1990~1997년에는 1.34%였던 데 반해 2000~2005년까지는 0.79%에 그쳤다. 추정식은 다음과 같다. 설비투자(t) = 상수 + b1국내총생산(t-1) + b2실질금리(t-1)+ 오차(t), 실질금리 = 회사채 유통수익률 − 생산자물가증가율(정형민, "투자부진 탈출의 활로: 서비스 산업", 〈CEO Information〉 제 544호, 삼성경제연구소, 2006.)

5 우천식 · 김동석 · 차문중 · 연태훈 · 서중해, 〈한국의 산업경쟁력 종합연구〉, 2003.

6 정형민, "투자부진 탈출의 활로-서비스산업", 〈CEO Information〉 544호, 삼성경제연구소, 2006.

7 드라마, 소프트웨어, 레저, 온라인게임, 모바일 콘텐츠 등 디지털 콘텐츠 분야는 매년 15% 이상 급성장했다.

프라에 해당되는 경영컨설팅・디자인・광고・물류・법률・회계・IT・아웃소싱 등 제조업을 기반으로 하는 비즈니스 서비스의 경우 GDP 대비 비중이 선진국[8]의 절반에도 못 미치는 5.5%에 불과했다.

화두로 떠오른 서비스산업의 생산성 제고

질적・양적으로 영세한 서비스업의 생산성을 향상하고 효율화를 이루어 고부가가치 서비스산업으로 육성하는 것이 차세대 성장 및 고용의 대안이 되리라 생각한 정부는 KDI 산업부에 서비스산업의 생산성 향상을 위한 정책과제 연구를 의뢰했다. 이 연구는 2006년[9] 진행됐다.

김주훈 2000년대 중반부터 ICT 산업의 발전으로 부가가치가 올라가고 매출액은 증가하는데 고용은 없는 '나홀로 성장' 추세가 계속되었습니다. 결국 "고용은 서비스업에서 찾아야 한다. 제조업의 불균형을 타개할 방법을 서비스업 육성에서 찾는다"라는 인식이 생겨나면서 해마다 KDI가 서비스산업 연구 용역을 받게 됩니다.

서비스산업 연구를 하고 보니 핵심은 글로벌 이슈와 중국 문제였습니다. 그때부터 우리가 국제 분업구조에 관심을 가졌습니다. 우리 경제가 앞으로 가야할 길이 '스마일 커브smile curve[10]의 상층부'라고 보고 서비스산업 구조도 '스마일 커브'의 맥락에서 살펴보게 되었습니다.

과거 선진국에서 경제가 발전한 과정을 보면, 1970년대에 영국이 산업 구조조정을 하면서 탈산업화를 추진했습니다. 그때 나타난 돌파구가 서비스산업이었습니

---

8 미국이 12.5%, 영국이 13.5%, 프랑스 13.9%, 일본이 7.7%를 기록했다.

9 김주훈・안상훈・이재형, 〈서비스산업의 생산성 향상을 위한 정책과제〉, 연구보고서 2006-01, KDI, 2006.

10 '스마일 커브'는 산업 생산과 판매에서 단계별 부가가치를 나타내는 곡선이다. 가치사슬의 관점에서 제품개발부터 생산, 마케팅, 서비스 등을 단계별로 그렸을 때 도표에 나타나는 부가가치의 정도가 스마일 모양을 닮았다는 데에서 명칭이 유래했다.

다. 선진국들이 제조업을 중심으로 성장하다가 시장이 포화상태에 이르고 수출경쟁력이 문제가 되자 해외 개도국으로 생산기지를 이전하는 현상이 나타납니다. 선진국의 제조업 공동화가 시작되었죠. 1970년대 말까지만 해도 미국에서는 해외 생산으로 미국 경제가 나락으로 떨어질 것이라는 우려가 컸습니다.

연구진이 주목한 것은 미국과 유럽 등 선진국의 사례였다. 선진국의 경우 제조업생산기지가 해외로 이전하며 제조업 공동화가 발생하고 제조업 부가가치가 하락했는데, 전체적으로 보면 오히려 경제가 크게 발전했다. 제조업의 공동화를 메우고 고용을 창출해 준 것은 바로 고부가가치 서비스산업이었다.

OECD 선진7개국G7의 서비스업 고용 비중을 보면, 2003년을 기준으로 미국과 영국이 80%대를 넘어섰고, 프랑스와 독일, 캐나다 등은 70%대에 이르렀다.[11] GDP 대비 서비스산업 부가가치 측면에서는 룩셈부르크가 83.1%로 가장 높았고 미국의 경우 77.4%, 영국 75%, 프랑스 73.6%, 독일과 이탈리아가 70% 이상이었다.[12]

수요의 측면에서는 선진국으로 이행하면서 소득이 높아져 문화·관광·레저·오락·의료·고등교육 등 삶의 질을 향상시키는 데 기여하는 서비스에 대한 수요가 크게 높아졌다. 서비스업 교역이 증대하고 서비스업이 국제화되면서 이와 관련해서도 서비스 수요가 증대하였다. 공급의 측면에서는 정부에 의한 복지 관련 공공서비스 공급의 증대가 선진국 서비스산업 발전의 주요 원인으로 나타났다.[13]

김주훈 당시 저희의 결론은 한마디로 "서비스산업 구조 고도화는 비즈니스 서비스산업 육성을 통해 간접적으로 이뤄져야 한다. 제조업의 배후 산업으로 육성하는 것이 좋다"라는 것이었습니다. 예를 들어 나이키는 신발 제조가 아니라 R&D와 디자인, 물류로 세계를 선도하지 않습니까? 선진국에서는 탈공업화와 제조업 공동화의

---

11 미국(80.9%)과 영국(80.9%)이 80%대를 넘었고 캐나다(75.6%), 프랑스(73.9%), 독일(70.4%)은 70%대였다.

12 김주훈·안상훈·이재형, 〈서비스산업 생산성 향상을 위한 정책과제〉, 연구보고서 2006-01, KDI, 2006, 91쪽.

13 김주훈·안상훈·이재형, 위의 논문, 104쪽.

대안이 바로 고부가가치의 서비스업이었던 것입니다. 우리가 살펴보니까 특히 비즈니스 서비스와 보건복지, 이 두 분야가 급격히 성장했어요.

비즈니스 서비스가 무엇이냐면, 제조업체가 상품은 저임금 노동력을 활용할 수 있는 여러 개도국에서 생산하더라도 이를 글로벌 상품시장에 내놓을 때 필요한 물류나 R&D, 디자인, 마케팅 등 지식 기반의 서비스는 본국에서 개발할 수밖에 없지 않습니까? 이게 바로 제조업을 기반으로 한 서비스, 즉 비즈니스 서비스입니다.

산업 연구, 현장에서 답을 찾다

다음 해인 2007년에는 산업기업경제연구부 주도로 〈서비스산업의 선진화 방안 연구〉[14]가 KDI 대표 공동과제로 기획되었다. 이 연구는 총론에서 "우리나라 지식기반형 서비스산업의 가장 큰 문제점은 경쟁이 억제되어 혁신이 일어나기 어렵고 이권추구적 형태가 지배적이라는 것"임을 지적하고, 각론 차원에서 전시·광고·법률·금융·물류·보건의료 등 6개 분야 서비스산업을 대상으로 현장 밀착 연구를 진행하였다. 연구를 위해 박사들은 발품을 팔며 부지런히 현장을 답사했다.

김주훈 KDI 산업팀의 수장이었던 박준경 박사께서 제가 처음 산업 연구를 시작할 때 가르쳐 준 교훈이 "통계만 보지 말고 현장을 가 보라"는 것이었습니다. 실제 연구를 하다 보면 여러 연구자들이 해외 저널과 해외 데이터를 많이 봐서 그런지 외국 문제는 잘 아는데 국내에 숨은 구조적 문제는 잘 알지 못해요.

경제 내부에 숨은 그림자들, 예를 들어 중소기업 문제나 자영업자 문제, 생계형 서비스 문제 등은 데이터가 없고 분석도 되지 않은 데다 현장의 실상도 잘 모르니까

---

14 김주훈 외, 〈서비스산업 선진화를 위한 정책과제〉, 연구보고서 2007-04, KDI, 2007. KDI의 김주훈·차문중 박사가 연구과제를 기획했고, 김두얼·황수경 박사와 이재호 전문연구원이 참여했다. 외부에서는 김희진 교수(연세대), 문상영 박사(산업연구원), 손욱 교수(KDI 국제정책대학원), 이상제 박사(KIF), 이재희 교수(경원대) 등이 집필에 참여했다.

박사들이 제대로 된 대책을 내기가 쉽지 않습니다. 연구자 개인으로서도 해외 데이터를 사용해야 저널에도 많이 실리고 인정받으니 자꾸 현장과 겉도는 이야기만 하기 쉽습니다.

그래서 저는 중소기업이든 서비스업이든 모든 산업 연구는 공무원이나 기업 및 생산 현장 관련자 등을 많이 만나 생생한 이야기를 두루 참고해야 한다고 생각합니다. 요즘 공무원들이 연구원 보고서보다 현장에서 수집한 데이터가 풍부한 각 부처별 소속 진흥원 자료를 더 많이 참고하는 이유가 이 때문이라고 봅니다. 실제로 현장에 가 보면 데이터에 대한 이해가 깊어지기 때문에 KDI가 서비스산업 연구를 시작했을 때도 저와 차문중 박사 등이 현장에 자주 다니면서 연구를 많이 했습니다.

한번은 저희가 인천에 있는 자동차부품 공장에 갔더니 현장 직원이 컴퓨터 작업을 하고 있었습니다. 미국에서 개발된 3차원 소프트웨어 프로그램으로 설계하는 중이었는데, 이미 개발된 소프트웨어에 수치만 입력하면 이후의 공정이 자동적으로 이뤄지는 프로그램이었습니다. 우리나라가 이러한 3D 프로그램을 독자적으로 개발하면 안 되느냐고 물어보니 '미국은 제조업 역사가 매우 길어서 데이터가 방대하기 때문에 가능하지만, 우리는 아직 자동차 제조업의 역사가 짧아서 안 된다'는 답이 돌아왔습니다. 현장에서 얻은 이 사례에서 서비스업이 발달했다고 하는 미국도 독자적으로 발전한 것이 아니라, 결국 제조업이 배후 산업으로 연결되어 있었기에 발전이 가능했다는 시사점을 얻었습니다.

본격적으로 시동 건 서비스산업 선진화 연구

2008년부터 정부는 부가가치가 높은 서비스산업 육성에 강한 드라이브를 걸기 시작했다. 이때부터는 KDI가 단순히 연구를 수행하는 차원이 아니라 정부와 긴밀하게 협조해 구체적인 정책 개발과 수립에 나섰다.

2008년과 2009년 두 해에 걸쳐서는 기획재정부를 중심으로 관련 부처와 학계, 연구계, 현장 전문가들이 10여 개 분야에 걸쳐 지속적으로 연구하고 토론하며 정책을 만들어 내는 '서비스산업선진화 TF'가 구성되었다.

KDI 원장이 기획재정부 차관과 함께 민관공동위원회의 공동위원장을 맡고, KDI 산업기업경제연구부와 재정사회정책연구부 박사들[15]이 각 하위 분야의 연구책임을 맡아 서비스산업 선진화를 위한 각종 정책과제를 발굴했다. 또한 공청회와 국제세미나 등도 개최한 후 광고를 제외한 교육이나 의료 등의 9개 분야에서 〈서비스산업 선진화 정책방향 보고서〉[16]가 만들어졌다.

이처럼 KDI와 기획재정부를 중심으로 운영된 '서비스산업선진화 TF'는 적지 않은 정책적 개선과 파장을 불러 왔다. 특히 미국발 글로벌 금융위기가 닥친 2008년 이후 총 다섯 차례의 '서비스산업 선진화 방안'이 시행되며 378개의 개선과제를 추진했다. 서비스산업과 제조업 간의 차별적 대우도 다소나마 완화되어 서비스산업을 영위하는 805개의 중소기업들이 세제 혜택을 받게 되었으며, 보증 지원도 확대되었다.[17]

지식서비스와 문화콘텐츠를 수출하는 기업들을 대상으로 자금 대출이 확대되었으며, 콘텐츠산업에 대한 실효성 있는 저작권 보호정책들이 광범위하게 시행되었다. 〈국가계약법〉을 개정하여 소프트웨어 업체들에 '분리발주제도'를 도입했으며 디자인과 컨설팅 분야에서는 인재 육성 및 지원대책이 마련되기도 했다.

2011년에는 〈서비스산업의 대외진출과 해외고용 기회의 확대〉[18]와 〈서비스산업의 수출 활성화와 고용 확대〉를 연구하고 발표했다.[19] 2000년 이후 거의 매년 서비스산업 발전 방안을 도출하기 위한 굵직한 정책 연구가 이루어진 것이다. 2000년대 들어 2011년까지 용역과제, 기본과제, 심층평가 등을 포함해 50여 개의 크고 작은 연구가 진행되었다.[20]

---

15 차문중 · 유경준 · 윤희숙 · 이수일 · 진양수 · 김재운 · 이시욱 · 김두얼 · 김기완 · 윤경수 박사 등이다.

16 차문중, "서비스산업 선진화 연구", 《KDI 40년사》, 2012, 495쪽.

17 위의 책, 500쪽.

18 김주훈 · 이성우 · 임진수 · 임오규 · 정기택 · 박권식, 〈서비스산업의 대외진출과 해외고용 기회의 확대〉, KDI, 2011.

19 김주훈, 〈서비스산업의 수출 활성화와 고용 확대〉, KDI, 2011.

20 차문중, "서비스산업 선진화 연구", 《KDI 40년사》, 2012, 487쪽.

의료 서비스산업 도약을 위한 노력

KDI는 서비스업 가운데 제조업과 관련된 비즈니스 서비스 외에도 의료 서비스에 숨은 잠재적 가능성이 많다고 평가했다. 국내에 우수 인력과 시설이 많으며 성형외과 및 일반외과의 해외경쟁력이 높아 의료관광 수요 또한 높으리라고 본 것이다. 또한 고령화가 진행되며 요양 서비스와 대형 고급병원에 대한 수요가 늘어날 것이 분명하다고 봤다. 디지털화가 이루어지고 정보통신이 발달하며 ICT와 융합한 의료 서비스와 바이오신약 개발 산업 등 산업 간 융복합발전이 두드러질 가능성도 높았다.

이에 따라 선진국형 의료 서비스 도입을 유도할 필요가 있었으나, 각종 규제가 발목을 잡았다. 한국에서 의료 서비스는 질병 치료와 생명 연장이라는 고유한 기능의 엄숙함이 강조되어 서비스산업의 시장성이 인정되지 않은 채 광범위한 규제의 대상이 되어 왔다.

의료 서비스는 시장 실패로 인한 폐해가 극단적으로 크게 나타나는 산업적 특징이 있었다. 또한 의료 서비스가 소비자 효용을 적극적으로 창출하는 일반적인 재화나 서비스와 달리, 질병에 따르는 고통이라는 비효용을 감소시키는 데 역할이 한정된 서비스라는 인식 역시 의료비 지출을 억제하던 각종 규제정책을 유지하는 배경이 되었다.

KDI는 2007년의 서비스산업별 각론 연구에서 의료 서비스 부문의 산업적 발전 가능성에 주목했다. 생명공학기술의 획기적 발전과 첨단 의료기술의 상업적 성공 가능성, 단순한 질병 치료가 아닌 높은 건강 수준을 달성하기 위한 적극적 의료 서비스 소비 현상의 증가, 해외 의료관광으로 대표되는 의료 서비스의 교역재적 성격 강화 등 최근 의료 환경의 급격한 변화에 따라 이제 의료도 고부가가치 서비스로서의 산업적 측면을 봐야 한다는 것이었다.

의료비 지출 축소만을 바람직하게 보던 전통적인 접근에서 벗어나, 의약품이나 의료기기 등 연관 산업의 동반 발전을 불러오는 효과가 큰 신의료 서비스 분야와 의료소비자가 자발적으로 선택하는 고부가가치의 고급 의료 서비스 분야는 의료법인의 비영리 활동에 대한 규제를 대폭 완화하여 일반적인 산업발전의 접근 틀을 적용

해야 한다는 필요성을 제기했다.[21]

김주훈 제가 서비스 분야를 연구하면서 살펴보니 정부가 의료 서비스 분야에 관심이 많았습니다. 당시 각 병원과 의료 현장을 다니며 발품을 많이 팔고 현장의 세부적인 면에 신경 써서 관련 연구를 했고, 현정택 국민경제자문회의 부의장에게 매주 의료 서비스 연구 보고를 했던 기억이 있습니다.

한번은 의료기관의 영리 법인화를 추진하고자 인천 송도의 의료부지에 간 적이 있습니다. 미국 클리블랜드클리닉Cleveland Clinic이나 존스홉킨스The Johns Hopkins University, 하버드 등을 유치하려고 만든 부지였습니다. 제가 인천경제자유구역청과 한국보건산업진흥원도 가봤더니 규제는 풀렸는데 아무도 들어오질 않는 거예요.

사정을 들여다보니 우리나라는 외국 의료기관이 들어오지 않는 게 당연했습니다. 왜냐하면 인천 등 배후 지역이 의료 서비스를 제공하는 대상이 되어야 하는데, 인천은 서울과 전철로 연결되었기 때문에 서울에 자리한 좋은 병원으로의 교통 접근성이 뛰어납니다.

또 다른 잠재적 고객인 외국인의 경우도 3개월만 거주하면 국내 의료보험 혜택을 받을 수 있으니 외국 의료기관 입장에서 보면 경제성이 없다는 것입니다. 인구가 많은 중국의 푸둥신구浦東新區로 가지, 인천으로 올 필요가 없는 것이죠. 중국은 의료 수준이 낮아 외국병원이 들어오면 돈 많은 이들이 다 외국병원을 방문하는 데 비해 한국은 의료 수준이 국제적인 수준이거든요.

그래서 서울대에 방문해 제 2서울대학병원 부지로 활용하라고 권한 적이 있습니다. 당시 서울대는 외국 환자들을 집중 유치하기 위해서 을지로6가에 있는 작은 부지를 제 2병동 부지로 정하고자 했는데, 가장 큰 난관이 부지 선정을 민영화의 전초전으로 보는 시민단체의 반대를 넘는 일이었습니다. 또한 국내는 의료 수가가 낮아서 대학병원들이 적자를 면치 못하고 있었던 데다, 비영리의료법인이기 때문에 해외에 진출하더라도 해외에서 번 돈을 비영리법인인 국내 병원으로 보낼 수가 없었

---

21 김주훈 · 차문중, 〈서비스산업 선진화를 위한 정책과제〉, 연구보고서 2007-04, KDI, 2007, 395쪽.

습니다.

그래서 약속한 사항이 “국내 의료보험체계는 절대로 건드리지 않겠다고 대통령이 명시적으로 밝힌다. 대신 외국인 환자를 받으면 그 돈을 국내 병원에서 쓸 수 있도록 한다”는 것이었습니다. 박병원 경제수석이 이를 ‘투자개방형 병원’이라고 명명했습니다. 보고서에 쓰인 단 한 줄의 단어에도 이런 많은 고민과 함의가 숨어 있었습니다.

계속해서 무산된 서비스산업 육성안

서비스산업 육성은 경제위기가 찾아올 때마다 고용과 성장의 대안으로 언급되었다. 그러나 막상 서비스산업 육성 정책을 수립하고자 할 때마다 서비스산업에 대한 각계의 시각이 얼마나 다르며 이해관계자의 저항이 얼마나 큰지, 서비스산업이 한 단계 더 도약하기 위해 넘어야 할 산이 얼마나 높은지 확인하지 않을 수 없었다. 국가간 경제의존도와 연계성이 높아져 새로운 시각으로 서비스산업 정책을 바라보아야 하는데도 눈앞의 이해타산과 높은 규제의 벽을 넘기 어려웠다.

김주훈 이해집단 문제와 규제, 이 두 가지가 우리나라 서비스산업의 발전을 막는 핵심 문제라고 생각합니다. 또 우리 제조업의 해외 생산체제가 잘 갖춰지지 않았기 때문에 글로벌망을 통합하는 과정에서 발생하는 비즈니스 서비스산업은 발전이 더딥니다.

가령 의약품이나 보건서비스 분야는 이해관계자들이 매우 많아 발전이 지체되고 있습니다. 예를 들어 윤증현 장관 시절 의약품의 슈퍼마켓 판매 허용과 관련된 문제가 있었습니다. 한국은 약사 한 사람이 약국을 운영하는 형태가 보편적이라 기업화가 이루어져 있지 않고, 대부분 저녁 6시면 문을 닫는 데다 주말도 문을 닫으니 국민들이 몹시 불편해 했습니다. 사람들이 늦은 밤이나 주말에 열이 나거나 배탈이 나면 대체 어디로 가야 합니까? 그래서 미국처럼 슈퍼마켓에서도 비처방성 비상약품을 판매할 수 있도록 규제를 완화해야 한다고 했는데, 보건복지부 진수희 장관이 끝까지 반대해서 결국 그 역시 도루묵이 되어 버렸습니다.

2008년에 기획재정부 강만수 장관이 새롭게 취임하면서 제가 서비스산업 육성을 위한 자문관으로 갔습니다. 당시 현정택 원장께서 제게 기획재정부로 파견 나가 전문가 네트워크와 소통채널 역할을 하라고 주문하셨어요.

강 장관께서 기획재정부 국·과장을 대상으로 관련 분야 워크숍을 진행하라고 해서 신장섭 교수가 글로벌화와 금융자본을, 제가 서비스산업 및 산업 고도화를 발제했습니다. 이제야말로 서비스산업 발전 논의가 확산될지도 모른다는 기대를 가질 무렵이었데, 그해 광우병 사태와 4대강 사건 등이 한 번에 터지면서 강 장관께서 서비스산업에 신경을 쓸 시간이 없었습니다.

나중에 최경환 부총리 시절에는 "서비스산업 발전이 더딘데, 다른 출구는 없느냐?"라고 하여 회의를 했습니다. 당시 제가 내세운 논리가 "'Made in Korea'가 아닌 'Made by Korea'로 가자. 젊은 층이 진입하려고 하지 않는 공장 일거리는 해외로 돌리는 대신, 사업서비스를 집중 육성해서 우리나라 고학력 청년들을 고용하자"였습니다. 정부의 반응이 좋았는데 제조업 공동화를 부추긴다는 언론 비판이 나오자 그 논의 역시 쏙 들어가 버렸습니다.

한번은 국민경제자문회의에서 "규제개혁이 되어 선순환 구조를 만들어야 합니다. 규제가 있으면 서비스산업에 규제의 데스밸리death valley가 생겨 추락의 갈림길이 생깁니다"라는 취지의 보고를 하였더니 박근혜 대통령이 "규제에서도 데스밸리 문제가 있군요"라고 긍정적인 반응을 보였습니다만 그 직후에 최순실 사태가 벌어지면서 역시 유야무야되고 말았습니다.

정부가 〈서비스발전법〉의 입법과 본회의 통과를 위해 무진 노력했고, 제가 국회 청문회에서 증언도 참 많이 했습니다. 그렇게 연구하고 노력했는데도 서비스 관련 법안이 아직도 통과되지 않아 참 안타깝습니다.

5장

경쟁법·정책의 선진화 연구

경쟁법 연구의 새로운 흐름과 방향

1990년대에 접어들면서 한국 경제의 대내외 환경과 여건이 크게 달라졌다. 첫째, 경제 규모가 커지고 경제활동이 다양화·복잡화·중층화되어 정부가 주도하는 정책에서 한계를 드러냈다. 둘째, 정보통신기술이 발전하고 WTO가 출범하는 등 무역자유화와 시장 개방화, 기업활동의 세계화 등이 급속히 진행되면서 한국 기업들이 글로벌 경쟁에 노출되었다. 셋째, 선진국들이 한국 등 주요 교역 상대국들에 각종 비관세장벽을 제거하고 경쟁법을 강화하는 등 자국 기업에 동등한 시장접근과 경쟁의 장을 보장할 것을 압박하면서 경쟁법의 국제규범화를 촉구했다. 경쟁법과 관련된 정책이 단순히 자국 내 기업의 문제로 국한되는 것이 아니라 통상정책·개방화 정책과 맞물리면서 국제화되는 시점이 도래한 것이다.

이러한 변화에 대응하고자 KDI 연구진은 그간 정부가 주도하는 경제 운영구조 속에서 형성되었던 경쟁을 제한하는 규제와 정책, 관행을 혁파하고 실질적인 경쟁을 촉진하여 시장기능을 활성화하는 것이 한국 경제가 나아가야 할 방향이라고 진단했다. 또한 이러한 전환을 위해 공정거래정책의 실효성을 높이고 공정하고 자유로운 경쟁의 기반을 확충하기 위한 정책 연구에 집중하여, 공정거래법제 및 그 집행 체제와 방식의 선진화를 이끌었다.

'Rule of Reason' 시대로 이행한 경쟁법

신광식 박사가 1992년 발표한 〈시장거래의 규제와 경쟁정책〉[1]이라는 보고서는 공정거래정책의 실효성 제고를 위한 첫 번째 연구에 해당한다. 신광식 박사는 "재판매가격 유지, 판매지역 및 고객 제한, 배타적 거래, 상호거래, 가격차별 등 사업자들의 각종 거래행위에 대한 현행 〈공정거래법〉 규제는 법에서 규정한 불공정거래행위의 외형에만 해당하면 위법성을 단정하여 효율적인 경쟁촉진 행위까지 금지하고 있다"고 비판하고, "행위의 의도와 경제적 효과, 소비자 후생을 기준으로 위법성을 판단하는 'rule of reason'(합리의 원칙) 규제방식으로 전환"할 것을 촉구하면서, 각 행위유형별로 위법성을 판단하는 방법 및 기준을 제시했다.

1996년 7월 '21세기 경제 장기구상 경쟁촉진반 공청회'에서 신광식 박사는 불공정거래의 행위유형을 열거하여 금지하는 〈공정거래법〉 제 23조 규정을 '불공정한 경쟁수단'을 금지하는 규정으로 개정해야 하며, 법에 열거된 불공정거래 행위 자체를 원천적으로 금지하기보다는 사안별로 경제적 효과에 따라 위법성을 판단하는 'rule of reason'을 적용하는 방식으로 전환해야 한다고 역설했다.

이를 위해 "개별 행위별로 사건 심결에 쉽게 적용할 수 있는 구체적 지표와 기준을 설정해야 하며 'rule of reason' 방식을 적용하기 위한 경쟁정책의 전문성, 독과점 규제의 실효성, 집행의 투명성을 높여야 한다"고 주장했다. 이러한 KDI의 연구와 주장은 이후 공정거래위원회가 각 행위유형별 위법성 심사 지침을 개선하는 것으로 결실을 맺었다.

---

1 신광식, 〈시장거래의 규제와 경쟁정책〉, KDI, 1992.

경쟁법의 국제화

1994년에 나온 《경쟁정책의 국제비교》[2]는 미국의 〈반트러스트법〉, 일본의 〈독점금지법〉, 독일의 〈경쟁제한금지법〉 등 주요국의 경쟁법 내용 및 집행체제와 방식을 비교 분석하고, 기업결합·카르텔·독점화·가격차별·약탈가격정책 등에 대한 각국의 법이론과 실제 운용을 비교 및 검토하였다.

이 보고서는 선진국들이 자국 경쟁법의 적용 범위를 대외교역을 제한하는 모든 행위로 확대하는 추세에 대응하는 한편, 선진국들의 사례를 비교 분석하여 우리 〈공정거래법〉 제도를 선진화하는 방안을 마련하기 위한 연구였다. 이 연구는 경쟁법에 대한 이해가 부족한 탓에 〈공정거래법〉이 기업의 발목을 잡는 법이라는 인식까지 퍼져 있던 당시 정책담당자와 학계, 법조인 등에게 자본주의 시장경제에서 경쟁법의 진정한 목적과 역할, 효능과 성과에 대한 이해를 확산하는 계기가 되었다. 또한 〈공정거래법〉을 규정하고 집행체제와 방식을 강화하는 가이드라인이 되었다.

1997년에는 경쟁라운드가 국내 산업에 미치는 영향을 다각도로 분석했고, 1998년 3월에 나온 〈WTO시대의 신통상 의제: 정책함의와 대응〉[3] 보고서에서는 경쟁법과 경쟁정책에 대한 국제규범화의 전망과 대응방안을 구체적으로 제시했다.

2000년대 이후에는 경제의 글로벌화가 진전되면서 기업경쟁의 범위를 국제적 시계로 넓힌 연구가 많이 나왔다. 2004년 〈해외 부문과의 잠재적 경쟁과 시장구조에 대한 실증 분석: 제조업을 중심으로〉[4] 연구는 시장 내에 현존하는 기업들만을 대상으로 경쟁의 정도를 측정하는 각종 지표가 시장조건의 변화에 따라 추가적으로 발생할 수 있는 (그러나 아직 실현되지 않은) 잠재적 경쟁potential competition의 정도를 반영하지 못하는 문제점이 있다고 지적했다.

주로 해외 기업의 국내시장 진입으로 발생할 수 있는 잠재적 경쟁을 분석하는 데

---

2 신광식, 〈경쟁정책의 국제 비교: 미국, 일본, 독일〉, KDI, 1995.

3 신광식 · 김승진 · 한진희, 〈WTO시대의 신통상 의제 : 정책함의와 대응〉, 연구보고서 97-04, 1998.

4 조성빈 · 최용석, 〈해외 부문과의 잠재적 경쟁과 시장구조에 대한 실증 분석: 제조업을 중심으로〉, KDI, 2004.

초점을 둔 이 연구는 "설령 국내기업에 의한 시장집중도가 높은 산업이라 하더라도 해외 부문으로부터의 잠재적 경쟁이 높은 경우 시장지배력이 낮을 수 있으므로 정당화되지 못하는 반독점 교정수단에 의한 폐해를 최소화해야 할 것이다. 반대로 집중도가 높지 않으나 대외에 개방되지 않아 수입에 의한 잠재적 경쟁에 노출되지 않는 경우는 경쟁당국이 보다 엄밀히 감독할 필요가 있다"고 결론 내렸다.

경쟁 촉진을 위한 규제개혁과 카르텔 폐지

KDI는 시장기능을 활성화하기 위해서는 기업의 경쟁제한적 행태를 개선하고, 정부의 경쟁제한적 규제를 철폐하는 등 강도 높은 규제 개혁이 필수임을 목소리 높여 주장하였다. 1996년 〈경쟁 촉진을 위한 정책과제와 방향〉[5] 보고서가 대표적이다. 보고서는 "사적 자치의 원칙이 지배해야 할 영역에서 이해관계자의 권리와 책임이 합리적이고 명확하게 규정되고 배분되지 않았거나 정부 개입으로 권리와 의무 관계가 변질되고 정당한 권리의 행사가 제약된다면, 시장규율은 작동할 수 없고 시장을 통한 경제활동을 효율적으로 조정하고 통합하기도 어렵다"고 단언했다.

보고서는 "경제적 기회의 규제적 배분과 정경유착을 막고, 사업활동에 대한 합리적 규칙을 확립하며 경제적 성과와 보상 간 연계를 강화하여 산업 전체의 경쟁력을 강화하기 위해서는 각종 불필요한 진입규제를 철폐하고 규제집행 절차를 단순화하며 경제행정 법령을 축소 및 철폐해야 한다"고 주장했다. 법의 공적 집행과 규율은 사적 권리 행사에 따르는 인센티브가 충분치 않은 경우로만 제한하여 정부의 과도한 행정 통제와 개입에 의한 시장실패를 줄여야 한다는 것이었다. 정부가 법을 재량에 따라 제정하고 집행할 수 없도록 투명성・중립성・책임성 등을 확보하는 것도 중요한 과제라고 적시했다.

KDI는 이를 위해 규제의 이해당사자(규제 행정기관, 피규제 기업 등) 을 배제한 채

---

5 신광식 편, 〈경쟁 촉진을 위한 정책과제와 방향〉, KDI, 1996.

전문가를 중심으로 객관성·전문성·중립성을 갖춘 '규제완화추진기구'를 구성하고 규제개혁을 체계적으로 추진할 수 있도록 관련 법을 보강해야 한다고 주장했다. 이 기구에서 규제개혁에 필요한 추진체계와 절차, 규제 신설이나 변경에 대한 평가 기구와 절차적 요건 등을 규정하도록 하여 규제법정주의를 확립하는 한편, 법에 의거하지 않은 창구지도나 그림자 규제, 현장규제 등을 방지해야 한다는 것이다.

이 같은 KDI의 주장은 외환위기 이후 경제 활성화와 효율화를 위한 〈행정규제기본법〉이 개정되면서 설립된 '행정쇄신위원회'와 '규제개혁위원회'로 구체화되었다(1998년). 같은 해 공정위와 KDI가 합동으로 정유·정보통신·사료·주류 등 규제가 보다 심한 산업들을 선정해 경쟁 실태와 문제점을 파악하고 개선방안을 도출했으며, 여러 이해관계자들의 의견을 관련 법과 제도에 반영했다.

또한 KDI는 〈WTO시대의 신통상의제: 정책함의와 대응〉 보고서 등에서 〈공정거래법〉 적용이 배제되는 각종 경쟁제한적 법령을 철폐하여 경쟁 기반을 확충할 것을 지속적으로 주창했다. 이어 1998년 7월 공정거래위원회와 공동으로 '공정거래법 적용 제외 카르텔의 일괄 정리방안'에 대한 공청회를 개최하여 각종 전문직역 법률에서 허용하는 카르텔을 정비할 구체적 방안을 제시했다. 이러한 노력은 1999년 2월 '카르텔일괄정리법'[6]이 제정되며 결실을 맺었다.

이 법으로 개별 특별법에 근거한 카르텔들이 상당수 제거되었다. 대표적인 사례가 변호사나 공인회계사 등 9개 전문자격사의 보수를 결정하는 카르텔 폐지, 비살균 탁주의 공급구역제한 폐지, 보험료율 공동산출제도의 개선, 건교부 장관에 의한 해외공사 수주경합조정제도 폐지 등이다.

---

6 이 법의 정식 명칭은 〈독점규제 및 공정거래에 관한 법률의 적용이 제외되는 부당한 공동행위 등의 정비에 관한 법률〉이다.

기업 경제력집중 해소의 다양한 방법론 모색

한국의 공정거래법은 경쟁을 촉진하여 경제효율성을 제고한다는 경쟁법의 근본 목적 외에도 우월한 시장지위와 교섭력을 가진 대기업들의 경제력집중 현상을 억제하는 데 특히 무게중심을 두었다는 특징을 지닌다.

1996년 7월에 개최된 '21세기 경제장기구상 경쟁촉진반 공청회'에서 발표된 〈경쟁촉진을 위한 정책과제와 방향〉 보고서에서, 신광식 박사는 1986년 〈공정거래법〉 개정을 통해 도입된 경제력집중 억제 조치[7]가 거둔 지난 10년간의 성과에 대해, "재벌의 독점력과 업종 다변화, 소유지배의 집중, 계열사 간 출자 및 채무보증과 내부거래 등의 폐해를 개선하는 데에는 상당히 미흡했다"고 평가했다.

언론이 '문어발식 확장'이라고 부르던 재벌기업의 사업 다각화를 막기 위한 업종전문화 시책 역시 실질적 전문화를 달성하기 어렵다고 봤다. 오히려 여신관리와 출자규제상에서 업종을 차별적으로 취급해 시장이 분점화되거나 경쟁이 제한되는 등 부작용을 야기했다는 것이다. 신광식 박사는 그 이유가 "경제력집중 완화를 위한 정책수단들이 유기적 통합 없이 대증요법식으로 시행되었기 때문"이라며, "문제를 근본적으로 해결하기 위해서는 〈공정거래법〉뿐만 아니라 금융과 세제, 산업정책 등 관련 시책들이 상호 유기적으로 시행되어야 할 것"이라고 밝혔다.

2000년에 발표된 〈재벌개혁의 정책과제와 방향〉 보고서에서도 신광식 박사는 "〈공정거래법〉상 재벌규제는 직접적으로 시장구조와 경쟁 환경을 변화시키는 것이 아니기 때문에 재벌의 인센티브 구조를 바꾸고 행태를 개선하는 데에는 한계가 있다"고 평가했다. 이에 대한 개선방안으로는 ① 기업결합 규제와 독점완화 조치 등 경쟁정책적 수단을 활용해 재벌의 비효율적·남용적 행위의 기반이 되는 계열구조를 개선할 것, ② 계열사의 취득 및 편입에 대해 경쟁제한성의 관점에서 선별 심사 및 규제할 것, ③ 장기간 독점력을 남용하는 기업은 분할 명령이나 계열분리 조치를 취할 수 있도록 명확한 법적 근거를 마련할 것, ④ 뇌물수수, 내부자 거래, 탈세,

---

7 출자총액 제한과 채무보증 제한, 부당내부거래 금지 등을 가리킨다.

담합, 사기 등에 대한 형사법 집행을 강화할 것, ⑤ 주주 등 이해당사자들의 권리를 강화해 이들에게 권리행사권과 책임을 부과해 경제활동을 규율할 것, ⑥ 정부 행위의 투명성과 법적 책임성을 확보할 것 등을 제시했다. KDI의 주장은 이후 공정거래법뿐만 아니라 〈상법〉과 〈자본시장법〉 등에 두루 반영되었다.

4부

선진경제 기반을 위한 건전재정 연구

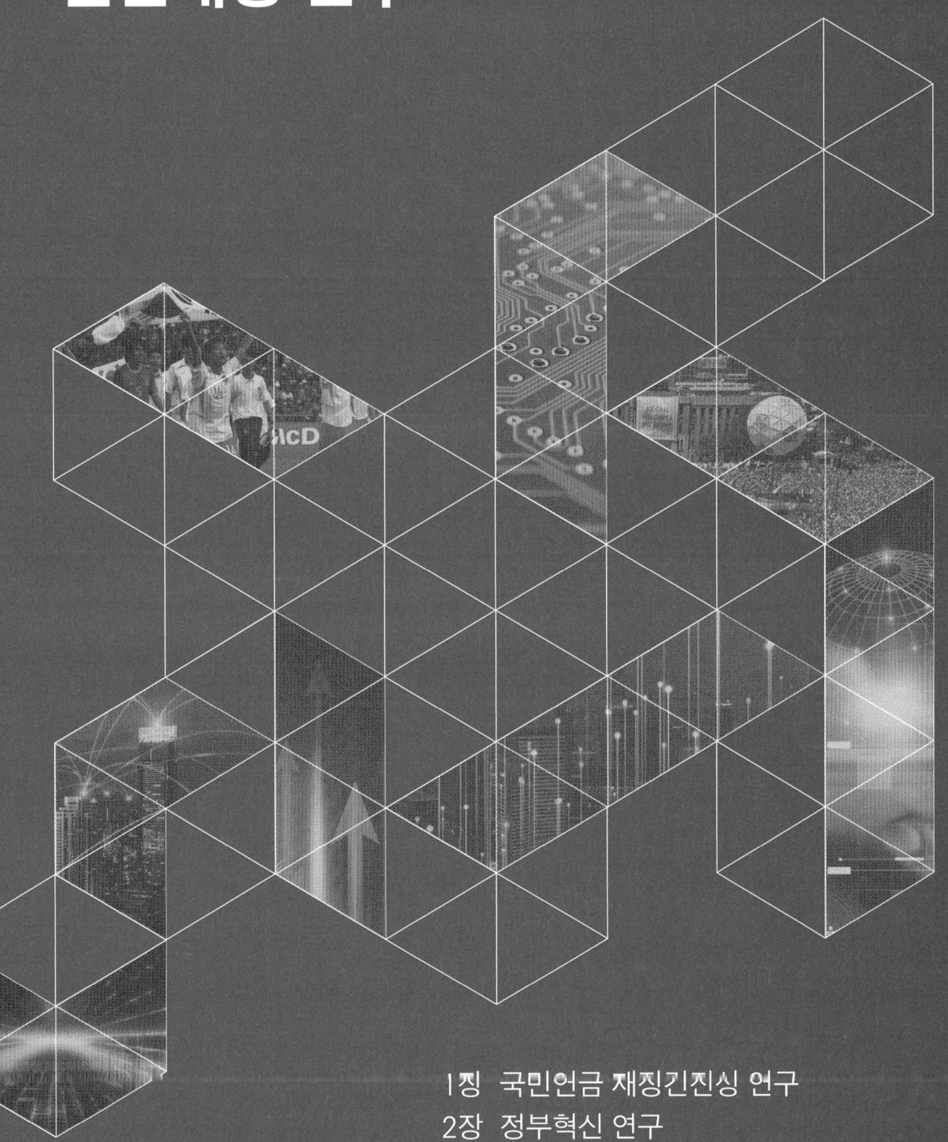

1장 국민연금 재정건전성 연구
2장 정부혁신 연구
3장 한국 경제의 장기비전 수립
4장 양극화를 넘어 새로운 글로벌 한국 경제로

1장

국민연금 재정건전성 연구

국민연금의 재정건전성 문제 최초 제기

국민연금은 국민들의 노후생활을 보장하는 보험으로서의 역할과 더불어 강제성을 띤 국가제도로서 소득을 재분배하는 중요한 역할을 한다. 한국에서는 "우리 형편에 국민연금은 아직 시기상조"라는 반대를 뚫고 오랜 진통 끝에 1988년 국민연금이 도입되었다.

1990년대 들어 정치민주화에 따른 균형성장 및 복지 요구가 급증하면서 각종 연금과 사회보험의 장기 재정건전성을 둘러싼 문제가 KDI의 중심 연구과제로 부각됐다. KDI는 1991년 보건사회부(현 보건복지부) 용역을 받아 연구하고 발표한 〈국민연금제도의 장기적 재정안정화를 위한 정책과제와 대책〉[1]에서 최초로 문제를 제기했다. 국민연금이 1988년 국회를 통과한 지 겨우 4년이 지난 시점이었다. 국민연금 제도를 도입하던 초기에 연금재정 장기 건전성을 연구한 것이다.

---

1 민재성 · 문형표 · 김용하 · 김원식, 〈국민연금제도의 장기적 재정안정화를 위한 정책과제와 대책〉, 정책연구시리즈 91-03, KDI, 1991.

연구를 했던 사람은 1989년 KDI에 들어온 문형표 박사였다. 그는 1991년 처음으로 국민연금 보험료 및 수급과 관련된 제도 설계를 들여다보고 깜짝 놀랐다고 한다. '연금제도를 이렇게 운영하면 적자 구조가 심각해져 나중에 난리가 날 텐데 큰일 났다' 싶었다는 것이다.

문형표 제가 들여다보니까 처음에 국민연금을 도입했을 때 보험료율이 3%에서 9%로 단계적으로 올라가게 되어 있었고, 연금의 소득보장률도 무려 75%나 되었습니다. 누가 보더라도 지속 불가능한 구조잖아요? 그래서 제가 "국민연금제도 설계가 지속가능하지 않으니 빨리 고쳐야 한다. 선진국들은 연금제도가 성숙한 상태에서도 고령화가 현실화되면서 이미 심각한 상황에 봉착했는데, 우리나라 연금제도는 추후 선진국보다 훨씬 심각한 불균형이 발생할 것으로 우려된다"라고 주장하기 시작했습니다.

재정건전성을 지켜야 한다는 것이 KDI가 창립 초기부터 일관되게 지킨 입장이었고, 줄곧 전통을 유지해 왔습니다. KDI가 역대 모든 정부에서 일관되게 재정의 파수꾼 역할을 해 왔다고 생각합니다. 건강보험 및 국민연금, 공적연금 등 경직성 복지재정의 문제를 인식하고, 복지재정이 지속가능할 수 있게 건전화해야 한다는 문제의식은 저뿐만 아니라 KDI 재정팀 내에서 공감대가 형성됐던 이슈였습니다.

보험료율 인상과 특수직역 연금 개선안 제시

문형표 박사는 1992년에도 국민연금 재정 건실화 관련 연구를 수행했다. 〈사회보장 지출의 효율성에 관한 연구: 국민연금제도를 중심으로〉[2] 연구에서는 "국민연금이 5인 미만 사업장과 농어촌까지 확대될 경우 연금기금의 적자 문제가 더욱 심각해

---

2 문형표, 〈사회보장 지출의 효율성에 관한 연구: 국민연금제도를 중심으로〉, 정책연구시리즈 92-11, KDI, 1992.

질 것이며 특히 베이비붐세대의 은퇴가 본격화되는 시점에는 연금기금 재정을 더욱 압박할 것이므로 사전적 대응방안 모색이 시급하다"고 조기 연금개혁을 역설했다.

이에 대해 보고서는 "국민연금 부담금의 상향 조정, 기초연금액 산정방식의 하향 조정, 연금지급 개시 시점의 연기, 세대 간 연금 혜택 격차를 완화하기 위한 기초연금액 산정방식의 합리적 조정과 함께 고소득 계층에 대한 정부 보조율을 낮추고 계층 간 소득분배 효과를 높여야 한다"는 개선방안을 제시했다. 보다 구체적으로는 보험료율을 최대 15%까지 상향 조정하고, 기대수명이 증가함에 따라 60세로 설정된 국민연금 지급 개시 시점을 늦춰야 한다고 주장했다.

1993년에는 국민연금제도와 공무원연금·군인연금·사학연금 등 특수직역 연금을 분석했다. 〈공적 연금제도의 문제점 및 개선방향〉[3]에 따르면 군인연금 지급액의 경우 매년 자체적으로 충당하는 연금보험료(갹출금)의 두 배가 넘는 돈이 중앙정부 재정으로 보조되는 것으로 파악됐다.[4]

공무원연금은 당시 추정했을 때 1997년부터 수입액보다 수급액이 더 커지면서 2015년이면 완전히 고갈될 것이며, 사학연금 역시 약 10년의 시차를 두고 공무원연금과 비슷해질 것으로 예측됐다. 이제 막 실시되기 시작된 국민연금은 수급자가 없어 적립기금이 늘어나고 있지만 2030년이면 적자로 반전될 것이라고 봤다.[5]

연구는 향후 공적연금을 개선하기 위한 기본방향을 다음과 같이 제시했다. 첫째, 각 제도의 구조적 적자 요인을 해소하여 수급 균형을 회복함으로써 장기적 연금재정의 건실성을 유지하고 과도한 중앙정부 재정 부담을 낮춰야 한다. 둘째, 보험료 및 급여 수준을 조정하고 지급 개시연령에 제한을 두며, 소득을 추계하는 방식을 도입해 강화하는 등의 방안이 시급히 추진되어야 한다. 셋째, 특수직 연금의 경우 최종 보수를 기준으로 연금을 산정하는 방식을 평균 보수월액을 기준으로 하는 국민연금의 산정 방식과 일치시키고, 지수화 방식을 소비자물가 기준으로 전환하여 제

---

3 문형표, "공적 연금제도의 문제점 및 개선방향", 〈KDI 정책포럼〉 11호, KDI, 1993.

4 문형표 박사는 1993년 국고 지원액은 4,898억 원에 이르며 1998년에는 1조 원, 2000년에는 1조 5,000억 원에 달할 것으로 추정했다.

5 문형표, 앞의 논문, 1993, 2~3쪽.

도 간 형평성을 제고해야 한다.[6]

노후대비 '3층 소득보장체계' 제안

1994년에는 〈노후소득보장제도의 현황 및 과제〉[7]를 연구했다. 이후 한국 경제에서 가장 큰 위기 요인으로 떠오른 고령화 문제에 주목한 것이다.

문형표 제가 국민연금 등 공적연금과 재정건전성 이슈에 특히 문제의식을 품기 시작한 근본적인 원인이 사실 급속히 변화하는 우리나라의 인구구조였습니다. 국민연금을 도입하던 초기에 제도를 불균형하게 설계한 데다 저출산-고령화가 급속하게 진행되어 연금 고갈을 앞당기는 요인이 되니까 '이건 정말 큰 문제다' 싶어 더 큰 그림을 그리고자 고령화 연구를 시작했습니다.

제가 고령화의 문제점을 인식하게 된 시기는 1994년 무렵이었습니다. 세계은행이 전 세계의 고령화에 대해 종합적인 문제의식을 제시한 *Averting Old Age Crisis*를 발간했습니다. 이 책에서 연금개혁과 고령화의 심각성을 다뤘는데, 당시 우리나라에서는 아무도 관심을 두지 않았습니다.

미국과 유럽은 연금제도가 성숙 단계에 도달해 고령화가 심각한 문제로 떠오른 데에 비해 우리나라는 국민연금을 도입한 초반기라 당장 눈앞의 시급함이 덜하다 보니 고령화 이슈에 대해 경각심이 별로 없었습니다. 국민연금이 고갈되는 문제를 저출산-고령화와 연결 짓지 못했던 것입니다. 다들 먼 훗날의 일이라고 생각했으니까요.

그런데 KDI 재정팀은 연금 연구를 하고 있었고, 연금은 세대 간 회계이므로 걱정을 미리 앞당겨 하게 되었습니다. 일본의 잃어버린 20년이 고령화라는 인구구조 변

---

6 문형표, "공적 연금제도의 문제점 및 개선방향", 〈KDI 정책포럼〉 11호, KDI, 1993, 7쪽.

7 문형표, 〈노후소득보장제도의 현황 및 과제〉, 정책연구시리즈 93-22, KDI, 1994.

화와 직결되는데, 우리나라의 출산율이 일본보다 떨어지다 보니 심각하게 걱정될 수밖에 없었어요.

1995년에는 《국민연금제도의 재정건실화를 위한 구조개선 방안》[8] 연구를 통해 국민연금의 재정건전성을 회복하기 위한 보다 구체적인 방안을 제시했다. 보험료율을 현행 9%에서 최대 20%까지 올리거나 급여 산식을 조정해 중위 소득자가 30년 가입했을 시 소득대체율을 40%로, 40년 가입했을 시 60%로 조정해야 하며 장기 가입한 저소득층에 유리하게 재설계해야 한다고 주장했다. 또한 수급을 개시하는 연령도 향후 65세나 67세로 조정할 필요가 있다고 지적했다.

이어 수급이 개시되는 시점에 다다른 사람이라고 하더라도 다른 소득수준에 따라 연금지급액을 삭감하고, 실제 연평균 소득에 의거해 보험료 및 급여 기준을 설정해야 한다고 봤다. 더불어 국민연금 보험료가 일종의 목적세 성격을 띤다는 점을 고려하여 '반환일시금제'를 폐지하는 대신, 실업이나 재해를 겪었을 시 일정 기간 보험료 납부를 면제하는 기간을 허용해야 한다고 주장했다. 이 내용들은 후일 국민연금제도에 대부분 반영됐다.

1차 연금개혁 추진과 의의

그러다가 1996년 고故 박세일 수석이 청와대 정책수석에서 복지수석으로 자리를 옮긴 후 문형표 박사에게 연락해 "당신이 청와대로 와서 복지문제를 도와 달라"고 하면서 문 박사는 청와대 행정관으로 파견을 나갔다. 청와대에 출근하여 처음 인사하러 간 문 박사에서 박 수석이 "당장 무슨 일을 하고 싶은가?"라고 물었다.

문 박사는 "복지가 장기적으로 지속되려면 정부가 반드시 해야 할 일이 연금개혁입니다"라고 답변하며 오랫동안 연구해 온 내용을 설명했다. 유심히 설명을 듣던 박

8 문형표, 〈국민연금제도의 재정 건실화를 위한 구조 개선방안〉, 연구보고서 95-07, KDI, 1995.

수석은 "그럼 당신이 책임지고 공적 연금개혁을 한번 추진해 보라"고 했다. 연구만 했던 국민연금 개혁을 정책 차원에서 직접 법에 반영하고 집행할 수 있는 기회가 주어진 것이다.

가장 시급한 일이 국민연금 보장률을 낮추는 것이었기 때문에 문 박사는 열심히 안을 만들어 복지부 장관에게 연금개혁안을 설명했다. 그런데 장관의 표정이 별로 좋지 않았다. 열심히 설명하니 듣기는 했지만, 내키지 않는 기색이 역력했다. 당시 분위기는 복지 확장이 주류였다. 국민연금 수급액을 높이는 안이라면 몰라도, 아직 수급이 시작되지도 않은 국민연금 보장률을 미리 낮추는 정책을 자신의 손으로 추진해야 한다는 점이 마땅치 않았을 것이다.

주무 부처에서 퇴짜를 맞은 문형표 박사는 "도저히 이대로는 안되겠다" 싶어 예산과 재정을 다루는 재정경제원으로 가서 이윤재 정책기획국장을 만났다. 이 국장은 문 박사의 설명을 귀 기울여 심각하게 들어 주었다.

문형표 제가 30여 분을 설명하면서 "이 안을 지금 추진하지 않으면 나중에 재정에 큰일이 납니다"라고 했더니 이 국장이 "들어 보니 이거 정말 중요한 일이네요"라면서 당장 차관실로 저를 데려갔습니다. "차관님, 이 내용이 중요하니 들어 보십시오"라고 운을 뗀 뒤 제가 설명을 시작했습니다. 그런데 5분 정도 지나니까 차관이 벌떡 일어서더니 "이거 인기 없는 건데 … " 하면서 그냥 나가 버리는 겁니다.

복지부와 재정경제원 양쪽에서 퇴짜를 맞고 힘이 빠져 박 수석에게 "제 힘만으론 역부족인 것 같습니다"라고 보고하자, 박 수석이 "연금개혁의 필요성을 3장으로 간단히 정리해 오라"고 했습니다. 그래서 자료를 만들어 드렸더니 대통령을 독대하시고서는 제 보고서에 '김영삼'이라 적힌 대통령 사인을 받아 주셨습니다.

홍은주 박세일 수석이 참 대단하셨습니다. 정치적으로 참 인기 없는 정책에 대통령 서명까지 받아왔으니까요. 연금개혁의 동력이 살아났겠네요.

문형표 그렇습니다. 그 지시서를 들고 다시 복지부로 갔더니 상당히 언짢은 표정이

기는 했지만 후속 조처로 1997년 '국민연금제도개선기획단'이라는 것을 만들게 됩니다. 우여곡절 끝에 연금 급여의 소득대체율을 일단 40년 가입자를 기준으로 하여 75%에서 60%까지 15%p 정도 깎았습니다.

저희는 50%로 낮춰야 한다고 주장했지만 보건복지부에서 55%로 양보해 달라고 사정하기에 양보했더니, 국회에서 갑자기 60%로 오른 채 통과됐습니다. 그 건으로 제가 당시 복지부 실장과 심하게 다투는 사태까지 벌어졌습니다.

여기까지가 1차 연금개혁이 이루어진 과정이었습니다. 그래도 그때부터는 연금개혁의 필요성과 시급성을 국회나 공무원, 전문가들이 인식하면서 2·3차 연금개혁으로 이어지는 동력이 생긴 셈입니다.

홍은주 수급자가 나오기 전에 국민연금 개혁이 이뤄져서 몹시 다행이었습니다. 2023년 프랑스의 사례에서 보듯 연금 수급자가 나온 이후에는 사실 개혁하기가 거의 불가능하거든요. 당시 1차 연금개혁의 의의를 어떻게 요약할 수 있을까요?

문형표 첫째, 전 세계 어느 나라도 아직 수급자가 나오기 전인 제도 초기에 연금개혁을 시도한 나라가 없었는데, 한국이 유일하게 그 일을 해냈습니다. 모든 선진국이 나중에 문제가 발생하고 나서야 개혁을 시도하지만, 말씀하신 대로 일단 수급이 시작된 후로는 연금개혁이 성공하는 사례가 별로 없어요. 연금개혁을 시도할 때마다 정권이 흔들리기 때문입니다.

둘째, 당시 1차 연금개혁의 또 다른 의의는 연금재정 추계를 아예 5년마다 재계산하도록 의무화한 것입니다. 연금이 언제 고갈될 것이라고 추계하다 보면 복지부에서도 그때마다 문제를 인식하고 움직이거든요. 5년마다 연금재정을 추계하도록 한 조치는 '국민연금제도개선기획단'에서 공식적으로 내놓은 안인데, 사실 이는 선진국들이 취하는 조치를 차용한 것입니다.

당시 캐나다는 3년, 미국은 단기 1년 및 중기 5년마다 지속적으로 점검하는 장치를 두고 있었는데 이를 도입하자고 제안했습니다. 그 후 이런저런 노력 끝에 연금의 소득대체율을 40년 가입 기준으로 40%까지 낮추는 방향으로 왔습니다. 급여를 깎고 보험료를 올리라고 하니 설득하기 쉽지 않았지만 그래도 40%까지 낮춘 것은 획기적이라고 봅니다.

홍은주 현 단계의 국민연금 개혁 수준을 어떻게 평가하시는지요?

문형표 여러 가지로 노력했지만 우리나라의 연금개혁은 아직 미흡한 수준입니다. 나중에 재정이 고갈되어 도저히 감당하기 어려워지면 연금개혁을 또다시 시도할 수밖에 없을 텐데, 그때는 감당하기 어려운 정치적 후폭풍을 겪을 것으로 우려됩니다. 일반적으로 연금이 완전히 성숙화되는 기간은 약 60년인데, 공무원연금은 1960년에 시작되었고 군인연금은 1962년에 도입되었으니 이미 성숙화된 상태죠. 두 연금 모두 적자가 나서 중앙정부 재정으로 메우고 있는 상황인데, 나중에는 재정으로 도저히 감당하지 못하는 사태가 벌어질 겁니다.

돌이켜 보면 특수직 연금개혁을 할 마지막 기회가 노무현 정부 말기였던 것 같습니다. 이때 공무원 노조가 생겼기 때문입니다. 노무현 정부 당시 '공무원연금개혁위원회'를 만들고 행자부가 어렵게 찬성해 개혁안을 거의 다 만들어 담당 국장이 밀어붙였는데, 정권이 바뀌면서 완전히 백지화됐습니다. 제가 이걸 고발하기 위해 논문을 기록으로 남기기도 했습니다.

연금을 제도적으로 설계할 때는 처음부터 잘해야 합니다. 제도설계가 잘못되면 나중에 문제가 드러나 고칠 때 사회적·정치적 비용도 많이 들 뿐만 아니라, 최악의 경우 비용을 암만 들여도 전혀 고칠 수 없기 때문입니다. 제가 연금개혁 과정과 함께 성공 및 실패 사례를 쭉 지켜보면서 순수경제학에 한계가 있다고 뼈저리게 느꼈습니다. 경제정책을 결정하는 사람들은 경제학자가 아니라 정치인인 경우가 많고, 정책을 도입하기 위해서는 정치적 프로세스를 거쳐야 하기 때문입니다.

연금개혁은 후세대를 위한 처방전

2001년에는 공무원연금이 고급여-저부담의 구조적 불균형으로 적자가 누적되며 정부 일반회계로부터의 적자보전을 위한 지원이 불가피하게 되었다. 이에 KDI는 2002년 민간연금의 대표적 회계방식인 '가입연령 정상비용방식EANC: Entry Age Normal Cost'에 입각해 공무원연금의 표준보험료 수준의 산정 및 분담방식 등을 추정했다.[9]

그 결과 공무원연금의 연간 적자규모(정부보전액)는 2010년대 중반부터 빠르게 늘어날 것이며 수지 균형을 맞추기 위한 표준보험료 수준은 현재의 보험료 수준(17%)의 두 배 이상에 달하는 것으로 나타났다. 이 연구에서 공무원연금 제도의 재정을 안정적으로 운영하기 위한 재원 조달 방식을 고안할 것과 함께, 향후 급여 지출이 지나치게 과다해지는 상황을 방지할 수 있도록 공무원연금의 구조를 개선하고자 노력할 것을 촉구하였다.

2005년 〈인구 고령화와 노후소득보장〉[10] 연구는 국민연금 개혁 및 연금사각지대 해소, 공적소득보장제도와 사적보장제도의 혼합(다층 노후소득보장) 체계를 구축하기 위한 연구를 심화하고 비정규직·여성·노인의 근로가 증대하는 등 변화하는 고용형태에 대한 대응책을 마련하고자 다음과 같이 주장했다.

첫째, 국민연금제도는 구조적 결함에 따른 지속가능성의 문제뿐 아니라, 세대·계층 간 형평성 문제 등 다양한 문제점을 안고 있으므로 소득을 파악하는 시스템을 개선하고 연금구조 불균형을 개혁하는 등 연금개혁을 서둘러야 한다.[11]

둘째, 공적·사적연금제도의 역할을 분담하는 방안을 논의할 필요가 있다. 한국

---

9 문형표·강문수 편, 〈2002년도 국가예산과 정책목표〉, 연구보고서 2002-07, KDI, 2002.

10 문형표·권문일·김용하·김상호·방하남·안종범, 〈인구 고령화와 노후소득보장〉, KDI, 2005.

11 국민연금의 보험계리적 평가(KDI)에 의하면 2005년 기준 미적립 연금부채는 GDP 대비 33% 수준이며, 2070년에는 160%까지 상승할 전망이다. 또한 2040년 말 기금이 고갈된 이후 부과방식PAYG: Pay As You Go으로 전환되면 보험료율(현행 9%)이 2070년에는 38%까지 상승할 것으로 전망되어, 현행 '고급여-저부담' 구조의 개혁이 시급한 실정이다. 2003년도 정부의 국민연금 법안(급여 인하는 60%→50%, 보험료율은 9%→15.9%)은 이러한 장기적 재정 안정을 보장하기에는 미흡한 수준이라고 판단되며, 부분적립방식을 유지하기 위해서는 장기적으로 보험료율의 추가 인상이 불가피하다.

의 퇴직연금제도와 국민연금제도 간 연계 발전모형 가운데 고령화시대 노후소득 보장체계가 지향해야 할 네 가지 원칙, 즉 '보장의 보편성', '급여의 적정성', '제도의 형평성', '제도의 효율성'에 가장 최적화된 모형으로는 현 국민연금제도의 이원화를 전제로 하는 모형과 부분 민영화 모형이 적정할 것이다.

KDI는 경제·인문사회연구회의 협동 연구인 '우리나라 노후소득보장체계 구축에 관한 종합연구'를 주도하여 1차 연도인 2007년 말 '연금기금 운용의 평가와 정책과제'를 포함한 종합연구 결과를 발표했다.[12]

이 연구는 국민연금기금의 국민경제 및 금융시장에 대한 파급효과를 정량적·정성적으로 분석한 뒤 이를 토대로 국민연금 기금의 바람직한 장기투자 운용 방향을 모색하고자 수행되었다. 또한 선진국의 연금기금 운용 사례 및 개혁 방향 등을 바탕으로 한국의 국민연금 기금 운용상 전문성·독립성·투명성을 제고하기 위한 지배구조 개선방안을 찾아보고, 국민연금의 분할 운용 및 보수체계 개선에 대한 효과 및 정책과제를 검토하는 내용으로 구성되었다. 국민연금기금의 주주권 행사에 대해서도 심층적인 검토가 이루어졌다.

2차 연도인 2008년 12월에는 〈민간 연금제도의 평가와 정책과제〉[13]와 〈공적 연금제도의 평가와 정책과제〉[14] 등의 후속 연구보고서가 나왔다. 한편 2009년에는 〈공무원연금 개정 법안의 평가와 개선 의견〉[15] 보고서를 발표했다. 이 보고서는 두 차례에 걸친 공무원연금 개혁[16]에도 불구하고 공무원연금의 재정적자 규모가 급격하게 늘어

---

12 김순옥·윤석명·배준호·김상호·김재경·최재식·류건식·김용하·전영준·민세진·이항용·임경묵·조성빈·허석균·박창균·한성윤·박영석·이재현·김우찬·이기영 저, 문형표 편, 〈우리나라 노후소득보장체계 구축에 관한 종합연구〉, 경제·인문사회연구회 협동연구총서 07-01-04, KDI, 2007.

13 류건식·전영준·민세진·조만·민인식·박영석·이재현 저, 문형표 편, 〈우리나라 노후소득보장체계 구축에 관한 종합연구: 민간연금제도의 평가와 정책과제 II〉, 경제·인문사회연구회 협동연구총서 08-29-03, KDI, 2008.

14 김순옥·윤석명·김상호·김재경·최재식·김정록·황정하·김용하 저, 문형표 편, 〈우리나라 노후소득보장체계 구축에 관한 종합연구: 공적연금제도의 평가와 정책과제 II〉, 경제·인문사회연구회 협동연구총서 08-29-02, KDI, 2008.

15 문형표, "공무원연금 개정 법안의 평가와 개선의견", 〈KDI 정책포럼〉 208호, KDI, 2009.

16 1996년과 2000년에 실시되었다.

나고 있으며,[17] 이 추세가 지속된다면 GDP 대비 정부의 적자 보전금은 2009년의 0.17%에서 2070년 2.57%까지 약 15배나 증가할 것으로 전망했다.

공무원연금 재정 문제의 심각성을 인식한 정부는 지난 2007년 민관 공동으로 '공무원연금발전위원회'를 설립해 구체적인 공무원연금 개혁안을 마련했으나 보험료 및 급여변수만을 조정하는 데 그쳤으며 공무원연금의 재정 문제에 대한 장기적이고 근본적인 처방을 제시하지 못했다.

이에 따라 보고서는 국민연금 등에서 민간 부문과의 형평성 격차는 줄어들지 않을 것이며, 공무원 집단 내부에서도 신규-재직 공무원 간 차별 기조는 향후 세대 간 형평성 문제와 민원이 발생할 소지를 야기할 것이라고 분석한 뒤 추가적인 공무원연금 개혁의 필요성을 역설했다.

문형표 재정으로 각종 공적연금 고갈을 막으면 우리의 다음 세대들이 내야 할 세금은 우리보다 3배 높아집니다. 도저히 지속가능하지 않죠? 우리 세대가 편히 먹고살고자 다음 세대에게 그 부담을 지우면 이른바 세대 간 도둑질, 곧 'intergenerational theft' 현상이 나타납니다. 바로 현세대의 이기심이에요.

저출산 때문에 일하는 사람, 즉 생산가능인구의 3분의 1이 줄어드는 반면 노인인구는 4배가 늘어나는데 상식적으로 지속가능하지 않습니다. 지금부터라도 재정을 졸라매고 연금제도 개혁을 시작해야 합니다. 이에 대해 비상하게 대응해야 하는데 다들 위기감이 너무 없습니다. 누군가는 결기 있게 나서야 하는데 말이죠.

저는 연금 포퓰리즘이 장기적으로 절대 지속가능하지 않은 정책이라고 봅니다. 결국 지금 인심을 쓰면 후세대가 비용을 지불해야 하고, 나중에 심각한 문제가 발생하더라도 고치기 힘듭니다. 나 몰라라 하면 결국 그리스를 비롯한 다른 나라들처럼 후세대가 큰 고통을 겪고 끊임없이 사회적 비용을 지불해야 합니다.

---

17 2003년 548억 원에서 2007년에는 9,892억 원으로 늘어났으며, 2008년 예산상의 적자규모는 1조 3,900억 원에 달할 것으로 추정되었다.

정부혁신 연구

신新공공관리론의 등장

정부는 '시장실패'를 보완하고 '효율적 자원배분'을 유도한다는 목적 아래 조세와 재정, 금융 등 갖가지 정책 수단을 동원해 직간접적으로 시장에 개입한다. 정부가 구체적으로 어느 정도 시장에 개입해야 하는가는 최소국가 및 자유방임을 지향하는 '고전적 자유주의classical liberalism'에서부터 공공 부문의 역할을 어느 정도 인정하면서도 개인의 책임감을 강조하는 '신자유주의neo-liberalism', 사회적 공동목표 달성을 위해 국가가 '포괄적 권리'를 지니고 적극적으로 시장을 통제하는 '집산주의collectivism'에 이르기까지 광범위한 영역을 아우른다.

실제 정부의 역할은 역사적 배경이나 정부 개입을 사회적으로 얼마나 용인하는지에 따라 국가별로 달라진다. 문제는 정부나 공공조직이 아무리 선량한 의도로 세워졌다 하더라도 일정 시간이 지나면서부터는 예외 없이 자기확장self-expansion 논리를 띤다는 것이다.

바그너A. Wagner(1835~1917)는 《국가지출 증대의 법칙》에서 "시간 흐름에 따라 공공지출 규모는 절대적으로 증가하며 그 속도는 민간부분 지출 증가율보다 크다"

고 지적하고, 공공지출이 끝없이 확장하는 이유로 법과 공권력 유지, 분배욕구 등을 들었다.[1]

정부의 과도한 시장개입과 자기확장은 당연히 자원배분의 효율을 떨어뜨리고 민간의 투자 인센티브를 약화시키며, 지대를 추구하는 행위에 유인을 제공한다. 그런데 1980년대 초부터 선진국들을 중심으로 확장 일변도의 공공조직 및 경직된 관료조직이 안고 있는 문제점에 대해 반성하는 동시에 정부 운영 전반을 종합적으로 개혁하려는 움직임이 나타나기 시작했다. 이른바 신공공관리론new public management의 등장이었다.

고영선 신공공관리 연구가 시작된 시대사적 맥락을 살펴보면 과거 10여 년간 뉴질랜드, 호주, 캐나다, 영국 등 선진국에서 지속적으로 행정개혁을 시도했고, 미국에서도 작지만 효율적인 정부를 지향하는 움직임을 보였습니다. 이 때문에 당시 선진국에서는 행정개혁 차원의 '뉴 퍼블릭 매니지먼트', 즉 신공공행정론이라는 개념이 주류로 떠오른 상황이었습니다. 구체적으로는 1980년대부터 케인지언Keynesian식의 경제운영과 그로 인한 정부 실패에 대한 반발로 미국과 영국 등에서 '작은정부'를 지향하는 신자유주의가 큰 흐름으로 나타났지요.

신공공행정론의 핵심 내용은 정부의 미시적인 직접개입에 따른 통제가 누적되어 각종 비효율과 경직성으로 이어지기 때문에 정부가 온갖 분야에 세밀하게 개입하거나 시장에 간섭하기보다는 심판관으로서의 역할을 수행하면서 전체 감독체계를 재정립해야 한다는 것입니다.

큰 방향을 따져보면 과거와 같이 요소 투입이나 과정을 세부적으로 관리하는 대신 공공기관이나 기구에 자율권을 주되, 성과나 결과에 책임지도록 하는 편이 바람직하다는 논지였습니다. 상부기관이 피통제자인 하부기관에 대한 직접개입을 줄이되 조직에 구체적이고 명확한 목표를 부여하고, 현대적 용어를 빌려 표현하자면 KPIKey Performance Index, 다시 말해 주요성과지표를 설정하는 것입니다. 하부기관이

---

1 황진영, 《경제성장의 정치경제학》, 학림, 2016, 214쪽.

창의적 아이디어를 내고 능동적으로 노력하며 조직생산성을 높이도록 하고, 결과에 따라 책임지도록 하는 것이죠.

신공공행정은 대처 행정부 시절 영국 정부개혁의 모델이었습니다. 뉴질랜드도 이 이론에 바탕을 두고 철저하게 정부개혁을 추진했습니다.

1995년부터 정부혁신 연구 본격화

KDI는 1995년 《정부혁신-선진국의 전략과 교훈》이라는 정부혁신 연구보고서를 발표했다. 재정팀장인 이계식 박사를 중심으로 문형표·황성현·유일호·고영선·노기성 박사 등 재정팀 소속 박사들 전체가 공동연구를 하고 재정경제원 예산실의 김영주 과장까지 집필에 참여하여 나온 종합 정부개혁 보고서였다.

고영선 제가 KDI에 오기 훨씬 이전부터 기금제도에 대한 문제 제기나 재정개혁 및 국민연금 개혁 등과 관련된 논의는 KDI에서 상시적으로 이야기되어 온 주제였습니다. 그러나 정부 부문의 생산성과 경쟁력을 제고하기 위한 종합적인 연구는 1995년 무렵 이계식 박사님 주도하에 본격적인 논의가 시작되었다고 봐야 합니다.

저는 원래 금융이나 거시 쪽을 전공했고, 기업연금에 관한 논문을 썼는데 1993년에 KDI에 와서 보니까 뭘 연구할지 좀 막막한 상태였어요. 기업연금을 했다니까 사회복지 분야에서 공적연금을 연구하라고 해서 처음에는 미국 사회보장제도, 산재보험 재정운영 방식, 공무원 퇴직연금 등을 연구하기 시작했습니다. 그러다가 1994년 말 재정팀으로 옮기면서 연구 분야가 재정 쪽으로 확장됩니다.

그리고 1995년부터 재정팀에서 본격적으로 정부혁신 및 재정개혁 관련 연구를 하게 되었습니다. 이계식 박사님이 IMF에서 연구 툴tool을 가져오신 덕에 이미 짜놓은 소프트웨어 프로그램이 있었습니다. 제가 그 프로그램에 데이터를 넣고 컴퓨터로 회귀분석과 시뮬레이션 작업을 많이 했던 기억이 납니다.

이 보고서는 뉴질랜드·호주·독일·미국 등 선진국들이 과거 10여 년간 기울인 정부개혁 노력을 연구하여 낸 자료다. 이들이 민간의 경쟁 개념을 도입함으로써 자원 낭비 및 비효율성이라는 정부실패를 어떻게 보완하고 재정낭비를 줄였는지 분석하는 한편, 한국에 대한 시사점을 찾아보는 등 최초로 수행된 본격적인 정부혁신 관련 연구로 평가받는다.

신공공행정 연구를 선점한 배경

정부개혁은 "정부의 역할과 역할수행 방법을 재정립하여 정부의 효과성effectiveness과 효율성efficiency를 제고하는 것"으로 정의된다.[2] 여기에는 재정개혁이나 민영화 등 경제적 측면도 있지만, 사실 중앙정부 개혁이나 지자체 개혁 등이 훨씬 더 큰 이슈가 될 수 있다. '신공공행정'이라는 말에서도 알 수 있듯 학문적으로는 행정학에 가깝다. 그런데 경제연구소인 KDI가 어떻게 행정학에 가까운 정부혁신 의제를 선점하게 되었을까?

고영선 당시 우리나라 행정학회에서 그런 이야기를 거의 하지 않던 시절인데, KDI가 먼저 치고 나갔다는 게 지금 다시 생각해도 신기합니다. 아마도 이계식 박사님이 해외에서 정부개혁 아이디어와 방법론 등을 들여와 선구자적 역할을 하셨던 것 같습니다.

당시 이계식 박사님이 IMF에 파견되어 계시다가 돌아왔는데, IMF가 그쪽에 관심이 많았습니다. FADFiscal Affairs Department에 계실 때에도 미션팀을 구성해 여러 개도국을 다니고 다양한 경험을 하면서 정부개혁의 필요성을 절감하신 듯해요. 그렇게 귀국해 다시 KDI 재정팀장으로 오시면서는 재정팀 연구의 큰 방향을 정부개혁 쪽으로 가닥을 잡아 진행했습니다.

---

2 고영선·이계식, "지방정부 개혁의 전략과 실천 방안", 〈KDI 정책포럼〉 127호, 1997, 3쪽.

IMF와 세계은행은 공적개발원조ODA: Official Development Assistance 등을 통해 개도국을 경제적으로 지원하는데도 '밑 빠진 독에 물 붓기'처럼 경제개발에서 별 효과를 거두지 못한 이유가 정부의 비효율성이라고 결론 내리고 개도국의 정부개혁을 강조하던 차였다. 마침 그 시기에 이계식 박사가 IMF에 있었기 때문에 그 분야를 연구하는 데 관심을 가진 것이다.

그 종합연구의 첫 번째 결과물이 1995년에 나온《정부혁신: 선진국의 전략과 교훈》[3]이다. 1995년의 연구는 선진국들의 정부개혁 사례를 소개하는 내용이 주를 이뤘다. 이계식 박사가 뉴질랜드의 예산 및 회계제도 개혁과 성과중심 관리체계를, 문형표 박사가 호주의 새로운 정부개혁을, 황성현 박사가 영국의 고객주의 행정 및 지방정부 개혁을, 유일호 박사가 미국의 정부개혁을, 노기성 박사가 스위스의 효율적 정부를 발표했다. 고영선 박사는 독일의 통일 이후 재정 건실화 계획 및 민영화에 대한 보고서를 썼다. KDI 재정팀의 역량이 총동원된 연구였다.

고영선 사실 KDI에서는 시니어 팀장이 아무리 특정 방향으로 연구해 보자고 하더라도 펠로우들이 잘 따라가지 않습니다. 특별히 KDI가 전체적으로 추진하는 대표과제 연구나 프로젝트가 아니라면, 제가 알기론 팀장이 주도하여 팀 전체가 같은 연구를 하는 경우가 드물었습니다.

이계식 박사님처럼 연구해 보자고 제안해서 팀원들이 다 같이 공동연구를 한 것은 아주 드문 경우였습니다. 왜 우리가 모두 정부개혁과 재정개혁 연구를 같이 하게 되었느냐면, 그 주제가 당시로서는 굉장히 새롭고 시의적절한 주제라는 데 모두 동의했기 때문입니다. 자연스럽게 함께 종합연구를 하게 된 것이죠.

정부개혁 보고서를 발표할 때 이계식 박사님이 연구 내용을 정책적으로 홍보하고자 적잖게 신경을 썼습니다. 이 책은 KDI 최초로 내부가 아니라 외부 민간 출판사를 통해 출판했습니다. 정부개혁을 추진하기 위해서는 국민적 공감과 동의를 얻어야 하기 때문에 일반 국민들이 읽을 수 있도록 일반 서점을 통해 배포한 것입니다.

---

3 이계식 외,《정부혁신: 선진국의 전략과 교훈》, KDI, 1995.

또한 이 박사님이 정부개혁의 주요 내용을 기자들에게도 알렸습니다. 보고서를 쓰고 나서 저희가 발표했던 기억이 납니다.

홍은주 당시 KDI가 펴낸 정부개혁 보고서를 보면 엄숙한 보고서 형식을 따르는 대신 표지에 마키아벨리의 《군주론》이 인용되기도 했습니다. 또 본문 내용에는 "정부조직은 난쟁이들이 조종하는 거대한 힘"이라는 프랑스 소설가 발자크의 풍자적 문구가 인용되기도 합니다. 이런 인용은 누구의 아이디어였는지요?

고영선 모두 이계식 박사님이 내신 아이디어였습니다. 보고서 속지에는 공룡 그림이 있는데, 이것도 이 박사님이 찾아 넣은 그림입니다. 그간 이 보고서에 대해 여러 가지를 생각하고 준비해 오시지 않았나 싶습니다.

안가에서 비밀리에 진행된 정부개혁 TF

이 책을 출판한 일이 계기가 되어 KDI 재정팀은 청와대 박세일 수석의 요청으로 정부개혁을 위한 특별팀을 구성해 청와대 부근 안가에서 비밀리에 작업하게 된다. 1995년 말 《정부혁신》이 출간되면서 주요 언론에 크게 부각되자, 청와대의 박세일 수석이 만나자고 연락해 왔다. 김영삼 정부에서 마지막으로 대대적인 정부개혁을 추진하고자 하니 KDI가 주도적인 역할을 맡아 달라는 부탁이었다.

그렇게 '국정 후반기 개혁정책의 집중적 추진을 위한 대통령비서실의 정책연구 지원기능 강화방안'이라는 다소 긴 제목의 문건을 작성하게 되었다. 여러 우여곡절 끝에 최대한의 보안 유지가 필요한 정부개혁 작업을 공식 지원단을 만들어 추진하기란 합당치 않다는 결론에 이르렀고, 이에 보안을 유지하기에 가장 합당한 안가安家작업체제를 선택하게 된 것이다.[4] 안가작업체제 아래 이계식 박사가 PM을 맡고, 재정

4 KDI 40년사 발간위원회, 《KDI 40년사》, KDI, 2012, 279쪽에 이계식 박사가 '정부개혁'에 관해 기술한 내용이다.

팀의 황성현 박사와 고영선 박사 외에도 북한경제팀의 박진 박사가 팀의 막내로 가세했다.

박 진 당시 우리가 박세일 수석을 만나서 정부개혁 TF가 구성된 취지를 들었습니다. 이분이 교육개혁과 법조개혁, 정부개혁 등을 통해 김영삼 집권 후반부에 새로운 반전과 혁신동력을 제시하고 싶었던 듯합니다. 정당한 명분을 가지고 개혁을 추진하면 사회적 긴장이 생기니, 이를 동력으로 삼겠다는 생각이셨던 것 같아요.

향후 몇 달간은 KDI가 아닌 청와대의 안가로 출퇴근하라는 말을 들었습니다. 안가는 삼청동 총리공관 부근에 자리한 단독주택이었습니다. 방이 여러 개 있어서 아침과 점심 회의시간을 빼고는 각자 방에 흩어져서 일하곤 했습니다. 회의를 통해 정부개혁 주제를 정했는데, 이때 기금 통폐합·공공기관 개혁방안·지자체 권한 이양 등이 선정되었습니다.

안가에는 테니스장도 있었지만 다들 연구에 몰두하느라 사용해 보지 못하다가 마지막 날 한 차례 쳐 본 것이 다였습니다. 정말 몇 달 동안 아침 일찍 출근하고 밤늦게 퇴근하면서 열심히 일했습니다. 또한 정부개혁의 성격상 대외 보안이 철저해야 했기에 KDI에서 누가 자료를 가져오면 집 안으로 들이지 않고 문 앞에서 전해 받은 뒤 돌려보내곤 했습니다.

이같이 열심히 작업했는데 정작 박 수석이 대통령을 잘 설득하지 못했는지, 아니면 다른 정치적 문제가 있었는지 우리가 한 연구가 빛을 보지 못했습니다. 정책수석도 이각범 수석으로 바뀌면서 "시국이 어려운데 분란의 소지가 많은 정부개혁을 할 타이밍이 아니다"라고 말했다는 이야기를 들었습니다. 우리가 애써 작업한 정부개혁안들이 쓰이지 못하게 되었다고 다들 아쉬워했습니다.

안가작업은 무산됐지만 KDI 재정팀은 이후로도 정부개혁 연구를 계속하여 구체성과 깊이를 더했다. 1996년 《한국 경제의 주요 현안과 정책대응》[5] 연구에서는 뉴질

---

5 KDI, 《한국 경제의 주요 현안과 정책대응》, KDI 정책포럼 모음집, 1997.

랜드의 사례를 들어 산출물 중심의 관리체계를 도입하고, 예산회계 제도와 인사제도 개혁을 단행해야 한다고 주장하며 정부 공공조직과 지자체의 효율적 개편 및 민영화 작업을 추진하라고 제안하는 등 정부개혁의 방향과 구체적 방법론을 제시했다.

정부개혁 '4가지 시장성 테스트' 제안

KDI는 1997년 정부개혁 시리즈의 두 번째라고 할 수 있는 '재정개혁' 연구를 완성하고, 뒤이어 세 번째인 '지방개혁' 연구를 마무리해 역시 민간 출판했다. 이 책의 상당한 부분에 안가에서 작업한 내용이 녹아 있었다.

고영선 당시 재정팀이 연구해 시리즈물로 출판했던 '정부혁신 어젠다'는 재정, 정부회계, 공공기관 축소 개편 등 굉장히 광범위한 주제를 다뤘습니다. 기금 통폐합 및 특별회계제도 개혁도 다뤘고, 정부회계에서 비용을 정확하게 파악하기 위한 발생주의・복식부기제도의 도입이나 정부출연연구소 개편방안 등도 포함됐습니다. 지방개혁을 위해 지방자치단체의 생산성을 높이는 방안에 대한 연구도 있었고요.

정부가 예산 배분을 조정할 때 재정지출의 근본 목적을 점검하고 현재의 재정지출이 당초의 목적을 달성하는 데 제대로 쓰이고 있는지 점검해야 하는데, 이때 민간 부문과 공공 부문 사이 역할분담의 측면에서 정부가 손을 떼도 좋은 분야의 경우 정부사업을 축소 폐지해야 한다는 관점에서 다룬 공기업 민영화 이슈도 포함되었습니다.

1997년 '정부의 역할과 기능 재정립'이라는 주제로 열린 토론회에서 고영선 박사는 발제를 통해 "정부실패를 초래하는 요인은 공공 부문의 책임성 결여, 내재적 비효율성, 정보 부족이다"라고 지적하고, "중복되거나 유사한 정부기능을 통합하고 민영화, 민간위탁, 사업부서화 등을 통해 공공업무의 효율성과 책임성을 높이는 한편, 연공서열 중심 제도를 혁신하여 정부 구성원들 사이에 경쟁과 효율의 개념이 도입될 수 있도록 해야 한다"고 제안했다.

보다 구체적으로는 '네 가지의 시장성 검토market test'를 제안했다. 각 정부 업무별로 "반드시 필요한 업무인가? 반드시 정부가 책임을 져야 하는가? 반드시 정부가 직접 수행해야 하는가? 정부가 수행할 경우 효율성을 증대할 방안은 무엇인가?"라는 4가지 질문을 거쳐 공조직・사업부서화・공기업화・민간 위탁・경쟁입찰・민영화 여부 등을 결정해야 한다는 주장이었다.

지방정부 개혁 보고서

정부개혁 시리즈 완결편인 〈지방정부 개혁의 전략과 실천 방안〉6은 이계식 박사와 고영선 박사가 공동으로 연구한 결과물이다. 지방정부 개혁이 "책무성의 제고를 위한 책임의 명확화와 결과중심체제의 구축, 효율성의 향상을 위해 경쟁체제를 도입할 것"이라는 두 가지 기본목표를 추구하는 방향으로 진행되어야 함을 주장하는 내용이 핵심이었다. 두 목표를 달성하기 위한 구체적 전략으로는 시민헌장의 제정, 실적평가제도의 확립, 민간 참여의 확대, 지방정부의 사업부서화 추진, 공개입찰제도의 도입, 평가 및 감사체제의 개편, 예산・회계・인사제도의 개선 등 다양한 방안을 제시했다.

〈지방자치단체의 생산성 제고방안〉을 주제로 정책토론회7를 개최하기도 했다. 1995년 주민들의 직접투표에 의한 자치단체장 선거가 처음 실시된 후 약 2년이 흘렀으나 과거의 비효율적 행정 관행이 사라지지 않았으며, 고객주의 정신이 정착되지 못했고, 행정서비스의 효율화보다는 의욕만 앞세워 지방개발 계획을 추진하는 경우가 보편화되고 있다는 지적과 함께 지방자치제도의 정착과 발전을 위한 대안을 제시했다.

---

6 고영선・이계식, 〈지방정부 개혁의 전략과 실천 방안〉, 정책연구시리즈 97-03, KDI, 1997.

7 이계식・황성현・박진 저, 고영선 편, 〈지방자치단체의 생산성 제고방안〉, 정책토론회 자료, 1997.

고영선 지방정부 개혁방안 연구에서도 기본 틀은 비슷했습니다. 첫째, 권한이양을 통한 책임을 명확히 할 것, 둘째, '투입-산출-성과'로 이어지는 결과중심 체제를 도입할 것, 셋째, 공기업의 민영화 및 민간교류 인사제도를 통해 조직 내외부에 경쟁을 확산시킬 것이었습니다. 이는 신공공행정론에 바탕을 둔 제안이었고, 보다 구체적으로는 인사와 산출예산제도에 성과를 반영하는 시스템을 도입하고 복식부기 회계제도를 도입할 것, 인사권과 예산권을 하급부서에 이양할 것, 공공서비스에서 민간참여를 확대할 것 등을 강조했습니다.

1997년 지방정부 개혁 당시에는 제가 핀란드와 덴마크로 출장을 갔고, 이계식 박사님과 문형표 박사님, 황성현 박사님 등도 제각기 다른 나라로 출장을 가셔서 자료를 수집하고 여러 이야기를 듣고 온 후 이를 보고서에 반영했습니다.

김대중 정부의 1차 정부조직 개편안

정부개혁 연구 시리즈와 1996년의 안가작업에 쏟아부은 엄청난 노력이 빛을 보는 사건이 발생했다. 외환위기가 발생한 후 정부가 추진한 4대 개혁 가운데 정부 및 공공 부문을 위한 개혁안의 밑그림이 된 것이다.

1997년 12월 대선 직후 이종찬 의원이 이끄는 '김대중 정부 인수위원회'가 세워졌고, 그 내부에 14인으로 구성된 초당적 기구인 '정부조직 개편 심의위원회'가 만들어졌다. 대부분 민간위원으로 구성된 정부조직 개편 심의위의 실무 간사를 KDI 이계식 박사가 맡게 되었다. 정부개혁과 재정개혁, 지방정부 개혁 등에 관한 책을 집중적으로 낸 일이 새 정부의 눈길을 끌었던 것이다.

이 박사는 과거 안가팀에서 TF 멤버로 일한 황성현 · 고영선 · 박진 박사 등을 다시 불렀다. KDI팀은 "작지만 효율적인 정부, 생산자 중심에서 소비자 중심으로, 정부 주도에서 민간 주도로, 중앙집권에서 지방분권으로"를 정부개혁의 지향점으로 제시했다. 이 구상은 1998년 2월 17일까지 진행된 1차 정부조직 개편에 고스란히 반영됐다.[8]

박 진 당시 저희가 구상했던 개편안의 핵심이 거대한 재정경제원 조직에서 기획과 예산 기능을 분리해 기획예산위원회 혹은 기획예산처를 신설하는 것이었습니다. 인수위가 저희가 낸 안뿐만 아니라 정부 시안이나 공공정책학회 안건 등 세 가지 안을 저울질하다 결국 우리가 만든 안을 상당부분 수용해 재정경제원에서 기획 및 예산 기능을 분리해 기획예산위원회를 만들기로 결정했습니다. 그리고 금융과 감독 기능을 분리해 금감위가 만들어졌고, 남은 것이 재정경제부가 되었습니다. 통상교섭본부를 신설하는 안도 반영됐습니다.

"14인의 정부개혁 민간 전사"

KDI가 제시한 안이 상당부분 반영된 1차 정부조직 개편안은 공청회를 거쳐 2월 17일 국회를 통과했다. '정부개혁법'이 통과되자마자 대통령 직속 기획예산위원회가 생겼다. 공공개혁을 책임진 기획예산위원회의 초대 위원장이었던 진념 장관 산하에는 작은정부를 지향하는 개혁의 산실답게 상징적으로 100명이 채 안 되는 99명의 공무원과 민간인이 포진해 있었다. 또한 기획예산위원회 내에 정부개혁실이 신설되어 초대 정부개혁실장으로 이계식 박사가 임명되었다.[9] 산하 공공관리단장은 박종구 아주대 교수가 외부에서 초빙됐다.

약 두 달 후인 1998년 4월, 이계식 박사가 박진 박사에게 연락했다. "과장급인 정부개혁 팀장들을 외부 공모할 예정인데 당신이 와서 함께 일하는 게 어떻겠느냐?"라고 묻기 위함이었다.

박 진 제가 공모에 응하면서 정부개혁실에 합류하게 되었습니다. 당시 정부개혁실의 팀장 9명 중 4명이 민간에서 왔습니다. 옥동석 인천대 교수(후일 한국조세재정

---

8 KDI 40년사 발간위원회, 《KDI 40년사》, KDI, 2012, 282쪽.

9 임기는 1998년 2월부터 2000년 8월이었다.

연구원 원장)와 박개성 회계사, 공성도 국제변호사 등이었고, 사무관 이상인 인원 59명 중 14명이 민간 계약직 전문가였습니다.

기획예산위원회 인원 99명 중에서 정부개혁실 인원이 40명이나 됐으니 정부개혁이 얼마나 중요한 업무였는지 아마 짐작이 가실 겁니다. 이계식 박사님이 KDI팀에서 두어 사람 데려가고 싶어 했는데, 황성현 박사님이 고사하셔서 결국 저 혼자 행정개혁 3팀장 과장급으로 정부 조직에 합류했습니다. 3년 계약에 매 1년마다 계약을 갱신하는 조건이었습니다. 그렇게 제가 약 3년간 정부개혁실에서 근무하게 됐습니다.[10]

당시 민간에서 온 전문가들은 민간인 신분에서 공무원이 되는 바람에 월급이 크게 줄어들고 일주일 내내 365일을 일하게 되었지만 아무 불평이 없었다. 국가가 누란의 위기에 처해 있는데 전문성을 바탕으로 기여한다는 것만을 보람으로 삼았다. 민간 전문가들의 활약과 기여가 대단하여 진념 위원장은 이들을 '14인의 민간 전사戰士'라고 표현했다.

출연기관 개편안과 구조조정

정부개혁실은 자문기구인 행정개혁위원회(위원장은 김인수 교수)와 협력하여 민영화와 정부출연기관 개편, 정부조직 개편, 정부 산하기관 경영혁신, 대형 국책사업 재검토 등 굵직한 정부개혁 및 공공부분 개혁을 서둘렀다. 상대적으로 난도가 낮은 정부출연기관 개편 및 민영화 등이 우선적으로 시작되었다. 가장 먼저 손을 댄 일이 18개 부처 산하 48개에 달하는 정부출연연구기관을 구조조정하는 작업이었다.

박 진 제가 가서 보니까 이미 정부개혁 순서가 정해져 있더라고요. 중앙정부 조직을 완전히 개편하려면 시간이 필요하니까 나중으로 미루고, 상대적으로 저항이 덜한 민영화와 정부출연기관 개편을 먼저 한다는 것이었습니다. 그래서 제가 처음으

---

10 육성으로 듣는 경제기적 편찬위원회, 《코리안 미러클 4: 외환위기의 파고를 넘어》, 나남, 2016, 568쪽.

로 착수했던 업무가 출연기관을 구조조정하는 일이었습니다.

처음에는 계속 분석작업을 하면서 연구원 통폐합을 고려해 혹시 역할이 겹치는 다른 연구원과 통합할 방법은 없는지, 가령 농경연, 환경연, 국토연구원, 교통연구원 등을 들여다보면서 서로 겹치는 영역이 없는지 들여다봤습니다. 예를 들어 국토연구원과 교통연구원은 얼핏 보기에 합쳐도 될 것 같았지만, 구체적으로 내용을 들여다본 후에는 합치면 안 된다는 판단이 섰습니다. 영역이 겹치는 부분은 특정 연구소에 일원화하는 방안도 떠올렸으나 생각할수록 이런 식의 미세한 개편이 무슨 개혁의 의미가 있나 싶었습니다. '정부개혁실에서 비전이 있는 큰일을 해야지, 개별 연구원들이 무엇을 연구하는지 등의 세부사항을 개편해야 하나?'라는 회의적인 생각이 든 것입니다. 다행히 청와대나 진념 장관 등이 "그런 마이크로한 것 말고 시스템 자체를 고치는 방안을 연구하라"라며 방향을 정해 줬어요. 저도 아주 다행이라고 여겼습니다.

국책연구소의 독립성 고민

예산실의 신철식 과장 주도하에 구본진 과장, 박수형 행정2팀장, 박진 행정3팀장, 주무 사무관 등이 일주일 동안 양재동 교육문화회관에서 숙식을 같이하면서 작업한 결과 연구소의 체계 자체를 완전히 바꾸는 쪽으로 개편의 큰 방향을 잡게 됐다. 정부출연 연구기관 구조조정의 목적은 연구기관을 부처에서 떼어내 독립성을 유지하게 하고, 연구기관끼리 경쟁하도록 해 업무 효율을 높이는 것이었다. 해당 부처가 산하기관에 '일감 몰아주기'를 하지 않고 각 기관이 경쟁하여 연구용역을 가져가도록 하기 위함이었다.

박 진 처음 생각했던 안은 해당 부처에서 연구소를 모두 떼어내 총리실 산하로 보내는 것과 연구원장을 독립적으로 선임하는 시스템을 만드는 것이었습니다. 그전에는 임기와 상관없이 연구원장을 부처에서 임명하거나 해임하니까 독립성이 보장되기 어려웠죠. 실제로 KDI에서도 모 원장께서 경제수석과 언쟁을 벌였다가 그다음 날 해임된 사례가 있었습니다.

둘째로 출연연구원이 서로 경쟁할 일이 없어 방만한데, 이는 각 부처가 산하 연구원을 보호하는 탓에 생긴 일이니 연구원끼리 경쟁을 시켜야 한다는 것이었습니다. 이때 독일 모델을 참고했습니다. 신철식 과장께서 당시 R&D 예산을 담당하셨기 때문에 막스플랑크협회Max-Planck-Gesellschaft 등 독일의 연구소 모델에 대한 자료가 많았어요. 이과계 연구소뿐만 아니라 문과계도 이렇게 개편하는 쪽으로 큰 방향이 잡히면서 결국 국무조정실 산하에 경제사회연구회와 인문사회연구회가 만들어졌습니다. 제가 문과계의 경제사회연구원(이하 경사연)과 인문사회연구원(이하 인사연)을 맡았고, 이과계에서도 기초·응용·공공 3개 부문을 담당했습니다.

당초 저희의 구상은 각 연구원에 개별 이사회를 따로 두지 않는다는 것이었어요. 종래의 개별 이사회제도를 경사연 같은 통합 이사회로 바꾸고, 이사회에서 연구원 출신을 원장으로 임명하여 보직이 끝나면 다시 연구원으로 돌아가게끔 하는, 대학으로 치자면 학장 같은 역할을 맡기고자 했습니다. 연구원별로 따로 법인격을 부여하지 말고 경사연이나 인문사회연구회 등에 대학 총장 같은 역할을 맡기려고 했죠. 또한 연구원끼리 경쟁하는 체제를 만들어 잘하는 곳은 더 잘하도록 하고, 미흡한 곳은 다른 연구원에 통폐합한다는 구상이었습니다.

국가정책의 밑그림 그리기: 모나리자를 그리려 했는데 …

모나리자를 그리고자 했던 정부출연연구기관 개편안은 결과적으로 정체를 알기 어려운 이상한 그림으로 바뀌고 만다. 당초 안과 달리 국회 논의과정에서 각 연구원의 법인격이 모조리 살아난 것이다. 유사하거나 중복되는 연구기관의 업무 영역도 대부분 유지되었고, 새로 설립한 상위 조직인 경사연과 인사연은 이후 새 정부의 전리품이 되어 정권 창출에 기여한 사람들이 부임하는 자리로 변질되었다.

박 진 박수형 팀장이 관련 법안을 만들어 국회에 제출했는데, 나중에 〈정부출연연구기관 등의 설립·운영 및 육성에 관한 법률〉이 통과된 후에는 국무조정실 산하 공공기관으로 경사연이 생겨나 모든 연구원들을 지배하는 옥상옥屋上屋 조직이 되어 버렸어요. 맨 위에는 국무조정실이, 그 아래로 경사연이 있고 또 그 아래에 법인격체인 연구소가 놓이는 이상한 상황이 된 것입니다.

뿐만 아니라 연구원끼리 경쟁하는 체제를 도입해야 했으나 법인격체가 살아 있었기 때문에 사실상 해당 연구소와 부처 간 연결고리가 그대로 존속되면서 구체제가 그대로 유지되었습니다. 이사회에서 모든 연구소를 관리하면서 경쟁력이 있는 기관을 더 키우고 경쟁력 없는 연구기관은 다른 곳으로 통폐합하라는 취지였지만, 이미 옥상옥이 된 데다 처음 취지와 달리 제도가 무력화되다 보니 KDI를 포함한 모든 연구소들이 경쟁 구도에 서는 대신 그저 그런 연구소가 되고 말았습니다.

당시에 KDI는 종합연구소니까 따로 취급해야 하지 않느냐는 주장들이 여기저기서 나왔습니다. 하지만 외환위기 직후라는 비상상황 속에서 모두가 고통을 분담해야 한다는 논리가 대세였던 터라 예외를 두면 안 된다는 분위기에 묻혀 그대로 진행되고 말았습니다. 더구나 당시 정부조직 개편의 핵심이 공룡화된 재정경제원을 나누어 재정경제부와 기획예산위원회, 금융위원회로 분산하는 것이었습니다. 그런데 KDI는 당시 재정경제원 소속이었기에 정부조직 개편 논의에서 예외로 취급하기는 어려운 상황이었습니다. 재정경제원의 외환위기 책임론이 비등할 때였거든요.

개인적으로는 KDI의 역할을 하나로 묶을 게 아니라 대통령 직속으로 두어 따로 떼어내야 한다고 생각했으나 제가 KDI 출신이라 이를 관철시키기가 어려웠습니다. 지금은 외환위기 이후 시간이 많이 지났으니 당시 개혁의 취지대로 다른 변화를 모색해야 할 시점이 아닌가 합니다. 특히 KDI의 경우 한국 경제사에서 해 온 역할을 감안해 대통령 직속으로 두고 경사연 체제에서 따로 떼어낸 뒤 국가적 정책의 큰 그림을 그리는 기관으로 역할을 재정비해야 할 시점이 되지 않았나 싶습니다.

KDI, 공기업 통폐합과 민영화 자문

정부개혁실이 맡은 핵심 업무는 산하기관인 공기업의 통폐합과 민영화 및 경영 개선 등이었다. 특히 공기업 민영화는 당시 한국이 외환위기를 계기로 부여받은 의무사항이었으며 정부개혁의 상징처럼 여겨지던 이슈였다.

많은 공공기관의 비효율적 경영과 낮은 수준의 서비스가 국민에게는 부담이었고, 과거에는 공공기관 업무였으나 경제가 발전하고 시장기능이 확충되면서 민영화가 이루어져도 아무 문제가 없을 조직들이 온존해 있었던 것이다. 정부 산하기관 총예산이 1998년을 기준으로 약 130조 6,000억 원에 달할 정도로 비대한 상황이었다.[11]

박 진 당시 공기업 민영화는 여러 가지 면에서 쟁점이었는데, 그 쟁점을 해소하는 데 KDI가 큰 역할을 했습니다. 제가 1998년 4월에 갔을 때 공기업 민영화를 추진하는 주체가 누구인지를 두고 논쟁이 벌어졌어요. '공기업을 소유한 주체인 재정경제부 국고국에서 민영화 작업을 추진할 것이냐, 아니면 기획예산위원회에서 할 것이냐'가 쟁점이 되어 있더라고요.

저희는 당연히 기획예산위 소관이라고 주장했습니다. 공기업이 국고국 소유인데 국고국이 적극적으로 자기 재산을 내놓고 민영화하거나 매각하려고 하겠습니까? 구조와 기능상 국고국은 정부 재산을 관리·유지하는 업무를 맡는 곳인데, 매각하는 일에 적극적으로 나설 리 없죠. 나중에 대통령께 보고되면서 청와대에서 "기획예산위가 하는 게 맞다"고 결론을 냈습니다.

그 결론을 내리는 데 KDI가 비공식적으로 조언했다고 알고 있습니다. 정부개혁실에는 재정개혁단·행정개혁단·공공관리단 3개의 큰 조직이 있었는데 이 가운데 공공관리단이 민영화를 담당했습니다. 박종구 공공관리단장이 공기업 민영화를 추진하는 과정에서 워낙 업무가 방대하니까 다른 단에도 도움을 요청하면서 저도 민영화 업무를 담당했습니다. 제가 그때 남일총·임원혁·신광식·강영재 박사 등

---

11 김현석·박개성·박진, 《정부개혁 고해성사》, 박영사, 2006, 55쪽.

KDI 법경제팀 멤버들을 자주 만나 이론적으로 큰 도움을 받았습니다.

실제 공기업 민영화는 기획예산처에서 도와 달라고 요청하면서 KDI가 적극적으로 주도한 셈입니다. 당시 공기업을 민영화 또는 통폐합한다고 하자 온갖 기관들이 통합되면 안 된다는 논리만 내밀며 극심하게 반대했는데, 거의 유일하게 "공기업 민영화나 통폐합이 필요하다"고 주장한 이들은 KDI 박사들뿐이었습니다. 공기업 민영화나 통폐합에서는 경제논리, 산업구조, 시장구조, 독점 이슈 등이 두드러지니까 KDI가 맡아야 할 역할이 컸던 거죠. 저도 담당기관 가운데 철도청을 먼저 공기업으로 재편한 뒤 후일 민영화한다는 계획을 세우고 '철도구조개혁단'을 만들었습니다. 이때 전문가 자문회의에 계셨던 KDI 유승민 박사님이 참여해 많이 도와주셨고, 다른 자문위원회에서도 남일총·임원혁 박사님 등이 자문위원으로 활약하셨습니다.

당시 민영화의 쟁점은 세 가지였다. "새 주인을 찾아 줄 것인가? 아니면 국민주 개념의 분산 소유로 갈 것인가? 외국자본의 지분 참여는 어디까지 허용할 것인가?" 결국 KT와 포스코는 국민주 개념으로 주식이 분산되었고, 한국중공업은 새 주인을 찾았다. 공기업을 민영화하는 과정에서 국내 재벌의 참여는 원천적으로 금지됐다. 5대 재벌 자체가 당시 금융감독위원회가 주도한 금융·기업 개혁의 대상이었는데, 다시 돈을 빌려 민영화된 공기업을 인수하는 것은 어불성설이라고 봤기 때문이다. 통신 등 일부 핵심 산업 외에는 외국인 지분투자도 대폭 허용하는 등 외환위기 이전보다 전향적인 결정이 내려졌다.

2차 정부조직 개편 작업

1998년 1~2월에 실시된 1차 정부조직 개편에 이어 2차 정부조직 개편 작업이 1998년 하반기부터 본격적으로 시작되었다.

박 진 하반기에 본격적으로 정부조직 개편에 착수했습니다. 그때는 KDI가 드러

내놓고 돕지는 못했습니다. 당시 재정경제원의 기능 축소가 핵심이었는데, 경사연 체제를 도입하기 전이라 KDI가 여전히 재정경제부에 소속되어 있었거든요. 대신 산업부·과기부·정통부·국토부·해양부 등 다른 경제부처 정부조직 개편에 대해서는 저희가 비공식적으로 KDI 의견을 내놓았습니다. 당시 통폐합 대상이었던 부서가 대부분 경제부처였기 때문에 해당 부처업무를 연구하던 KDI 박사와 개별적으로 접촉해 의견을 수렴한 것입니다. 제가 건설교통·해양수산·농림·환경·철도청 등을 담당했는데, KDI 박사들이 객관적인 의견을 주어 큰 도움이 되었다고 했습니다. 다른 부처 담당 팀장들도 KDI 박사를 소개해 달라고 해서 만나는 자리를 주선했던 기억이 납니다.

피로감 누적으로 정부개혁 지지부진

그러다가 1999년 하반기부터 정부개혁 드라이브가 약해지기 시작했다. 그 신호는 1999년 4월 22일 발표된 '공기업 경영혁신 평가' 결과에서 나타났다. 기획예산위원회가 공기업 경영혁신을 평가한 결과 한국감정원, 대한송유관공사, 대한석탄공사 등 3개 공기업의 실적이 미흡하다며 엄중경고를 내리면서도 대통령에게 기관장 해임을 건의하겠다는 당초 약속과 달리 인사 조치를 취하거나 책임을 추궁하지 않았던 것이다. 심지어 가장 낮은 평가를 받고도 영전한 사람도 있었다.[12]

정부개혁실도 사실상 '개점휴업' 상태가 됐다. 당시 박진 박사는 휴직한 상태였던 반면, 이계식 실장은 아예 KDI에 사표를 냈기 때문에 돌아갈 곳이 없었다.

박 진 명색이 정부개혁의 총책임자인데 KDI 소속으로 이를 실시하면 공정성을 의심받을 수 있다고 생각하셨던 것 같아요. 실장 직책은 정무직인 차관보급이라 다시 돌아가기보다는 정부 쪽에서 계속 일할 기회가 있으리라고 생각하셨을 수도 있고요.

---

12 김현석·박개성·박진, 《정부개혁 고해성사》, 박영사, 2006, 176쪽.

어려운 위기상황에서 고생하면 보통 정부에서 자리를 마련해 주기 마련이지만, 고생만 잔뜩 한 이계식 박사를 정부가 따로 챙겨 주지 않았다.

박 진 제가 볼 때 이계식 박사님이 참 강직한 원칙주의자였습니다. 정부개혁 작업이 진행되는 동안 셀 수 없이 많은 곳에서 부탁이 들어오고 전화도 여러 군데서 받으셨을 텐데 저나 다른 팀장에게 단 한 번도 그런 이야기를 전달한 적 없이 외풍을 다 막아 주셨습니다. 그러다 보니 정부 부처 내에 적을 여럿 두셨겠죠. 타협하지 않는 사람이라는 이미지 때문에 여러 부처에서 기피 인물이 된 듯합니다.

그러니 당사자는 얼마나 스트레스를 받으셨겠어요? 제가 가끔 보고하러 실장실에 들어갔을 때 이분이 울분을 삭이느라 심호흡하고 계신 모습을 몇 번 봤어요. 그때 이도 여러 개 빠질 만큼 피곤하고 힘드셨던 것 같습니다. 이계식 박사님이 정치적 바람을 막아 주기 위해 그렇게 힘들게 지내신 만큼 그 아래에 있던 저는 외풍에 거의 시달리지 않고 소신껏 일할 수 있었습니다.

지금 생각하면 후배로서 고민을 함께하고 스트레스를 최대한 덜어 드렸어야 했는데, 그렇게 하지 못해 정말 후회가 됩니다. 이계식 박사님이 일찍 돌아가신 바람에 이런 말씀을 전할 수 없어 참 안타깝습니다. 저는 이계식 박사님을 참 존경했고, 그분의 노력이 제대로 평가받지 못해 애석하게 생각합니다. 낭만적인 면도 있어서 우리가 가끔 워크숍에 가면 노래 〈선구자〉에 '정부개혁' 가사를 얹어 같이 부르기도 하고 그랬죠.

홍은주 국가부도 위기를 겪은 직후라 참 비장한 분위기였을 것으로 짐작됩니다.

박 진 상당히 비장했을 뿐더러 우리 모두 엄청나게 고생했습니다. 제가 아직 발령도 나기 전인 4월 1일부터 정부로 출근하기 시작했는데, 그만둘 때까지 토요일 밤을 포함해 매일 밤 12시 이전에 퇴근한 적이 거의 없습니다. 일요일만 오전에 교회에 간다든가 하면서 조금 늦게 출근했고, 공휴일에도 단 하루도 쉬지 못했습니다. 딱 하루 쉰 날이 1998년 7월 17일 제헌절이었습니다. 바로 그 전날 민영화 계획을 마무리하여 발표했기 때문에 그날 하루만 쉰 거죠.

제 밑에 있던 안산에 사는 사무관은 집에 가는 버스가 끊길까 봐 11시 30분에 나가면서도 다른 분들에게 늘 미안해했습니다. "먼저 나가서 죄송합니다"를 입에 달고 살았어요. 하루는 제가 단장과 회의하는데 6급 주무관이 다음 달 결혼한다고 청첩장을 들고 왔어요. 그랬더니 단장이 "결혼을 축하하긴 하는데 지금 바쁘니까 나중에 결혼하면 안 돼?"라고 물을 정도였습니다. 그때는 정말 비장한 마음으로 피곤한지도 모르고 매일 일했습니다.

그렇게 일했는데도 1999년 하반기부터 개혁의 동력이 급격히 약화되기 시작합니다. 11월부터는 정부개혁의 방향을 운용시스템 개혁으로 바꾼다고 선언했지만 그 후 대외적으로 이른바 '옷 로비 사건'이 터지면서 정부의 국정 장악력이 크게 약해졌습니다. 상시로 이루어져야 할 정부개혁이 크게 위축되는 모습을 보면서 개혁의 동력을 어떻게든 살리고 싶어 제 임기 마지막 해였던 2000년 한 해 동안 보도자료를 59건이나 냈습니다. 거의 주당 하나씩 냈는데 언론에 크게 보도되지는 못했습니다.

한국 경제의 장기비전 수립

장기적 시계視界의 경제설계

KDI에 장기비전팀이 만들어진 것은 세기말의 혼란 속에서 새로운 천년, '뉴 밀레니엄'을 바로 눈앞에 둔 1999년의 일이었다. 첫 장기비전정책팀은 설광언 박사가 책임을 맡았다. 설 박사는 팀의 첫 종합연구로 재정경제부와 과학기술부에서 자료를 협조받아 〈위기극복 이후 한국 경제의 성장동력〉[1]에 관한 공동연구를 기획했다.

설광언 7차 경제개발 5개년 계획을 끝으로 김영삼 정부 이후로는 주로 중단기 연구 중심으로 KDI의 정책연구가 이루어졌고, 장기 작업은 큰 비중을 차지하지 못했습니다. 그런데 'DJ노믹스'의 틀이 잘 만들어지고 난 뒤 "KDI가 장기 정책연구를 통하여 정책 기여도를 높이는 것이 좋겠다"는 이야기가 나오기 시작했습니다. 이에 장기 정책연구 기능을 회복시킨다는 목적 아래 KDI 장기비전팀이 세워졌습니다.

---

1 김주훈 · 우천식 · 김승진 · 박준경 · 이진면 · 장하원, 〈위기극복 이후 한국 경제의 성장동력〉, 연구보고서 99-05, 2000.

이 연구에서 총론과 지식기반경제로의 발전전략 과제는 우천식 박사가, 세계 경제 환경 변화는 이진면 박사가, 경제개혁의 성과와 과제는 장하원 박사가, 개방과 외국인 투자 유치는 김승진 박사가, 국가혁신 시스템의 발전은 박준경 박사가, 지역 혁신체제의 조성은 김주훈 박사가 맡아 집필했다.

2020년까지를 염두에 둔 이 연구는 우선 새롭게 등장한 디지털기술을 기반으로 하는 지식기반경제의 구축을 목표로 국내 산업기술 수준을 객관적으로 분석했다. 국내 산업은 1990년대 초부터 고부가가치 기술 분야의 연구개발을 확대하기 시작했으나 대부분 응용기술의 상업화에 대한 연구였고, 원천기술을 연구하는 경우는 거의 없어 세계시장의 기술주기 수명을 기준으로 볼 때 이미 성장기에 접어든 기반기술이 70%, 제품기술이 57.9%에 달했다. 새로운 기반기술이나 혁신 제품은 각각 10%와 21%에 불과한 것으로 평가되었다.[2]

한편 글로벌 개방의 시대에 편협한 지역주의로는 살아남을 수 없기 때문에 해외 기술선도기업의 국내투자 유치를 통해 기술기반을 조기에 확충하고 기술을 이전받는 동시에 개방적 사회문화 환경을 조성하여 동북아 지역의 제품개발 생산기지 허브 역할을 해야 한다고 역설했다.[3]

10년 후를 내다보는 '비전 2011' 연구

KDI는 2001년에도 장기비전 연구를 수행했다. 재정경제부 장관을 지내고 KDI로 온 강봉균 원장이 "외환위기 수습 이후 대한민국 경제가 대체 어디로 가야 할지 향후 10년간의 진로를 종합적으로 설정해 보자"고 제안하면서 '비전 2011' 작업이 시작된 것이다. 과거와 달리 단순한 비전 연구가 아니라 구체적 시한까지 제시해 향후 10년간 정부가 가야 할 길을 제시하는 연구였다.

---

2 김주훈 · 우천식 · 김승진 · 박준경 · 이진면 · 장하원, 〈위기극복 이후 한국 경제의 성장동력〉, 연구보고서 99-05, 2000, 284쪽.

3 위의 보고서, 35쪽.

김주훈 강봉균 원장이 저를 따로 부르더니 왜 비전 작업이 필요한지 그 목적부터 설명하셨습니다. 외환위기 당시 어려웠던 한국 경제를 바로 세운 장본인답게 거시적 안목이 아주 높았습니다.

먼저 "앞으로 한국 경제가 갈 길을 두고 중구난방식으로 의견이 나오니 여러 경제 주체가 많이 불안해한다. 그러니 차제에 대한민국 최고 두뇌를 총동원해 한국 경제가 10년 후에 어디로 가야 하는지 보여 주자. 공무원이나 이해관계자를 일체 배제하고 대한민국 각 분야의 최고 전문가들이 객관적으로 터놓고 전망해 보자. 그 작업으로 국민들에게 기본방향을 제시하고, 다음으로는 이해관계자를 참여시켜 토론한 후 정책적 타협안을 만들어 나가면 된다"라고 방향을 잡아주셨고, 그렇게 장기비전을 설정하는 작업이 시작되었습니다.

정부의 개입 없는 순수 민간 비전 수립

2001년 2월 이후 5월까지 재정경제부 경제정책국과 KDI 장기비전팀이 몇 차례 회의하며 구체적으로 어떻게 장기비전을 도출할 것인지를 두고 합의를 이끌어냈다. 재정경제부가 5월 18일 '경제정책조정회의' 의결을 거쳐 KDI에 보낸 작업지침의 주요 내용에는 "향후 10년 한국 경제의 바람직한 진로를 모색하되, 유연한 사고와 아이디어를 극대화할 수 있도록 비전을 설정하는 작업에는 오로지 민간 전문가들만 참여한다"라는 내용이 포함되었다.

이 지침에 따라 '비전 2011' 연구팀은 민간 전문가들로만 구성되었다. 정부 부처는 모두 배제한 채 KDI가 총괄을 맡고 국토연구원, KIF, 노동연구원, 산업연구원 등 16개 국책연구원의 박사들을 포함해 290여 명의 전문가가 참여하여 한국 경제의 미래를 점검한 것이다. 정부가 아닌 민간 전문가들이 주도하는 비전 연구는 일본의 경우 '산업구조심의회'가 오랜 전통이 있다고 김주훈 박사는 전한다.

김주훈 1990년대 초반 노태우 대통령 말기 송희연 원장님이 제게 일본의 '산업구조심의회' 기능을 알아보라고 하신 적이 있었습니다. 산업구조심의회는 옛날부터 일본 경제를 움직였던 조직으로, 도요타자동차그룹 회장이 위원장을 맡고 위원들은 민간 전문가로 채워진 자문그룹입니다. 관료들을 배제하고 철저하게 민간인으로만 구성됐어요. 정부가 이 자문기구에 질문하면 이 기구가 토론 끝에 답신서를 작성해 비단 보자기에 싸서 정중하게 통신산업성(현 경제산업성)에 전달했다고 합니다.

제가 일본의 산업구조심의회를 들여다보니까 경제 비전을 수립한 과정이 보였습니다. 일본 정부가 2차 세계대전 이후로 항상 중장기 비전을 세웠고, 그 방향을 따라 정책이 작동하며 일본 경제를 반석에 올렸다는 거예요. 경제개발 5개년 계획 같은 정부 주도 발전계획이 아니라 민간이 주축이 되어 비전을 수립한 후 국가가 그 비전을 실현하고자 제도나 정책적 유인 구조를 만들었다는 것입니다. 1980년대에 미국 학자들도 민간기업을 중심으로 하는 산업구조심의회가 일본의 산업경쟁력을 크게 높였다는 평가를 내렸습니다.

그렇게 보고서를 작성했는데, 당시 최각규 경제부총리에게 전달되면서부터 과천 관료사회에서 슬슬 장기비전을 수립하자는 이야기가 흘러나오기 시작합니다. 경제기획원에서 "우리가 이렇게 시장에 100% 맡겨도 되는 나라인가? 과거같이 정부가 주도하는 방식은 아니더라도 프랑스처럼 정책적 방향에 대한 최소한의 지침indicative policy을 줘야 하지 않겠느냐?"는 논의가 등장하기 시작한 것입니다. 비전이라는 단어가 공무원들 사이에서 중요한 화두의 하나로 떠올랐습니다.

KDI는 2001년 5월 말부터 작업반 가동에 들어갔다. 전체 연구에 대해 방향성을 제시하는 한편, 각 부문을 조정하는 총괄반장은 부원장인 전홍택 박사가 맡았다. 인력양성・대외경제・성장동력・지식정보・문화진흥・환경・복지・에너지자원・금융개혁 등 각 주제별 작업반은 16개 국책연구원들로 구성했다.[4]

각 반장은 해당 분야를 담당하는 연구기관의 부원장이 맡았으며, 인선은 해당 반장이 재량껏 선임하되 각 반마다 KDI 연구위원이 한 사람씩 포함되도록 했다. 또한

---

4 이 내용은 《KDI 40년사》 중 김주훈 박사가 쓴 "한국 경제의 비전 작업"에 자세히 기술되어 있다.

각 반장이 자동으로 총괄반 위원을 맡도록 하여 조직체계의 독자성과 개별성을 유지하면서도 전체적인 통일성과 원활한 커뮤니케이션을 유지할 수 있도록 했다.

김주훈 제가 비전 프로젝트를 가동할 방안을 만들고 조직을 짜는 과정에서 1990년대 중반에 연구했던 일본의 산업구조심의회의 체제를 원용했습니다. 총론 파트가 있고 각 분과가 있었는데 각 분과의 인선과 주제 선정, 운영체계는 분과위원장이 재량에 따라 하되 각 위원장은 총론의 위원으로 들어오도록 해서 전체적 조율이 가능하도록 체계화한 것입니다.

이 내용을 강 원장이 보더니 "누가 만들었나?"라고 물었습니다. 순간적으로 "혹시 내가 뭘 실수했나?" 싶어 살짝 긴장하면서 "제가 만들었습니다" 했더니 뜻밖에도 강 원장이 "아주 좋다. 정말 잘 구성했다"고 칭찬을 하셨습니다.

강봉균 원장은 김주훈 박사에게 "16개 분과별로 쟁점이 되는 장기과제 이슈를 서너 개씩 찾아내는 것이 좋겠다"라고 의견을 보탰다. "장기과제는 단순히 시간이 많이 걸리는 과제가 아니라 이해관계자들이 많아서 합의를 보지 못한 채 시간을 끄는 것을 말한다. 그러니 그런 쟁점이 되는 과제를 각 분과별로 연구해 발표하도록 하고, 한 번 발표할 때마다 반대 의견을 가진 사람들을 불러서 치열하게 토론해 정리하면 어떤가?"라는 의견이었다.

이에 따라 작업 구성은 첫째, 향후 10년간의 발전 경로를 상정할 때 가장 핵심적으로 추진되어야 할 '장기 핵심과제'를 선정하고, 둘째, 이 핵심과제를 추진하고자 할 때 이해관계자들의 반대를 포함하여 필요한 구체적 정책수단, 즉 '세부과제'들을 도출하며, 셋째, 핵심과제와 세부과제를 실행에 옮길 때 나타날 수 있는 '재정과제' 목록을 만들어 함께 제시하는 것으로 이루어졌다.[5]

카테고리별 주요 쟁점은 ① 글로벌 경제에 부합하는 새로운 시장경제의 구축,

---

5 김주훈, "한국 경제의 비전 작업", 《KDI 40년사》, KDI, 2012. 이하 내용은 김주훈 박사의 글과 인터뷰 내용을 바탕으로 재구성한 것이다.

② 지식경제 분야에서의 새로운 성장동력 확충, ③ 지속 성장을 위한 인프라 확충 및 국토관리, ④ 경제수준에 맞는 삶의 질 실현, ⑤ 동북아 중심지로의 도약 등이었다. 또한 각 카테고리별로 성장 · 복지 · 금융 · 기업 · 환경 · 노동 · 농수산 · 동북아 · 문화 등 하위 분야를 두어 각 분야별로 정책과제를 정리했다.

이어 분야별로 KDI 연구위원들이 간사를 맡아 참여 연구소가 작성한 과제들을 정리하면서 부처 및 기관, 각 전문가들의 의견을 반영하여 보고서에 담을 내용을 최종 조율하는 형태로 연구가 진행되었다.

김주훈 저는 총괄간사여서 16개 그룹의 주제별 토론에 모두 참석해야 했습니다. 강봉균 원장이 2001년 초에 거시팀과 산업팀을 불러서 비전 작업을 공동으로 연구하라고 지시했습니다. 다만 거시팀은 아무래도 직접적으로 관계있는 업무가 아니니 소극적일 수밖에 없었고, 대신 제가 산업장기비전 팀장인 데다 총괄 간사라 저 혼자서 2월부터 12월까지 그해 1년간 몹시도 고생했습니다.

그해 9월까지 초안을 만들고 또다시 언론인 등을 불러 토론하면서 의견을 수렴하거나 현실적 측면을 보완했습니다. 일단 시작하고 나서 밤샘을 밥 먹듯 하다 보니 체력적으로도 너무 힘들었습니다. "이제야말로 사표를 써야 하나?"라고 고민도 많이 했던 기억이 납니다.

고생하는 가운데서도 이 연구가 크게 의의가 있었던 점은 정부의 개입이나 간섭 없이 연구소 중심으로 순수하게 한국 경제를 위한 장기비전 작업을 수행했다는 것입니다. 진념 부총리께서 "정부 각 부처는 KDI 등 16개 연구원에 모든 자료를 제공하되 절대로 관료가 들어가거나 참견하지 말라"고 엄명을 내렸다고 합니다. 그래서 공무원들이 아무런 간섭을 하지 않았고, 자료도 충실하게 제공했습니다.

비전 수립 작업이 진행되는 동안 강봉균 원장은 "내가 KDI에 온 이유가 바로 이 비전 작업 때문"이라고 공언할 만큼 열의를 보였다. 보고서 초고가 완성되었을 때에는 외부와 연락을 끊고 원장실에서 첫 장부터 마지막 장까지 꼼꼼하게 읽은 뒤, 내용은 물론 오탈자까지 바로잡을 정도였다.

김주훈 일정대로 각 작업반이 분야별로 각론 보고서를 따로 만들었고, KDI가 그중 핵심만 추려 종합판을 만들었습니다. 비전 작업이 2001년 말에 간신히 끝나 연초에 초안이 나왔는데, 그 자료를 들고 구정 바로 다음 날 대통령에게 보고하라는 겁니다. 연구원들이 모조리 구정 휴가를 가는 바람에 저 혼자 출근해서 PPT로 내용을 요약하고, 컬러프린터로 자료를 인쇄하면서 연휴를 반납해 일했지요.

원래는 재정경제부를 통해 대통령 주재 경제장관회의에서 보고하기로 했는데, 정부가 공식적으로 발표하면 내용에 구속받게 되니 비전의 유연성을 담보할 수 있도록 KDI가 대통령에게 직접 보고하는 편이 좋겠다는 방향으로 결론이 났습니다.

당시 비전 작업은 진념 부총리와 강봉균 장관 두 분이서 주도한 셈입니다. 다만 진념 부총리는 미래비전이지 목표가 아니므로 구체적 숫자를 적시하지 말라고 박병원 국장을 통해서 요구한 데 반해, 강봉균 원장은 그래도 대강의 숫자는 필요하다고 하면서 의견이 엇갈렸습니다.

강 원장이 저를 불러 숫자를 제시해 보라고 하셨는데, 그전에 계량 작업할 때 거시팀의 협조를 받기 어려워 제가 부탁했던 사람이 장기비전팀에서 함께 근무하던 이진면 박사였습니다. 이 박사는 산업 관련 계량 작업을 하던 전문위원이었는데 제 부탁을 들어주어 여러 날 밤을 새웠습니다. 여러 개의 거시지표를 계량하면서 이 박사가 모든 수치를 추정했는데, 나중에 보니 거의 다 맞았습니다.

이진면 박사가 추정한 2011년 한국 경제 전망에 따르면, 향후 10년 동안 물가상승을 포함한 연간 명목성장률이 8.8%에 이를 것이며 환율이 1,000원이라 가정할 때 GDP가 1조 2,039억 달러(실제로는 1조 2,534억 달러), 1인당 GDP는 2만 4,183달러(실제는 2만 7,814달러)일 것이라 예측했다. 다만 GDP 국제 순위에서는 다소 오차가 생겼는데, 2000년 당시 13위였던 한국의 GDP 순위는 10년 후 9위에 도달할 것이라 전망하였으나 실제로는 13위에 그대로 머물렀다. 한국이 10위에 도달한 때는 2018년이었다.

김주훈 강봉균 원장이 대통령에게 보고하기로 한 전날 저를 부르더니 1인당 GDP

등 5개 거시지표를 전망한 숫자를 한 장으로 정리하라고 지시하셨습니다. 그래서 제가 자료를 만들어 보고하는 당일 대통령 앞에 책을 놓을 때 숫자가 정리된 한 장짜리 문서를 같이 내려놓으니까 재정경제부에서 당황하더라고요. 강 원장께서 웃으면서 "그냥 부록입니다, 부록"이라고 말씀하시며 얼렁뚱땅 넘어갔습니다.

홍은주 대통령 보고는 어떤 형식으로 이루어졌습니까?

김주훈 대통령이 당연직 위원장인 국민경제자문회의에 KDI가 직접 보고하는 형태였습니다. 강봉균 원장이 아주 성공적으로 보고했고, 그때 제가 배석했습니다. 대통령이 질문하니까 강봉균 장관이 막힘없이 교통정책과 수송정책 등에 대해 답변하는데, 저는 복잡한 사안의 본질을 그토록 쉽게 표현하는 분을 처음 봤습니다. 원래 30분으로 예정되었던 보고였지만 대통령이 자꾸 질문을 하다 보니 2시간으로 길어졌습니다. 보고 시간이 자꾸 길어지니까 의전수석이 뒤에서 속을 태워 애를 좀 먹었죠.

정책개발에서 싱크탱크로

경제위기 이후 한국이 어떻게 나아가야 할지 모두가 불안해하던 때였기에 KDI가 내놓은 비전 작업의 결과에 언론은 매우 많은 관심을 보였다. 2002년 6월에는 집권 여당이었던 노무현 대통령 후보 측의 요청으로 KDI의 비전보고가 따로 이루어졌다. 노무현 후보는 "내가 보고서를 2번에 걸쳐 숙독하여 내용을 잘 알고 있으니 보고는 생략하고 곧바로 토의에 들어가자"라고 할 정도로 열띤 관심을 보였다.

김주훈 그때의 KDI 비전 작업은 과거 경제개발 5개년 계획처럼 정부가 직접 개입하고 예산을 배분하여 주도하는 방식이 아니라, 선진국처럼 유인적 정책indicative policy 비전을 세우기 위한 일이었다고 저는 평가합니다.

언론이 보인 반응도 아주 뜨거웠습니다. 지금 돌이켜 보았을 때 저희가 자부심을 가질 만했던 부분은, 물론 변동성이 있었지만 대부분 저희가 예측한 장기 비전대로 실현되었다는 점입니다.

설 박사님도 이야기하셨지만 비전 작업이나 장기 연구 작업은 솔직히 표가 잘 나지 않아요. 그전에 KDI가 수행한 연구들은 의료보험이나 국민연금 등 누구나 공감하는 확실한 주제였으니까 힘들어도 작업을 잘 해내면 생색낼 수도 있는데, 지식기반경제나 비전 연구 등은 이전에 없던 개념을 새로 만들어서 설명해야 하니까요. 우리도 공부하면서 개념을 정립해야 하니 시간이 오래 걸리고, 공무원들도 개념을 잘 모르니 생각하는 방향이 다릅니다. 그래서 딱 맞아떨어지는 합의점을 찾기 어려웠습니다.

공무원들은 뭔가 구체적인 숫자와 통계 목표를 요구했지만, 우리가 "과거 포스코를 설립하는 것 같은 작업이 아니다. 지식기반경제는 기업들의 R&D 능력이나 디지털화를 깊이 있게 하는 작업이니 이른바 '축적의 시간'이 걸린다"라고 답변하자 KDI가 비협조적이라며 불만이 많았습니다. 아무튼 그때는 디지털시대로 넘어가는 과도기라 참 힘들었습니다.

그래서 저는 이렇게 표현하고 싶습니다. "과거 KDI가 'Policy Tank'였다면, 우리가 비전 수립을 위한 작업을 할 당시에는 개념을 처음부터 정립하는 'Think Tank'로서 일했다"고요.

4장

양극화를 넘어 새로운 글로벌 한국 경제로

외환위기 후 깊어진 양극화의 골

외환위기는 극심한 경기침체와 기업부도, 대량 실업 등을 불러오며 한국 경제의 소득분포 상태나 절대빈곤의 비율 등 사회분배구조에 심대한 영향을 미쳤다. 1998년 12월에 발표된 KDI의 〈경제위기에 따른 분배구조의 변화와 정책적 시사점〉[1] 연구에 따르면 1998년 지니계수는 0.2976으로 1년 전보다 12%가 증가했고, 소득분배구조는 20년 전으로 후퇴한 것으로 드러났다.[2] 외환위기로 인한 실업사태가 미숙련자·생산직·비정규직 등 저임금 근로자들에게 훨씬 가혹하게 작용했기 때문이었다.

한편 위기를 극복한 이후 빠르게 경기가 회복되었음에도 불구하고 경기 회복의 효과 역시 비대칭적으로 나타나 소득분배구조가 더욱 악화되는 현상이 나타났다. 이는 결국 빈곤율 악화로 이어졌고, 1998년 도시근로자들의 절대빈곤율이 1년 전에 비해 3배나 급증한 것으로 분석됐다.[3]

---

1 문형표, 〈경제위기에 따른 분배구조의 변화와 정책적 시사점〉, 연구자료 99-20, KDI, 1999.

2 위기의 여파는 빈곤층에게 훨씬 큰 악영향을 미쳤다. 1998년 도시근로자가구 하위 20%의 평균소득 수준은 17.3% 감소한 반면, 상위 20%는 0.2%가 감소하여 거의 변동이 없었다.

2003년 GDP는 3.1%로 2002년의 7.7%에 비해 크게 낮아졌고, 실업률도 3.3%에서 3.6%로 높아졌다. 더욱 심각했던 것은 기업들의 부도와 구조조정 등으로 실업자나 영세 자영업자가 증가하고 한국의 중산층이 줄어들었으며 소득분배구조가 크게 악화되는 등 양극화 현상이 심화되었다는 점이다.

당시 통계청이 '도시가계조사'를 통해 발표한 외환위기 이후 3년간 평균 지니계수는 0.317[4]이었는데, 외환위기 직전 3년간 평균 지니계수인 0.286[5]과 비교했을 때 큰 차이가 나지 않아 다들 고개를 갸우뚱했다. 통계가 양극화 현실을 반영하지 못한 것이다.

KDI는 2002년 양극화 연구에서[6] 통계청의 '도시가계조사'의 통계적 한계, 즉 실업자나 영세 자영업자 등이 포함되어 있지 않다는 점에 주목했다. 이어 보다 폭넓은 조사 대상을 아우르는 통계청의 '가구소비실태조사'(5년 주기로 실시)를 이용해 지니계수를 다시 계산했다.

그 결과 외환위기 이후 급격히 증가한 영세 자영업자와 무직자, 1인가구를 포함해 전 가구를 대상으로 조사할 경우 2000년의 지니계수가 0.389로 외환위기 이전보다 크게 높아진 것으로 나타났다. 이 연구에서는 외환위기 이후 두드러진 '중산층 몰락' 현상도 살펴보았는데, "중하층[7]에 해당하는 가구 비중이 상대적 빈곤층과 유사하게 증가하고 있고 동시에 상류층 확대가 동반되는 경향이 존재한다"는 점을 확인했다.

한편 2003년 유경준·김대일 박사가 수행한 '소득분배 국제비교와 빈곤 연구'는 한국의 소득불평등도와 상대빈곤율이 외환위기 이후 급속히 상승하면서 OECD 국가 중 최상위권에 들었음을 확인했다. 이 연구는 "외환위기 이후 증가한 실업 등은

---

3 1999년 1/4분기 상위 20%의 소득은 9.5% 증가한 반면, 하위 20%의 소득은 4.6% 감소하며 오히려 줄어들었다.

4 외환위기 직후 3년간 연평균 지니계수는 1998년 0.316, 1999년 0.320, 2000년 0.317이었다.

5 외환위기 직전 3년간 연평균 지니계수는 1995년 0.284, 1996년 0.291, 1997년 0.283이었다.

6 유경준·김대일, 〈외환위기 이후 소득분배구조 변화와 재분배정책 효과 분석〉, 연구보고서 2002-08, 2002.

7 소득 중간값의 50~70%에 해당하는 계층을 말한다.

당연히 정부정책의 관심 대상이 되어야 하지만 전 세계적으로 소득불평등도를 증가시키는 요인으로는 경기적 요인 이외에 기술진보, 개방화, 고령화 등 구조적 요인이 복합적으로 존재하므로 무리하게 이를 개선하려고 할 경우 오히려 국가의 고용창출력이 떨어져 빈곤을 심화시키는 악순환이 될 수 있다"고 하며 단선적인 양극화 해소 정책을 경계했다.

같은 해 발표된 〈한국의 산업경쟁력 종합연구〉[8]에서는 외환위기 이후 특징적으로 나타난 '기업 간 양극화' 현상을 지적하기도 했다. 이 연구에 따르면 우량기업과 한계기업이 양 극단에서 각각 증가한 반면, 중간 기업군은 뚜렷한 감소 추세를 나타냈다. 제조업과 서비스업 등 산업 부문 간 격차도 지속적으로 확대되었다.[9]

'저성장 속 양극화' 종합연구

개별적 관심이나 학문적 차원의 연구가 아닌 정부정책 차원의 종합적 양극화 연구는 2004년 청와대로부터 "외환위기 이후 심각해진 양극화 문제를 연구해 달라"는 요청을 받아 진행되었다. 연쇄부도와 구조조정 등으로 실업자나 영세 자영업자가 증가하고 한국의 중산층이 줄어들었으며 소득분배구조가 계속 악화되는 조짐이 나타나고 양극화 문제가 사회통합을 가로막는 큰 위기 요인 가운데 하나로 떠올랐던 것이다. 정부는 중산층 붕괴와 장기화될 조짐을 보이는 양극화 문제에 상당한 문제의식을 가지고 KDI에 분석 및 대응책 마련을 요청했다.

설광언 외환위기 이후 영세 자영업자의 어려움이 커지고 정보격차digital divide로 양극화가 발생할 우려 등이 부각되면서 민주주의를 지탱하는 기둥인 중산층이 줄어들고 부의 불평등이 심화되는 데 대한 우려가 확산되어 갔습니다. 그리고 한 명이 만 명

8 우천식 · 김동석 · 윤윤규 · 장하원 · 한광석 · 서중해 · 연태훈 · 차문중, 〈한국의 산업경쟁력 종합연구〉, KDI, 2003, 606쪽.

9 제조업 대비 서비스업 생산성이 선진국은 93%로 두 산업이 비슷했지만, 한국의 경우는 57%에 불과했다.

을 먹여 살리는 사회가 도래할 경우, 민주사회 자체를 붕괴시키는 심각한 양극화 현상이 나타날 수 있다는 우려가 깊어졌습니다.

청와대에서 양극화를 둘러싸고 이 같은 고민을 했던 것 같습니다. 양극화 연구는 우리가 먼저 시작한 게 아니라 "중산층 회복을 위한 정책 대안을 만들어 달라"고 청와대에서 먼저 요청이 오면서 착수한 일입니다. 경제가 신자유주의적으로 발전하는 가운데 빈곤층과 영세 자영업자가 다수 생겨나 정부의 고민이 깊어진 듯했습니다.

'양극화 연구' 총괄을 맡은 이가 우천식 박사였다. 그는 경제수석실의 주선으로 한국은행・통계청・중소기업연구원・노동연구원・산업연구원 등 9개 연구원을 대거 참여시켜 공동연구에 착수했다. 사안의 민감성에 비추어 양극화 연구는 비밀리에 진행되었다. 청와대 경제수석실이 막후에서 지원해 줬지만 여러 기관이 참여하는 대외비 연구로 이루어지다 보니 당초 예상보다 훨씬 고되고 험난한 작업이 6개월이나 계속되었다. 전반 3개월은 현상 분석을 하고, 후반 3개월은 정책방향을 세웠다.

우천식 노무현 정부 초반에 양극화가 심각한 문제로 제기됐습니다. '노盧노믹스' 개설서인 《역동과 기회의 한국》에서도 이미 "정보격차 때문에 소득이 양극화될 것이다"라는 문제의식이 제기되긴 했습니다만, 양극화 문제를 정부가 정면으로 인식하고 대응하기 시작한 것은 이 연구가 처음이라고 할 수 있습니다.

양극화 문제가 특히 심각해진 시점은 아무래도 외환위기 이후부터라고 할 수 있습니다. 저는 외환위기라는 외적 충격에 더해, 내부 산업적 특성이 양극화 쪽으로 굳어진 데다 여기에 정책적으로 미숙하게 대응하며 양극화가 구조화되었다는 진단을 내렸습니다. 결론적으로 양극화는 경기 순환에 따른 일시적 문제가 아니라 한국경제의 구조적 문제이며 이제부터 본격적으로 시작될 것이라는 메시지를 담았습니다. 이 연구 이후부터 '저성장 기조 속 양극화'라는 말이 쓰이기 시작했습니다.

양극화를 풀 해답은 '동반성장'

당시 KDI 우천식 박사 등이 산업 및 고용의 양극화에 대한 해결책으로 제시한 개념이 '동반성장'이었다.

우천식 저희의 제안은 "잘나가는 대기업을 밑으로 끌어내려 하향평준화하는 방식으로는 안 된다. 대기업은 그대로 잘하도록 내버려 두고, 대신 바닥에 있는 중소기업을 대기업이 끌어올려 같이 성장하도록 해야 한다"라는 것이었습니다. 또 한 가지는 "양극화를 좁히겠다고 시장 자체를 건드리면 안 된다. 그러니 시장에서는 최대한 경쟁적 동태성動態性을 유지하도록 하고, 대신 '시장 전 단계'와 '시장 후 단계'를 보완해야 한다"는 방안을 제시했습니다.

홍은주 시장의 전 단계와 후 단계는 구체적으로 무엇을 뜻합니까?

우천식 '시장 전 단계'는 교육을 의미하고, '시장 후 단계'는 복지와 사회안전망을 의미합니다. 즉, 시장은 건드리지 말고 최대한 경쟁체제를 작동해 역동성을 유지하되, 시장 후 단계에서는 저소득 계층에 대한 사회안전망과 사회복지를 강화하여 '사람 중심 경제people-centered economy'를 만들고 시장 전 단계에서는 교육 기회를 제공하여 격차를 줄이려는 노력이 필요하다는 것이었죠.

이 개념은 사실 미국과 독일 등의 사례에서 엿볼 수 있습니다. 그 당시에는 제가 외국 사례를 잘 알지 못했는데, 요즘 선진국 연구를 하다 보니 선진국은 시장불평등은 매우 크지만 정부가 재분배 정책을 펼친 덕분에 교정된 불평등은 낮다는 특징이 있었습니다. 독일의 경우 시장 지니계수가 0.55 가까이 되었다가 정부가 개입하여 재분배정책을 실시한 이후에는 0.32 정도로 줄어듭니다. 프랑스도 비슷하고, 우리에게 '복지천국'으로 알려진 스웨덴 같은 경우는 시장 지니계수가 무려 0.65나 돼요.

그런데 우리는 시장 지니계수가 0.37이고 교정된 이후가 0.32 정도죠. 전 세계적으로 우리나라 시장 지니계수가 아주 낮은 편이니까 시장에 정부가 개입해서는 안 되고 오히려 경쟁을 촉진해야 합니다. 대신 전후 단계에서 격차를 교정해 나가야 합니다.

수출은 늘어도 남는 게 없다?

우천식 우리가 산업의 양극화 연구를 할 때 2003년에 노력해서 만든 광공업 통계를 사용했습니다. 그걸 통해 살펴보니까 고용 없는 성장과 경제의 양극화를 유발하는 요인이 수출 부문에서 발견되었습니다. "수출은 늘었는데 부가가치 유발계수는 떨어진다. 반도체 수출은 늘어나는데 국내에 남는 돈이 별로 없다"는 결론이었습니다.

한창때는 반도체를 1달러어치 팔면 0. 71달러가 국내에 남았는데, 그 값이 0. 54달러까지 급격하게 낮아졌습니다. 반도체 산업이 크게 성장했는데도 국내에 남는 몫은 오히려 줄어들었다면, 바로 산업양극화를 의미하는 것이지요. 2019년 한일 무역 분쟁이 발생했죠? 그러면서 다들 핵심 소재부품 육성을 이야기했는데, 일본의 부품 소재 장비에 대한 이야기가 당시 양극화 작업의 핵심 내용으로 이미 포함되어 있었습니다. 부품소재 장비 부문을 해결하지 않으면 성장은 물론이고 산업의 양극화와 분배 문제가 해결되지 않는다고 봤어요.

그런데 다음 정부로 바뀌면서 그 개념이 실종되었다가, 2019년 들어 일본과 경제 갈등이 현재화되면서 다시 제기된 겁니다. 하루아침에 잘 해결되지 않더라도 계속 관심을 갖고 풀어 나가야 합니다.

홍은주 그때 어떤 해결책을 제시했나요?

우천식 당시 제시했던 방법은 약간 혁신적이었습니다만, 저는 그 처방이 현재에도 유효하다고 생각합니다. 2019년에 일본과의 관계가 악화되자 국내 연구개발을 촉진해 부품소재 수입을 대체하자는 이야기가 나왔지만, 5조 원의 돈을 여기에 쓴다고 해서 금방 해결될 일이 아닙니다. 500조 원을 써도 어렵습니다. 기초 핵심부품이나 소재기술은 전쟁이라는 극한상황이 아니면 얻을 수가 없습니다.

제가 제시한 방안은 국가전략적 차원에서 독일 기업을 대거 유치하는 전략이었습니다. 독일이 아시아와 중국에 진출해야 하는 한편 일본과는 글로벌 경쟁관계에 놓였는데, 그 관계 속에서 우리가 독일과 전략적 파트너가 되자는 것입니다. 큰 기업들은 국내에 들어왔는데 그 아래 단계에 놓인 히든챔피언급은 단독으로 잘 움직이지 않으니까 클러스터를 세워서 한 번에 유치하자고 제안했습니다.

이에 대해 당시 청와대에 있던 정태인 박사에게도 이야기해 준 적이 있는데, 이런 내용이 제가 주장한 능동적 세계화의 개념 속에 녹아 있습니다. "능동적 세계화를 통해서 저성장과 양극화를 해결할 수 있다. 내부 역량만 가지고는 안 된다. 해외에서 제 3의 변수를 끌고 들어와야 한다. 특히 독일과 일본이 경합하는 관계를 우리가 이용해야 한다"고 주장한 것입니다. 한국 엔지니어와 기술 수준이 우수하므로 독일 기업이 들어오면 우리가 핵심 부품과 소재생산기술을 배울 수 있습니다.

깊어져 가는 양극화 현상

양극화 연구는 6개월간 고생한 끝에 완성되어 변양균 청와대 정책실장과 권태신 경제수석에게 전달되었고, 국민경제자문회의와 정부 부처 등에서도 보고되었다. 이때의 양극화 연구는 청와대의 대외비 작업으로 분류되어 공개되지는 않았으나 2006년 발간된 〈양극화 극복과 사회통합을 위한 사회경제정책 제안〉10에서 주요 내용을 알 수 있다.

이 연구는 산업의 양극화 · 고용의 양극화 · 소득의 양극화 세 개 분야로 개념을 분류해 작업을 진행했다. 이 세 분야를 별개로 분리된 요소가 아니라 산업이 양극화되면서 고용이 양극화되고, 결국 소득도 양극화되는 순환구조상의 연결고리로 파악했다. 기술수준별 · 기업규모별로 심화된 산업양극화가 고용 및 임금의 양극화로

10 KDI 편, 〈양극화 극복과 사회통합을 위한 사회경제정책 제안〉, KDI, 2006.

이어져 양극화지수polarization index로 계측한 '사회갈등'도 급상승하고 있다고 진단한 것이다.

KDI는 특히 "한국 경제에 나타난 양극화 현상이 경기변동적 요인이 아니라 추세적·구조적 성격을 띤다"고 결론 내렸다. 양극화의 외적 환경 요인인 세계화와 기술진보, 중국의 부상 등은 앞으로도 지속적으로 심화될 것이며 특히 산업·기업 간 격차, 고용 및 임금 격차를 낳는 개별 경제주체 간 혁신기반 대응능력의 차이 때문에 양극화가 장기간 지속될 가능성이 높다고 진단했다.

김주훈 대표적 양극화 지표인 지니계수가 악화되고 대기업-중소기업 간 임금 격차가 커지는 한편 서비스업도 생계형 자영업과 전문 서비스업 사이의 간극이 벌어지니까, 양극화 실태를 보고하라고 했습니다. 이를 연구해서 김중수 원장이 노무현 대통령에게 보고하고 저와 우천식 박사가 배석했습니다. 이때 연구가 잘 수행됐다는 평을 들었습니다. 이 연구가 나중에 우천식 박사의 '비전 2030'으로 연결됩니다.

새로운 성장 패러다임: '비전 2030' 수립 요청

2005년 7월, KDI 우천식 산업기획경제연구부장에게 기획예산처 김동연 재정전략국장에게서 연락이 왔다. "긴히 할 이야기가 있으니 직접 만나서 이야기하자"라는 것이었다. 우 박사는 경제성장의 중요 요인으로 인적자원 관련 교육을 많이 연구했고, 김 국장 역시 인적자원과 교육에 관심이 많았기 때문에 교감을 나눌 수 있었다. "우 박사가 중요한 작업을 한 가지 해야겠다. 정부의 중장기 정책 수립을 위한 전략개발이다"라고 김동연 국장이 운을 뗐다.

우천식 흐름상 KDI가 저성장-양극화를 연구해 청와대에 제출하고 나자 정부가 이 문제의 심각성을 인식하고, 이를 해결하기 위해 구체적이고 장기적인 정책방향을 수립하고자 한 것이 '비전 2030' 연구로 이어졌다고 이해하면 됩니다. 양극화 작업

이후 "이대로 가면 사회를 유지할 수 없다. 시스템이 끝장난다"는 심각한 문제의식이 정부 내부에서 공유되었습니다. 이 같은 문제를 해결하고자 비전 2030 작업이 시작된 것입니다.

노 대통령이 권오규 청와대 정책실장을 불러 "국가의 장기적 미래에 대비하는 전략을 한번 마련해 보라"고 지시했다고 합니다. 그 미션이 기획예산처 변양균 장관에게 전달됐고, 실무 국장 선에서 김동연 국장이 그 책임을 맡게 된 겁니다. 마침 제가 그 주제와 관련해 마련한 자료가 있었는데, 김 국장이 읽어 보더니 "이걸 출발점으로 연구를 시작하자"고 하면서 본격적으로 연구 작업이 시작되었습니다.

약 4억 원 정도의 예산을 받은 이 연구는 KDI의 기획과제인 '국가비전과 장기 경제전략 수립 연구'의 일환으로 수행되었다. 여러 차례에 걸친 종합 워크숍과 두 차례의 국제회의, 그리고 수많은 작업반별 세미나를 열어 쟁점을 정리해 나갔다. 그 결과 김 국장과 우 박사는 "성장 · 복지 · 인적자본 · 사회적 자본social capital · 개방화 등 5개 분야로 나누어 연구하자"고 방향을 정하여 최종안을 확정했다.

5개 작업 분야의 보다 구체적인 명칭은 ① 인적자원 고도화 방안, ② 사회복지 강화, ③ 사회적 자본의 제고 방안, ④ 능동적 세계화, ⑤ 성장동력 확충 등이었다. 김동연 국장이 정부 측 책임자를, 우천식 박사가 민간 연구 책임자를 맡았고, 5개 작업반에 60여 명이 참가했다. 2006년 7월부터 본격적인 후속 작업이 시작되어 약 1년에 걸쳐 진행됐다.

한국의 정치 · 경제 · 사회를 아우르는 종합연구 실시

노무현 대통령의 국가경영 철학은 "경제가 잘되려면 정치 · 사회 인프라가 잘 구축되어야 한다"는 것이었기 때문에 당시 연구는 경제뿐만 아니라 행정의 정의나 사법정의 등 정치 · 행정 분야까지 아우르는 경우가 많았다. '노노믹스' 개설서인 《역동과 기회의 한국》을 펴낼 때도 통상적인 경제문제를 넘어 '삶의 질', '사회적 결속',

'가치 및 규범' 등으로 탐구 분야를 확대했고, KDI 연구원들뿐만 아니라 정치·행정학자들이 참여했다. 일부 내용은 행정부 관리들이 직접 기술하기도 했다.

비전 2030 전략을 수립할 때도 우천식 박사는 "저성장-양극화의 원인이 복합적인 만큼 대책 마련에서도 전통적인 성장 및 분배의 문제 외에, 환경·사회적 가치 등이 종합적으로 연구되어야 한다"고 판단했다. 이에 따라 경제는 물론 사회·정치·문화 영역을 포함해 외교안보 분야까지 아우르는 대규모 종합연구가 진행되었다. 설정된 연구 기간은 25년으로, 한국 경제의 비전 연구 가운데 시계가 가장 길게 확장된 연구였다. KDI 본원에서는 PM인 우천식 박사를 비롯하여 김주훈·서중해·임영재·조병구·최경수 박사가, 국제정책대학원에서는 김태종·박진 교수가 참여했다.

우천식 비전 2030 연구는 여러 가지 면에서 기존 연구와 차별화되는 큰 특징이 있었습니다. 우선 시계를 25년에 달하는 장기간으로 확장했습니다. KDI는 설립 이후 경제개발 계획 수립에 꾸준히 참여한 전통이 있었는데, 이들 모두 5개년 계획이었습니다. 김영삼 정부 시절 '신경제 5개년 계획'으로 이름이 바뀌긴 했지만 역시 5개년 계획이었고 'DJ노믹스'도 사실상 5개년 계획이나 다름없었습니다.

제가 그전에 연구했던 《역동과 기회의 한국》 역시 노 대통령이 재임 5년 동안 펼칠 정책을 위한 청사진으로서의 성격을 띠었고요. 그런데 비전 2030은 "향후 25년간 정부가 이 길로 가야만 한다"는 장기적 국가비전 및 정책설계로서의 성격을 띠었습니다. 방법론적으로 그전에는 재정경제부가 KDI에 요청하면 KDI가 작업을 함께 하는 9개의 다른 연구소, 즉 한국조세연구원·한국행정연구원·대외경제정책연구원·산업연구원·과학기술정책연구원·한국직업능력개발원·한국교육개발원 등에 기관 차원에서 연락합니다. 각 연구원에서 연구원을 차출해 각론을 작성하여 보내면 KDI가 총론을 쓴 뒤 최종 검수를 하는 방식이었습니다.

그런데 비전 2030은 그런 식으로 진행하지 않고 네트워크형을 따라 점조직성 공동 작업으로 진행되었습니다. 제가 총괄 프로젝트 매니저를 맡았고요. 사전에 정해진 5개 작업반으로 나누어 각 작업반의 PM을 KDI 박사들이 맡았습니다. 다음으로 각 작업반별로 해당 분야의 최고 전문가들을 개별적으로 선정하거나 추천받아 60여 명의 참여자를 확보하는 방식으로 진행했습니다. 그러다 보니 대학교수들도 많이 들어왔고, 9개 연구원에서 내공 있는 박사들이 개별적으로 참여했습니다. 김창경 교수(한양대 공대, 전 교과부 2차관) 등 이공계 박사들도 참가했습니다.

홍은주 당시 작업에서 가장 어려운 점은 무엇이었습니까?

우천식 예산이 수반되지 않는 제도개혁 과제와 예산의 선제적 투자가 필요한 재정투자 과제, 이 두 그룹으로 나누어 50대 핵심과제를 선정했는데 그중 재정투자 과제가 문제였습니다.

장기적으로 진행할 수 있도록 예산을 추정하는 작업이 가장 어려웠습니다. 가령 '교육과 복지를 강화하여 양극화를 좁혀야 하는데, 이를 위해서는 예산과 재정이 얼마나 들겠는가?' 등을 고려해야 했기 때문입니다. 장기 지속가능성long-term sustainability이 있는지 알아보기 위해 구체적인 통계분석에 들어갔는데, 한국은 장기 재정모형이 없었기에 수작업으로 분석했습니다. 비전 2030의 맨 뒤에 실린 예산소요 관련 표는 기획예산처가 직접 만든 것입니다.

가령 복지 확충이라고 하면 당시 GDP 대비 한국 복지예산이 GDP의 6.7% 정도였습니다. OECD 평균이 20%였고, 복지에 별로 신경 쓰지 않는다는 미국도 14%였으니까 많이 부족한 수치였죠. 국민연금이나 간신히 개시되었을 뿐 실업연금이나 보건요양제도 등 사회복지가 부족했습니다. "이 수준으로는 사회 안정을 도모하기 어렵다, 이걸 2030년까지 OECD 수준으로 끌어올리고, 중간 목표 연도인 2020년까지는 미국 수준인 14%에 도달해야 한다"고 목표를 잡았습니다. 2019년에 10.7%가 조금 넘었으니 그나마 올라온 셈입니다.

비전 2030의 복지계획은 이후 이명박 정부와 박근혜 정부 모두 꾸준히 실천에 옮겼고, 2030년이 다가오기도 전에 대부분 실현되었다. 문재인 정부는 이를 확대하여 이른바 '문재인 케어'와 기초보장 확대를 시행하기로 하고 이를 2019년 '정책기획위원회 비전 2045'에 반영했다.

우천식 복지예산 다음으로 고민한 것은 재원조달 방안이었습니다. KDI는 "비전 2030을 목표대로 가져가려면 매년 GDP의 2% 정도가 쓰인다. 그걸 국채로 할 것인지, 아니면 세금으로 할 것인지 정책적 선택을 해야 한다. 한국의 경우 둘 다 가능하기는 하나, 국민들이 선택하도록 한다"는 안을 들고 대통령께 보고했습니다.

사실 당시에 노 대통령 임기가 1년 반 정도밖에 남지 않았으니 참여정부도 이 안을 선택할 수 없었습니다. "결국 후세의 국민들이 결정할 일이다. 다만 국가가 어떤 방향으로 가든, 정권이 어떻게 바뀌든 앞으로 이 선택을 피할 수는 없을 것이다"라고 결론을 열어 두었습니다. 결국 조세로 재원을 조달하는 쪽으로 이어 왔고, 최근에는 국채 발행을 통한 재원조달이 늘고 있습니다.

'비전 2030'의 핵심 키워드, 사회적 자본

비전 2030의 5대 핵심 전략 과제에서는 특이하게 '사회적 자본' 개념이 등장한다. 사회적 자본은 일반적으로 '사회 구성원 간 협력과 사회적 거래를 촉진하는 일련의 신뢰·규범·네트워크 등 모든 사회적 자산'을 뜻한다.[11]

로버트 퍼트넘R. D. Putnum 등이 저술한 *Bowling Alone: The Collapse and Revival of American Community*[12]에서는 미국 사회에서 나타난 공동체 붕괴와 개인의 소외를 이야기하면서 사회적 자본으로서의 네트워크와 공동체 참여, 신뢰, 유대의 중요성을 강조했다. 이 용어는 미국의 정치학자 프랜시스 후쿠야마Francis Fukuyama의 《트러스트》(한국경제신문사, 1996)라는 책이 나오면서부터 국내에 소개됐다. "한국은 저신뢰 사회"라는 이야기가 나오기 시작한 것이다. 다소 생소한 사회적 자본이라는 개

11 황진영은 《경제성장의 정치경제학》 174쪽에서 사회적 자본이 부르디외P. Bourdieu, 콜먼J. Colman, 포테스A. Potes 등 학자들에 따라 다양한 개념으로 이해된다고 설명한다.

12 국내 번역서는 정승현 역, 《나 홀로 볼링》, 페이퍼로드, 2016.

념을 국가의 경제발전 전략 차원에서 전면에 내세운 것이었다.

우천식 정부 관점에서 사회적 자본이 성장과 분배, 인적자본 등과 등가等價의 무게를 갖게 된 것은 상당히 이례적인 일이었습니다. 비전 2030 작업을 할 때 김동연 국장의 주장으로 사회적 자본이 강조됐습니다. 이분이 경제성장에서 사회적 자본이 맡을 역할에 강한 확신이 있었고, 저도 그 직전까지 관련 연구를 했기에 그 중요성에 동의한 것입니다. 2004년부터 2005년까지 과제를 받아서 사회적 자본 연구를 계속했거든요.

비전 2030과 무관하게 시작한 이 연구가 결과적으로 사전 준비작업이 된 셈입니다. 주로 사회학자들이 연구하던 개념인데, 경제학에서도 사회적 자본을 관계 자본으로 두고, 총요소생산성 개념으로서 들여다보게 되었습니다. 또한 개개인이 가진 인적자본뿐만 아니라 개인 간·기업 간 관계자본이 중요하다고 해서 연구하게 되었습니다. 그래서 사회적 자본 연구는 제가 각론 부분을 쓰다가 도중에 작업반장인 김태종 교수에게로 넘겼습니다. 인적자본 역시 각론 부분을 상당 부분 작성한 뒤 박정수 이화여대 교수에게 넘겼죠.

사회적 자본은 한마디로 관계 자본이며 사회적 믿음과 신용trust의 문제입니다. 이건 제도에 의해 생겨나기도 하지만 도덕이나 상식, 관행 등에 의해 발생하는 비제도적 측면도 있습니다. 가령 법이 잘 발달하고 사회가 법질서를 믿는 경우 사회적 자본이 잘 발달합니다. 반면 법 없이 관행에 따라 사회적 자본이 발달한 국가도 있습니다.

한국의 경우 도시화 및 산업화 과정에서 혈연이나 지연 등 전통 공동체가 급격히 무너지고, 직능과 직장 공동체 등 사회 공동체로 이행합니다. 전통 공동체가 거의 붕괴되다시피 했어요. 일부는 복원하고 새롭게 형성할 건 형성해야 한다는 게 과제였는데, 구체적으로 어떤 정책이 필요한지 파악하고 전통 공동체가 붕괴되는 상황에서 대체 공동체를 만들어야 한다고 생각했습니다.

홍은주 사회적 자본과 대체 공동체를 형성할 때 가장 핵심적인 요소는 무엇이라고 보셨나요?

우천식 법질서의 정립이라고 봤습니다. 한국은 사회적 자본이 법질서를 정비하는 측면이 강하다고 봤습니다. 국가라는 틀 속에서 최고의 사회적 자본은 정부를 믿도록 하는 것이고, 그러기 위해서는 최우선 과제가 사람들이 법질서를 믿고 준수할 수 있는 환경을 마련하는 것이기 때문입니다.

두 번째가 규제의 합리화입니다. 사람들이 규제를 피하거나 무시하거나 돌아가지 않도록 불합리한 규제를 없애거나 현실적으로 잘 정비해야 한다는 등의 내용을 제시했습니다. 2019년에 사법개혁과 검찰개혁이 크게 이슈가 되었는데, 사회적 자본의 부족 문제는 아직 현재진행형으로 논의되고 있지만 사실 그때의 수준에서 더 많이 나아간 것 같지는 않습니다.

비록 KDI가 책임은 맡았지만 각 분야의 최고 전문가들이 모두 모여 국가의 미래를 심도 있게 고민했고, 대한민국 정부가 공식적으로 정부 이름을 내걸고 마련한 장기 국가설계라고 할 수 있습니다. 비슷한 성격의 연구를 김영삼 정부 말기에 유승민 박사가 '21세기 열린 구상'에서 수행했는데 그 연구는 재정경제원과 KDI 이름을 달고 나갔습니다.

장장 2년에 걸쳐 확정된 비전 2030의 50대 핵심과제와 수행방안은 2007년 8월 31일 '비전 대국민 보고회'에서 공식 발표되었다. 노무현 대통령이 세종문화회관에 108명 정책기획위원회 국정자문위원 전체회의를 소집해, 관계 장관들과 각 연구소장 등이 참석한 자리에서 대국민 보고회를 연 것이다. 이 내용은 TV 생방송으로 송출되었으며, 《함께 가는 희망 한국: 비전 2030》이라는 제목의 130쪽짜리 보고서가 '대한민국 정부' 이름으로 발간되었다.

KDI, '신복지국가로의 이행을 위한 6대 전략' 제안

《함께 가는 희망 한국: 비전 2030》이 발표된 후 그간 작업했던 내용을 KDI가 학술적으로 정리하여 원내에서 출판한 것이 《선진 한국을 위한 정책방향과 과제: 6대 전략분야를 중심으로》이다.[13] 이 연구는 각 선진국들이 시장실패와 정부실패를 통해 얻은 경험과 이후 취한 대응을 모두 검토한 후 혁신 및 통합을 동시에 달성하기 위한 모형으로 '슘페터식 신복지국가'를 지향했다.

슘페터의 '신복지국가모형'은 "직업교육과 평생교육 활성화 등 인적자본의 투자와 함께 다양한 네트워크의 활성화 및 연계, 권한의 분산과 조정 등 메타 거버넌스meta-governance를 통해 국가경쟁력을 제고하고 지속가능한 성장을 담보하는 것"으로 정의된다.

우천식 이 보고서는 비전 2030을 학술적으로 백업한 아카데믹 보고서였습니다. 비전 2030은 원래 5대 전략이었는데 정치·행정 분야가 중요하다고 해서 여기에 국가 거버넌스, 즉 국가 지배구조 분야를 하나 더 붙여서 시도해 본 것입니다. 국가 거버넌스는 완전히 만족할 만한 수준은 아니었지만 시험적으로 R&D 거버넌스 문제, 지방분권 문제, 사회갈등 문제 등 3가지로 분류하여 썼습니다.

《선진 한국을 위한 정책방향과 과제》 보고서는 한국 사회와 한국 경제가 직면한 여러 가지 문제에 대응하기 위해 ① 성장동력의 확충, ② 인적 자원의 고도화, ③ 사회복지체제의 선진화, ④ 사회자본의 확충, ⑤ 능동적 세계화, ⑥ 국가 거버넌스 확립 등 6가지 대응전략을 제시했다. '국가 거버넌스의 확립'을 새롭게 추가한 것은 상이한 역할과 기능을 지닌 수많은 경제주체들의 자발적 참여와 역할 분담을 담보하고, 수많은 정책을 유기적으로 조정해 정책의 방향성을 올바르게 잡고 효과를 극

13 우천식 · 김주훈 · 김태종 · 박정수 · 박진 · 서중해 · 임영재 · 정재호 · 조병구 · 최경수, 《선진 한국을 위한 정책방향과 과제: 6대 전략분야를 중심으로》, KDI, 2007.

대화하기 위한 시도였다.

KDI는 또한 다자간 협정이 부진하게 진전함에 따라, 역내경제 간 통합을 확산시키는 지역주의를 무역자유화의 한 단계로 인정하는 글로벌 추세에 주목했다. 세계 총 무역액 중 지역협정 내 무역 비중이 43%(2002년)에서 55%(2005년)로 급증했던 것이다. 이에 따라 '양극화 극복과 사회통합을 위한 사회경제정책 제안' 연구와 비전 2030 연구 모두에서 대한민국의 FTA 적극 추진을 강조했다. FTA흐름에서 뒤처질 경우 FTA에 속한 회원국들에 비해 관세 및 수입쿼터·투자 등에서 불리한 위치에 서게 되며 경제적 고립이 불가피하다고 경고하고 미국·캐나다·일본·멕시코 등과의 신속한 FTA 추진을 강조했다.

우천식 한미 FTA는 비전 2030 글로벌 정책의 연장선상에서 나온 구체적 결과물이라고 봐야겠죠. 노무현 정부의 특징이 사회복지 예산의 확충 등 복지를 신경 쓰면서도 성장에도 많은 관심을 기울였다는 점입니다. 그래서 비전 2030에 신자유주의적 성격의 정책이 다수 포함되어 있었고, 그 대표적인 예로 한미 FTA를 관철한 것입니다. 한미 FTA를 추진하는 과정에서 "노 대통령이 변절했다. 좌회전 깜빡이를 켜고 우회전을 했다"라는 등 노 대통령 지지 진영에서 많은 비판이 나왔습니다. 그런데 성장과 복지 모두를 중요시한다는 특징이 '능동적 세계화'라는 5대 전략에 이미 반영되어 있었습니다.

글로벌 분야는 박진 박사와 조병구 박사가 작업반장이었습니다. 당시 가졌던 문제의식은 그동안 추진한 수동적 개방이 1단계 세계화였다면, 앞으로는 밖으로 뻗어나가는 적극적·선도적 개념의 개방정책이 2단계 세계화라는 개념에 포함되어야 한다는 것이었습니다. 한미 FTA와 ODA 예산의 확대, 이민정책, 글로벌 코리아 브랜드 네트워크, 세계적인 범민족 네트워크 형성 등의 앞선 개념들이 마련되었고 공격적·선제적 개방이 고려되었습니다.

‘비전 2030’의 이행을 위한 후속 작업

우천식 이명박-박근혜 정부 때도 우리 예상대로 저성장 기조 속 양극화가 장기 구조화되었습니다. 전체 50개 과제 중 실천되지 않은 과제들도 많지만 그걸 해소하려는 방안 일부가 후속 정부에서도 계속 추진됩니다.

홍은주 비전 2030의 동반성장 개념은 이후 이명박 대통령 때도 지속됐습니다. 2010년 9월 ‘동반성장위원회’를 구성해 운영하기로 결정했고, 같은 해 12월 ‘동반성장위원회’가 공식 출범했습니다.

우천식 그뿐만 아니라 사회복지체제도 역시 역대 정부를 거치면서 점진적으로 강화됐습니다. 유아교육을 강화하고 간병제도를 도입하는 등 비전 2030의 핵심 50개 과제 가운데 복지 부문은 상당부분이 예정대로 진행되어 오고 있습니다. 교육 분야에서는 국립대학 중 서울대를 법인화했습니다. 지방분권에서는 행정부처가 지방으로 이전했고, 한미 FTA도 우여곡절 끝에 잘 추진됐고요.

홍은주 현재 시점에서 평가해 볼 때 부족한 점이라던가 당시는 예상하지 못했던 문제들도 있지 않나요?

우천식 꼭 필요한데도 실현되지 않은 것들이 아직 많습니다. 대기업과 중소기업 간 격차가 줄어들지 않았고, 〈서비스산업법〉도 아직 통과되지 않았습니다. 제도적으로 접근하는 과제는 많이 추진되었지만 심층적인 부분은 아직 미흡하다고 봅니다. 또 한 가지, 비전 2030에서 소실된 개념이 ‘능동적 세계화’입니다. 복지도 중요하지만 그것만으로는 먹고살 수는 없잖아요? 따라서 우리가 “전면적 글로벌화와 능동적 세계화가 필요하다. 사회도 더 개방되어야 하고 개방적인 이민정책을 실시하거나 해외 700만 동포의 인력을 흡수할 필요가 있다”라는 이슈를 이야기했는데, 이 부분도 아직 미흡합니다.

노 대통령 이후 우리나라 주요 국정 의제에서 능동적 세계화 개념이 정책 핵심기조에서 사라져 참 안타깝습니다. 우리 경제는 아직도 제품을 수출입하는 '반폐쇄-반개방 사회'입니다. 왜 이렇게 되었는지는 모르겠지만, '우리끼리 잘살자'라면서 내부 지향적인 분위기가 이어집니다. 정치적으로도 국내만 보면 갈등이 생기고 밖으로 뻗어나가려는 의지나 정책이 점차 사라지고 있는 듯해 안타깝습니다. 당시에 이 문제를 좀 더 충분히 구체화시키지 못했던 데 대해 아쉽게 생각합니다.

5부

KDI의 외연 확대

다양한 전문 분야 진출

글로벌 인재 양성

세계화의 흐름 속에 탄생한 KDI국제정책대학원

KDI가 단기 교육과정을 넘어 글로벌 인재 양성을 위한 대학원을 설립하겠다는 이야기가 처음 나온 것은 1980년대 후반이었다. 짧은 기간에 고도의 경제 발전을 이룩한 한국의 개발 경험을 배우기를 원하는 개도국들의 요구가 점증했던 것이다. 경제기획원 차원에서는 내부 승인이 이루어져 설립 부지까지 알아보았으나 다른 대학들의 반대에 부딪혀 진행이 중단된 채 수면 아래로 가라앉았다.

KDI의 대학원 설립 이야기가 다시 나오기 시작한 것은 제 2차 APEC 정상회담(1994년 11월 15일) 직후 김영삼 대통령이 추진한 '세계화 선언'이 계기가 되었다. 이 선언을 계기로 1995년 1월 '세계화추진위원회'가 발족되고 향후 나아갈 방향을 정리한 53개 항목의 '세계화 비전과 전략'이 발표되었다.

선진국으로 가기 위한 국가발전 원리와 추진 원칙, 전략 등을 행정 · 외교통일 · 경제 · 사회 · 정치 분야 등으로 나누어 구체화한 내용이었는데, 특히 행정 분야 5개 과제에 "세계화 시대에 대비해 공무원 교육훈련제도를 개선한다"는 내용이 포함되어 있었다. 국제 관련 업무를 포함한 전문분야에서 국제적 규범의 이해와 외국어 능

력을 갖춘 역량 있는 공무원을 양성한다는 것이다.[1]

한국의 많은 대학들 가운데 국제정책대학원을 KDI에 두기로 한 이유는 KDI가 1971년 출범한 이후 경제사회 분야의 유일한 종합 정책연구기관으로서 중장기 경제·사회 발전 계획을 위한 정책을 수립하는 데 크게 기여했고, 1980년대 초 국제개발교류 프로그램IDEP: International Development Exchange Program이 설립된 이래 개발도상국의 공공 부문 인사들을 대상으로 발전 경험을 공유하기 위한 단기 교육사업을 꾸준히 수행했으며, 경제정책의 싱크탱크economic think tank로서 아시아 지역을 넘어 세계적 명성을 얻고 있었기 때문이었다.

남상우 김영삼 정부 당시에 '세계화추진위원회'에서 세계화라는 거대한 물결 속에서 적응해 나가려면 공무원들도 글로벌 역량을 강화할 필요가 있다는 논의가 벌어졌습니다. 마침 다른 대학에서도 아홉 군데 정도 국제대학원이 생겼고, 이 가운데 KDI는 공무원을 글로벌 리더로 육성하는 데 역점을 두고 그 해결방안을 모색하게 되었습니다. 한마디로 국제대학원 설립이 세계화 추진의 일환이었던 것입니다.

이미 그 이전부터 개발도상국들에서 한국의 경제발전 경험을 배우고 싶다는 요구가 많았다는 점도 대학원을 설립한 이유였습니다. 우리의 개발 경험을 국제적으로 다른 나라들과 공유하는 것이 세계화를 추진하는 과정의 일부분이라고 생각했던 것입니다. 이를 위해 개발경제 전문가를 양성하는 동시에 개발 분야에서 국제협력과 한국의 글로벌 리더십을 제고하는 것도 대학원 설립 취지의 일부였습니다.

이주호 부연 설명을 좀 더 하자면 세계화라는 것이 국제적 표준에 맞춰 우리나라의 제도나 역량을 키워 나가는 일인데, 특히 인재 양성이 중요하지 않겠습니까? 지금은 많이 좋아졌지만 그 당시만 해도 글로벌 커뮤니케이션 역량을 육성하고자 영어로 가르치거나 외국 교수들을 초빙하는 대학도 많지 않은 실정이었습니다.

당시 '세계화추진위원회'와 '교육개혁위원회'가 있었는데 저는 교육개혁위원회 전

---

1 국무조정실, 《국무조정실 30년사》, 2003.

문위원이었습니다. 양쪽을 모두 주도하신 분이 KDI 출신인 청와대 박세일 정책기획수석이셨습니다. 그분을 중심으로 '교육개혁위원회'에서도 세계화 방안에 대한 논의가 시작되었습니다. 그때 많이 이야기되던 주제가 '대학의 자율과 책무'였고 국제대학원을 도입하자는 논의가 있었습니다.

그런데 당시 교육부가 너무 많이 대학을 통제하던 탓에 기존 대학들이 새로운 것을 시도하지 못하니까 뉴 플레이어들, 즉 새로운 교육혁신 에너지가 필요하다는 논의가 있었습니다. 대학들이 국제화를 지향한다고 해서 하루아침에 빠르게 변할 수 있는 일이 아니기에 "KDI 같은 우수한 연구기관에서 글로벌 스탠더드에 맞추어 국제 인력을 양성하면 다른 대학에도 자극이 되지 않을까?"하는 것이 KDI스쿨을 세운 원래 취지였습니다. 'KDI에 전문가들이 많으니 단설 대학원을 세워 그분들이 가르치도록 하면 글로벌 인재를 효과적으로 육성할 수 있고 다른 대학에 자극도 줄 수 있지 않겠느냐'라는 이야기가 나온 것입니다.

세계화와 교육개혁의 큰 흐름 속 KDI스쿨 출범

당시 〈교육법〉은 일반 대학만이 대학원을 설치할 수 있도록 규정했기에 KDI 같은 연구소가 대학원을 설립할 수 있는 법적인 근거가 전혀 없었다. 1971년에 설립된 KAIST가 있었으나 이는 특별법을 기반으로 설립된 특수한 경우였다. 세계화시대에 걸맞은 공공 부문 전문인력을 양성하는 대학원을 설립하기 위해서는 다른 법체계가 필요했다.

그 문제를 해결하기 위해 1997년 〈고등교육법〉을 제정하면서 단설 대학원 설립의 근거가 되는 조항이 생겨난다. 〈고등교육법〉 제 30조(대학원대학)에 "특정한 분야의 전문 인력을 양성하기 위하여 필요한 경우에는 대학원만을 두는 대학(이하 '대학원대학'이라 한다)을 설립할 수 있다"고 명시한 것이다. 이 법의 제정으로 KDI대학원 설립이 가능해졌다.

이주호 KDI처럼 대학은 없고 대학원만 둔 대학의 설립이 가능해진 시점이 바로 〈단설 대학원법〉이 통과되면서부터입니다. 세계화와 교육개혁이라는 큰 추세 속에서 과거에는 4년제 과정이 있는 대학만이 대학원을 운영하다가 KDI 같은 연구기관도 대학원을 두게 되었습니다. 그 후로는 우리 말고도 단설 대학원이 많이 생겼습니다. 특히 종교기관들도 신학대학원을 많이 설립했습니다. 지금은 50~60개쯤 되는 것 같습니다.

저는 그 조치가 한국 교육의 전체적인 흐름에서 굉장히 긍정적인 역할을 했다고 생각합니다. KDI가 선두로 설립인가를 받았고, 그 후로 다른 대학원들도 나오기 시작하면서 정보통신대학원 같은 교육기관도 생겼습니다.

이때 대학원 설립을 추진하기 위한 준비조직이 만들어졌다. 당시 IDEP 소장이었던 남상우 선임연구위원이 팀장을 맡았고 신광식·유윤하·이주호 연구위원이 행정적 실무를 해결해 나갔다. 박사 몇 사람이서 대학원을 처음부터 설립해 나가야 했기에 어려움이 적지 않았다.

남상우 저희도 처음 해 보는 일이라 어디서 무엇을 어떻게 시작해야 할지 전혀 알지 못하는 상황이었어요. 실무 직원들과 함께 교육부를 찾아가서 어떻게 설립 준비를 하는지 물어보고 관련 법규를 공부하면서 하나하나 진척시켰지요.

이주호 그때 저는 교육개혁위원회 위원이었고 KDI 출신 장오현 박사님이 교육부 고등교육실장이셨습니다. 그분이 많이 도와주시지 않았으면 실무적으로 더욱 힘들 수도 있었습니다. 왜냐하면 교육계가 상당히 배타적인 조직이라서 교육을 고유 영역으로 꽉 쥐고 있는데, KDI에 새로운 유형의 대학원을 설립할 길을 열어 줘야 하니까 내부 반발이 심했거든요. 그런데 다행히 "교육개혁 차원에서 고등교육실장은 공무원 대신 외부에 맡기자"는 논의가 벌어졌고, 그 자리에 동국대 장오현 박사님께서 오셔서 창의적 교육개혁을 주도하셨습니다.

장오현 박사는 KDI 연구위원으로도 있었고, 박세일 수석이 교육개혁을 추진할 때 작업을 같이한 파트너이기도 했기에 열린 글로벌 교육에 대한 이해가 높았다. 결과적으로 KDI에 큰 도움이 되었다.

이주호 외부적으로 비판과 반대도 많았지만 남 원장님이 노력을 많이 하신 데다 세계화가 큰 흐름이다 보니까 대학원 설립이 성사된 것 같습니다. 그때 청와대에 박세일 교수님이 계시면서 계속 세계화와 교육개혁을 추진하셨고, 그 과정에서 교육부에서도 세계화를 추진하는 데 KDI의 글로벌 지식 인맥이 필요했던 것이라고 봅니다.

홍은주 KDI스쿨 설립 당시 교사校舍는 어떻게 마련하셨습니까?

남상우 당시 KDI 인근에 소재하던 KAIST가 대전으로 이사 간 뒤라 서울에는 경영대학원만 남아 있었기 때문에 빈 건물과 강의실이 많았습니다. 우리가 그 건물을 우선 10년 동안 무상 임대해서 쓰기로 했습니다. 그때 과학기술부 장관이 구본영 박사였는데, 무상 임대하는 데 도움을 주셨습니다. 처음에는 한 동만 10년간 쓰다가 그 다음에는 8호관을 추가로 무상 임대했고, 2015년 세종시로 이전할 때까지 연장해서 사용했습니다.

홍은주 KDI스쿨을 만들 때 벤치마킹한 학교가 있었나요?

이주호 저희가 대학원을 만들 때 '케네디 공공정책대학원(일명 하버드 케네디스쿨)'을 많이 벤치마킹했습니다. 또 미국의 랜드연구소 박사과정이 KDI와 비슷한 모델이라는 소리를 듣고 KDI스쿨 설립을 준비하면서 직접 방문해서 살펴보기도 했죠. 케네디스쿨 외에도 프린스턴에 있는 '우드로윌슨스쿨' 등 해외 사례를 많이 찾아봤습니다.

외국 공무원과 학생에게 적극 개방

1기에 약 50여 명의 학생을 모집하기로 한 KDI대학원은 글로벌을 지향하는 대학원답게 외국 공무원들과 학생들에게 적극적으로 문호를 개방했다. 그 결과 처음부터 약 30~40% 정도가 외국 학생들로 채워졌다.

대학원의 사명은 이론과 실무적 능력으로 무장한 공공정책과 개발경제 분야의 국제전문가를 양성하는 한편, 급변하는 국제환경 속에서 글로벌 리더십을 가지고 복잡한 상황에 적절히 대처할 수 있는 미래의 리더를 육성하는 것으로 확정했다.

'대학원설립추진팀'은 교사校舍를 정하는 동시에 능력 있는 교수를 충원하는 데 주력했다. 초기에 잘 정착시키고 평판을 얻으려면 최고의 실력을 가진 교수들을 많이 모셔야 하기 때문에 외국에서도 우수한 교수들을 유치하려고 노력했던 것이다. 초대 대학원장에는 미국 대학에서 가르치던 고故 임길진 교수를 초빙했다. 임길진 원장은 하버드대와 프린스턴대를 졸업하고 미시간주립대 국제대학원장을 지낸 유명 한국인 교수였다.

이주호 당시 한국에는 임길진 원장 말고는 미국 대학에서 리더 레벨까지 올라간 분들이 거의 없어서 임 원장님을 모셔 오게 됐습니다. 예일대에서도 데이비드 럼스데인 교수도 초빙했고요. 또 하버드대에서 개발경제학을 전공하고 일본의 대학에 재직하고 계시던 유종일 교수님(현 KDI 대학원장) 께서도 초기에 합류하셨습니다.

KDI스쿨은 우리의 개발 경험을 다른 나라와 공유한다는 미션을 달성하기 위해 개발 분야를 전공하신 분이 반드시 필요했기 때문에 유 교수님을 모신 것입니다. 또 경영 쪽이 중요해서 경영전략 분야로 그때 한창 잘 나가던 맥매킨지 한국사무소의 소장으로 계시던 이승주 교수님을 모셔 왔습니다. 전공이 정치경제 분야인 박헌주 교수님도 모셔 왔습니다.

당시에는 국내에서 외국 교수를 초빙하는 일이 별로 없어서 남 원장님이 애를 많이 쓰셨습니다. 다른 대학들은 외국 교수들을 불러올 때 한국 교수들에 맞춰서 급여를 제공했지만, 우리는 글로벌 수준에 맞춰 처우하지 않으면 능력 있는 분들을 모실

수 없다고 생각했습니다. 그래서 아파트도 제공했고 보수도 글로벌 스탠더드에 맞춰서 대우를 해 줬습니다. 이런 조치들이 당시에는 일종의 파격으로 여겨졌습니다.

그런데 이렇게 외부에서 적극적으로 교수를 유치하다 보니 사실 KDI 내부적으로 좀 불만이 있었습니다. KDI가 설립하는 학교인데 KDI 출신들을 중심에 세우는 대신 교수진을 대부분 외부에서 충원하고, KDI스쿨 원장까지 KDI 출신이 아닌 사람을 데려온다고 하니까 비판을 많이 들었죠.

그런데 저는 초기에는 새로운 교육 모델을 만들어야 하기 때문에 내부 인력만을 고집하기보다는 내부에서든 외부에서든 최적임자를 찾는 편이 더 좋다고 생각했습니다. 남 원장님께서도 같은 생각이셔서 우리가 그런 방향으로 일을 추진했습니다.

홍은주 KDI 내부에서는 어떤 분이 교수로 오셨나요?

이주호 우선 KDI스쿨 설립에 참여했던 네 사람 중 신광식 교수님은 KDI에 그냥 남으셨습니다. 저는 교육에 관심이 많고 새로운 기관을 만드는 게 의미가 있다고 생각해서 적극적으로 합류했지만, 신광식 교수님은 산업조직 쪽에서 계속 왕성하게 연구해 오시던 분이라 남게 되셨습니다. 또 유윤하 선임연구위원도 교수로 새롭게 합류하셨습니다.

국가부도의 위기 속에서 문을 연 KDI스쿨

1996년에 대학원 추진위가 발족한 이후 1997년 12월 교육부에서 KDI대학원 설립을 인가받아 1998년 1월에 개교할 예정이었다. 그런데 1997년 12월 국가부도 위기가 터졌다. 1998년 예산은 편성됐지만 온 나라가 가혹한 구조조정에 돌입했고, 실업자가 쏟아져 나오는 데다 IMF가 가혹한 수준의 금융 및 재정긴축을 요구하던 시점이었다. “나라가 망하게 생겼는데 무슨 대학원 설립이냐?”라는 말이 나올까 봐 추진팀의 걱정이 이만저만이 아니었다.

국가부도 위기의 와중에 환율변동성이 높아지다 보니 개교 과정에서 환율변동과 관련된 일화도 생겨났다. 미국에서 초대한 한 교수가 달러 기준으로 월급을 받기로 되어 있었는데, 달러 가치가 폭등하면서 월급이 원화로 처음 계약한 금액의 두 배 가까이 늘어난 것이다. 부담을 느낀 학교 측에서는 해당 교수와 적당한 선에서 협상하고자 했지만 원만하지 않아 어려움을 겪기도 했다.

반면 환율이 너무 오르고 외환을 구하기가 힘들다 보니 해외로 유학 가는 대신 전면 영어 수업이 가능한 KDI대학원으로 국내 학생들이 몰리기도 했다.

글로벌 역량 강화에 나서다

처음 개원했을 때 대학원 학위과정은 국제경제정책 · 국제경영 · 국제관계 · 개발경제 4개 분야였다. 국제경제정책international economic policy 전공은 공공정책 분야에서 글로벌 시각과 전문성을 제공하고자 하는 목적으로 만들어졌다. 국내 공무원들뿐만 아니라 다른 개도국 공무원, NGO 활동가, 미디어 업계 종사자를 유치해 상호 관심사를 논의하고 역동적인 글로벌 네트워크를 만들어 낸다는 목표였다.

먼저 국제경영strategy & international management 전공은 사적 · 공적 복잡성에 대응하여 공공경영은 물론, 민간 부문의 경영정책을 수립할 수 있는 능력을 갖춘 글로벌 전문 인력의 양성을 목적으로 했다. 국제관계international relations 전공은 21세기 국가 간 역학관계와 국제법 비교 등을 통해 국제 정치경제적 문제를 풀어나갈 수 있는 리더의 양성을 목적으로 설립한 전공이다. 개발경제growth & development studies 전공은 개발정책과 관련한 KDI의 40여 년간의 연구와 전략을 직접적으로 전달해 줄 수 있는 분야였다. 학생들에게 경제발전과 관련한 다양한 사회적 · 경제적 이슈들을 이론적 · 실무적 측면에서 가르치는 과정이었는데 해외 공무원과 발전전략 컨설턴트, 지역 전문가 등이 몰려들었다. 특히 공적개발원조 분야에도 학생들이 많이 지원했다.

글로벌 역량 강화의 취지에 걸맞게 대학원의 모든 수업은 영어로 진행했다. 수업뿐만 아니라 토론, 리포트, 논문 등이 전면 영어로 진행되거나 작성되었다. 한국 공무원들과 일반 학생들은 강의부터 토론까지 모두 영어로 진행되는 교육환경에 처음에는 적응하는 데 다소 시간이 걸렸으나 곧 익숙해져서 외국 학생들과 잘 어울리곤 했다.

이주호 영어로 모든 수업을 진행했는데, 사실 그때 KDI스쿨이 완전히 새로운 대학원 모델을 보여 주었다고 볼 수 있습니다. 그 당시 고등교육계에서는 굉장히 충격적인 일이었습니다.

남상우 당시까지 한국의 국력과 경제적 위상은 높아졌지만 국제기구에 전문가들을 많이 배출시키지 못하였습니다. 전문지식과 영어 능력을 동시에 갖춘 인력을 배출하는 일이 시급했기 때문에 지식은 물론이고 영어구사 능력을 대학원 교육에서 상당히 강조했습니다.

이주호 다른 학교에서 시행하지 않던 영어 강의와 함께 교수들에 대해서도 미국식 종신재직제도tenure system를 도입해 시행했습니다. 그 당시에는 한국 대학에 이 제도가 거의 도입되지 않았지요. 종신재직권을 얻기 위해서는 정해진 논문 점수를 충족해야 했는데, 그 기준이 상당히 높았습니다.

그때는 제출한 논문의 절반 이상을 해외 저널 등에 영문으로 발표해야 했습니다. 하버드대 등을 참조하여 제도적 규칙을 마련했는데, 만들어 놓고 보니 그 기준을 충족해서 종신재직권을 받았던 분은 유종일 교수님과 남상우 교수님, 함상문 교수님 등 몇 분뿐이었다고 기억합니다. 저도 처음엔 높은 기준을 채 맞추지 못했고 한참 후에야 기준을 맞출 수 있었습니다.

글로벌 네트워크 활용한 학생 유치

KDI대학원은 기존에 없던 새로운 대학원이었기 때문에 KDI는 글로벌 네트워크를 활용해 홍보자료를 배포하는 등 광고나 홍보에도 적극적으로 나섰다. 1기 정원이었던 50명은 다행히 금방 충원되었고, 이후 소문이 퍼지면서 그 후 모든 기수에 우수한 학생들이 전 세계에서 모여들었다.

이주호 학생들은 KDI스쿨의 교육 시스템을 아주 좋아했습니다. 지금 보면 1기에 우수한 이들이 많았고, 그중 크게 성공한 사람도 적지 않습니다. 뉴욕에서 변호사로 성공한 문봉섭 변호사가 바로 1기 졸업생입니다. 이런 훌륭한 졸업생들을 키워낸 데 대해 많은 보람을 느낍니다.

첫 학생 선발 인터뷰를 할 때나 홍보할 때 교수들이 전부 발 벗고 나서서 애를 많이 썼습니다. 그렇게 신생 대학원으로서 학생을 유치했는데 1기에 훌륭한 학생들이 다수 들어왔고, 이후 2~4기도 모두 좋은 학생들이었습니다. KDI 국제개발협력센터 기획·평가실장으로 있는 홍성창 박사도 2기입니다.

새로운 에너지로 새롭게 시작하는 곳이다 보니 외국에서도 탁월한 학생들이 여럿 찾아왔습니다.

홍은주 1기 외국인 학생들은 주로 어느 나라에서 왔습니까?

남상우 처음에는 중국에서 굉장히 머리가 좋고 자질이 우수한 학생들이 왔습니다. 외교부 등 주요 부처와 기관에서 일하는 엘리트들이 많았습니다. 당시에 유학 왔던 중국 학생 중 천핑陳平이라고, 현재 〈글로벌타임스〉(중국 〈인민일보〉 자매지)의 부편집장deputy managing editor으로 일하는 졸업생이 있습니다. 아직도 제게 기사를 보내줍니다. 터키에서 온 학생도 있었는데, 그 학생이 지금은 IMF에서 일합니다. 개원 초기 에티오피아 국무총리실에서도 아주 유능한 몇 명이 학생으로 와서 교육받았습니다. 이들은 얼마든지 다른 선진국 대학원에 갈 수도 있었지만, 한국의 발전 경험을 배우겠다는 열정을 품고 온 학생들이었습니다.

이주호 당시 외국 학생들은 대부분 공무원이었기 때문에 나이가 좀 있는 상태에서 온 경우가 많았습니다. 이들 가운데는 나중에 자국에 돌아가 국회의원이나 장관을 지낸 학생들도 있습니다. 제가 기억하는 암바추 메코넨Ambachew Mekonnen이라는 학생은 에티오피아에서 장관을 역임한 후 주지사 같은 지자체장을 했는데, 불행히도 2019년 6월 쿠데타 미수로 사망했다는 비보를 접했습니다.

외국 학생 정착을 돕는 프로그램 마련

KDI대학원은 한국 학생들에게는 해외 경험을 많이 쌓도록 하는 한편, 한국에 유학 온 외국 학생들에게는 한국 생활에 쉽게 정착할 수 있도록 지원하는 각종 프로그램을 만들어 제공했다.

개교 1년이 지난 1999년에는 'International Field Research & Study' 프로그램의 일환으로 13명의 한국 학생들이 교수와 직원들의 인솔하에 방학 동안(8월 16일~27일) 미국 샌디에이고와 멕시코 등을 방문하여 지역 기업과 대학을 방문하도록 했다. 정부 규제와 산업정책, 경제성장과 해외직접투자, 금융위기 관리와 금융위기 수습방안, 지식기반경제, 미국의 엔터테인먼트 산업 및 고기술산업 발전을 주제로 실리콘밸리의 역할 등에 대해 강의를 듣고 직접 경험할 수 있는 기회였다.

비슷한 시기에 외국 학생들은 경주와 구미, 수원 등으로 7일간의 'Domestic Field Research & Study'를 나갔다. 외국 학생들의 한국 정착을 돕기 위한 'KDI School's Global Brothers & Sisters Program'도 마련하여 외국 학생들이 문화 간의 차이점과 한국인에 대해 알 수 있는 기회를 제공했다. 한국 학생과 외국 학생을 매칭한 뒤 한국 학생들이 이들을 집으로 초대하여 친교를 강화하도록 돕는 프로그램이었다.

KDI대학원은 출범한 다음 해인 1999년, 이름을 'KDI School of International Policy and Management'에서 'KDI School of Public Policy and Management'로

변경했다. 같은 해 국제협력단KOICA: Korea International Cooperation Agency의 파트너기관으로 선정됐고, 13차 APEC 교육포럼에서 중국, 싱가포르, 일본, 필리핀 등의 지지를 얻어 APEC의 역내 교육 허브education hub기관으로 지정되었다.

2000년에는 KDI대학원과 해외에서 이중 학위를 받을 수 있도록 하는 Global Master's ProgramGMP이 출범했고 경제정책 수립에 관한 특별 프로그램(Center for National Leadership, 후에 Center for Executive Education으로 개명)도 출범했다.

2001년에는 세계은행의 세계개발교육네트워크GDLN: Global Development Learning Network의 Korean Hub로 KDI대학원이 지정되었으며, 이때부터 박사과정이 도입되었다.

학제 간 융합 MBA 프로그램 도입

2002년에는 석사학위를 전문화하여 정책학 석사MPP: Master of Public Policy와 경영학 석사MBA: Master of Business Administration로 이원화되었다. 경영학 석사과정은 자사의 인재 육성을 원하는 기업들에게 큰 인기를 끌었다.

남상우 당초 글로벌 시대에 공무원들도 민간기업이 어떻게 돌아가는지 이해하고, 또 경영을 공부하는 학생들도 세계 경제와 국제관계 등에 대한 안목을 길러 서로 시너지를 일으키라는 취지에서 MBA 과정을 만들었는데, 이 과정이 인기 있었습니다. 다른 비학위 프로그램들도 생겨나면서 KDI스쿨 재정이 아주 좋아졌습니다.

정진승 원장님이 계실 때 MBA 프로그램이 상대적으로 많이 확대되었고, 연구실적이 높은 훌륭한 교수님들도 여럿 모셔 왔습니다. 공공정책을 잘 가르치려면 경영학을 잘 이해해야 합니다. 따라서 경제학자만 교수직에 있기보다는 경영학과 교수님들이 함께 학제 간 협업을 하는 구조가 바람직합니다. 그런 뜻에서 그 분야에서 굉장히 뛰어난 교수님들을 모셨고, 등록금이 사립대학보다 싸면서 연구실적도 우리가 더 뛰어나다 보니 기존 대학원들로부터 '국민 세금으로 운영하는 KDI가 왜 국내의 민간 대학과 경쟁하느냐, 불공정하다'는 등의 불만이 많이 쏟아져 나왔던 것 같습니다.

여러 MBA 프로그램을 시행했던 것은 학문 간 융합을 찾아가는 과정이었다고 봅니다. 지금은 많이 축소됐지만 여전히 우리 대학원이 지닌 가장 큰 장점 중 하나가 학제 간 융합을 중시하는 분위기라고 생각합니다. 일반 경제사회 정책은 물론이고 국제정치 하시는 분이나 경영학을 연구하시는 분, 개발경제에 역점을 두시는 분 등 다양하게 계십니다.

글로벌 리더 양성에 앞장선 우수교육기관으로

2010년 말 남상우 원장이 취임해 석사학위를 정책학 석사과정MPP: Master of Public Policy으로 일원화했다. 다만 개발경제 및 공공관리를 전공하는 경우 이를 구별하여 각각 'MPP/ED' 및 'MPP/PM' 학위를 수여했다.

남상우 원장이 6대 원장으로 연임한 2012년에는 2010년 서울 G20 정상회의에서 부각된 개발 부문에서 한국이 맡은 역할을 감안해 석사과정이 MPP 과정과 개발정책학 석사과정MDP: Master of Development Policy으로 재편되었고, 개발 분야의 글로벌 리더를 양성하는 'Seoul G20 글로벌 리더 프로그램'이 출범했다.

2013년에 KDI대학원은 '한-EU 교육협력 프로그램Industrialized Countries Instrument Education Cooperation Programme' 사업단으로 지정받았다. 2014년에는 그간 세계은행이 담당하던 GDLN 국제사무국을 인수하여 글로벌 개발교육의 한 축을 담당했다. GDLN은 세계은행이 2000년부터 시작한 대규모 교육지식정보 네트워크 구축사업으로, 인터넷과 화상전송시스템 등의 기술을 이용해 전 세계 인적자원 개발 및 지식 격차 해소에 기여함을 목표로 만들어졌다.

또한 MPP 과정이 2014년에 전미행정대학원연합회NASPAA: Network of Schools of Public Policy, Affairs and Administration로부터 'Global Standard in Public Service Education' 공식 인증을 받았다. MDP 프로그램은 이보다 3년 뒤인 2017년에 NASPAA 인증을 획득했다.

세종시로 이전하면서 2015년 출범한 공공관리학 석사과정MPM: Master of Public Management도 이 과정이 만들어진 후 3년 만인 2018년 국내에서는 최초로 NASPAA 인증을 받았다. 이로써 KDI대학원이 운영하는 3개 석사과정이 모두 NASPAA 인증을 획득하며 국제적 수준의 교육프로그램으로 인정받게 되었다. NASPAA은 2018년을 기준으로 전 세계 약 200개 프로그램에 Global Standard in Public Service Education 인증을 주었는데, 대부분 미국에 소재한 대학이다. 해외에는 콜롬비아, 베네수엘라, 이집트, 뉴질랜드 등 몇 개 국가에 위치한 대학들뿐이다. 아시아에서는 KDI대학원과 중국의 런민대, 칭화대, 상하이금융경제대 등 4개 대학이 NASPAA 인증을 받았다. 이 가운데 중국 대학들은 중국어로 교육하기 때문에 영어로 수업을 진행하는 진정한 국제대학은 KDI대학원뿐이다.

2017년에는 '교육국제화 역량 인증제IEQAS: International Education Quality Assurance System' 공식 인증을 교육부에서 받았다. 이어 같은 해 "Case Study on Korea's development experience in the Science of Delivery"가 세계은행의 *The Global Delivery Initiative Library*에 실렸고, 12월에는 '고위급 동문 초청 정책대화High-level Alumni Policy Dialogue'를 출범해 매년 정례화하기로 했다. 이 프로그램은 전 세계 장관급 고위층에 오른 KDI대학원 동창생 6명을 모교로 초청해 후배 대학원생들을 대상으로 글로벌 복잡성이 증가하는 상황에서 지속가능한 경제개발 전략과 리더십, 필요한 정부개혁이 무엇인지 자신의 경험을 공유하고 토론하는 뜻깊은 자리였다.

세계 최고 수준의 공공정책 스쿨 만들어야

이주호 KDI스쿨이 국제정책대학원으로서 설립됐지만 결국 국제적 수준의 최상위 공공정책스쿨로 자리 잡는 것이 최종 목표입니다. 어쨌든 저희는 'public policy and management'를 다루니까요. '어떻게 해야 세계 최고 수준으로 올라서는가?'가 관건인데, 아직 완전히 도달한 것 같지는 않지만 지금도 계속해서 그 목표를 향해 나아가는 과정에 있다고 봅니다.

그런 차원에서 보면 블라바트닉스쿨Blavatnik School of Government이 우리보다 늦게 출발했지만 지금은 세계 최상위 수준입니다. 블라바트닉스쿨은 옥스퍼드대학 산하에 있는 공공정책 대학원으로, 요즘 가장 유명세를 떨치는 기관입니다.

그 학교가 제공하는 많은 프로그램에서는 글로벌 리더들을 모아 환경・교육・보건 등 굉장히 거시적인 이슈를 해결하는 팀을 만듭니다. 또 아프리카 장관이나 대통령 출신 등이 포진한 일종의 위원회 같은 기구를 설립하여 중요한 리서치나 프로젝트 방향을 제시하면, 이를 가지고 교수들이 각국 전문가들과 협업해 실제 글로벌 리서치나 글로벌 액션으로 옮기는 프로젝트를 수행합니다.

홍은주 명실상부 글로벌 리더급 학생들이 오겠네요?

이주호 그렇죠. 그런 학생들이 모여 글로벌 이슈를 주도해 나가는 그런 기관이죠. 우리가 남상우 원장님을 모시고 KDI스쿨을 만들 때만 해도 '세계화'라는 개념이 '글로벌 스탠더드에 맞춰 나가는 것' 정도를 의미했습니다.

그러나 이제는 오히려 글로벌 파트너십을 가지고 선진국과 함께 길을 만들어 나가는 역할에 중점을 두어야 할 때가 된 것 같습니다. 그런 차원에서도 KDI스쿨이 변해야 한다고 생각합니다. 사실 오래된 기관들이 정체되다 보니 블라바트닉스쿨이 부상한 것입니다. 최근에는 싱가포르국립대의 리콴유스쿨Lee Kuan Yew School of Public Policy도 뜨고 있는데, 그 학교가 중국 경제에서 여러 가지 변화를 선도한다는 징후를 상당히 많이 보여 주고 있습니다. 중국의 엘리트 공무원들이 리콴유스쿨에 가서 배워 가는 것입니다.

과거에 KDI스쿨을 잘 설립해 발전시켜 왔지만, 지금까지 해 온 것보다 훨씬 더 큰 잠재력이 있다고 생각합니다. 결국 우리나라가 잘되려면 어떻게 해서든 KDI스쿨을 활짝 개방해야 합니다. 처음 KDI스쿨을 설립했을 때에 비해 위기의 성격이나 상황이 많이 달라졌기 때문에 훨씬 더 폭넓게 개방해야 한다고 생각합니다.

글로벌 지식 리더십의 산실

지식파트너십 프로젝트

한 세대 내에 수원국에서 원조 공여국이 된 유일한 국가인 한국은 1987년에 설립된 대외경제협력기금EDCF: Economic Development Cooperation Fund을 통해 개도국에 저금리의 장기 유상차관을 제공해 왔으며, 1991년부터는 KOICA를 통해 각종 무상원조를 지원하고 있다. 2000년대 초에 들어서는 단순 경제원조에서 한발 더 나아가 각종 경제개발과 위기관리 경험을 개도국에 효과적으로 전파하기 위한 'KP프로젝트', 즉 지식 파트너십KP: Knowledge Partnership프로젝트가 출범한다.

한국이 외환위기를 극복한 직후 세계은행 서울사무소의 스리람 아이어Sri-ram Aiyer 대표가 당시 재정경제부에 "한국이 외환위기, 경제위기를 잘 극복했는데 이런 경험을 아시아 국가들과 공유하면 어떻겠는가?"라는 제안을 해온 일이 계기가 됐다. 재정경제부와 세계은행 사이에 MOU가 체결되었고, 이를 기초로 KP프로젝트가 시작된 것이다. 이때 프로젝트를 책임진 기관이 KDI였다.

이태희 이 사업에는 KP1, KP2, KP3의 세 종류가 있었습니다. KP1은 한국이 경제개발 분야 전문가를 개도국에 파견하고 지식자문을 하는 사업으로, 외교부와 KDI가 MOU를 체결하여 진행한 사업입니다.

KP2 사업은 '우리가 경제위기를 겪은 이유 중 하나는 국제사회의 흐름과 관행을 잘 알지 못했기 때문이다'라는 반성에서 출발했습니다. 사업 내용은 국제기구나 선진국의 여러 기관과 공동으로 한국에 필요한 각종 정책적 이슈, 가령 국제경제나 금융의 모범규준, 인구 고령화 문제 등을 연구하는 것이었어요.

또한 KP3는 북한이나 동구권 등 체제전환 국가의 역량을 강화하는 사업이었습니다. 주로 교육을 통해서 사회주의경제체제에서 시장경제체제로의 전환을 지원하는 사업이었죠.

KP1 사업은 약 2년 정도 지속되다가 중단되었고, KP2 사업은 처음에는 KDI의 IDEP에서 주관하다가 나중에 연구조정실로 이관되어 현재도 실시하고 있습니다. 한편 KP3 사업은 KDI 국제대학원의 국제연수사업으로 통합되었지요.

베트남과 우즈베키스탄에서 시동 건 KSP사업

KP1 사업은 2004년 이후 한 차원 높은 지식공유 및 개도국 개발지원사업인 KSP 사업으로 진화한다. KP1 사업이 단기 정책자문에 그치면서 한계가 있다는 인식이 생긴 데다, 마침 여러 개도국에서 "한국의 개발 경험을 좀 더 깊이 있게 전수받고 싶다"는 요청을 받은 재정경제부가 이 프로그램의 필요성에 공감하여 KSP 사업을 새로 만들었기 때문이다.

KSP 사업은 2004년부터 본격적으로 시작됐다. KSP는 "한국의 발전 경험을 토대로 협력 대상국의 수요와 여건에 맞춰 정책연구 및 자문, 연수 프로그램을 수행하고, 협력 대상국의 제도 구축과 역량 배양을 지원함으로써 해당 국가의 경제·사회 발전에 기여하는 지식집약적 경제협력사업"으로 정의된다.[1]

1 기획재정부·KDI·KITC·KOSBI, 〈2013 경제발전경험 공유사업: 온두라스〉, KDI, 6쪽(정부간행물번호 11-

2004년 KSP 정책자문 사업을 처음 실시한 대상국은 사회주의 전환국이자 개도국이라는 공통점을 지닌 우즈베키스탄과 베트남이었다.[2] KDI는 WTO 가입 준비 및 대응, 공기업 민영화 및 운영 효율화, 거시경제 안정화, 인적자원 개발 전략, 국내외 재원조달 정책, 수출금융 정책 등 6가지 핵심 주제를 베트남의 자문과제로 선정했다. 자문단[3]은 한국의 KDI에 해당되는 베트남 개발전략연구소DSI: Development Strategy Institute와 함께 다양한 자문업무를 수행했다.

우즈베키스탄 대상의 자문 사업에서는 효과적인 체제전환 전략 모색, 제조업 발전과 수출산업의 경쟁력을 촉진하기 위한 산업 정책, 산업 활성화와 지속적 성장을 뒷받침하기 위한 거시 및 금융정책, 재정 및 조세정책, 산업정책과 통상진흥 및 시장개방 정책의 조화 방안 등이 핵심 연구과제로 선정되었다. 이영기 KDI대학원 교수를 연구책임자로 하는 6명의 자문단이 구성되어 관련 분야에 대해 깊이 있는 정책자문을 수행하였다.[4]

'경제개발협력 연구실' 신설하여 KSP 추진

1980년 초에 설립된 IDEP는 초대 황인정 소장을 거쳐 박을용·남상우·유정호·강문수·이영기·노기성 박사 등이 소장으로 역임해 업무가 이어지다가 2004년 KDI대학원으로 이관되었다. 2008년 4월부터는 IDEP 사업 가운데 KSP 사업이 다

1051000-000488-01)에서 재인용, 원전은 한국경제발전학회-대외경제정책연구원KIEP 공동 주최 세미나(연세대 상남경영관, 2011) '한국형 원조와 경제발전 경험 공유: 과제와 대안'에서 임원혁 박사가 발표한 "경제발전 경험 공유사업KSP의 성과와 과제".

2 이하 2004년 자문 내용은 재정경제부 · KDI, 〈개도국 및 체제전환국에 대한 지식공유사업: 베트남, 우즈베키스탄〉, 2005에서 요약 정리한다.

3 KDI 출신인 송희연(인천대)를 연구책임자로 하여, 강신일(한성대), 이재민(한양대), 이종훈(명지대), 백웅기(상명대), 손승호(한국수출입은행), 안응호(한국수출입은행) 등이 참여했다.

4 이영기(KDI 국제정책대학원, 연구책임자), 고일동(KDI), 김도훈(산업연구원), 박원암(홍익대), 유일호(KDI 국제정책대학원), 안덕근(서울대)이 자문단에 참여했다.

시 본원으로 돌아오면서 KDI에 KSP 사업을 전담할 '경제개발협력 연구실'이 신설되었다. 초대 실장으로는 임원혁 박사가 내정됐다.

임원혁 원래 KSP 사업을 대학원이 맡았는데, 이 가운데 KSP 사업이 분리되어 다시 본원으로 돌아왔습니다. 현정택 원장이 "개도국 공무원을 초청해 교육하는 교육 기능은 대학원에 더 잘 맞으니 IDEP는 대학원에 그대로 두고, 정책연구기능이 뒷받침되어야 하는 KSP 사업은 정책연구 역량이 있는 본원으로 분리해 KDI가 수행하도록 하자"고 결정을 내렸습니다. 결국 KDI 본원에 경제개발협력연구실을 만들어 KSP 사업을 본격적으로 전담하도록 했고, 제가 여기에 초대 실장으로 부임했습니다.

제가 KSP 사업을 자세히 들여다보니 "우리나라 개발 경험을 개도국과 공유하고 자문한다"라는 총론과 목적만 있고 실무적 사업수행을 위한 프로세스나 모듈이 아직 확립되지 않은 상태였습니다. 그래서 실장으로 취임하자마자 KSP 사업의 추진체계를 구체적으로 정립하기 시작했죠. 대상국의 수요를 어떻게 파악하고 PM과 자문팀을 어떤 기준으로 구성하며 자문을 어떤 방식으로 진행할 것인가, 사업 모니터링과 피드백 등은 어떻게 해야 효과적일 것인가 등의 전체적인 틀을 짜는 데 주력했습니다.

이때부터 KSP 사업의 표준적인 절차와 구체적 시스템이 본격적으로 마련됐다. KSP 정책자문 사업은 사업예산이 편성되기 이전 해에 협력대상 후보국을 선정하는 작업으로 시작된다. 협력 대상국이 정해지면 현지 수요를 조사하고 MOU를 체결해 각국별 사업계획서 및 관련 예산을 확정한다. 협력 대상국의 정치·사회·경제 현황을 종합적으로 분석하고, 이 과정에서 법과 제도를 개선하기 위한 세부 실태조사와 면담 조사도 병행해 실시하여 1·2차 중간 보고회 등을 수행한다.

다음 단계에서는 정책자문 활동으로 대상국의 정책 책임자나 조직 구성원의 역량을 강화하기 위한 정책실무자 연수를 진행하고 중간 관료와 고위 관료를 대상으로 정책자문을 시행하며, 현지 관료 등 각계 인사들을 대상으로 최종 정책권고서의 내용을 공유하는 '사업 결과 전파 세미나'를 실시한다. 마지막 단계에서는 영문 및 국

문 최종 보고서를 배포해 사업 결과를 공유하고 활용을 제고한다.[5]

KSP 자문의 높은 신뢰도와 지속적 확장

성공적인 KSP 자문이 계속되면서 대상 국가의 숫자가 크게 늘어나기 시작했다.[6] 2010년에는 15개국, 2012년에는 25개국, 2013년에는 35개국으로 크게 늘어나는 등 2018년까지 KSP에 정책자문을 구한 국가는 총 64개국에 이른다. 지역적으로도 아시아는 물론 중남미, 구舊 동유럽 국가들과 아프리카, 중동 등으로 확장되었다.[7]

주제의 다양성과 자문의 지속성 측면에서도 높은 확장성을 보였다.[8] 수혜국의 만족도도 높았다. 특정 분야의 정책자문을 구한 수혜국들이 다른 분야에서도 추가로 정책자문을 원했던 것이다.

한편 2009년 KSP가 국가브랜드 사업('한국과 함께하는 경제발전')으로 선정되면서 '중점지원국 제도'가 도입되었다. 중점지원국 제도는 1년간의 단기에 그치는 정책자문이 아니라 협력 대상국의 중장기 경제발전계획 수립과 연계하여 3년 단위의 중장기로 종합적 조언을 제공하는 것이다. 2010년에는 인도네시아, 캄보디아, 우즈베키스탄을 선정했고, 2012년에는 스리랑카, 몽골, 알제리를 추가하는 등 2015년까지 19개국을 중점지원국으로 선정해 조언했다.[9]

---

5 재정경제부 · KDI, 〈경제협력 전략 국가와의 지식공유사업: 캄보디아, 알제리〉, KSP자료, 2007.

6 관련 통계수치는 KSP 홈페이지에서 찾아볼 수 있다.
http://www.ksp.go.kr/pageView/ksp-statistics

7 아시아 15개국, 중남미 17개국, 유럽·CIS 13개국, 아프리카 11개국, 중동 8개국 등이다(KSP 홈페이지 참조).

8 주제별로는 무역과 수출 진흥, 중소기업과 직접투자 등 산업 · 무역정책 관련 자문의 비중이 26.7%로 가장 높았다. 그 다음으로는 금융기관 및 제도설계, 금융안정 등 거시금융정책이 13%, 정보 · 통신 기술과 연구개발 및 혁신 등 과학기술 정책자문 비중이 12.8% 재정정책 공공투자 등 재정 관련 자문 비중이 10.5% 등이다.

9 중점지원국 제도는 2015년 종료되었다(KSP 홈페이지 연혁 참조).
http://www.ksp.go.kr/pageView/history

경제협력으로 이어진 정책자문 효과:
도미니카공화국의 사례

KSP는 정책자문 과정에서 발굴된 사업을 여타 개발협력 사업과 연계하여 경제적 성과로 연결되도록 하는 데에도 큰 역할을 했다. 대표적인 성과 중 하나가 중남미 도미니카공화국에 정책자문 사업을 실시하는 과정에서 한전의 전력사업을 진출시킨 사례다.

2008년 도미니카공화국의 수출청장(장관급)이 KDI를 직접 방문해 수출진흥전략의 수립과 함께 인력 개발에 대해 자문했다.

임원혁 저희는 수출진흥전략 수립과 함께 인력 개발 관련 자문에 조언하면서 수출입은행과 무역센터 등 수출기반 시설의 중요성을 강조했습니다. 그런데 연구와 논의가 진전되자 수출청장이 "KDI가 그 내용을 직접 대통령에게 건의해 달라"고 요청했습니다. 자신이 보고하기보다는 수출로 성공한 경험이 있는 한국의 전문가가 직접 보고하는 편이 더 효과적이라고 생각한 듯했습니다. 수출기업과 산업을 지원하기 위한 수출입은행은 수출청장도 꼭 설립해야 한다고 보고 있었고, 다른 금융전문가도 설립의 필요성을 강조했는데 그때까지 수용되지 않았나 봐요. 우리더러 대통령에게 수출입은행을 설립하자고 설득해 달라고 요청해서 우리가 설립의 필요성을 역설했습니다.

정책자문 과정에서 경제수석을 단장으로 하여 수출청장과 경쟁력위원회 위원장 등 15명가량의 도미니카공화국 사절단이 한국을 방문했다. 이 과정에서 상호신뢰가 쌓이면서 한국 경제에 대한 관심이 높아졌고, 이로써 도미니카공화국과의 경제협력이 크게 강화되는 결과로 이어졌다.

임원혁 수출과 관련된 기반 시설의 하나로 중요한 것이 전력기반 시설입니다. 한국도 1960년대는 도전율盜電率이 30% 이상이었는데, 이를 어떻게 극복했는지 궁금해했습니다. 그래서 도미니카공화국 사절단이 한국을 방문했을 때 한전과 MOU를 체결했고, 이후로는 한전 측이 KSP에 참여해 도미니카공화국 전력청과 협력하면서 대책을 마련했습니다.

당연히 KSP 자문사업이 끝난 후에도 한전과 기술적 협력을 이어 나갔고, 그 결과 도미니카 공화국이 미주개발은행에서 자금을 지원받아 배전개선 사업을 시행할 때 한전이 낙찰되었습니다. 당시에 이런 식으로 KSP 자문사업이 실물경제 협력으로 이어진 사례가 꽤 있었습니다.

KSP 사업을 진행하면서 제가 내린 결론은 "지식협력을 해 상호신뢰를 쌓는 것이 먼저다. 그 반대가 되면 성공하기 어렵다"라는 것이었습니다. "우리가 뭘 팔 수 있을까?"를 먼저 생각하고 유상원조를 제공하겠다고 나서면 잘 안됩니다. 한번은 유상지원으로 관세통관 시스템을 팔고자 접근한 적이 있었는데 결국 실패했어요. 왜냐하면, 아무리 우리 시스템의 우수성을 강조해도 상대 국가는 온갖 나라에서 유상원조한다고 나서다 보니 결국 이권 사업에 지나지 않는다는 회의적 시각을 가지는 거예요. 상업적 동기부터 먼저 드러내 보이면 우리가 제공하는 지식자문이나 정책자문에 대한 조언조차도 잘 믿지 않으려는 경향을 보입니다.

수석고문제도 적극 활용

KSP 정책자문 사업이 짧은 기간 내에 효과를 거둔 또 하나의 이유는 2011년부터 정부의 전직 고위 인사를 수석고문senior advisor으로 영입하여 협력 대상국의 고위 정책 담당자에 대한 접근성을 높이고 정책자문의 효과성을 확보했기 때문이다. 실무 단계에서 기술적으로 접근하는 일본의 개도국 지원사업과는 다른 차별화 전략을 내세운 것이다.

수석고문은 협력 대상국 고위급 당국자의 협력을 이끌어 내기 위한 역할을 하기 때문에 전문성과 성실성뿐만 아니라 대내외적 위상 등을 종합적으로 고려하여 '전직 1급 이상 행정 관료, 전직 대사, 전·현직 기관장, 국제기구 국장급 이상 인사

가운데 자문역량이 높은 사람'을 선임했다.

임원혁 KSP가 일본 등 다른 나라의 정책자문과 가장 큰 차이가 수석고문을 주축으로 한 고위급 자문이 동시에 이루어진다는 점입니다. 전·현직 고위 관리들이 가니까 그쪽에서도 예우하는 차원에서 카운터파트로 장차관 등 고위급이 나오기 마련이거든요? 일단 큰 틀을 그렇게 잡아 두면 실무 연구진이 정책자문을 하기가 무척 쉬워집니다. 수석고문이 상대방 국가의 부총리나 장관급을 먼저 만나 고위급 간 대화를 나누고 수요를 파악한 후 기술적 자문을 하는 형태이기 때문에 실무 연구가 아주 원활하게 잘 처리되었고, 최종 보고회도 해당 국가 장차관과 경제수석이 모두 참석해 듣곤 했습니다. 그러니 당연히 우리의 정책 권고가 받아들여질 가능성이 높죠.

모듈화 사업으로 정비한 KSP 체계

KSP 사업의 또 다른 축인 체계화-모듈화 사업은 한국의 발전 경험을 사례연구 형태로 정리하여 정책의 형성과정과 성과에 대한 이해를 제고하고, 정책자문 사업을 시행할 때 참고자료로 활용 가능하도록 하는 사업이다.

2010년부터 체계화 사업을 대대적으로 확대 발전시킨 모듈화 사업이 시작되었다. 체계화의 목적은 크게 3가지였다. 우선 국제적 관심사인 한국 경제발전 경험에 대한 자료와 기억을 보존하고, 둘째로 객관적인 사실과 증거에 기초하여 표준화된 정책사례를 정책자문 사업에 활용하고, 셋째는 후세의 누군가가 한국 경제발전 경험을 이론적으로 체계화해서 한국형 개발경제학으로 정립할 수 있도록 다양한 자료를 축적하는 것이었다.

모듈화 사업 주제의 선정은 ① 경제발전 과정에서의 기여도, ② 한국의 비교우위가 있는 분야, ③ 개도국의 정책자문 수요가 높은 분야, ④ 국내 개발 협력정책과의 일관성 등을 기준으로 했다. 모듈화 사업의 기획 및 관리는 KDI 국제개발협력센터 CID가 맡았다. 모듈화된 내용 가운데서도 특히 국제기구와 공유할 만한 우수 과제 20

여 개를 뽑아서 세계은행과 GDIGlobal Delivery Initiative 사례연구로 요약하는 작업도 진행했다.

2017년에는 KSP 사업의 일환으로 '공공정책에 대한 사례연구Case Studies on Public Policy in Korea for Knowledge Sharing' 프로젝트가 진행되었다. 이 프로젝트는 KSP의 모듈화 프로젝트를 보완하고 한국 및 개도국의 공무원에 대한 사례연구 교육자료로 사용하는 한편 국제사회와 지식을 공유하기 위해 수행되었다. 모듈화사업과 사례연구의 결과물 및 관련 영상자료는 세계은행의 지식공유 플랫폼인 OLCOpen Learning Campus,[10] GDI[11] 등과 연계하여 개도국들이 쉽고 효과적으로 한국의 발전 경험을 공유할 수 있도록 했다.

KDI의 글로벌 지식 리더십 부각

한국은 2009년 OECD의 개발원조위원회DAC: Development Assistance Committee에 가입했다.[12] KDI가 주도한 KSP 사업은 한국이 국제사회를 위해 효과적인 지식자문 역할을 수행했다고 평가받는 대표적인 사례로 손꼽힌다.

2009년 서울에서 열린 ABCDEAnnual Bank Conference on Development Economics에서 세계은행은 KDI와 회의를 공동 주관하면서 KSP 사업을 전 세계에 소개했다. 같은 해 11월 '개발을 위한 지식공유Sharing Knowledge for Development'를 주제로 열린 국제회의에서도 지식공유사업의 효과성을 제고하는 방안이 제시되었다.

KDI의 글로벌 지식 리더십은 2010년 11월 한국에서 개최된 G20회의와 2011년 부산에서 개최된 세계개발원조 총회에서도 두드러졌다. 두 회의는 KSP 사업 과정

---

10 세계은행 OLC 홈페이지 참조.
http://www.worldbank.org/en/search?q=Open+Learning+Campus

11 세계은행 홈페이지 참조.
https://www.worldbank.org/en/news/video/2016/11/18/global-delivery-initiative

12 DAC는 빈곤 · 성평등 · 환경 · 분쟁과 평화 및 취약 국가 · 무역 · 원조효과성 · 원조의 질 · 거버넌스 등 9가지 주요 이슈에 대해 DAC 회원국이 준수할 원조 규범을 제시하는 중요기관이다.

에서 축적된 지식공유 경험을 바탕으로 개발원조 의제에 한국이 주도적으로 나서는 중요한 계기로 작용했다.

2010년 서울에서 개최된 G20회의에 앞서, KDI는 저소득국의 성장 패턴을 분석하고 한국의 경험을 참조하여 G20의 역할을 모색하는 연구를 수행했다. 이어 그 결과를 G20의 개발 총의의 9대 핵심 요소 중 하나인 '지식공유'에 반영했다.

G20 정상회의와 관련하여 2010년 6월 열린 '고위급 개발 컨퍼런스'에서 KDI 임원혁 박사는 한국의 개발 경험을 '민관 협력을 통한 비교우위의 발견과 고도화 과정Joint Discovery and Upgrading of Comparative Advantage'이라는 관점에서 분석하고 발표했다. 논점의 핵심은 '원조로부터의 탈출exit from aid'과 개도국의 지속가능한 경제자립으로 요약된다. 빈곤국에 대한 원조도 중요하지만, '포용적이고 지속가능하며 복원력 있는 성장inclusive, sustainable, and resilient growth' 없이는 빈곤을 근본적으로 퇴치하기란 불가능하다는 것이다.

국제개발협력의 새로운 의제, '원조로부터의 탈출'

2011년에는 원조의 효과성을 논의하기 위한 제 4차 세계개발원조 총회가 부산에서 개최되었다. 특히 원조효과 고위급회의HLF-4 13는 OECD-DAC(개발원조위원회)가 원조의 효과성을 논의하기 위해 세계은행, 아시아개발은행ADB, UNDP 등 26개 국제기구들과 공동 주관하는 회의로 향후 원조의 지향성이 결정되는 중요한 회의다.

당시 부산총회를 앞두고 과거 2005년 세계개발원조 총회에서 채택되었던 '파리선언Paris Declaration on Aid Effectiveness'14 및 이 선언에 담긴 원조효과성에 대해 논란이 제

---

13 'the Fourth High Level Forum on Aid Effectivenes's의 약자다.

14 '파리선언'은 원조의 효과성을 높이기 위한 5개 원칙, 즉 주인의식ownership, 원조일치alignment, 원조조화harmonization, 성과중심관리managing for results, 상호책무성mutual accountability을 강조하는 한편, 성과 측정에 필요한 12개의 지표가 제시된 선언이다. (손혁상, "프레이밍이론으로 본 국제개발협력의 '원조효과성'과 '개발효과성' 담론 경합에 관한 연구", 〈국제정치논총〉 제 53집 1호, 2013.)

기되었다. 원조효과는 수원국의 정치적 안정성과 지식기반, 집행역량 등에 의해 크게 영향받는다는 경험칙經驗則에 따라 원조의 효과성을 높이기 위한 지표가 파리선언에서 설정되었는데, 일정 시간이 경과한 이후 성과를 모니터링해 본 결과 원조효과성 지표가 유명무실하다는 평가가 나왔다.[15] 이에 국제 시민사회를 중심으로 원조효과성 프레임을 넘어서는 대안적 프레임을 형성하자는 주장이 나왔던 것이다.

이에 따라 부산 회의에서는 '원조효과성'과 '개발효과성'이라는 두개의 담론이 경합했다.[16] KDI는 이때 '원조효과성'에서 '개발효과성'으로 의제를 전환하는 데에 선도적 역할을 했다.

임원혁 2011년 부산에서 개최된 세계개발원조총회에서 원조효과성 의제를 벗어나 개발효과성 의제로 전환됩니다. 이는 개발자금을 지원하는 것도 중요하지만 지식공유 등을 통해 수원국의 경제개발효과를 극대화하는 방향으로 가자는 것이었습니다. 개도국들이 원조를 받던 한국이 어떻게 빠른 시간 안에 경제개발에 성공하여 원조 공여국으로 전환했는지 궁금해했고, 한국을 개발 희망의 아이콘으로 삼았기 때문에 우리가 지식원조를 비교우위로 활용하여 의제를 주도하게 되었습니다.

UN의 새천년개발목표MDG: Millennium Development Goals가 식량·의료·기초교육 등 인간이 누려야 할 기본권에 초점을 맞췄다면, '그 시한인 2015년 이후로는 국제개발 의제를 어떻게 정할 것인가?'라는 질문에 답하고자 KSP 사업에서 축적된 경험을 엮어 '원조에서의 탈출'을 2015년 이후의 개발 의제로 설정하자고 제안했던 것입니다.

당시 KDI는 경제성장과 인간 개발 중 어느 한쪽에만 치중하는 것은 비생산적이며

---

15 Bone, P.(1996) "Politics and the Effectiveness of Foreign Aid", *European Economic Review*, 40(2), pp.289~329 등의 논문 참조.

16 원조는 개발과 발전이라는 목표를 달성하기 위한 하나의 방편에 지나지 않으며 제한적인 '원조'의 개념에서 '개발'로 국제개발협력 논의의 초점이 전환되어야 한다는 주장이다. Brian Tomlison, *CSOs on the Road from Accra to Busan: CSO Initiatives to Strengthening Development Effectiveness*, Manila, Philippines: BetterAid, 2012, p.11(손혁상, "프레이밍 이론으로 본 국제개발 협력의 '원조효과성'과 '개발효과성' 담론 경합에 관한 연구", 〈국제정치논총〉 제53집 1호, 2013, 23쪽에서 재인용).

두 의제 사이의 선순환관계에 초점을 맞춰야 한다고 강조했다. 또한 빈곤국에 대해 경제지원뿐만 아니라 '포용적이고 지속가능하며 복원력 있는 성장'의 틀을 잡게 해 주는 종합적 접근이 가장 바람직하다는 점을 부각했다.[17] 당시 회의에서는 KDI가 OECD와 공동으로 연구를 진행해 온 '개혁의 실현MRH: Making Reform Happen'을 우선순위 과제로 제안하여 반영했다.

임원혁 어느 국가든지 경제발전을 위한 제도개혁을 시도하면 기득권층이 반발하거나 개혁으로 손해 보는 집단이 개혁에 저항하기 마련이잖아요? 이 같은 반발을 어떻게 무마하고 제도적으로 보완하여 개혁이 실제로 효과를 내기 시작했는지에 대한 경험을 정치경제학적 입장에서 분석하여 공유해 보자는 취지로 시작된 프로그램이 바로 MRH입니다.

임영재 박사께서 2009~2011년에 이 연구를 주도하셨는데, 여기에 OECD가 큰 관심을 보여서 이를 선진국뿐만 아니라 개도국이 응용하도록 해 보자고 하면서 2011년 세계개발원조 총회 당시 임 박사님이 직접 발표했습니다.

2012년에는 유엔개발계획UNDP: United Nations Development Programme과 '아시아적 시각에서 본 2015년 이후 개발 의제' 공동연구 사업을 수행했다. 2013년에는 아프리카개발은행AFDB: African Development Bank과 공동으로 '포괄적 성장'에 관한 연구사업을 진행했다.

세계은행과 OECD 등 국제기구들도 개발협력에서 수원국의 제도 구축 및 정책집행 역량을 높이는 데 관심을 집중하고 KSP 같은 지식공유사업의 중요성을 강조하는 한편, WBIWorld Bank Institute에 지식기반경제로의 전환을 위한 체제를 구축해 나가기 시작했다.[18]

이에 따라 2014년 세계은행 주도하에 서울에서 개최된 '지식공유 허브 구축을 위

---

17 임원혁, 한국경제발전학회-KIEP 공동 주최 세미나 '경제발전 경험 공유사업KSP의 성과와 과제' 중 "한국형 원조와 경제발전 경험 공유: 과제와 대안" 발표 원고 참고.

18 세계은행은 지식이 경제발전과 국가경쟁력 제고에 결정적 역할을 한다는 점을 지적하고, 세계은행을 글로벌 지식플랫폼으로 구축할 것을 표방했다.

한 고위급회의'에서도 한국의 KSP가 개도국 지식공유의 대표적 사례로 소개되었다. 세계은행은 이 포럼에서 "지식공유는 혁신적이고 효과적인 개발협력 수단"이라고 강조하는 한편, 한국의 KSP를 지식공유의 대표적 수범 사례로 부각했다.

CID로 개편된 경제개발협력 연구실

경제개발협력 연구실 조직은 2010년 1월 국제개발협력 사업의 전담 부서인 '국제개발협력센터CID: Center for International Development'로 확대 개편되었다. 2010년 당시 한국은 OECD 개발원조위원회에 가입해 공여국으로서의 지위를 공식적으로 인정받는 한편, G20 정상회의 개최국으로서 국제사회 기여도를 향상하고자 정책적 노력을 지속적으로 기울일 때였다.

이 같은 국가적 노력을 뒷받침하기 위하여 국제개발협력센터를 신설하고 여기에 정책연구실과 정책자문실, 북한경제연구실을 두기로 한 것이다. 초대 CID 소장으로 설광언 박사가 부임한 이래 차문중 · 전홍택 · 이시욱 · 고영선 · 안상훈 박사 등이 소장을 역임하였다.

CID는 국제사회의 지속가능한 경제 · 사회 발전을 지원하기 위해 KSP 사업과 국제기구 협력 사업을 통해 각국의 상황에 맞는 정책자문을 제공하고 있다. 국제기구와의 협력 사업에서는 주로 세계은행, 아시아개발은행, 아프리카개발은행 등 개발은행과 공동으로 개도국에 대한 정책자문 사업을 수행한다. 개발협력 정책연구, 지역별 · 국가별 심층 연구를 통해 개발협력 사업의 효과성을 제고할 방안을 모색하며, 수많은 국제기구 및 민간 부문과의 파트너십과 네트워크를 확장함으로써 효과적인 개발협력 생태계 조성과 국제적 지식협력 리더로서의 역할을 충실히 수행한다.[19]

---

19 2016년부터 세계은행이 한국 정부의 신탁기금을 활용해 추진하는 개도국 대상의 연구 및 자문사업의 지식협력 파트너로 참여하고 있다. 또한 2017년부터는 국제기구의 연구자문사업 조달시장에서 프로젝트를 수주하는 등 국제기구와의 지식협력 사업을 점차적으로 확대하는 추세다.

'글로벌 싱크탱크 국제개발 부문 1위'에 올라선 KDI

이같이 노력한 결과 KDI는 2015년에 '글로벌 싱크탱크 순위: 국제개발 부문 3위'를 달성한 데 이어 2016년과 2017년에는 2년 연속 '글로벌 싱크탱크 순위: 국제개발 부문 1위'에 선정되었다.[20]

1971년 설립 이래 한국의 고도성장과 사회복지제도의 정착, 보건 선진화 등을 위한 수많은 정책연구를 수행하고, 각종 국제교류와 협력사업을 통해 이 같은 지식을 공유하기 위해 묵묵히 노력했던 오랜 축적의 시간이 비로소 보답을 받는 쾌거였다.

이태희 KDI가 한국 경제의 국제협력과 지식협력에서 굉장히 중요한 역할을 했음은 명백합니다. KDI가 한국의 성공적인 경제발전 경험을 전달하고 지식자문 사업을 수행한 공이 매우 커서 국제개발협력 연구의 산실이 된 것입니다. IDEP, KP, KSP 등 여러 가지 국제교류 프로그램들이 꾸준히 시행되고 좋은 반응을 얻으면서 KDI가 국제개발협력을 선도하는 최고의 싱크탱크로서 세계적 명성을 얻었습니다.

---

20 발표는 각각 2016년 1월과 2017년 1월, 2018년 1월에 이루어졌다.

3장

예비타당성 분석을 통한 재정 규율

첫선을 보인 한국형 《투자심사 편람》

1977년 3월 경제기획원은 훈령으로 100억 원 이상의 신규 재정 투융자 사업이나 공공차관 사업, 상업차관 사업 등에 적용되는 주요 투자사업 심사 규정을 제정했다. 1979년에는 장기계획 및 경제정책과의 부합성 검토, 수급 분석, 원가 및 시설 규모와 경쟁력 분석, 자금 조달능력 분석, 원리금 상환능력 분석, 수익성 분석, 종합 평가 등 7개 항목의 심사 규정을 확립했다.[1]

대상 투자사업이 접수되면 경제기획원 내 '투자심사국'이 실무작업반을 구성한 뒤 심사를 주관하여 종합평가보고서를 관계 국장에게 회신하는 형태였다. 투자심사국을 대신해 실질적인 심사 평가를 수행한 기관은 KDI였다. 1978년 4월에서 6월 말까지 9개 대단위 농업개발사업의 투자심사 분석을 시도했다. 1980년에는 다목적 댐 건설, 상수도 및 하수처리, 사업용수 개발, 공업단지 조성 등 수자원 개발 사업을 어떻게 평가할 것인지에 대한 구체적 지침서를 내기도 했다.[2]

1 한국 경제 60년사 편찬위원회, 《한국 경제 60년사》, KDI, 2011, 432쪽.

1979~1982년까지 경제기획원, 세계은행 그리고 KDI가 참여하여 한국형 《투자심사 편람》이 만들어졌다. 《투자심사 편람》은 당시 선진국들이 활용하고 있던 재정투자의 효율성을 제고하기 위한 평가 기법을 한국 현실에 잘 부합하도록 만든 것이었다. KDI는 비용-편익분석의 핵심인 '사회적 할인율'과 '잠재가격'을 추정하는 핵심 기법을 개발했다. 특히 구본영 박사는 한국 최초로 임금과 환율 등 각 부문별 잠재가격을 추정했다.[3] 이때 만든 《투자심사 편람》은 이후 모든 대형 재정사업의 기본 평가지침서가 된다.

무너진 재정 규율과 증가한 SOC 투자

노태우 대통령 이후 민주화가 진행되면서 그동안 경제가 불균형하게 성장해 온 과정에서 억눌렸던 다양한 분야의 분배와 복지 요구가 분출되기 시작하자 점차 재정 규율이 무너졌다. 1991년부터 지방의회가 발족하면서 지방재정 확충에 대한 정치적 요구가 거세졌고, 안정화 정책을 추진하는 과정에서 현저히 부족했던 사회간접자본 투자 수요도 급증했다. 1989~1991년까지 3년 동안 재정 규모가 해마다 20% 이상씩 늘어났다.[4] 경제기획원의 고민이 깊어질 수밖에 없었다.

뒤이은 김영삼 정부 역시 재정긴축에는 큰 관심을 쏟지 않아 신경제 5개년 계획의 방향은 '선 경제 활성화, 후 개혁'으로 가닥이 잡혔다. 1993년 정부는 극도로 부족한 사회간접자본 분야를 확충하는 데 최우선 순위를 두고 유류 특별소비세를 교통세로 전환해 철도 및 도로 건설에 사용하는 한편, 사회간접자본 특별회계를 신설하여 SOC에 지속적으로 투자했다. 대상 사업의 예산을 500억 원 이상으로 정했으며 그 이하 사업은 사업 부서에서 자체적으로 심사하도록 했다.

---

2 임재환, 〈수자원 · 공업단지 개발 부문의 투자사업 심사지침〉, 연구보고서 80-01, KDI, 1980.

3 구본영, 〈한국의 잠재가격계수 추정〉, 〈한국개발연구〉, 제 3권 제 2호, KDI, 1981.

4 이로 인해 통합재정수지 적자가 1989년 190억 원에서 1991년에는 무려 4조 2,000억 원으로 늘어났다.

그마저도 1994년 경제기획원과 재무부를 합쳐 재정경제원으로 만들면서 심사평가국까지 사라졌다. 수요가 급증한 SOC 건설과 경기 활성화의 명분 때문에 1980년대 초반의 엄격했던 재정 규율이 크게 무너진 시기였다.

미국 캘리포니아 서던캘리포니아대학USC: University of Southern California에서 '도시경제학urban economics'을 공부하고 서울시정개발연구원에 있다가 나중에 KDI 공공투자관리센터에 합류한 박현 박사는 당시의 재정 규율 수준을 다음과 같이 평가한다.

박 현 김영삼 정부 당시 경제기획원 내에 예산사업 및 민간의 외자 유치를 심사해 온 심사평가국이 있었습니다. 한국 경제는 불충분한 재정과 예산으로 초기 경제발전을 도모했기 때문에 국가 주도의 재정 분배라는 중요한 기능을 심사평가국에서 수행해 왔습니다. 국가의 상위 레벨에서 국가개발 전략을 세우고 개별 프로젝트 단위까지 정부가 개입해 심사했던 것이죠.

그런데 1994년 경제기획원을 재무부와 통합해 재정경제원으로 전환할 때 심사평가국을 없애고 부처 사업은 각 부처가 알아서 시행하는 쪽으로 바뀝니다. 1990년대 초반 인프라 투자가 많이 필요했기 때문에 각 부처가 신속하게 사업계획을 세우고 시행하도록 하는 대신 '총사업비관리 제도'를 도입해 재정경제원은 해당 사업의 집행과정을 재정운용의 관점에서 모니터링하기로 역할을 전환한 것입니다.

정부예산만으로는 인프라 투자를 감당하지 못해 민자유치를 유도하는 〈민자유치촉진법〉[5]도 그때 도입했습니다. 예를 들어 1980년대에는 10년간 자동차 보유 대수가 8배 이상 증가했는데 도로는 겨우 8분의 1이 늘어나는 데 그쳤습니다. 그러다 보니 극심한 교통혼잡이 빚어졌어요. 그래서 도로인프라를 대거 확충하고자 1993년에 교통세를 도입하고 사업추진상의 각종 규제를 없애는 한편 1994년 말에 교통인프라 사업 선정을 위한 타당성조사 기능을 각 부처로 이관했습니다.

---

5 이 법의 정식 명칭은 〈사회간접자본시설에 대한 민간자본유치촉진법〉이다.

사회적 논란으로 떠오른 경부고속철 부실 문제

그런데 1997년 외환위기가 발생하고 한국이 IMF에 자금지원을 요청했을 때, IMF가 자금을 지원받는 대가로 요구한 주요 협약 조건 가운데 재정긴축이 포함되어 있었다. IMF는 재정수지가 최소한의 균형을 이루도록 강도 높은 재정긴축을 요구했다. 더구나 기업개혁과 금융개혁, 노동개혁을 추진하는 과정에서 누구보다 정부가 먼저 허리띠를 졸라매야 구조조정의 명분이 선다는 공감대가 형성되어 외환위기 이후 재정긴축이 핵심 정책으로 등장했다.[6]

재정지출 가운데 사회안전망 구축이나 복지 쪽은 오히려 예산을 대폭 늘려야 했고, 공무원 임금 등 경직성 경상지출은 줄일 수 없기 때문에 결국 대규모 SOC 투융자 사업 등 자본성 지출이 최우선적인 지출억제 대상으로 떠올랐다. 더구나 김영삼 정부 시절 각 부처에 예산사업을 맡겨 두었더니 투자사업이 지나치게 주먹구구식으로 방만하게 이루어져 예산 낭비가 컸다는 점도 지적되었다. 수요는 부풀리고 총사업비는 줄이는 방식으로 타당성조사를 왜곡했다는 비판이 거셌다.

대표적인 사건이 천문학적 예산이 소요된 경부고속철도 건설 사업이었다. 고속철은 다섯 차례나 타당성조사가 이루어졌는데,[7] 처음 설계했을 때부터 이후 사업을 진행하기까지 타당성조사가 부실하기 짝이 없어 실제 사업비가 당초 계획보다 무려 서너 배 이상 소요되었다.

박 현 김대중 정부 들어 재정개혁 TF를 만들면서 당시 가장 말이 많았던 고속철 사업을 점검했습니다. 당시 직접 타당성조사 보고서를 검토한 분께 들은 바로는 비용편익분석benefit-cost analysis의 평가항목에 사용된 각종 매개변수의 근거가 기술되어 있지 않는 등 분석 내용이 매우 부실했습니다. 결정적으로 처음 사업을 시작할 때는 총사업비가 5조 8,000억 원이 들 것이라고 했는데, 총사업비를 다시 추정해 보니 기

6 이규성, 《한국의 외환위기》, 박영사, 165쪽.

7 1983년, 1991년, 1995년, 1997년, 1998년에 각각 실시되었다.

존 비용보다 3배 이상 높은 18조 5,00억 원이 투입되어야 사업을 마무리할 수 있는 상태였어요. 다들 심각한 문제라고 봤습니다. 게다가 아직 사업은 갈 길이 멀었으니까요. 결국 총 20조 이상이 투입됐습니다.

제가 나중에 사석에서 고속철 사업을 추진했던 분을 만날 기회가 있었는데, 그분이 "우리가 처음부터 20조 든다고 하면 이 사업을 시작이나 할 수 있었겠습니까?"라고 반문했습니다. 그 정도로 당시에는 그런 관행이 만연했어요.

'주먹구구식, 나눠먹기식, 밀어붙이기식' 관행 철폐를 위한 노력

이를 계기로 기획예산위원회[8]가 다른 사업들도 조사해 봤더니, 1994년에 타당성 평가를 각 부처로 위임한 이후 1998년까지 투자 규모가 큰 사업 33건 중 32건에 대해 각 부처가 타당성이 있다고 자체적으로 결론 내리고 사업을 추진한 것으로 나타났다. '주먹구구식, 나눠먹기식, 밀어붙이기식'[9] 사업 선정으로 거의 100%가 통과된 것이다.

시화호 건설사업, 청주공항 건설사업 등이 이 기간 추진된 대표적인 부실사업으로 거론되었다. 부처사업 중에서 타당성 심사를 통과하지 못한 유일한 사업은 울릉도에 공항을 건설하는 사업 단 1건뿐이었다.

박 현 각 부처에서 알아서 평가하라고 하다 보니 사업 타당성 검토나 B/C 분석을 할 때 '사업비는 조금 들고 수요는 많을 테니까 이 사업을 반드시 해야 한다'는 낙관적 편의optimism bias 현상이 만연해졌습니다.

또한 부처가 사업 타당성조사를 실시할 때 끌어들인 방법론에 객관성과 일관성이 없었습니다. B/C 분석 방법론을 개별 사업평가에 유리한 대로 모델을 적용한 데

8 1998년 2월 설치되어 1999년 5월 예산청과 통합한 뒤 기획예산처로 바뀌었다.

9 《KDI 40년사》의 295쪽에서 김재형 박사의 표현을 차용한 것이다.

다, 타당성조사 결과에 중요한 영향을 미치는 할인율도 사업별로 달랐고 그 근거도 제시되어 있지 않았습니다. 타당성 분석이 사업 추진의 요식적 절차에 불과했던 겁니다.

1997년 KDI는 《적정 사회간접자본 및 투자 수요의 추정과 정책과제》[10] 연구에서 "도로·철도·항만·공항이라는 각 교통 부문의 서비스 수요 추정과 현재 스톡과의 차이로 신규 투자 수요 및 투자 소요액을 추정한 결과 철도와 공항의 투자 수요는 연구의 추정값과 정부 계획치 간에 상당히 큰 차이가 시현되고 있다"라고 밝혔다. 이는 철도의 투자 수요를 전망할 때 여객 수송의 경우 정부 계획치보다 훨씬 크게 추정되는 반면, 화물 수송의 경우 훨씬 작게 추정되고 있다는 객관적 증거를 제시한 연구였다.

예비타당성 분석 도입 배경

정부는 대규모 예산이 투입되는 공공투자 사업의 방만한 운영 및 관리 문제를 해결하고 예산 10조 원을 절감한다는 목표로 1998년 초 '공공사업효율화추진단'을 꾸렸다. "대규모 공공사업의 경우 '예비타당성조사→타당성조사→기본 및 실시설계→보상→발주→시공→사후 평가' 등 일련의 절차를 거치도록 한다. 또한 공공건설 사업비가 급증할 경우 공사의 타당성을 재검토한다"라는 내용이었다.[11]

기획예산위원회가 추진단의 주축이 됐고, 여기에 KDI 김재형 연구위원이 참여했다. 1998년 11월 예산청의 요청으로 김재형 연구위원은 '예비타당성조사의 개요 및 추진방식'에 관한 기본방안을 작성했다.

KDI의 연구를 기초로 1998년 12월 15일 예산청 정동수 차장 주재하에 6개 부처

---

10 김재형·김동욱, 〈적정 사회간접자본 및 투자수요의 추정과 정책과제〉, 정책연구시리즈 98-08, KDI, 1999.

11 이에 대한 자세한 내용은 김재형, "재정사업에 대한 예비타당성조사 체계 확립과 공공투자관리센터 설립", 《KDI 40년사》, KDI, 2012, 295쪽에서 김재형 박사의 표현을 차용했다.

가 참석한 '예비타당성조사 수행방안에 관한 관계부처 회의'가 개최되었다. 이날 회의에서 예산당국은 이미 지난 10여 년 동안 여타 사업 주무부처 산하 연구기관들이 수행한 타당성조사 결과에 대하여 여러 문제점이 지적되었으므로 일단 사업 주무부처로부터 자유로울 수 있는 KDI가 조사를 총괄하도록 하고, 1차 연도의 경과를 평가한 다음 조사체계를 추후 다시 논의한다고 통보했다.

박 현 당시 기획예산위원회가 정부개혁과 공공개혁을 주도하면서 관계되는 토목사업에 대해 건설교통부와 해수부 등을 불러 재정사업 효율화를 위한 많은 정책과제를 발굴했는데, 그중 하나가 바로 예비타당성조사였습니다.

처음에는 아예 본 타당성 검토를 하려고 했는데 건교부 등 해당 부처의 반대가 격렬했다고 합니다. 그래서 타협안으로 나온 것이 "본 타당성 검사는 부처가 알아서 해라. 다만 기획예산위원회는 예비타당성을 검토하겠다"라고 정리한 거죠. 당시 사용된 '예비'라는 개념은 본 타당성조사에 앞서 하는 조사라는 뜻과 '짧고 간결하게' 사전 스크린을 한다는 뜻을 함께 갖춘 개념이었습니다.

1998년 12월 마지막 주 KDI가 세부 추진계획을 작성한 뒤 이를 제안하면서 예비타당성 세부 추진계획이 확정되었다. 1999년 1월부터는 KDI에 의한 예비타당성조사가 착수되었다. 김재형 박사는 예비타당성조사의 대상 사업 기준은 원칙적으로 추정사업비 500억 원 이상의 대형 신규 공공개발 및 공공건설 사업으로 설정했다.

사업 내용은 SOC 사업에 한정하지 않고 관광단지·산업단지 개발 등 대규모 지역개발사업도 포함하는 것을 원칙으로 제시했다. 한편 사업효과가 국지적이고 사업비 규모가 크지 않은 건축공사는 예비타당성조사 대상에서 제외하기로 했으며, 기존 시설의 효용을 증진하기 위한 단순 개량사업 역시 제외하도록 했다.[12]

1999년 1월 기획예산처는 KDI에 19개의 예비타당성 검토 파일럿 용역을 주어 분

12 金재형, "재정사업에 대한 예비타당성조사 체계 확립과 공공투자관리센터 설립", 《KDI 40년사》, KDI, 2012, 299쪽.

석하도록 했다. 그랬더니 예비타당성조사 결과 10개 사업만이 타당성이 있으며 9개 사업은 타당성이 없거나 부족하다는 분석이 담긴 보고서가 최종 제출되었다.

예를 들어 '무안-광양 고속도로 건설사업'(평가책임자: 구본천)의 B/C 분석은 0.5, '무주-대구 고속도로 건설사업'(평가책임자: 이혜훈)은 0.46, '강원 역사문화촌 조성사업'(평가책임자: 조동호·김동석)은 0.76으로 나타나는 등 상당수가 1을 넘지 못해 경제성이 현저히 부족한 것으로 추정되었다.[13]

이에 따라 정부는 1999년 4월 〈예산회계법시행령〉을 개정하여 사업예산을 '예비타당성조사 → 타당성조사 → 기본설계 → 실시설계 → 보상 → 공사'의 순서로 편성하는 장치를 마련하고, 부처의 타당성조사 문제점을 개선하기 위한 '예비타당성조사 제도'를 도입했다. 이어 1999년 5월에는 〈예산회계법시행령〉 제9조 2에 '예비타당성조사' 지침을 넣었다. 예타 분석의 법적 근거를 마련한 것이다. 또한 KDI에 예타 분석을 제도화하여 전담해 달라고 요청했다.

PIMA 출범 후 엄밀해진 재정 운용

KDI가 정부로부터 예비타당성 분석 업무를 위탁받으면서 2000년 KDI 내에 정식으로 '공공투자관리센터PIMA'가 설립되었다.[14] PIMA 초대 소장에는 김재형 박사가 취임했다. 여기에 박현 박사가 스카우트되어 연구위원급은 김재형 소장과 박현 박사 2명이었고, 석사급 연구원들과 일반 행정직원 등을 포함해 모두 10여 명으로 출발했다. 많은 수의 예비타당성 분석을 PIMA 내부 인력만으로 수행하기가 불가능하기 때문에, KDI 다른 부서의 연구위원들에게 PM을 맡기거나 분석 방법이 정형

---

13 KDI 공공투자관리센터 자료 참조.
https://pimac.kdi.re.kr/study/study_list.jsp?classcd=F1

14 "사회기반시설에 대한 공공투자사업을 객관적이고 합리적인 시각으로 평가·관리하고 관련 제도 및 방법론을 연구함으로써 국가재정 운용의 효율성을 제고한다"는 목적으로 정부의 요청에 따라 만들어진 내부조직이었다.

화된 사업들은 다른 연구소에 통째로 위탁하여 수행하기도 했다.

예비타당성조사 대상이 되는 '대규모 사업'의 정의는 '총사업비가 500억 원 이상이면서 국가의 재정지원 규모가 300억 원 이상인 건설 사업·정보화 사업·국가 연구개발 사업 등'이었다. 설령 예비타당성조사가 면제되는 사업이더라도 예비타당성조사 방식에 준하여 재원 조달방안, 중장기 재정 소요, 효율적 대안 등을 분석해 적정 사업 규모를 검토하고 그 결과를 예산편성 및 기금운용계획 수립에 반영했다.[15]

각 중앙부처가 요구한 예비타당성조사 사업들은 '재정사업평가자문회의'를 거쳐 대상 사업이 선정됐고, 부처 요구가 없더라도 기획재정부 장관은 예산편성 및 기금운용계획 수립 등과 관련하여 필요하다고 인정하는 경우 직권으로 예비타당성조사를 실시할 수 있도록 했다.

PIMA 설립 첫해인 2000년에는 총 41건, 2001년에는 30건의 사업에 대한 예타 분석이 완료되었다. 이전에 각 부처가 사업의 타당성 검토를 할 때는 거의 100% 통과되었다면, KDI가 예비타당성조사를 하기 시작하면서부터는 기준이 되는 사회적 할인율이나 교통 수요조사 방법론 등 여러 가지 과학적 분석기법이 엄격하게 활용되면서 거의 50%가량의 사업이 통과되지 못한 채 탈락한다.

지역낙후도를 반영하기 시작한 예비타당성조사

김재형 박사는 1999년 12월 예비타당성조사 제도의 시행과 관련한 조사 개요 및 방법론을 기술한 〈예비타당성조사 수행을 위한 일반지침 연구〉[16]를 발표했다. 이 지침은 첫째, 사업의 개요 및 기초자료를 분석하여 사업 분석의 쟁점을 부각하고, 둘째, 수요·편익·비용 추정을 통해 경제성과 재무성을 분석하는 방안을 제시하며, 셋째, 지역경제 파급 효과, 지역낙후도, 재원 조달 가능성 등 정책적 분석을 통해

15 KDI 공공투자관리센터의 '예비타당성조사' 소개 페이지 참조.
http://pimac.kdi.re.kr/about/validity.jsp

16 김재형, 〈예비타당성조사 수행을 위한 일반지침 연구〉, KDI, 1999.

해당 사업의 국민경제적 위치를 파악하기 위한 논의를 다루었다.

PIMA는 출범 이후 수많은 예타 연구 경험을 통해 기술적인 부분을 계속해서 보충해 나갔다. '다중기준 분석multi-criteria analysis'을 활용한 경제성 분석 및 정책적 분석 결과의 종합평가 방안 등을 제시하고, 〈도로 및 철도 부문 예비타당성조사 표준지침 연구〉, 〈수자원 부문 예비타당성조사 표준지침 연구〉 등 조사 분석 매뉴얼을 만들기도 했다.

박 현 KDI도 예비타당성 분석이 처음이라 한편으로는 개별 사업에 대한 타당성조사를 수행하고, 다른 한편으로는 분석가들이 함께 모여 회의하면서 공통적으로 적용할 표준지침을 계속 만들어 나갔습니다. 비용 분석에서 사업 효과를 정량화할 때 가장 어려운 부분이 정확한 수요를 예측하는 것이었는데, '수요 예측 과정을 어떻게 표준화하고 각 사업마다 존재하는 특수한 상황을 어떻게 일관성 있게 처리할 것인가?'라는 문제를 두고 전문가들의 의견을 수렴하며 논리를 만들어 나갔습니다. 개별 예비타당성조사를 수행하면서 발견된 내용들을 정리하여 지침화·표준화하는 작업을 지속적으로 했습니다.

대표적인 방법론 보완작업이 2000년과 2001년 두 차례에 걸쳐 발표한 추가 다기준 분석 연구였다. 다기준 분석은 '다수의 속성이나 다수의 목적함수가 있을 때 의사결정 최적화 방식을 탐색하는 기법'으로 정의되며, 여러 집단의 이해관계가 엇갈리고 가치척도가 다른 공공 부문의 의사결정 상황에서 객관적이고 합리적인 대안을 찾는 방식이었다. 이 연구에는 계층화 분석법AHP: analytic hierarchy process 기법을 도입하는 내용과 다기준 의사결정 모형에 지역낙후도를 반영하기 위한 지역낙후도 지수를 개발하는 내용이 포함되었다. 이는 한국에서 처음으로 시도된 선진 기법이었다.

박 현 막상 예타 분석을 시작해 보니 사업수요나 긍정도에 대한 태도가 연구자들마다 다 달랐어요. 사업을 추진할 유인이 있는 엔지니어링 그룹은 사업 추진에 매우 적극적이었고, 다음으로 수요 분석을 수행하는 교통 분야 교수들도 긍정도가 높았습니다. 심지어 어떤 교수님은 분석 결과가 부정적으로 나올 경우 자신의 이름을 빼달라고 요청하기까지 했어요. 결과가 외부에 알려지면 업계에서 입장이 곤란해진다는 겁니다. 반면 KDI 박사들은 상대적으로 보수적인 입장이었어요. 그러니 의사결정을 내릴 때 양자가 첨예하게 대립했습니다.

강건한 의사결정을 위해서는 참여자들 간 의사결정의 편차를 줄이는 것이 바람직하니, 연구진이 함께 모여 피드백 회의를 하고 토론하여 항목별로 쪼개 다시 논의하며 격차를 줄이고 점수화하는 AHP도 다기준 분석의 중요한 기능 중 하나지요. AHP는 정량·정성 지표를 수치화해서 평가할 수 있고, 다수 평가자의 의견을 통합할 수 있다는 장점이 있어 연구하게 되었습니다.

예비타당성 분석을 할 때 우리가 경제성 분석뿐만 아니라 정책적 분석을 하는 기준을 만들었습니다. 왜 그런 다기준 분석 연구를 했느냐? 예비타당성 분석 업무를 KDI가 맡다 보니 주변에서 다들 "KDI가 경제연구소니까 경제적 효율성만 따지는 것 아닌가?"라며 염려했습니다.

사실 경제성이나 효율성만 따지면 당연히 대도시 도심권 사업이 우선적으로 추진될 가능성이 있지요. "그러면 낙후 지역이나 시골은 더 악화될 것이고 지역격차가 점점 극심하게 벌어지는, 인프라의 부익부-빈익빈 현상을 초래할 것 아닌가?"라는 염려가 있었습니다. 그렇다고 지역낙후도만 따진다면 모든 낙후 지역들이 자신들이 우선 고려되어야 한다고 하지 않겠어요? 이를 보완하기 위해 개발한 것이 지역낙후도를 객관적으로 평가하여 지수화하는 방법이었습니다.

이렇게 만들어진 지역낙후도 지수와 경제성 분석을 통합해 종합적으로 어떤 기준을 만들 것인지가 다기준 분석 연구의 핵심 내용이었습니다. 통합 기준이 나올 때 저는 상당한 논란이 일어나리라 예상했지만, 생각보다 별문제 없이 넘어갔습니다.

예산 낭비를 막는 리트머스 시험지

KDI의 예비타당성 분석은 재정투자사업에 대한 객관적 기준을 만들고 분석 결과를 제공해 정부가 올바른 프로젝트를 선택하도록 하여 재정낭비를 막는 데 크게 기여했다. 우선 예비타당성 분석 후 사업 긍정률이 50% 안팎으로 크게 떨어졌다. 각 부처에 맡겨 두었을 때 33건을 분석하고 32건을 통과시키면서 통과율이 사실상 100%에 달했던 과거와는 큰 대조를 보이는 결과였다.

언론은 "KDI에 따르면 1999년부터 2017년까지 진행된 예타 결과, 경제적 타당성을 확보한 사업은 전체 사업 690건 중 327건(47.4%)에 그쳤다. 그대로 진행됐다면 예산 낭비가 불 보듯 뻔했다. 예비타당성조사를 통해 절감한 예산은 141조 원(1999~2017년)에 달했다"고 보도하고 "예비타당성조사가 예산 낭비 사업을 거르는 리트머스 시험지 역할을 톡톡히 해냈다"고 평가했다.[17]

예비타당성 분석의 객관성과 거버넌스

재미있는 사실은 과거 사업 시행 부처에서 자체적으로 시행하던 사업성 분석을 할 때나 KDI가 수행하게 된 예비타당성 분석을 할 때 모두 분석에 참여한 기술적 전문가 그룹은 거의 비슷한 인력풀pool이었다는 점이다. 평가하는 사람은 비슷한데 왜 분석에 따른 결과는 큰 차이를 보였을까?

박 현 분석의 책임을 맡은 사람과 분석의 거버넌스가 달라지니까 결과가 그만큼 차이가 났던 것입니다. 필드의 기술적 전문가들은 아무래도 복잡화 · 전문화의 오류에 빠지기 쉽습니다. 예비타당성 분석의 PM이 하는 역할은 좀 더 크고 객관적인 눈으로 판단하고 잘못된 유인이 작동하지 않도록 제도적으로 바로잡는 일이었습니

17 최훈길, "예타 도입한 DJ·토건부양 거부한 노무현", 〈이데일리〉, 2019. 1. 29.

다. 저는 이게 평가의 거버넌스라고 생각합니다.

이 일이 정말 중요한데 그 거버넌스 역할을 PM을 맡았던 KDI 연구위원들이 했습니다. 처음에는 KDI의 예타 작업을 보는 주변의 시각이 아주 회의적이었어요. 교통 전문가 중에는 연구의 주도권을 비교통 전문기관에 빼앗겼다는 데 섭섭함을 느낀 분들도 있었고, 사업 부처는 재량권을 침해받았다며 불편해했지만, 저는 KDI가 진정성을 가지고 객관적이고 일관성 있게, 그리고 투명하게 분석작업을 지속했기 때문에 예타 제도가 성공적으로 정착되었다고 생각합니다. 실제로 다른 교통 분야 교수님들께 후일담을 들어보니까 예비타당성조사 초창기에 PM을 담당한 KDI 연구위원들이 교통을 전공하지 않았는데도 진지하게 교통 분야 분석을 읽고 핵심을 찔러 질문하는 것이 아주 인상적이었다고들 이야기합니다.

당시 PM을 맡은 KDI 연구위원은 해당 분야 전문가들이 해 온 분석과 연구 결과에 반대 논리로 질문하는 일종의 '악마의 대변인devil's advocate' 역할을 했어요. 복잡화·전문화의 오류에 빠진 분들이 상식적이고 전문가적인 관점에서 옳은 논리를 펼치는지 재검토하고, 국민경제적 관점에서 효율적인지 등을 질문하며 의견을 제시하고 토론한 과정이 큰 변화를 만들어 냈다고 봅니다. 그 결과 우수한 예비타당성 분석 보고서들이 나오고, 재정당국으로부터 환영받으며 정착된 것입니다.

KDI가 수행한 예비타당성 분석 결과에 대해 발주처인 기획예산처의 만족도는 아주 높았다. 거액의 예산이 소요되는 재정사업에 대해 현장 정보를 수집하고, 관련 전문가들의 의견을 종합적으로 수렴해 정보에 기초한 합리적 의사결정을 내릴 수 있도록 객관적인 분석을 해 주었기 때문이다. 경제위기라는 엄중한 상황 때문이었는지 국회도 예타 분석 결과에 별다른 이의를 제기하지 않았다.

전홍택 그 당시에는 예비타당성 분석 결과에 국회가 별로 간섭하지 않았습니다. 정부는 정부대로 국회의원들을 앞장세워 온갖 지역 민원을 막기 위해 적극적으로 도입한 제도이기 때문에 예타 결과를 핑계 삼아 사업성이 낮은 정치적 사업들을 막아 냈습니다. 그러다 보니 'KDI가 맡은 덕에 사업이 잘 시행되었다'라는 평가가 나오기 시작했죠.

박 현　KDI가 요청하면 예산당국이 전폭적으로 지원했고, 장관님들께서는 가끔 밥도 사 주시면서 격려하셨습니다. 예타에 대한 이 같은 전폭적인 지원은 기획예산처가 맡은 역할과도 관련이 있었던 듯합니다. 과거 경제기획원이나 재정경제원은 상호 배치될 수 있는 두 가지 기능인 경제성장과 예산의 효율적 관리를 동시에 수행했는데, 외환위기 이후 탄생한 기획예산처의 가장 중요한 목표가 재정건전성과 예산효율성 제고라는 기능에 집중되었기 때문이었을 것이라는 생각이 듭니다.

민자유치사업의 예비타당성 분석

외환위기 이후 재정에 여력이 없던 정부는 SOC 사업에 대한 민자유치를 촉진하기 위해 1994년 제정했던 〈사회간접자본시설에 대한 민간자본 유치 촉진법〉을 〈사회간접자본시설에 대한 민간투자법〉으로 개정했다. 법이 개정됨에 따라 최소 운영수입 보장 제도 및 매수청구권 인정, 산업기반 신용보증기금 보증 확대, SOC 투융자회사 설립 등 민간의 수익을 일정 부분 확보하는 방안을 마련하는 동시에 국토연구원에 민간투자지원센터PICKO를 두어 민자사업 시행에 관한 업무를 지원하도록 했다.

정부가 최소 수익을 보장해 주기 시작하면서 민간투자가 본격적으로 활성화된 반면, 각 부처별로 별로 필요하지 않은 사업을 계획하면서 사후적으로 국민 부담이 커지는 부작용도 발생했다. 최소 수익 보장 조항을 넣기 시작하면서 민간투자가 수요를 과대평가하여 가져오기 시작한 것이다. 이에 따라 정부는 민간투자 사업 기준이나 절차 개선 등 민간투자 사업에 관한 국제세미나 등을 개최하고 2005년 두 기관을 합병하기로 결정했다. PIMA와 PICKO를 통합한 공공투자관리센터PIMAC: Public and Private Infrastructure Investment Management Center를 출범시키고, 이 조직을 KDI 산하에 두었다.

PIMAC이 재정투입 사업과 함께 민간투자사업 또는 민관협력사업PPP: Public-Private

Partnerships의 평가 및 관리까지 수행하게 되면서 최초로 수행한 작업이 임대형 민간투자사업BTL: Build Transfer Lease 유형 추가 및 적격성 조사(제안서 검토) 제도 도입이었다.

BTL은 민간이 시설을 건설하여 정부에 기부체납하는 대신 정부로부터 시설 임대료를 받아 중장기적으로 투자금을 회수하는 방식이다. 2005년에 도입되어 학교, 환경, 군 주거시설 등 재정이 미치지 못하는 중요 생활기반 시설을 확충할 때 적용되었다. BTL은 상당히 성공적인 사업으로 평가되어 도입 3년 차인 2008년에는 신규 학교시설의 83%, 하수관거의 73%가 임대형 사업으로 추진되었다.[18]

1999년 시행령을 활용하여 시작된 예비타당성조사는 2006년 〈국가재정법〉을 제정해 예비타당성 분석의 근거를 법에 공식적으로 명시하면서 확고한 법적 정당성을 확보한다(법 38조). 또한 건설 및 교통사업만을 대상으로 하던 예비타당성 분석을 비교통사업, 즉 박물관 건립과 도서관 건설 등 문화사업으로 확장했으며 특히 R&D 투자 및 ICT 투자 등 다양한 부문으로도 확장했다.

지방에서도 지방사업에 대한 투자심사를 수행하고 예비타당성조사와 유사한 사전심사를 위한 센터들이 생겨났다. KDI의 예비타당성조사가 중앙정부뿐만 아니라 지자체의 재정 규율을 확립하는 데에도 엄청난 파급 효과를 미쳤음을 알 수 있는 대목이다. 그 과정에서 KDI는 지방공무원 등에 대해서도 예비타당성 분석 교육을 실시했다.

공공투자관리센터, 글로벌 선두가 되다

1999년 KDI가 예비타당성을 검토했던 19개 프로젝트에 대한 평가는 국내뿐만 아니라 OECD와 세계은행 등 국제기구를 통해서도 성공사례로 널리 알려지기 시작했다. OECD의 한국 경제 연차보고서(2000년도 판)는 "예비타당성 제도가 재정사업의 재원 배분 효율성을 높이는 데 크게 기여했다"고 평가하고, 다음 해 보고서에도

---

18 KDI 40년사 발간위원회, 《KDI 40년사》, KDI, 2012, 375쪽, 고영선의 글.

KDI 공공투자관리센터의 운영성과를 자세히 소개했다. 더구나 민자유치사업까지 평가하게 된 것은 전 세계적으로 유례가 없는 일이었다.

박 현 KDI가 공공투자와 민자유치사업을 공동 기준으로 평가하는 것은 글로벌 트렌드를 우리가 선도한 사례이기도 합니다. 당시까지만 해도 각국에서 PPP는 개별 사업부처들이 PMUproject management unit라고 해서 개별 사업 단위로 해 왔거든요. 한국에서 최초로 민자사업을 재정사업과 통합하여 인프라 사업의 효율성을 제고하고 이를 모니터링하고자 했던 것입니다.

세계은행에서 이 같은 한국의 사례를 규준best practice으로 개도국에 널리 전파하면서 다른 나라들이 한국 모델을 많이 도입하기 시작했습니다. 지금은 한국의 예타가 아주 유명해져서 세계은행이나 IMF 등 국제기구와 공동세미나를 열기도 합니다. 또 한국이 개도국에 정책 경험을 공유하는 KSP 사업에서도 PIM과 PPP는 수요가 높은 분야입니다.

예비타당성 분석에 대한 사회적 과잉 기대가 문제

KDI의 예비타당성조사에 대해 처음에는 모두의 만족도가 높았으나 시간이 경과하면서 수요자들이나 지방자치단체, 국회의원 등 정치권에서 점점 불만을 나타내기 시작했다. 결과에 대해서는 할 말이 없으니 방법론 자체를 두고 시비를 거는 경우가 늘어났다.

박 현 정부가 바뀌면 이전 정부에서 추진한 사업들의 예비타당성조사 결과에 대한 감사가 이루어집니다. 사실 통상적인 정례 감사일 수도 있지만 감사를 받는 입장에서는 그리 보이는 것이지요. 우리 사회의 사회적 신뢰자본이 낮은 수준이다 보니 예타 결과에 불신을 보이기도 했습니다.

〈국가재정법〉 시행령 제13조 제2항은 예비타당성 면제를 위한 예외 규정을 명시하고 있다. 교육시설의 신증축이나 문화재 복원, 남북 교류 협력에 필요한 사업 등은 예비타당성조사가 면제된다. 또한 지역 균형발전이나 긴급한 경제·사회적 상황에 대응하기 위해 필요한 국가사업도 예비타당성조사를 면제받을 수 있다.

그러다 보니 매 정부마다 갖가지 명분과 논리에 따라 예비타당성 면제 이슈가 불거지곤 한다. 이명박 정부 당시 예타 면제 사업의 비용은 총 60조 3,000억 원에 이르렀고,[19] 박근혜 정부 때도 23조 6,000억 원 규모의 예타 면제 사업이 진행됐다. 문재인 정부에서도 지역균형 발전을 내세워 총 24조 원 규모에 달하는 16개 지역의 철도·도로·산업단지 조성 사업 23개를 비롯해 여러 지역사업을 면제 대상에 포함시켰다. 또한 2019년에는 사회경제적 여건이 변화했음을 반영하여 지역 균형발전 가중치를 조정해 비수도권 지역 균형발전을 평가할 때 지역낙후도에 따른 가점제를 도입하는 한편, 한국조세재정연구원을 예타조사 기관으로 추가로 지정했다.[20]

박 현 예비타당성조사가 근래 들어 정치적으로 논란이 된 이유는 예비타당성조사를 과잉 강조하는 현상 때문이라고 생각합니다. 예비타당성조사의 본래 기능은 합리적 정보, 즉 정부의 투자의사 결정에 도움이 되는 기초자료를 생산하는 것입니다. 예비타당성 분석팀이 최선을 다하지만 이건 어디까지나 '예비 결과'에 불과해요. 원칙과 객관성을 강조하여 도출한 예비타당성 결과를 참조하는 동시에 의사결정권자가 여러 가지 상황을 고려해 예산을 편성하고, 최종적으로 국회에서 정치적 합의 과정을 거쳐 투자를 승인하면 되는 겁니다.

그런데 예비타당성 결과에 지나치게 의존하면서 마치 그렇게 하지 않으면 사회경제적으로 큰 문제가 될 거라는 인식이 퍼진 것 같아요. 그래서 예비타당성 분석의 가장 큰 수요처이자 이 제도를 만든 예산당국 자체가 예비타당성조사를 불편해하는 측면이 있습니다. 빈발하는 예비타당성 면제 논쟁은 분석에 기초한 투자 결정과 전

19 한재준, "말많은 예타 면제 … 예비타당성조사가 뭐길래", 〈뉴스 1〉, 2019. 2. 25.
20 안혜주, "미리보는 국감 5: 예비타당성조사 제도 개편방안", 〈충북일보〉, 2019. 9. 29.

략적·정치적 판단에 따른 투자 결정 간의 역할 분담에 대한 쟁점이 표면화된 현상으로 볼 수 있지요. 그래도 저는 KDI라는 공신력 있는 기관이 이를 수행한다는 점이 여전히 예비타당성 보고서의 신용을 담보한다고 생각합니다.

홍은주 예비타당성조사가 시행령에 근거할 당시에는 해석에 대한 예산당국의 재량권이 상당 부분 부여됐지만, 법 자체에 명시된 후로는 해석의 유연성이 사라진 것으로 보입니다. 이 같은 법의 경직성은 예비타당성 결과를 활용하는 정부 당국뿐만 아니라 예비타당성 분석을 수행하는 KDI에도 작용하지 않습니까?

박 현 그렇습니다. 예비타당성조사가 법에 명시되어 그 결과의 사회적 중요성이 높아지고 사후적으로 감사를 받는 사례들이 발생하니까 PM들이 점점 수세적이고 보수적인 관점에서 분석을 수행하는 경향이 있는 것 같아요. 예를 들어 PM은 예비타당성조사의 수행지침에 없는 재량적 기준을 고려하기를 점차 꺼리는 것입니다.

그런데 표준지침이란 게 뭡니까? 지침은 기존 사업 결과의 평균을 제시한 것인데, 모든 개별 사업은 그 사업에 따라 특수한 내용을 포함할 수 있지요. 그래서 예전에는 "지침은 표준적인 내용을 제시한 것에 불과하니, 각 사업이 갖고 있는 개별적이고 특별한 상황에 대한 자료를 발굴해 그 근거를 투명하게 밝히고 분석을 수행하면 된다"라면서 재량권을 주어 포괄적인 입장을 견지했습니다. 그런데 최근에는 감사받으면서 매번 왜 지침을 따르지 않았느냐고 개인적으로 오해받기도 싫고 해명하는 것도 고생스러우니 그런 재량적 판단을 발휘하지 않고 지침에만 매달려 예타 분석을 하는 경우가 늘어났습니다.

과거의 예비타당성 업무가 재미있었던 이유는 새로운 지침을 만들기 위해 브레인스토밍을 많이 했거든요. 다른 대안도 생각해 보고요. 그런데 자꾸 정치적으로 말이 많아지니까 수세적이고 보수적으로 예비타당성조사를 수행하는 경향이 보입니다. 그런 점에서 저는 현재의 예비타당성조사의 수행방식을 좀 더 유연하게 개선할 필요가 있다고 생각합니다.

홍은주 그렇다면 예비타당성조사는 향후 어떻게 진행되어야 할까요?

박 현 지난 예비타당성조사 경험은 객관적 정보에 기초한 투자 의사결정이 매우 효율적이라는 사실을 보여 줍니다. 다만, 정보생산자와 의사결정자의 역할을 다시 설정할 필요가 있다고 생각합니다. 정보생산자가 제공하는 예비타당성 결과를 의사결정자가 투자 의사결정에 100% 반영해야 한다며 구속하는 관행은 개선해야 합니다.

그럼에도 예비타당성을 수행할 수 있는 최고의 전문가 그룹을 선정하고, 그 평가자가 가진 전문성에 대한 권위를 인정해 주어야 한다고 생각합니다. 말 잘 듣는 평가자를 선정하여 의도한 결과를 낼 수 있도록 하는 것은 과거 예타를 도입하기 이전 빈번했던 실패로 이어질 수 있습니다. 그보다는 '예비타당성 → 본타당성 → 타당성 재검증 → 사후 평가'로 연결되는 일련의 공공투자관리 체계를 한 단계 높은 수준으로 구축하여 공공투자의 효율을 높일 수 있도록 개선 방향을 잡는 것이 바람직하다고 생각합니다.

4장

경제교육과 정책정보의 허브

국민경제제도연구원의 통합

KDI 경제정보센터의 전신은 1990년에 설립된 국민경제제도연구원이다. 1987년 정치적 민주화 요구가 봇물처럼 터져 나오면서 기존 경제질서마저 도전받는 혼란에 빠지자, 국민들에게 시장경제체제에 대한 인식만은 제대로 알리는 것이 좋지 않겠느냐는 취지에 따라 경제기획원이 대통령령에 따라 설립한 기관이 바로 국민경제제도연구원이었다. 1991년 12월에는 KDI가 국민경제제도연구원을 흡수·통합하고 부설 국민경제교육연구소를 발족했다.

송대희 1980년대 말 한국 사회가 이념적 위기상황에 처하는데, 이른바 진보사회주의에 대한 막연한 환상이 확산되었기 때문입니다. 그런데 마침 사회주의체제의 종주국 격인 소련이 경제사정이 악화되며 해체되는 과정을 밟았고, 1989년 베를린장벽이 무너지면서 사회주의에 대한 환상이 깨지는 사태가 벌어집니다. 이후로 한국사회가 사회주의체제로 가야 한다는 주장은 힘을 받을 수 없었습니다.

그래서 1990년 초 조순 경제부총리가 자유시장경제체제의 장점을 교육시키고 선진국형 경제제도를 연구하여 저성장-고비용의 한국 경제 구조를 바꾼다는 목적으로 국민경제제도연구원이라는 조직을 경제기획원 산하에 별도로 설립했습니다. 그러다가 1990년대 초 기획원과 재무부를 합병해 재정경제원을 설립하면서 재정경제원 산하에 있던 KDI와 국민경제제도연구원도 통합해 국민경제교육연구소로 개편하기로 결정한 것입니다.

1997년 외환위기 이후 정부조직 감축 및 통폐합이 시도되면서 그동안 '1원 2조직'으로 운영되던 국민경제교육연구소와 KDI도 1998년에 완전히 합병하게 되었다. 박사들은 KDI 본원으로 둥지를 옮겼고, 국민경제교육연구소는 경제정보센터로 바뀌어 고유사업을 계속해서 수행했다.

두 기관이 합병된 이후 초대 소장으로 김중수 박사가 부임했고, 2대 주학중 박사를 거쳐 KDI 부원장이었던 송대희 박사가 1996년 3대 소장으로 부임하여 2001년까지 있었다. 이후로 유정호 박사, 조병구 박사, 전홍택 박사, 문형표 박사, 고일동 박사, 김주훈 박사, 서중해 박사 등이 소장을 역임하였다.

교사와 학생을 위한 눈높이 경제교육

1990년 초・중등교사 직무연수로 시작된 경제교육은 현재까지 정기적으로 계속하고 있다. 겨울방학과 여름방학 두 번으로 나누어 경제와 금융, 기업 등에 관련된 광범위한 주제를 계속 발굴해 교육하고 있으며, 직무연수는 교사들에게 경제지식이나 경제교육 교수법뿐만 아니라 경제교육 수업 사례 등 경제교육 정보를 공유할 수 있는 자리가 되고 있다.

송대희 제가 국민경제교육연구소로 간 뒤로 국민경제교육의 중요성을 절실히 깨달았습니다. 한국 사범대학에는 경제교육학과가 따로 없습니다. 그래서 지리나 역사 등 다른 과목을 전공한 사회과 교사들이 중・고등학교 경제교육을 담당하는 실정이고, 경제 과목이 어려우니까 학생들이 기피하는 경향도 나타났습니다. 교사들이 경제에 대해 잘 알지 못하고 가르치는 경우도 없지 않았습니다.

중·고등학교에서 경제교육이 소홀히 다루어지는 데 반해, 실제 사회생활에서는 경제가 가장 중요한 문제입니다. 실제로 선거철이 될 때마다 대통령 공약 가운데 70~80%가 경제 이슈로 채워질 정도로 국민들은 경제문제에 관심이 많습니다. 우리가 여름방학과 겨울방학에 사회과 교사들을 대상으로 경제교육을 실시하는 이유입니다.

홍은주 교사들에게 경제교육을 시키는 경우가 해외에도 있습니까?

송대희 그렇습니다. 이 모델은 원래 미국에서 출발했어요. 1950년대 중반 미국에 공산주의·사회주의 이념이 파고들기 시작합니다. 제 2차 세계대전 이후 소련과 사회주의 진영의 지식인들이 유럽과 미국 등지로 유입되면서 알게 모르게 사회주의 이념이 전파되었고, 결국 미국 내 보수 세력과 심각하게 대립합니다. 이때 자유시장경제체제를 지켜야 한다며 벌어진 운동이 '매카시즘McCarthyism'[1]이었습니다.

매카시즘으로 공산주의 이념을 배척한 미국 정부는 경제교육센터Center for Economic Education를 설립해 해마다 교사들을 대상으로 시장경제 교육을 실시합니다. 제가 미국에 가서 보니 참 잘 이루어지고 있더라고요.

예를 들어 각 주마다 경제교육센터 전문가들이 주선하여 지역 내 초등학교에 지역사회의 큰 기업과 다리를 놓아 줍니다. 교사들이 학생들을 인솔해 지역 회사에 방문하면 학생들은 매일 쓰는 연필이 어떻게 만들어지는지 배우죠. 나무와 흑연, 노동자들의 노동이 결합하는 생산 과정과 '가격 책정-판매-고용' 과정을 알려주고, 시장기능을 통한 자원배분의 효율성이 지켜지는 경제시스템에 대해 교육하는 것이죠. 주로 주립대학 경제학과에서 그 주의 센터 역할을 담당합니다.

---

1 미국 위스콘신주 공화당 상원의원이자 보수주의자인 J. R. 매카시가 1950년 2월 "국무성 안에는 205명의 공산주의자가 있다"라고 선언한 이후 미국 내에서 벌어진 무차별적 공산주의 적발 운동을 뜻한다.

국민경제교육연구소는 경제교육 관련 교육과정과 교과서의 내용 및 체계구성 등을 분석하고 향후 정책 방향을 제시한 연구보고서 〈초·중·고등학교의 경제교육 관련 교육과정 및 교과서 분석〉,[2] 〈선진국의 교과정책과 경제교과 편제〉[3] 등을 냈다. 1997년에는 초·중등학교 교사를 대상으로 실시한 경제교육 과정 교사들이 제출한 경제교육 교수학습 지도 사례들을 모아 《학교 경제교육 활성화를 위한 선생님의 목소리》를 출간했다.

학생들이 쉽게 읽을 수 있는 경제교과서를 직접 만들기도 했다. 사회과 교사들이 경제교육을 할 때 학생들이 경제교과서를 너무 어려워한다는 말을 듣고 고등학교 경제교과서를 경제정보센터에서 직접 만들기로 한 것이다. 그렇게 제 6차 국정교과서를 국민경제교육연구소가 만들었다. 제 7차 교육과정으로 바뀌면서 교과서가 국정에서 검인정으로 전환되는 바람에 중단됐지만,[4] 그 대안으로 '알기 쉬운 경제교육서' 시리즈를 지속적으로 출간하기 시작했다.

2015년부터는 기획재정부와 함께 소비·직업·금융 등으로 나누어 경제교육을 위한 교사용 표준교재 지도서를 내고 있다. 예를 들어 '금융' 편에서는 교사들이 차시별로 나누어 학생들에게 돈 알기와 돈 벌기, 돈 쓰기와 돈 모으기, 신용관리 등을 가르칠 수 있도록 내용을 구성했고, '소비' 편에서는 필요한 것과 원하는 것, 자원의 희소성과 기회비용, 선택의 문제, 비용과 편익, 국민경제의 순환과 소비 및 소비자주권 등을 가르치면서 합리적 소비와 윤리적 소비의 개념을 가르칠 수 있도록 표준지도서를 구성했다. 2017년 이후로는 경제교육 내용의 기획과제로 글로벌 시장과 한국 경제, 시장과 정부, 기업가 정신 등 경제와 관련된 주요 주제에 관한 내용을 초등·중등 편으로 나누어 책으로 만들어 배포한다.

송대희 국정교과서 대신 쉽게 읽을 수 있는 고교 경제교육서를 일반 출판사를 통해

---

2 조영달, 〈초·중·고등학교의 경제교육 관련 교육과정 및 교과서 분석〉, 센터 연구자료 9406, KDI, 1994.

3 임천순, 〈선진국의 교과정책과 경제교과 편제〉, 센터 연구자료 9503, KDI, 1995.

4 이후 KDI는 교육부로부터 '2013 교육과정'과 '2015 교육과정' 고등학교 경제과목 검정업무를 위탁받아 수행했다.

발간했습니다. 당시에 《고등학생을 위한 알기 쉬운 경제 이야기》라는 책을 조병구 · 문우식 · 김주훈 · 박명호 박사 등이 열심히 집필하고 매경문고를 통해 출간했는데, 이 책이 나름 스테디셀러로 올라섰습니다. 경제에 관한 쉬운 해설집 등도 만들어 학교 교사들이 학생들을 가르칠 때 활용할 수 있도록 공급했습니다.

경제정보센터는 교사를 대상으로 하는 경제교육 이외에도 청소년 경제교실, 공무원 및 언론인 경제교육, 시민사회 경제교실을 운영한다. 청소년 경제교실은 청소년들이 경제의 기본원리를 이해해 책임감 있는 시민으로 성장해 나가도록 지원한다는 목적 아래 중 · 고등학생을 대상으로 운영하고 있다.

공무원 및 언론인 경제교육은 중앙 및 지방자치단체 정책담당자와 연구자, 또는 언론인과 연구자가 국내외 정책 현안을 두고 심도 있게 토론함으로써 정책대응력을 키우고 직무능력을 높이는 데 중점을 둔다.

2005년 시민단체를 대상으로 시작된 시민사회 경제교실은 지역아동센터 교사나 다문화가정 방문교사 등 취약계층의 경제교육을 담당하는 강사를 대상으로 경제교육을 실시한다. 또한 북한이탈주민이 시장경제를 이해하고 합리적 경제생활을 영위할 수 있도록 돕는 경제교육도 마련되어 있다.

이와 함께 좀 더 체계적이고 효율적인 경제교육 프로그램이 될 수 있도록 기획재정부나 교육부 등 경제교육 유관기관과의 연계도 강화하고 있다. 2013년부터는 중등사회과 교사를 대상으로 총 150시간으로 설계된 '경제수업 마스터 직무연수'를 기획재정부로부터 위탁받아 운영하고 있다. 2015년에는 교육부로부터 종합교육연수원 설립을 인가받아 경제교육 확산과 사각지대 해소, 경제교육 실태조사 및 연구를 바탕으로 한 중장기 경제교육 계획 수립, 프로젝트 기반학습PBL: Project Based Learning 등 선진 교수법 도입, 대상별 맞춤형 경제교육자료 개발 등 경제교육에 특화된 교육연수 프로그램을 개발 및 운영하고 있다.

외환위기 극복에 앞장선 경제교육센터

외환위기를 극복하는 과정에서 경제위기의 원인 및 극복 방안에 대한 국민홍보를 해야 할 필요성이 두드러졌다. 이때 경제정보센터가 큰 역할을 맡았다.

송대희 센터가 경제위기 극복을 위해 경제위기의 원인과 극복 방안에 관한 대국민 홍보 만화를 제작해 주요 정부기관에 배포한 적이 있었습니다. 이 만화가 청와대로도 갔는데 강봉균 경제수석이 해외출장을 떠나는 비행기에서 이 만화를 아주 인상 깊게 읽었던가 봐요. 강 수석이 감탄해서 이 만화를 안기부 등 주요 공공기관에 모두 보내서 국민교육에 도움이 되도록 조치했던 기억이 납니다.

당시 정부의 4대 구조조정 메시지를 전달할 때도 우리 센터가 실무적으로 큰 역할을 했습니다. 주요 정부정책에 대해 대국민 홍보를 하기 전 사전 점검과 전반적인 리뷰를 했죠. 국제 컨퍼런스와 TV특집, 대통령의 국민과의 대화 등 중요 이벤트가 있을 때마다 재정경제부, 청와대와 머리를 맞대며 검토하고 지원했습니다.

송대희 박사는 외환위기 당시 한 가지 선명하게 기억에 남는 에피소드가 있다고 전한다. 재정경제부가 부즈 앨런 해밀턴Booz Allen Hamilton 등 세계적 홍보기획사를 용역으로 고용해 컨설팅 자문을 구했는데, 한국 측 파트너가 바로 KDI 경제정보센터였다. 비상상황이었던 만큼 정부가 공무원을 주말에도 나와서 일하게 하고 달러를 절약한다며 국제회의 등 해외출장도 못 가게 하던 때였다.

그런데 부즈 앨런 등 컨설팅업체들의 충고가 의외였다. "절대로 그렇게 하지 말라"는 것이었다. "왜 그런가?"라고 묻자 "해외에서 한국을 바라보는 시각이 중요할 때다. '한국이 얼마나 다급하면 저렇게까지 할까?'라고 생각하여 오히려 의심의 눈으로 보고 불안감을 가질 수 있다"는 답변이 되돌아왔다.

송대희 부즈 앨런 해밀턴의 컨설턴트가 "주말에 청와대에서 비상경제대책회의를 여는 것도 자제해 달라. 평상시처럼 하면서 구조조정을 추진하라"고 충고하는데 참 일리 있더라고요.

시의성 있는 여론조사의 중심축

외환위기 이전인 1996년부터 경제정보센터가 정책의 효율적 결정과 집행을 지원하기 위해 수행해 온 주요 업무 가운데 하나가 시의성 있는 경제 여론조사였다. 당시 국민의식 조사를 비롯한 여론조사는 갤럽 등에서 실시했는데, 주로 사회의식 조사였을 뿐 경제문제는 많이 다루지 않았다.

또한 외부 기관은 다른 민간기업 등이 의뢰한 마케팅조사나 시장조사를 주로 실시하기 때문에 정부정책에 관련된 여론조사를 실시하기에는 신속성이 떨어졌다. 이에 따라 정책 수립 및 집행에 도움이 되는 시의성 있는 국민 여론조사가 필요하다는 인식이 높아지면서 1996년부터 KDI 경제정보센터가 아예 경제여론조사를 전담하여 실시하게 되었다.

송대희 가령 주말에 긴급히 조사하여 국민 동향이나 여론을 파악하고 그다음 주 초에 중요한 정책 결정을 내리고 싶은 경우가 있잖아요? 이런 경우 외부 기관은 주말에 쉬어야 하니까 조사가 조속하게 진행될 수가 없었습니다. 국민들이 가장 목말라하는 이슈가 뭔지 파악하기 위해 1996년부터 여론조사실을 만들고 조사요원 20여 명을 파트타임으로 고용해 주요 경제 이슈들에 대한 현장 의견을 객관적으로 조사하여 정책에 활용하기로 했습니다. 다양한 여론조사를 실시했습니다. 과소비나 금융 구조조정 등에 대한 여론조사 예산을 따로 책정해 여러 번 실시했지요.

홍은주 외환위기 당시에는 더 많은 여론조사를 하셨을 텐데, 특히 기억에 남는 여론조사가 있으면 소개해 주세요.

송대희 여론조사 주제 가운데 기억나는 것 하나가 외자유치 이슈였습니다. 외환위기로 달러가 고갈된 상황이니까 갚을 필요가 없는 외국인 직접투자가 절실한 상황이었습니다. 그런데 그때까지만 해도 외국인 직접투자는 매판자본 논리 때문에 기피 대상이었거든요. 실제로 당시 국민들의 경제의식 여론조사를 실시하여 외국인 직접투자와 외국인 자본에 대해 국민들이 어느 정도 거부감을 갖는지 조사했더니 약 50~60%가 부정적이었습니다.

그래서 김대중 대통령이 직접 나서서 "외국인 직접투자는 한국 경제에 해롭지 않으며 오히려 도움이 된다"라는 점을 실시간 방송을 통해 직접 국민들에게 설득하고자 했습니다. "삼성전자가 영국에 투자하니까 여왕까지 나와서 대대적으로 환영했듯이 외국 기업들이 한국에 투자하면 한국 경제의 부가가치를 높이고 고용창출에 도움이 되며 달러를 획득하는 수단이 된다"는 점을 설득한 것입니다. 우리가 그 내용도 지원했습니다.

'국민과의 대화' 이후 열흘 후에 다시 여론조사를 해 봤더니 70~80%가 찬성한다는 결과가 나오더라고요. 외국 기업들의 직접투자에 대해 국민들이 상당히 높은 수준으로 이해한 것입니다.

경제위기를 타개하기 위한 대국민 여론조사뿐만 아니라, 정책 수립용 전문 보고서를 작성하는 데 필요한 여론조사도 많이 이루어졌다. 가령 1998년에는 중소기업 어음할인이 부진한 이유에 대해 중소기업을 대상으로 조사를 실시했다. 할인을 받지 못하는 이유에 대해 중소기업들은 32.6%가 '담보 부족'을 들었고, '총액한도 부족'이 24.2%, '90일 이상의 비적격 어음 때문'이라는 응답이 17.4%로 나타났다.[5]

국민경제교육연구소의 또 다른 조사에 따르면 거래 업체에서 제시하는 회계정보에 대한 신뢰도가 '전적으로 신뢰한다'가 14.8%에 불과하고 '대체로 신뢰한다'가 65.3%, '대체로 믿기 어렵다' 17.6%, '전혀 믿을 수 없다'가 2.3%로 절대적 신뢰도가 크게 떨어지는 것으로 나타났다.

이 같은 조사결과를 근거로 국민경제연구소는 《금융거래 관행에 관한 연구: 중

---

5 김주훈·박헌주, 〈금융거래 관행에 관한 연구: 중소기업을 중심으로〉, KDI, 1998, 98~100쪽.

소기업을 중심으로》라는 보고서를 냈다. 여기서 "기업 간, 은행 간의 신뢰 부족이 거래에서 불확실성을 키우고 어음거래의 실효성을 약화시킨다"라고 결론 내렸다. 이어 어음 결제일을 기준으로 개별 기업의 신용도 공시, 신용취약 기업의 어음발행 제한, 신용조사기관과 평가기관의 확충 등 신용사회의 정착을 위한 제도적 장치 마련을 촉구하고 나섰다. 보다 구체적으로는 대기업의 현금결제 비중을 늘리고 어음결제 기간을 축소시키는 행정조치를 취할 것과 어음보험 재원의 확충, 은행의 당좌개설요건 완화 등의 정책을 제안했다.

해외투자자의 목소리를 전달하다

경제정보센터는 또 〈파이낸셜타임스〉나 〈월스트리트저널〉, 〈르몽드〉 등 주요 해외 언론에 게재된 주요 한국 뉴스를 인터넷으로 실시간 검색 및 번역하여 즉각적으로 청와대나 재정경제부, 언론에 전달하기도 했다.

당시 대對한국 투자를 유치하기 위해서는 해외투자자들의 감정적 인식sentiment이 중요했기 때문에 주요 해외 언론사들의 보도 내용을 실시간으로 정부에 전달하여 필요할 경우 신속하게 대응하도록 해야 한다고 판단했기 때문이다. 나중에는 신문·방송 기자들까지도 KDI에 이 자료를 요청해 많이 활용했다.

송대희 외환위기가 닥쳤을 때 외국인 투자자들이 한국에 투자해 주기를 간절히 바랐습니다. 당연히 외국인 투자자들이 한국 경제를 어떻게 보고 있는지 궁금하잖아요? 그래서 각 부처마다 외신담당관을 두기 시작했어요. 영어를 잘하는 언론인들이 각 부처마다 스카우트되어 외국 언론들에게 브리핑하고 대응하도록 했습니다.

외국 언론이나 기업들이 한국에 대해 어떤 시각을 갖고 있느냐가 중요하기 때문에 우리 센터에서 외신 자료를 실시간으로 검색하여 한국에 대한 뉴스가 어떻게 국제시장에 반영되고 있는지 조사했습니다. 동시에 우리 자료를 영문화하여 외국인들에게 전달하기도 했습니다.

홍은주 국내 언론보도도 종합하셨나요?

송대희 그랬죠. 외환위기 때는 모두가 긴장하고 밤낮없이 시간에 쫓기던 때였습니다. 공무원들은 정책을 만들어 집행하느라 하루 24시간이 부족했는데, 국민적 지지를 얻기 위해서는 정책의 본질이나 의도가 제대로 국민에게 전달되는지 여부가 아주 중요했습니다.

다른 대국민 소통채널이 없다 보니 언론을 통한 정책홍보가 너무나 중요했습니다. 그래서 경제정보센터에서 각 언론의 경제 사설과 칼럼도 요약하여 재정경제부에 보냈습니다. 각 조간신문의 사설을 분야별로 분류하고 핵심적인 내용을 요약 및 정리해 보낸 것입니다. '뉴스 브리핑'이라고 해서 축약한 자료를 이메일로 보내 주었습니다. 공무원들이 공식 회의 전에 한눈에 언론의 사설들을 파악하여 대응책을 마련하거나 해명자료를 내라는 뜻이었습니다.

신문 가판도 없던 시절이라 경제정보센터 직원들이 새벽 4시부터 일어나 할당된 언론사의 사설을 전부 읽고 6시쯤 출근하여 내용을 정리하느라 너무 고생들이 많았습니다. 그런데 이게 또 대기업 기획조정실이 알게 되어 우리에게 경제사설 요약본을 달라고 부탁해 오기도 했습니다.

이게 중단된 것은 지식재산권 개념이 확실해지면서 우리가 하는 일이 법적으로 문제될 여지가 있다는 조언을 받았기 때문입니다. 국내 언론사에는 그래도 양해를 받을 수 있지만 해외 언론사는 법적으로 아주 예민할 수 있다는 말을 듣고 중단했습니다.

최근에는 빅데이터가 미래를 예측하고 대응 전략을 수립하는 데 유용한 정보로 주목받고 있다. 경제정보센터는 정책 대응을 위한 의사결정을 지원하고 경제 상황 예측지수로 활용할 수 있도록 뉴스 텍스트 분석을 기반으로 하는 한국형 경제불확실성EPU: Economic Policy Uncertainty 지수를 2019년부터 제공하고 있다. 또한 주요 경제 현안에 대한 소셜 빅데이터 분석 결과도 제공함으로써 국민 의식 및 여론변화 양상에 기반한 정책방향 수립에 기여하고 있다.

PPT 활용하여 경제교육 및 소통 효과 높여

외환위기 직후 공공 부문 교육과 브리핑 현장에 PPT를 대거 전파한 일등 공신은 KDI였다. 경제위기가 닥치자 상황이 긴박해지면서 정부 부처가 대통령에게 보고하는 일도 잦아졌고, 국민과의 소통도 절실한 상황이었다. "왜 경제위기가 일어났나? 어떻게 대응해야 하는가?"를 여러 기관에 교육시켜야 할 때였다. 이에 KDI 경제정보센터는 복잡한 내용을 PPT를 통해 효율적으로 전달했다.

송대희 당시는 아직 컴퓨터를 활용한 보고나 교육이 일반화되어 있지 않았을 때라 워드프로세서나 '아래아한글'로 보고서를 작성해 인쇄하여 돌리는 것이 고작이었습니다. 그런데 KDI가 외국에서 빔프로젝터를 구입해 직접 PPT를 작성한 뒤 안기부, 정부 부처, 국방부, 지자체, 공공기관, 시민단체, 교육기관 등을 방문하여 첨단 기법으로 교육을 진행하니까 원래 브리핑할 일이 많은 재정경제부와 기획예산위원회가 보고는 아주 반가워하더라고요.

교육 효과를 높일 수 있는 여러 가지 특수 효과나 애니메이션 효과도 제공하는 데다 이미지나 사진도 얼마든지 활용하여 다양한 방식으로 교육이나 브리핑 효과를 높일 수 있으니까 진념 기획예산처 장관이 "앞으로는 공무원도 KDI처럼 파워포인트를 만들어서 브리핑 하자"고 하셨습니다. 이에 공무원 사회가 자극을 받아 PPT붐이 일기 시작했습니다.

대국민 경제교육 및 홍보에 앞장서다

경제교육센터는 경제위기 이후에도 사회과 교사나 학생들 이외에 사법연수생이나 방송작가, 시민단체 등 경제교육이 필요한 곳이면 어디든 달려가 '경제 바로 알리기'에 앞장섰다. 경제교육센터 인력뿐만 아니라 KDI 연구위원들도 전공별로 다양한 기관을 대상으로 실시하는 경제교육에 참여했다.

송대희 가령 우리나라 사법연수원에서 가르치는 경제교육의 내용을 분석해 봤더니, 〈수표법〉이나 〈어음법〉 같은 것만 가르치지 경제를 제대로 가르치지 않고 있었습니다. 경쟁이 왜 중요한지, 경쟁을 통한 자원의 효율적 배분이 시장경제에서 왜 중요한지 이해하는 것이 기본인데 가르치지를 않았어요. 판검사들이 경제문제를 법적으로 판단할 때 자유시장경제질서의 기본을 이해하지 못하면 국민 정서에 기초해 잘못된 판단을 내리기 쉽죠.

그래서 여의도 방송국에 가서 방송작가들을 만났죠. 드라마가 기업에 대한 이미지를 너무 나쁘게 묘사하거나 불법적 · 비윤리적 · 탈법적 · 폭력적인 이미지만 묘사하니까 경제에서 기업이 맡은 역할인 '고용 창출'을 국민들이 잘못 이해할 수 있겠다 싶어서 드라마 작가들을 대상으로 경제교육도 많이 했습니다. '매경TV' 등에 경제 고정채널을 개설해 주요 이슈에 대해 국민들에게 설명하기도 했고요.

또한 환경단체나 홍사단 등 시민단체도 많이 만나서 경제교육을 했습니다. 홍사단이 주선하여 여러 시민단체를 불러 모으고 소개도 받아 특강을 하거나 전문가 설명을 하도록 했습니다. 교육도 하면서 기업가 좌담회도 여는 등 경제의 흐름과 논리를 교육시키기 위해 부단히 노력했습니다. 좌담회와 간담회 등을 자주 개최했고 공무원교육원이나 지자체, 중소기업 등 가 보지 않은 기관이 없을 정도였습니다.

경제정책정보 DB 구축과 〈나라경제〉 출판

경제정보센터는 경제정책 정보 획득에 대한 국민의 욕구에 부응하고, 더 나아가 경제정책의 효율적 집행에 기여하고자 1990년부터 경제부처 및 정부 산하기관, 브루킹스Brookings, 전미경제연구소NBER: National Bureau of Economic Research 등 세계 유수의 경제연구소를 비롯해 IMF, 세계은행, WTO 등 국제기구에서 발표한 정책 및 연구자료를 집적한 국내 최대 규모의 경제정책정보 데이터베이스[6]를 홈페이지 및 이메

---

6 1991년부터 구축된 경제정책정보 데이터베이스에는 2023년 기준 약 23만 건의 서지와 원문정보를 축적했다.

일 서비스를 통해 제공하고 있다.

송대희 경제정보센터가 정책자료집과 경제정책 포털사이트를 만들기도 했습니다. 경제부처에서 하루에도 수없이 많은 정책이 쏟아져 나오는데 국민들이나 혹은 기업들이 이걸 일일이 다 찾아보기 어렵잖아요?

그래서 우리 센터가 경제정책 포털을 만들어 중소기업정책 · 금융정책 · 부동산정책 등 분야별로 일목요연하게 정리하여 국민과 학자, 기업들이 체계적이고 시계열적으로 경제정책의 변동 상황을 알 수 있도록 구성했습니다.

경제정보센터는 매월 경제월간지 〈나라경제〉를 출판한다. 담당 공무원을 직접 만나 경제정책에 대한 해설을 듣고, 이를 쉬운 말로 풀어내어 정책 취지를 국민들에게 알린다는 취지하에 1990년부터 매달 펴내고 있다. 마침 그때는 100호 기념호가 외환위기 극복을 성공적으로 이뤄낸 시점이어서 송대희 소장이 당시 김대중 대통령과 인터뷰할 기회를 갖게 되었다. 그 자리에서 김대중 대통령은 "〈나라경제〉는 경제정책 방향에 대한 국민들의 이해를 증진시키는 데 크게 기여해 왔으며, 앞으로도 국민과 정부를 잇는 중요한 역할을 해 주리라 믿는다"고 당부하면서 격려했다.

홍은주

한양대를 졸업하고, 미국 오하이오주립대에서 경제학 석사학위와 박사학위를 받았다. 문화방송(MBC) 경제부장, 논설실장을 거쳐 iMBC 대표이사를 지냈다. 한국여기자협회 부회장, 회장 직무대행, 한국 여성경제학회 회장 등을 역임하였으며, 현재 한양사이버대 경제금융학과 교수이다. 저서로는 《경제를 보는 눈》, 《초국적시대의 미국기업》, 《부실채권 정리: 금융산업의 뉴 프론티어》, 《(그림으로 이해하는) 경제사상》, 《코리안 미러클》 1~7권 등 다수가 있다.

KDI 원로들의 증언 – 1990년대 이후
KDI, 위기 극복과 선진화의 비전 제시

2023년 11월 30일 발행
2023년 11월 30일 1쇄

기획 및 집필_ KDI 원로들의 증언 편찬위원회
발행자_ 趙相浩
발행처_ (주) 나남
주소_ 10881 경기도 파주시 회동길 193
전화_ 031) 955-4601 (代)
FAX_ 031) 955-4555
등록_ 제 1-71호(1979. 5. 12)
홈페이지_ www.nanam.net
전자우편_ post@ nanam.net

ISBN 978-89-300-4156-0
ISBN 978-89-300-8001-9(세트)

책값은 뒤표지에 있습니다.